Media Arabic Vocabulary

Book 1

lingualism

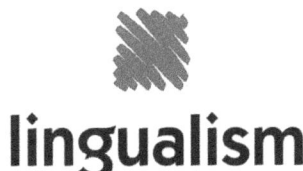

© 2023 by Matthew Aldrich

The author's moral rights have been asserted.

All rights reserved. No part of this document may be reproduced or transmitted in any form or by any means, electronic, mechanical, photocopying, recording, or otherwise, without prior written permission of the publisher.

ISBN: 978-1-949650-93-8

website: www.lingualism.com

email: contact@lingualism.com

Written by Ahmad Al-Masri and Matthew Aldrich
Edited by Hend Khaled and Matthew Aldrich
Cover design by Matthew Aldrich
Illustrations on p. 202-203 © iStockphoto / Natsuki Yoshino

Disclaimer:

This publication is designed exclusively as a language educational resource. The contents of this book, which include sentences and texts, typically do not reflect or comment on real situations, whether historical or contemporary. When real events, individuals, or organizations are referenced, the specifics may not always uphold factual accuracy.

Where certain names or trademarks may appear, they are used strictly for educational purposes. They do not imply any affiliation with or endorsement by the respective rights holders and should not be considered as infringement.

Opinions expressed in the content are ascribed to fictional characters and journalists and do not necessarily reflect the views of the book's contributors or publisher. These opinions are included solely to mimic realistic language use in media settings and do not intend to endorse, critique, or influence real-world ideologies.

By using this book, readers acknowledge that it is for language education, not a source of reliable real-world information. Any errors or inaccuracies are unintentional and do not detract from the book's purpose as a language-learning tool.

Table of Contents

Introduction iii

How to Use This Book iv

Unit 1 Politics and Government 1

1.1 National Politics and Governance 2
1.1.1 Political Parties and Factions 2
1.1.1.1 Mini-Articles 14
1.1.1.2 Interview with a Politician 15
1.1.2 Elections and Electoral Systems 17
1.1.2.1 Mini-Articles 27
1.1.2.2 Interview with Voters 28
1.1.3 Constitution and Legal System 30
1.1.3.1 Analytical Study of Systems of Government 48

1.2 International Relations and Diplomacy 52
1.2.1 Bilateral Relations Between Countries 52
1.2.1.1 Mini-Articles 60
1.2.1.2 Historical Report: Natural Gas Agreement 61
1.2.2 Multilateral Organizations and Diplomacy 63
1.2.2.1 Article 74
1.2.2.2 Profiles of International Institutions 77
1.2.3 Conflict Resolution and Peacekeeping 79
1.2.3.1 Historical Report: The UN Emergency Force 93
1.2.3.2 Historical Report: The Oslo Accords 95
1.2.4 Humanitarian Aid and Disaster Relief 96
1.2.4.1 Article: Turkey-Syria Earthquake 107
1.2.4.2 Article: War Refugees 107
1.2.4.3 Interview with an Aid Worker 109

Unit 2 Crime 112

2.1 Violent Crime 114
2.1.1 Murder and Homicide 115
2.1.1.1 Mini-Articles 121
2.1.1.2 Police Report 123
2.1.1.3 Conversation About a Crime 124
2.1.2 Assault and Domestic Violence 125
2.1.2.1 Mini-Articles 133
2.1.2.2 Court Report: Domestic Abuse 134
2.1.3 Abductions and Ransoms 136
2.1.3.1 Mini-Articles 139
2.1.3.2 Historical Report: Kidnapping in Yemen 140

2.2 Property Crimes 141
2.2.1 Theft and Robbery 141
2.2.1.1 Mini-Articles 146
2.2.1.2 Public Service Announcement: Thefts in the Area 147

2.2.2 Fraud and Embezzlement 149
2.2.2.1 Mini-Articles 153
2.2.2.2 Historical Report: Bernie Madoff 155
2.2.3 Vandalism and Arson 156
2.2.3.1 Mini-Articles 160
2.2.3.2 Editorial on Vandalism 161

2.3 Drug-related Crimes 163
2.3.1 Possession and Usage 163
2.3.1.1 Mini-Articles 167
2.3.1.2 Public Service Announcement: Drug Addiction 168
2.3.1.3 Debate: The Legalization of Marijuana 169
2.3.2 Drug Manufacturing, Trafficking, and Dealing 171
2.3.2.1 Mini-Articles 175
2.3.2.2 TV Show Overview: Breaking Bad 175
2.3.3 Driving Under the Influence 176
2.3.3.1 Mini-Articles 179
2.3.3.2 Informative Article: Drinking and Driving 180

Unit 3 Arts and Entertainment 182

3.1 Performing Arts 183
3.1.1 Theater and Drama 183
3.1.1.1 Mini-Articles 188
3.1.1.2 Critic's Review of a Play 189
3.1.1.3 Biography of a Playwright 190
3.1.2 Music and Dance 191
3.1.2.1 Mini-Articles 200
3.1.2.2 Informative Article: Belly Dance 201
3.1.2.3 Descriptions of Musical Instruments 202
3.1.3 Film and Television 204
3.1.3.1 Mini-Articles 214
3.1.3.2 Interview with a Film Director 215

3.2 Visual Arts 218
3.2.1 Painting, Sculpture, and Photography 218
3.2.1.1 Mini-Articles 223
3.2.1.2 Mini-Reviews 225
3.2.2 Graphic Design and Illustration 226
3.2.2.1 Mini-Articles 232
3.2.2.2 University Course Descriptions 233
3.2.3 Architecture and Urban Design 235
3.2.3.1 Mini-Articles 242
3.2.3.2 Informative Article: Dubai 243
3.2.4 Fashion 245
3.2.4.1 Mini-Articles 254
3.2.4.2 Interview with a Fashion Designer 255

Introduction

Media Arabic Vocabulary is a series specially designed to bridge the gap between **intermediate** learning and reading real-world Arabic news articles. These books are intended to make the often-daunting journey into Arabic media literacy not only accessible, but engaging and enjoyable.

In our experience, many learners find themselves stuck in a language learning plateau, where they can handle classroom scenarios but are left feeling overwhelmed by the complexity of authentic, native-speaker materials, such as news articles. That is exactly where this book series comes in. Each volume is structured to help you scale that seemingly daunting wall by presenting carefully selected vocabulary and controlled texts that emulate the style and complexity of real-world Arabic media.

In this first book of the series, we will navigate through three distinct units: Politics, Crime, and Art. Each unit is further broken down into manageable sections and subsections. Subsections introduce you to key vocabulary in context, helping you understand not only the meaning of the words but also their appropriate use. As an additional aid to word recognition and correct pronunciation, all Arabic content in the book contains **diacritics** (tashkeel). You will find **English translations** for all Arabic content, which allows for better comprehension and learning, plus **audio tracks** to help you get a firm grasp on pronunciation and listening comprehension.

This dynamic approach, combining the introduction of **topical vocabulary** with **example sentences** and end-of-section practice **texts**, ensures you are not just memorizing words, but actively learning to use them in context. Over time, this exposure will greatly increase your confidence and proficiency in reading actual media Arabic-style texts.

While the volumes are numbered, they are not incremental in learning level. They simply cover different topics. Feel free to pick any book from the series that aligns with your interest in a particular theme or topic. We hope you find this approach as empowering and rewarding as we do.

Acknowledgments

This series would not have been possible without the dedicated work of some exceptional individuals. I would like to express my deepest gratitude to Ahmad Al-Masri for his invaluable contributions in compiling the extensive vocabulary list and crafting the example sentences and texts. Ahmad's insights and expertise in the Arabic language have been fundamental in shaping this book.

Likewise, I would like to extend my heartfelt thanks to Hend Khaled for her meticulous editing and proofreading of our materials. Her thoughtful feedback and suggestions have significantly elevated the quality and usability of this series. Likewise, her diligence and dedication have been indispensable in shaping the final product.

–Matthew Aldrich

How to Use This Book

Media Arabic Vocabulary is a versatile, flexible tool that can adapt to your personal learning style, immediate needs, and specific interests. Here's how to make the most of it:

Follow Your Interests

The organization of the book allows you to chart your own learning path. Feel free to delve into any unit that piques your interest or aligns with your immediate learning needs. There is no strict order to follow; every path leads to enrichment.

Understand the Structure

Vocabulary Lists: Vocabulary lists serve as your first contact with the topic-specific words and phrases. Each vocabulary item appears on the right-hand side, while its English translation appears on the opposite side. Sometimes you will notice word forms between them, preceded by a large dot. These are irregular plurals of nouns or verbal nouns (masdars) of verbs. Following each vocabulary item, in a shaded box, is an example sentence to demonstrate its use in context. Dozens of note boxes appear throughout the book with lexical and grammatical notes, learning tips, and references to other vocabulary items.

End-of-Section Texts: Following the vocabulary lists, you'll encounter different kinds of texts, including mini-articles, news reports, interviews, and more. These texts aim to immerse you in a variety of real-world contexts, further reinforcing the vocabulary and enhancing your reading proficiency.

Engage in Self-Discovery

We've consciously decided not to include traditional exercises such as multiple-choice or true-false questions. Instead, we promote a self-discovery approach, empowering you to actively engage with the material.

To effectively analyze the texts, try to identify the vocabulary from the lists in the actual context. Notice how these words interact with each other, what collocations they form, and how they contribute to the overall meaning of the text. As you progress through the content, you may notice that the English translations for certain vocabulary items in the example sentences and texts sometimes differ from those presented in the vocabulary lists. Far from an oversight, this is an intentional aspect of the methodology. Our aim here is to encourage you to ponder more deeply on the meanings of words and the nuances in their usage.

Lingualism offers a series of notebooks designed for recording Arabic vocabulary, all with beautiful covers:

www.lingualism.com/vocabulary-notebooks

As for vocabulary organization, we encourage you to keep a dedicated notebook. Classify and group words according to logical categories that make sense to you – be it themes, synonyms, antonyms, or even roots for Arabic words. This personalized lexical resource will greatly aid your recall and application of vocabulary.

Utilize the Audio Tracks

The accompanying audio tracks can be used in conjunction with the text or separately for additional listening practice. You can listen before, during, or after reading the texts, depending on your individual preference. They are designed to help improve your listening comprehension and pronunciation. Each section in the book is preceded by its track number.

Visit www.lingualism.com/audio, where you can find the free accompanying audio to download or stream (at variable playback rates).

Expand Your Vocabulary

One of the key strengths of this book is the wealth of vocabulary embedded within its pages beyond the given lists. Each section is filled with relevant vocabulary items not explicitly listed as vocabulary items. These additional vocabulary treasures can be found within the example sentences and texts. We encourage you to be an active explorer, seeking them out and adding them to your notes. The more you interact with the texts, the more you will uncover additional topical vocabulary to bolster your Arabic language repertoire.

Happy Learning!

Remember, the journey of language learning is not a linear one. It's a process of exploration, discovery, and personal growth. We hope this book will serve as your faithful companion on this fascinating voyage into the vibrant world of Arabic media.

Unit 1
Politics and Government

In this unit, we'll explore the dynamic and intriguing world of **Politics and Government**. This unit provides you with a robust vocabulary set and contextually rich materials, giving you the skills and confidence to navigate this complex and essential area of Arabic media.

Understanding the political vocabulary in Arabic can open up new dimensions of the language for you. Whether it's following international news, engaging in academic research, or participating in advanced conversations, this politically-themed vocabulary will serve as a powerful tool in your Arabic language arsenal.

In the first section of this unit, we delve into **National Politics and Governance**. Here, we will explore the ins and outs of political parties and factions, examine the terminology surrounding elections and electoral systems, and tackle vocabulary related to legal systems. With these, you'll be able to understand and discuss the fundamental aspects of domestic politics in Arabic-speaking countries.

Next, we'll shift our lens to a global scale in the second section, **International Relations and Diplomacy**. This section introduces you to the language of bilateral relations between countries and the intricacies of multilateral organizations and diplomacy. We'll also cover key vocabulary for conflict resolution, peacekeeping, and the critically important realm of humanitarian aid and disaster relief.

By the end of this unit, you will have a solid foundation in the vocabulary used to discuss politics and government in Arabic media. This will allow you to engage more fully with news articles on this topic, and to gain a deeper understanding of the political issues that shape our world.

Track 1

حُكومَةٌ government

تَعَهَّدَتِ الحُكومَةُ الجَديدَةُ بِتَحْسينِ الخِدْماتِ العامَّةِ وَمُكافَحَةِ الفَسادِ.

The new government pledged to improve public services and combat corruption.

سِياسَةٌ politics

تُعْتَبَرُ السِّياسَةُ جُزْءًا هامًّا مِنْ حَياةِ الإِنْسانِ، فَهِيَ تُؤَثِّرُ عَلى القَراراتِ وَالتَّشْريعاتِ الَّتي تَحْكُمُ المُجْتَمَعَ.

Politics is an important part of human life, as it influences the decisions and legislation that govern society.

> سِياسَةٌ can mean both 'politics' and 'policy.' The meaning is determined by the context in which it's used. In contexts referring to the activities associated with governance or public affairs, it translates to 'politics.' However, when it's used in reference to a plan of action, usually by an organization or government, it is translated as 'policy.' → سِياسَةٌ 'policy' (p. 57)

1.1 National Politics and Governance

1.1.1 Political Parties and Factions

Track 2

أَسَّسَ • تَأْسيسٌ to found, establish

أَسَّسَ حِزْبًا سِياسِيًّا جَديدًا يُرَكِّزُ عَلى مُساعَدَةِ الفِئاتِ الفَقيرَةِ وَتَحْقيقِ العَدالَةِ الاِجْتِماعِيَّةِ، وَحَظِيَ الحِزْبُ بِشَعْبِيَّةٍ كَبيرَةٍ في فَتْرَةٍ قِياسِيَّةٍ.

He founded a new political party focused on helping the poor and achieving social justice, and the party gained immense popularity in a record time.

أَغْلَبِيَّةٌ majority

حَصَلَ الحِزْبُ الحاكِمُ عَلى أَغْلَبِيَّةِ المَقاعِدِ في البَرْلَمانِ بَعْدَ الاِنْتِخاباتِ الأَخيرَةِ.

The ruling party won a majority of seats in parliament after the recent elections.

أَقَلِّيَّةٌ
minority

يُمَثِّلُ حِزْبُ المُعارَضَةِ الأَقَلِّيَّةَ في البَرْلَمانِ بَعْدَ فَوْزِ الحِزْبِ الحاكِمِ بِأَغْلَبِيَّةِ المَقاعِدِ في الاِنْتِخاباتِ الأَخيرَةِ.

The opposition party represents the minority in parliament after the ruling party won a majority of seats in the recent elections.

إِشْكالِيَّةٌ داخِلَ حِزْبٍ
an issue within a party

تَتَفاقَمُ الإِشْكالِيَّةُ داخِلَ الحِزْبِ الحاكِمِ بِسَبَبِ خِلافاتٍ حَوْلَ التَّوْزيعِ السِّياسِيِّ.

The problem inside the ruling party is escalating due to disagreements over political distribution.

اِئْتِلافٌ حُكومِيٌّ
coalition government

يَتَشَكَّلُ الِائْتِلافُ الحُكومِيُّ مِنْ عِدَّةِ أَحْزابٍ مُخْتَلِفَةٍ.

The coalition government is composed of several different parties.

اِتِّحادٌ وَطَنِيٌّ
national union

أَسَّسَتِ الأَحْزابُ الرَّئيسِيَّةُ اتِّحادًا وَطَنِيًّا بِهَدَفِ تَعْزيزِ التَّعاوُنِ بَيْنَ القُوى السِّياسِيَّةِ المُخْتَلِفَةِ وَتَحْقيقِ المُصالَحَةِ الوَطَنِيَّةِ.

The main parties established a national union with the aim of enhancing cooperation among different political forces and achieving national reconciliation.

> اِتِّحادٌ وَطَنِيٌّ is a term used to describe a political or social alliance, organization, or movement that aims to unite various groups, factions, or parties within a country around a shared national cause or goal. It often emphasizes the importance of national unity and collaboration for the betterment of the nation.

اِتَّحَدَ
to unite

• اِتِّحادٌ

اِتَّحَدَتِ الأَحْزابُ السِّياسِيَّةُ لِتَشْكيلِ قُوَّةٍ سِياسِيَّةٍ أَكْبَرَ في البَرْلَمانِ.

The political parties united to form a stronger political force in parliament.

اِجْتِماعٌ حِزْبِيٌّ
party meeting

عُقِدَ اجْتِماعٌ حِزْبِيٌّ هامٌّ لِمُناقَشَةِ الِاسْتِراتيجِيَّةِ السِّياسِيَّةِ المُسْتَقْبَلِيَّةِ لِلْحِزْبِ.

An important party meeting was held to discuss the party's future political strategy.

اِشْتِراكِيّ
socialist

يَدْعو الحِزْبُ الاِشْتِراكِيُّ إلى زِيادَةِ الإِنْفاقِ عَلى التَّعْليمِ والصِّحَّةِ في المِيزانِيَّةِ الحُكومِيَّةِ.

The Socialist Party is calling for an increase in spending on education and health in the government budget.

اِنْتِقاداتٌ داخِلِيَّةٌ
internal criticism

يَتَعَرَّضُ قادَةُ الأَحْزابِ لِانْتِقاداتٍ داخِلِيَّةٍ بِسَبَبِ سِياساتِهِمُ المُتَناقِضَةِ.

Party leaders face internal criticism due to their conflicting policies.

اِنْضَمَّ إلى • اِنْضِمامٌ
to join

اِنْضَمَّتِ المُنَظَّمَةُ النِّسائِيَّةُ الحُقوقِيَّةُ إلى الحِزْبِ المُعارِضِ كَجُزْءٍ مِنْ حَمْلَةٍ لِتَعْزيزِ مُشارَكَةِ المَرْأَةِ في الحَياةِ السِّياسِيَّةِ والعامَّةِ.

The women's rights organization joined the opposition party as part of a campaign to promote women's participation in political and public life.

اِنْقِسامٌ حِزْبِيٌّ
party division/split

تُعاني الحُكومَةُ مِنَ انْقِسامٍ حِزْبِيٍّ حَوْلَ سِياساتِها الاِقْتِصادِيَّةِ.

The government is suffering from a party split over its economic policies.

اِنْقَسَمَ • اِنْقِسامٌ
to split (into factions)

اِنْقَسَمَ الحِزْبُ السِّياسِيُّ إلى جَناحَيْنِ بِسَبَبِ خِلافاتٍ داخِلِيَّةٍ.

The political party split into two factions due to internal disagreements.

بَرْنامَجٌ سِياسِيٌّ • بَرامِجُ سِياسِيَّةٌ
political platform

يَعْتَمِدُ البَرْنامَجُ السِّياسِيُّ لِحِزْبِ المُعارَضَةِ عَلى تَحْسينِ الوَضْعِ الاِقْتِصادِيِّ والاِجْتِماعِيِّ لِلْمُواطِنينَ.

The opposition party's political platform relies on improving the economic and social situation of citizens.

تَحالَفَ
to form a coalition

• تَحالُفٌ

تَحالَفَتِ الأَحْزابُ السِّياسِيَّةُ المُخْتَلِفَةُ لِتَشْكِيلِ جَبْهَةٍ مُوَحَّدَةٍ تَعْمَلُ عَلى مُكافَحَةِ الفَسادِ وَتَعْزِيزِ الشَّفافِيَّةِ.

The various political parties allied to form a united front that works to combat corruption and promote transparency.

تَحالُفٌ
coalition, alliance

شَكَّلَتِ الأَحْزابُ المُعارِضَةُ تَحالُفًا قَوِيًّا لِمُواجَهَةِ الحُكومَةِ الحاكِمَةِ والضَّغْطِ لِإِجْراءِ إِصْلاحاتٍ سِياسِيَّةٍ.

The opposition parties formed a strong alliance to confront the ruling government and push for political reforms.

تَحالُفٌ انْتِخابِيٌّ
electoral alliance

قَرَّرَ التَّحالُفُ الاِنْتِخابِيُّ تَرْشِيحَ المُرَشَّحِ المُسْتَقِلِّ لِلانْتِخاباتِ الرِّئاسِيَّةِ.

The electoral alliance decided to nominate the independent candidate for the presidential elections.

تَحالُفٌ حِزْبِيٌّ
party alliance

يَجْتَمِعُ حِزْبُ الخُضْرِ وَالحِزْبُ الشُّيوعِيُّ في تَحالُفٍ حِزْبِيٍّ لِلْمُنافَسَةِ في الاِنْتِخاباتِ البَرْلَمانِيَّةِ.

The Green Party and the Communist Party are joining forces in a party alliance to compete in the parliamentary elections.

> The terms تَحالُفٌ انْتِخابِيٌّ and تَحالُفٌ حِزْبِيٌّ both refer to alliances or coalitions in Arabic. However, they have distinct meanings based on the context in which they are used.
>
> تَحالُفٌ انْتِخابِيٌّ specifically denotes an **electoral alliance**, which is formed between political parties or groups to collectively participate in elections, coordinate their efforts, and potentially increase their chances of success.
>
> On the other hand, تَحالُفٌ حِزْبِيٌّ refers to a **party alliance**, which is an agreement or coalition formed between political parties sharing similar ideologies, interests, or goals. These alliances typically aim to strengthen their collective influence and pursue common objectives, often outside the electoral context.

تَزَعَّمَ
to lead (a party, etc.), claim leadership, be at the forefront of

• تَزَعُّمٌ

يَتَزَعَّمُ الحِزْبُ الدِّيمُقْراطِيُّ المُعارَضَةَ في بَرْلَمانِ البِلادِ وَيَقودُ جُهودَهُمْ لِلتَّغْيِيرِ والإِصْلاحِ السِّياسِيِّ.

The Democratic Party leads the opposition in the country's parliament and directs their efforts towards political change and reform.

> Although there may be subtle nuances in the connotations, the verbs تَزَعَّمَ and قادَ can both be translated to 'lead' and used interchangeably to some extent. In the example above, يَتَزَعَّمُ implies assuming leadership or being at the forefront of the opposition party, while يَقودُ emphasizes actively leading and guiding their efforts for change. → قادَ (p. 11)

تَصَدّى لِـ • تَصَدٍّ — to oppose

تَصَدّى الحِزْبُ المُعارِضُ لِمُحاوَلاتِ الحُكومَةِ لِتَغْييرِ الدُّسْتورِ.

The opposition party opposed the government's attempts to change the constitution.

تَفاوَضَ • تَفاوُضٌ — to negotiate

تَفاوَضَتِ الأَحْزابُ السِّياسِيَّةُ الرَّئيسِيَّةُ على تَشْكيلِ حُكومَةِ وَحْدَةٍ وَطَنِيَّةٍ لِمُواجَهَةِ الأَزْمَةِ الاِقْتِصادِيَّةِ الرّاهِنَةِ.

The major political parties negotiated the formation of a national unity government to address the current economic crisis.

تَيّارٌ — movement, trend, current

تُعْتَبَرُ الوَطَنِيَّةُ والعُروبَةُ تَيّارَيْنِ مُهِمَّيْنِ في السِّياسَةِ اللُّبْنانِيَّةِ.

Nationalism and Arabism represent an important trend in Lebanese politics.

> → حَرَكَةٌ (p. 7)

تَيّارٌ وَطَنِيٌّ — national movement

يَعْمَلُ التَّيّارُ الوَطَنِيُّ على تَعْزيزِ الهُوِيَّةِ الوَطَنِيَّةِ وَتَوْحيدِ المُواطِنينَ حَوْلَ قِيَمٍ وَمَبادِئَ مُشْتَرَكَةٍ.

The national current works to strengthen national identity and unite citizens around shared values and principles.

جَبْهَةٌ وَطَنِيَّةٌ — national front

تُشَكِّلُ الجَبْهَةُ الوَطَنِيَّةُ تَحالُفًا يَضُمُّ عِدَّةَ أَحْزابٍ لِلدِّفاعِ عَنْ مَصالِحِ الوَطَنِ.

The national front forms an alliance of several parties to defend the interests of the country.

حاكِمٌ
ruling

نَظَّمَ الحِزْبُ الحاكِمُ مُؤْتَمَرًا صَحَفِيًّا لِلرَّدِّ عَلى اتِّهاماتِ المُعارَضَةِ بِالْفَسادِ.

The ruling party held a press conference to respond to corruption allegations made by the opposition.

حَرَكَةٌ
movement

شَهِدَتِ الحَرَكَةُ الاِحْتِجاجِيَّةُ ارْتِفاعًا كَبيرًا فِي الأَسابيعِ الأَخيرَةِ.

The protest movement has witnessed a significant increase in the past few weeks.

حَرَكَةٌ إِسْلامِيَّةٌ
Islamic movement

تَسْعى الحَرَكَةُ الإِسْلامِيَّةُ إِلى تَحْقيقِ أَهْدافِها الدّينِيَّةِ والسِّياسِيَّةِ.

The Islamic movement seeks to achieve its religious and political goals.

Both حَرَكَةٌ and تَيّارٌ (p. 6) are Arabic terms that are often used in the context of political or social **movements**. While the two terms are sometimes used interchangeably, there are some subtle differences in their meanings:

حَرَكَةٌ typically refers to a organized and structured political or social movement, often with a clear set of goals or objectives, for example, advocating for a particular cause or set of reforms.

تَيّارٌ, in a general sense, refers to a current or stream of thought. In Media Arabic, it is often used in a broader sense than حَرَكَةٌ to refer to less structured, more diffuse movements. For example, it might refer to a faction within a political party that is distinguished by a particular set of beliefs or goals.

حِزْبٌ (سِياسِيٌّ) • أَحْزابٌ
political party

يَتَنافَسُ العَديدُ مِنَ الأَحْزابِ السِّياسِيَّةِ عَلَى التَّأْثيرِ وَالسَّيْطَرَةِ عَلَى السُّلْطَةِ فِي الحُكومَةِ.

Numerous political parties compete for influence and control over power in the government.

حِزْبُ ائْتِلافٍ
coalition party

أَعْلَنَ حِزْبُ الاِئْتِلافِ عَنْ تَشْكيلِ تَحالُفٍ جَديدٍ مَعَ حِزْبَيْنِ آخَرَيْنِ لِلْمُنافَسَةِ فِي الاِنْتِخاباتِ البَرْلَمانِيَّةِ المُقْبِلَةِ.

The coalition party announced the formation of a new alliance with two other parties to compete in the upcoming parliamentary elections.

حِزْبُ ائْتِلافٍ حاكِمٍ
governing coalition party

يُشَكِّلُ حِزْبُ الِائْتِلافِ الحاكِمُ الجَديدُ تَحالُفًا قَوِيًّا في البَرْلَمانِ.

The new ruling coalition party forms a strong alliance in parliament.

حِزْبُ الخُضْرِ
green party

قَدَّمَ حِزْبُ الخُضْرِ مُقْتَرَحًا بِشَأْنِ خَفْضِ انْبِعاثاتِ الكَرْبونِ في الصِّناعاتِ الثَّقيلَةِ.

The Green Party presented a proposal to reduce carbon emissions in heavy industry.

حِزْبٌ حاكِمٌ
ruling party

يَحْكُمُ الآنَ حِزْبٌ حاكِمٌ جَديدٌ بَعْدَ فَوْزِهِ في الِانْتِخاباتِ العامَّةِ.

A new ruling party is now in power after winning the general elections.

حِزْبُ مُعارَضَةٍ
opposition party

يَحْمِلُ حِزْبُ المُعارَضَةِ شِعارَ "تَغْييرٌ وَإِصْلاحٌ" في الِانْتِخاباتِ البَرْلَمانِيَّةِ.

The opposition party carries the slogan of "change and reform" in the parliamentary elections.

حِزْبُ مُعارَضَةٍ رَئيسِيٌّ
main opposition party

يُنَدِّدُ حِزْبُ المُعارَضَةِ الرَّئيسِيُّ بِالْحُكومَةِ الحالِيَّةِ وَيَتَحَدّى بَرْنامَجَها السِّياسِيَّ.

The main opposition party condemns the current government and challenges its political agenda.

دِعايَةٌ حِزْبِيَّةٌ انْتِخابِيَّةٌ
party campaign appeals

قامَ حِزْبُ المُسْتَقْبَلِ بِتَنْظيمِ حَمْلَةِ دِعايَةٍ حِزْبِيَّةٍ انْتِخابِيَّةٍ في مَدينَةِ الإِسْكَنْدَرِيَّةِ، مُسْتَعْرِضًا خُطَطَهُ وَبَرامِجَهُ لِتَحْسينِ البِنْيَةِ التَّحْتِيَّةِ وَتَوْفيرِ فُرَصِ عَمَلٍ جَديدَةٍ.

The Future Party organized an electoral party propaganda campaign in Alexandria, showcasing its plans and programs to improve infrastructure and provide new job opportunities.

The construction قامَ بِـ followed by a verbal noun (masdar) is often used as an alternative to simply using a conjugated verb in the active voice. This construction carries a more formal tone and emphasizes the action being performed. In the example above, قامَ بِتَنْظيمِ... is interchangeable with نَظَّمَ. Likewise, in the following, قامَ بِدَعْمِ... could be replaced by دَعَمَ. → تَمَّ (p. 34)

دَعَمَ حِزْبًا سِيَاسِيًّا • دَعْمٌ
to support a political party

قامَ رَجُلُ الأَعْمالِ البارِزُ بِدَعْمِ حِزْبٍ سِياسِيٍّ جَديدٍ يَعْمَلُ عَلى تَعْزيزِ الدّيمُقْراطِيَّةِ وَحُقوقِ الإِنْسانِ.

The prominent businessman supported a new political party that aims to promote democracy and human rights.

In the example above, we have a verbal noun (masdar), which expresses 'the act of supporting.' In the example below, we see the same word form, but here used as a normal noun, translating to 'support.'

دَعْمٌ
support

يَتَمَتَّعُ حِزْبُ العَدالَةِ والتَّنْمِيَةِ بِشَعْبِيَّةٍ كَبيرَةٍ وَيَحْظى بِدَعْمٍ شَعْبِيٍّ كَبيرٍ.

The Justice and Development Party enjoys great popularity and enjoys large popular support.

ديمُقْراطِيٌّ
democratic

أَثارَتِ الانْتِخاباتُ الدّيمُقْراطِيَّةُ الأَخيرَةُ في البَلَدِ جَدَلًا واسِعًا في الأَوْساطِ السِّياسِيَّةِ والإِعْلامِيَّةِ.

The recent democratic elections in the country sparked a wide debate in political and media circles.

رَئيسُ حِزْبٍ • رُؤَساءُ أَحْزابٍ
party leader

يُواجِهُ رَئيسُ حِزْبِ الوِفاقِ الوَطَنِيِّ، الَّذي فازَ بِالانْتِخاباتِ الأَخيرَةِ، تَحَدّياتٍ كَبيرَةً في قِيادَةِ الحُكومَةِ في ظِلِّ الأَوْضاعِ الاقْتِصادِيَّةِ الصَّعْبَةِ.

The president of the National Accord Party, who won the last elections, faces significant challenges in leading the government amidst difficult economic conditions.

سِياسِيٌّ
politician

يَتَمَيَّزُ السِّياسِيُّ النّاجِحُ بِالْقُدْرَةِ عَلى الاسْتِماعِ لِآراءِ الآخَرينَ وَتَوْفيرِ حُلولٍ لِلْمَشاكِلِ.

A successful politician is characterized by the ability to listen to others' opinions and provide solutions to problems.

سِياسِيٌّ political

قامَ المُحَلِّلونَ السِّياسِيّونَ بِتَحْليلِ الأَحْداثِ السِّياسيَّةِ الَّتي وَقَعَتْ في البَلَدِ خِلالَ الأَسابيعِ الأَخيرَةِ، وَتَوَقَّعوا تَداعياتِها المُسْتَقْبَلِيَّةَ عَلى الوَضْعِ السِّياسِيِّ.

Political analysts analyzed the political events that occurred in the country during the past few weeks and predicted their future implications on the political situation.

شارَكَ • مُشارَكَةٌ to participate

شارَكَ عَدَدٌ كَبيرٌ مِنَ النّاشِطينَ السِّياسِيّينَ في المُظاهَرَةِ السِّلْمِيَّةِ الَّتي نَظَّمَتْها الأَحْزابُ المُعارِضَةُ لِلتَّعْبيرِ عَنْ رَفْضِهِمْ لِلتَّدَخُّلاتِ الأَجْنَبِيَّةِ في شُؤونِ البِلادِ.

A large number of political activists participated in the peaceful protest organized by opposition parties to express their rejection of foreign interventions in the country's affairs.

شَكَّلَ حُكومَةً جَديدَةً • تَشْكيلٌ to form a new government

شَكَّلَتِ الأَحْزابُ السِّياسِيَّةُ حُكومَةً جَديدَةً لِلْبِلادِ.

The political parties formed a new government for the country.

شُيوعِيٌّ communist

نَظَّمَ الحِزْبُ الشُّيوعِيُّ مَسيرَةً احْتِجاجِيَّةً ضِدَّ قَراراتِ الحُكومَةِ الأَخيرَةِ.

The Communist Party organized a protest march against the government's recent decisions.

صِراعُ القُوى الدّاخِلِيُّ internal power struggle

تَسَبَّبَ صِراعُ القُوى الدّاخِلِيُّ في حِزْبِ المُعارَضَةِ في تَفَكُّكِ الحِزْبِ وَضَعْفِ قُدْرَتِهِ عَلى المُنافَسَةِ في الانْتِخاباتِ القادِمَةِ.

The internal power struggle in the opposition party caused the party to disintegrate and weakened its ability to compete in the upcoming elections.

عُضْوُ حِزْبٍ • أَعْضاءُ حِزْبٍ
party member

يَجْتَمِعُ الآنَ جَميعُ أَعْضاءِ الحِزْبِ لِمُناقَشَةِ التَّحَدّياتِ الَّتي تُواجِهُ البِلادَ وَتَحْديدِ الاِسْتِراتيجِيَّةِ السِّياسِيَّةِ الَّتي سَتُعْتَمَدُ في الفَتْرَةِ المُقْبِلَةِ.

All party members are now meeting to discuss the challenges facing the country and to determine the political strategy that will be adopted in the coming period.

فَصيلٌ سِياسِيٌّ
political faction

يَنْتَمي الفَصيلُ السِّياسِيُّ الجَديدُ إِلى الاِتِّجاهِ اللّيبْرالِيِّ في السِّياسَةِ.

The new political faction belongs to the liberal trend in politics.

قادَ • قِيادَةٌ
to lead (a party, etc.), **direct, guide**

قادَ رَئيسُ الحِزْبِ الحَمْلَةَ الاِنْتِخابِيَّةَ بِحَزْمٍ وَتَمَكُّنٍ، وَنَجَحَ في جَذْبِ النّاخِبينَ بِمَواقِفِهِ الواضِحَةِ وَرُؤْيَتِهِ المُسْتَقْبَلِيَّةِ.

The party leader led the election campaign with determination and skill and succeeded in attracting voters with his clear stances and future vision.

→ تَزَعَّمَ (p. 6)

قَوْمِيٌّ
nationalist

يُطالِبُ الحِزْبُ القَوْمِيُّ بِتَوْطيدِ العَلاقاتِ الاِقْتِصادِيَّةِ مَعَ الدُّوَلِ المُجاوِرَةِ.

The Nationalist Party is calling for stronger economic relations with neighboring countries.

قِيادَةٌ
leadership

تُشَكِّلُ قِيادَةُ الحِزْبِ الشُّيوعِيِّ مَعْقِلًا لِلْيَسارِ السِّياسِيِّ في البِلادِ، وَتُرَكِّزُ عَلى العَدالَةِ الاِجْتِماعِيَّةِ وَحُقوقِ العُمّالِ وَالنِّقاباتِ العُمّالِيَّةِ.

The leadership of the Communist Party forms a stronghold for the political left in the country, focusing on social justice, labor rights, and trade unions.

ليبْرالِيٌّ
liberal

نَدَّدَتِ الحَرَكاتُ اللّيبْرالِيَّةُ في البَلَدِ بِمُحاوَلاتِ بَعْضِ الحُكوماتِ لِلتَّدَخُّلِ في حُرِّيَّةِ الإِعْلامِ وَقَمْعِ الحُقوقِ المَدَنِيَّةِ.

Liberal movements in the country condemned attempts by some governments to interfere with media freedom and suppress civil rights.

founder **مُؤَسِّسٌ**

تَعَرَّضَ المُؤَسِّسُ الشَّهيرُ لِلحِزْبِ الحاكِمِ لِانْتِقاداتٍ حادَّةٍ مِنْ قِبَلِ رَئيسِ حِزْبِ المُعارَضَةِ بِسَبَبِ تَصْريحاتِهِ الأَخيرَةِ حَوْلَ قَضايا الأَمْنِ القَوْمِيِّ.

The famous founder of the ruling party faced sharp criticisms from the leader of the opposition party due to his recent statements about national security issues.

conservative **مُحافِظٌ**

يَنْتَقِدُ حِزْبُ المُحافِظينَ الإِجْراءاتِ الاِقْتِصادِيَّةَ الجَديدَةَ الَّتي اتَّخَذَتْها الحُكومَةُ وَيَدْعو إِلى تَخْفيفِ الضَّرائِبِ.

The Conservative Party is criticizing the new economic measures taken by the government and calling for tax relief.

candidate **مُرَشَّحٌ**

تَمَّ اخْتِيارُ المُرَشَّحِ الجَديدِ لِحِزْبِ المُحافِظينَ لِخَوْضِ الاِنْتِخاباتِ البَرْلَمانِيَّةِ، وَيَتَمَيَّزُ المُرَشَّحُ الجَديدُ بِخِبْرَتِهِ الواسِعَةِ في مَجالِ الأَعْمالِ والتِّجارَةِ.

The new candidate for the Conservative Party has been chosen to run in the parliamentary elections and is distinguished by his extensive experience in business and trade.

independent (as in an independent candidate or party) **مُسْتَقِلٌّ**

يَدْعَمُ الحِزْبُ المُسْتَقِلُّ تَشْكيلَ حُكومَةٍ مِنَ الخُبَراءِ والمُسْتَقِلّينَ غَيْرِ المُنْتَمينَ لِلأَحْزابِ السِّياسِيَّةِ.

The Independent Party supports the formation of a government of experts and independents not affiliated with political parties.

opposing **مُعارِضٌ**

قَدَّمَتِ الأَحْزابُ المُعارِضَةُ اقْتِراحاتِها لِإِصْلاحِ النِّظامِ الاِنْتِخابِيِّ في البِلادِ.

The opposition parties presented their proposals for reforming the electoral system in the country.

> In the example above, we have the feminine form of the active participle adjective, which takes a kasra (ِ) as its vowel: مُعارِضَةٌ (*mu3āriḍa*). In the second example, we have the verbal noun (masdar), which has a fatha (َ) as its vowel: مُعارَضَةٌ (*mu3āraḍa*). In a real-world news article, Arabic is not vocalized, so it is essential to keep in mind the different vowel patterns.

مُعارَضَةٌ
opposition

تَشْهَدُ البِلادُ حاليًّا حَراكًا شَعْبيًّا واسِعًا يُطالِبُ بِإِصْلاحاتٍ سِياسِيَّةٍ واقْتِصادِيَّةٍ، وَيُعْتَبَرُ هَذا الحَراكُ تَحَدِّيًا لِلْحُكومَةِ والمُعارَضَةِ عَلى حَدٍّ سَواءٍ.

The country is currently witnessing a widespread popular movement demanding political and economic reforms, and this movement is seen as a challenge to both the government and the opposition.

ناشِطٌ سِياسِيٌّ
• نُشَطاءُ/ناشِطونَ سِياسِيّونَ
political activist

هُناكَ ناشِطونَ سِياسِيّونَ يُنَظِّمونَ احْتِجاجاتٍ سِلْمِيَّةً في المَيْدانِ الرَّئيسِيِّ لِلْعاصِمَةِ، مُطالِبينَ بِالإِصْلاحاتِ السِّياسِيَّةِ والحُرِّيّاتِ العامَّةِ.

There are political activists organizing peaceful protests in the main square of the capital, demanding political reforms and public freedoms.

نافَسَ
• مُنافَسَةٌ
to compete

نافَسَتِ الأَحْزابُ السِّياسِيَّةُ بِكَثافَةٍ في الِانْتِخاباتِ الأَخيرَةِ.

The political parties competed heavily in the recent elections.

وَسَطِيٌّ
centrist

يَدْعو الحِزْبُ الوَسَطِيُّ إلى التَّوَسُّطِ بَيْنَ الأَحْزابِ المُتَنازِعَةِ لِحَلِّ الأَزْمَةِ السِّياسِيَّةِ.

The Centrist Party is calling for mediation between conflicting parties to resolve the political crisis.

وَطَنِيٌّ
national

يَدْعو الحِزْبُ الوَطَنِيُّ الدِّيمُقْراطِيُّ إلى تَشْكيلِ حُكومَةِ وَحْدَةٍ وَطَنِيَّةٍ.

The National Democratic Party is calling for the formation of a national unity government.

يَسارِيٌّ
left(-wing), leftist

يُؤَيِّدُ الحِزْبُ اليَسارِيُّ تَقْديمَ مُساعَداتٍ مالِيَّةٍ لِلْفِئاتِ الفَقيرَةِ والمُحْتاجَةِ.

The Leftist Party supports providing financial aid to the poor and needy.

right(-wing) **يَمِينيٌّ**

يُعارِضُ الحِزْبُ اليَمينيُّ تَعْديلاتِ الدُّسْتورِ الجَديدَةَ الَّتي تَقْتَرِحُها الحُكومَةُ.

The Right-wing Party opposes the new constitutional amendments proposed by the government.

1.1.1.1 Mini-Articles

Track 3

أَعْلَنَ حِزْبُ الخُضْرِ في اجْتِماعٍ حِزْبِيٍّ مُؤَخَّرًا عَنْ بَرْنامَجٍ سِياسِيٍّ جَديدٍ يُرَكِّزُ عَلى قَضايا البيئَةِ وَالتَّنْمِيَةِ المُسْتَدامَةِ. في هَذا الاِجْتِماعِ، قادَ مُؤَسِّسُ الحِزْبِ وَرَئيسُهُ مُباحَثاتٍ حَوْلَ تَشْكيلِ تَحالُفٍ انْتِخابِيٍّ مَعَ حِزْبٍ وَطَنِيٍّ مُعْتَدِلٍ وَآخَرَ يَسارِيٍّ، لِتَعْزيزِ فُرَصِهِمْ في الاِنْتِخاباتِ المُقْبِلَةِ. يَهْدِفُ الحِزْبُ إِلى جَمْعِ دَعْمٍ أَكْبَرَ مِنَ الأَغْلَبِيَّةِ الوَطَنِيَّةِ مِنْ خِلالِ تَحالُفاتِهِ.

The Green Party recently announced a new political program focusing on environmental and sustainable development issues during a party meeting. At this meeting, the party's founder and leader led discussions on forming an electoral alliance with a moderate nationalist party and another leftist party to enhance their chances in the upcoming elections. The party aims to gather greater support from the national majority through its alliances.

تُعاني حَرَكَةٌ إِسْلامِيَّةٌ مِنَ انْقِسامٍ حِزْبِيٍّ حادٍّ بِسَبَبِ اخْتِلافاتٍ بَيْنَ الفَصائِلِ السِّياسِيَّةِ الدّاخِلِيَّةِ حَوْلَ البَرْنامَجِ السِّياسِيِّ وَالقِيادَةِ. اِنْتِقاداتٌ داخِلِيَّةٌ مُتَزايِدَةٌ تِجاهَ رَئيسِ الحَرَكَةِ وَصَلَتْ إِلى ذُرْوَتِها خِلالَ اجْتِماعٍ حِزْبِيٍّ عاصِفٍ. يَتَوَقَّعُ الخُبَراءُ أَنْ يُؤَدِّيَ صِراعُ القُوى الدّاخِلِيُّ هَذا إِلى مُفاوَضاتٍ بَيْنَ المُعارَضَةِ والفَصيلِ الحاكِمِ بِشَأْنِ تَشْكيلِ ائْتِلافٍ حُكومِيٍّ جَديدٍ.

An Islamic movement is suffering from a sharp party division due to differences among internal political factions regarding the political program and leadership. Internal criticisms of the party leader reached their peak during a stormy party meeting. Experts expect that this internal power struggle will lead to negotiations between the opposition and the ruling faction to form a new government coalition.

تَحْتَ شِعارِ "الوَحْدَةِ وَالاِزْدِهارِ"، أَسَّسَتْ مَجْموعَةٌ مِنَ النّاشِطينَ السِّياسِيّينَ حِزْبًا سِياسِيًّا جَديدًا يُسَمّى "الاِتِّحادَ الوَطَنِيَّ"، يَضُمُّ أَعْضاءً مِنْ مُخْتَلِفِ الخَلْفِيّاتِ وَالتَّوَجُّهاتِ السِّياسِيَّةِ. تَتَزَعَّمُ الحِزْبَ شَخْصِيَّةٌ مُسْتَقِلَّةٌ وَمَعْروفَةٌ تَسْعى لِجَذْبِ الأَقَلِّيّاتِ السِّياسِيَّةِ وَالفِئاتِ المُهَمَّشَةِ، لِتَوْحيدِ الجُهودِ في مُواجَهَةِ الأَحْزابِ التَّقْليدِيَّةِ. يَأْمُلُ الاِتِّحادُ الوَطَنِيُّ في خَلْقِ جَبْهَةٍ وَطَنِيَّةٍ قَوِيَّةٍ تُمَثِّلُ تَطَلُّعاتِ جَميعِ المُواطِنينَ.

Under the slogan "Unity and Prosperity," a group of political activists founded a new political party called the "National Union," which includes members from various political backgrounds and orientations. The party is led by an independent and well-known figure seeking to attract political minorities and marginalized groups to unify efforts in facing traditional parties. The National Union hopes to create a strong national front representing the aspirations of all citizens.

1.1.1.2 Interview with a Politician

Track **4**

مُقابَلَةٌ مَعَ نائِبَةٍ

المُراسِل: أَهْلًا وَسَهْلًا بِكِ يا سِيادَةَ النّائِبَة. شُكْرًا لَكِ عَلى قَبولِ الدَّعْوَةِ لِهَذا اللِّقاء. لِنَبْدَأْ بِالسُّؤالِ الأَوَّل: ما هُوَ رَأْيُكِ في التَّحالُفِ الاِنْتِخابِيِّ الجَديدِ بَيْنَ حِزْبِ الخُضْرِ وَالتَّيّارِ الوَطَنِيِّ؟

النّائِبَةُ: شُكْرًا لَكَ عَلى دَعْوَتي لِلْحَديثِ عَنْ هَذا المَوْضوع. أَعْتَقِدُ أَنَّ هَذا التَّحالُفَ قَدْ يُعَزِّزُ الأَغْلَبِيَّةَ البَرْلَمانِيَّةَ وَيَعْكِسُ التِزامَ الأَحْزابِ بِالتَّعاوُنِ وَتَحْقيقِ التَّغْييرِ في المَجالاتِ البيئِيَّةِ وَالاِجْتِماعِيَّة.

المُراسِل: هَلْ تَعْتَقِدينَ أَنَّ الحِزْبَ الحاكِمَ سَيَتَأَثَّرُ بِنَجاحِ هَذا التَّحالُفِ في الاِنْتِخاباتِ المُقْبِلَة؟

النّائِبَةُ: مِنَ المُحْتَمَلِ أَنْ يُواجِهَ الحِزْبُ الحاكِمُ تَحَدِّياتٍ جَديدَةً بِسَبَبِ هَذا التَّحالُفِ، وَلَكِنْ يَعودُ الأَمْرُ إِلى قُدْرَتِهِ عَلى التَّعامُلِ مَعَ التَّغَيُّراتِ وَتَحْسينِ أَداءِهِ في مَجالاتٍ مُخْتَلِفَةٍ.

المُراسِل: ما هِيَ التَّحَدِّياتُ الَّتي تُواجِهُ الحِزْبَ الحاكِمَ في ظِلِّ الاِنْقِساماتِ الحِزْبِيَّةِ الدّاخِلِيَّةِ؟

النّائِبَةُ: الاِنْقِساماتُ الدّاخِلِيَّةُ قَدْ تُؤَثِّرُ عَلى الحِزْبِ الحاكِمِ في ما يَتَعَلَّقُ بِتَوْحيدِ الصُّفوفِ وَالتَّأْثيرِ عَلى النّاخِبينَ. يَجِبُ عَلى الحِزْبِ إِيجادُ حُلولٍ لِلْقَضايا الدّاخِلِيَّةِ وَتَعْزيزُ وَحْدَتِهِ لِتَحْقيقِ نَتائِجَ إِيجابِيَّةٍ في الاِنْتِخاباتِ المُقْبِلَةِ.

المُراسِل: بِماذا تَنْصَحينَ الحِزْبَ الحاكِمَ لِلتَّغَلُّبِ عَلى هَذِهِ الاِنْقِساماتِ؟

النّائِبَةُ: أَنْصَحُ بِالتَّعاوُنِ وَالحِوارِ المَفْتوحِ بَيْنَ فَصائِلِ الحِزْبِ المُخْتَلِفَةِ، وَتَحْديدِ الأَوْلَوِيّاتِ وَالتَّرْكيزِ عَلى قَضايا تَهُمُّ النّاخِبينَ. يَجِبُ تَعْزيزُ التَّواصُلِ بَيْنَ أَعْضاءِ الحِزْبِ، وَالعَمَلُ مَعًا لِتَحْقيقِ الأَهْدافِ المُشْتَرَكَةِ، وَصِياغَةِ بَرْنامَجٍ سِياسِيٍّ قَوِيٍّ يَسْتَجيبُ لِتَطَلُّعاتِ المُواطِنينَ.

المُراسِل: في الخِتامِ، ما هِيَ آمالُكِ وَتَطَلُّعاتُكِ لِلْمُسْتَقْبَلِ السِّياسِيِّ في بِلادِنا؟

النّائِبَةُ: أَتَمَنَّى أَنْ يَسْتَمِرَّ التَّحَسُّنُ فِي الحِوارِ السِّياسِيِّ وَالتَّعاوُنُ بَيْنَ الأَحْزابِ المُخْتَلِفَةِ. كَما أَتَطَلَّعُ إِلَى بَلْوَرَةِ سِياساتٍ واضِحَةٍ تُعالِجُ قَضايا مُهِمَّةً مِثْلَ التَّعْليمِ وَالصِّحَّةِ وَالبيئَةِ. بِالإِضافَةِ إِلَى ذَلِكَ، أَتَمَنَّى أَنْ تَشْهَدَ بِلادُنا تَعْزيزَ الدِّيمُقْراطِيَّةِ وَتَحْقيقَ المَزيدِ مِنَ الاِسْتِقْرارِ.

المُراسِلُ: شُكْرًا لَكِ يا سِيادَةَ النّائِبَةِ عَلَى وَقْتِكِ وَمُشارَكَتِكِ القَيِّمَةِ فِي هَذا الحِوارِ. نَتَمَنَّى لَكِ التَّوْفيقَ فِي مَسيرَتِكِ السِّياسِيَّةِ.

النّائِبَةُ: شُكْرًا لَكُمْ عَلَى الدَّعْوَةِ وَالفُرْصَةِ لِمُناقَشَةِ هَذِهِ المَواضيعِ المُهِمَّةِ. أَتَمَنَّى لَكُمُ التَّوْفيقَ وَالنَّجاحَ فِي عَمَلِكُمُ الصَّحَفِيِّ.

An Interview with an MP

Reporter:	Welcome, Madam Deputy. Thank you for accepting the invitation for this interview. Let's start with the first question: What is your opinion on the new electoral alliance between the Green Party and the Nationalist Movement?
Deputy:	Thank you for having me to discuss this topic. I believe this alliance could enhance the parliamentary majority and reflect the parties' commitment to cooperation and achieving change in environmental and social areas.
Reporter:	Do you think the ruling party will be affected by the success of this alliance in the upcoming elections?
Deputy:	The ruling party may face new challenges due to this alliance, but it depends on its ability to deal with changes and improve its performance in various areas.
Reporter:	What are the challenges facing the ruling party amidst internal party divisions?
Deputy:	Internal divisions may affect the ruling party in terms of uniting the ranks and influencing voters. The party must find solutions to internal issues and strengthen its unity to achieve positive results in the upcoming elections.
Reporter:	What advice do you have for the ruling party to overcome these divisions?
Deputy:	I advise cooperation and open dialogue between the different party factions, identifying priorities, and focusing on issues that matter to voters. It is necessary to enhance communication among party members and work together to achieve common goals and formulate a strong political program that responds to citizens' aspirations.
Reporter:	Finally, what are your hopes and aspirations for the political future of our country?

Deputy:	I hope for continued improvement in political dialogue and cooperation among the different parties. I also look forward to the development of clear policies that address important issues such as education, health, and the environment. Additionally, I hope our country witnesses the strengthening of democracy and the achievement of more stability and progress.
Reporter:	Thank you, Madam Deputy, for your time and valuable contribution to this interview. We wish you success in your political career.
Deputy:	Thank you for the invitation and the opportunity to discuss these important issues. I wish you success and prosperity in your journalistic work.

1.1.2 Elections and Electoral Systems

Track 5

to postpone ・ تَأْجِيلٌ ・ أَجَّلَ

بِسَبَبِ الظُّروفِ الطَّارِئَةِ، قَرَّرَتِ الحُكومَةُ تَأْجِيلَ الاِنْتِخاباتِ لِمُدَّةِ شَهْرَيْنِ.

Due to emergency circumstances, the government decided to postpone the elections for two months.

to cast a vote ・ إِدْلاءٌ ・ أَدْلَى بِصَوْتِهِ

أَدْلَتِ المُرَشَّحَةُ بِصَوْتِها مُبَكِّرًا صَباحَ يَوْمِ الاِنْتِخاباتِ وَدَعَتْ جَميعَ المُواطِنينَ لِلْمُشارَكَةِ.

The candidate cast her vote early on election day and urged all citizens to participate.

to announce results ・ إِعْلانٌ ・ أَعْلَنَ عَنْ نَتائِجَ

بَعْدَ إِغْلاقِ مَراكِزِ الاِقْتِراعِ، أَعْلَنَتِ اللَّجْنَةُ الاِنْتِخابِيَّةُ عَنِ النَّتائِجِ المَبْدَئِيَّةِ لِلْاِنْتِخاباتِ البَرْلَمانِيَّةِ.

After the polling stations closed, the electoral commission announced the preliminary results of the parliamentary elections.

election rerun ・ إِعادَةُ اِنْتِخاباتٍ

تَمَّتْ إِعادَةُ إِجْراءِ الاِنْتِخاباتِ في بَعْضِ الدَّوائِرِ الاِنْتِخابِيَّةِ بَعْدَ تَبْليغٍ عَنْ بَعْضِ المُخالَفاتِ الاِنْتِخابِيَّةِ.

Elections were rerun in some electoral districts after reports of electoral violations.

to retain the seat	• اِحْتِفاظٌ	اِحْتَفَظَ بِالمَقْعَدِ

اِحْتَفَظَ المُرَشَّحُ الحالِيُّ بِالمَقْعَدِ البَرْلَمانِيِّ بَعْدَ حُصولِهِ عَلى نِسْبَةٍ كَبيرَةٍ مِنَ الأَصْواتِ.

The incumbent candidate retained the parliamentary seat after obtaining a large percentage of the votes.

to choose	• اِخْتِيارٌ	اِخْتارَ

اِخْتارَ الناخِبونَ بِحِكْمَةٍ بَيْنَ المُرَشَّحينَ المُخْتَلِفينَ لِضَمانِ مُسْتَقْبَلٍ أَفْضَلَ لِلْبِلادِ.

The voters wisely chose between the various candidates to ensure a better future for the country.

to comply with electoral laws	• اِلتِزامٌ	اِلتَزَمَ بِقَوانينَ اِنْتِخابِيَّةٍ

اِلتَزَمَتْ جَميعُ الأَحْزابِ السِّياسِيَّةِ بِقَوانينِ الاِنْتِخاباتِ وَعَمِلَتْ عَلى إِجْراءِ حَمَلاتٍ اِنْتِخابِيَّةٍ نَظيفَةٍ.

All political parties adhered to election laws and conducted clean election campaigns.

elections	pl.	اِنْتِخاباتٌ

وَقَدِ اعْتُبِرَتِ الاِنْتِخاباتُ الأَخيرَةُ مِنْ أَكْثَرِ الاِنْتِخاباتِ نَزاهَةً في تاريخِ البِلادِ.

The recent elections were considered among the fairest elections in the country's history.

parliamentary elections	اِنْتِخاباتٌ بَرْلَمانِيَّةٌ

أُجْرِيَتِ اِنْتِخاباتٌ بَرْلَمانِيَّةٌ في البِلادِ لِاخْتِيارِ مُمَثِّلي الشَّعْبِ في المَجْلِسِ التَّشْريعِيِّ.

Parliamentary elections were held in the country to select the people's representatives in the legislative council.

party (primary) elections	اِنْتِخاباتٌ حِزْبِيَّةٌ

اِنْتَهَتِ الاِنْتِخاباتُ الحِزْبِيَّةُ بِفَوْزِ القِيادِيِّ الجَديدِ بِمَنْصِبِ رَئيسِ الحِزْبِ.

The primary elections ended with the new leader winning the position of party chairman.

presidential elections	اِنْتِخاباتٌ رِئاسِيَّةٌ

شَهِدَتِ الاِنْتِخاباتُ الرِّئاسِيَّةُ مُنافَسَةً شَديدَةً بَيْنَ المُرَشَّحينَ، حَيْثُ يَتَنافَسونَ عَلى قِيادَةِ البِلادِ لِلْفَتْرَةِ المُقْبِلَةِ.

The presidential elections witnessed intense competition among candidates, as they vie to lead the country for the upcoming term.

اِنْتِخاباتٌ عامَّةٌ
general elections

أُجْرِيَتِ الِانْتِخاباتُ العامَّةُ في البَلَدِ بِنَجاحٍ وَبِمُشارَكَةٍ واسِعَةٍ مِنَ النّاخِبينَ.

The general elections in the country were conducted successfully and with a wide participation of voters.

اِنْتِخابِيٌّ
electoral, election-

شَهِدَتِ الدَّوْرَةُ الِانْتِخابِيَّةُ الحالِيَّةُ تَنافُسًا شَديدًا بَيْنَ المُرَشَّحينَ وَنَشاطًا انْتِخابِيًّا كَبيرًا مِنْ قِبَلِ النّاخِبينَ.

The current electoral cycle witnessed intense competition between the candidates and significant electoral activity by the voters.

اِنْتُخِبَ
• اِنْتِخابٌ

to elect

اِنْتُخِبَ المُرَشَّحُ المُسْتَقِلُّ كَرَئيسٍ لِلْبَلَدِيَّةِ لِلْمَرَّةِ الثّالِثَةِ عَلى التَّوالي.

The independent candidate was elected as the mayor for the third consecutive time.

بِطاقَةُ اقْتِراعٍ
• بِطاقاتُ اقْتِراعٍ

ballot

يَجِبُ عَلى النّاخِبينَ الحُصولُ عَلى بِطاقَةِ اقْتِراعٍ صالِحَةٍ لِلتَّصْويتِ في الِانْتِخاباتِ.

Voters must obtain a valid ballot to vote in the elections.

تَرَشَّحَ
• تَرَشُّحٌ

to be nominated; to run for election

تَرَشَّحَ السِّياسِيُّ المَعْروفُ لِخَوْضِ انْتِخاباتِ الرِّئاسَةِ وَعَرَضَ بَرْنامَجَهُ الِانْتِخابِيَّ لِلنّاخِبينَ.

The well-known politician nominated himself for the presidential elections and presented his electoral program to the voters.

تَصْويتٌ
voting

يَجْري التَّصْويتُ في جَميعِ أَنْحاءِ البِلادِ اليَوْمَ لِاخْتِيارِ الرَّئيسِ القادِمِ.

Voting is taking place across the country today to elect the next president.

تَصويتٌ إِلِكْترونيٌّ
electronic voting

تَمَّ اسْتِخْدامُ التَّصويتِ الإِلِكْترونيِّ لِأَوَّلِ مَرَّةٍ هذا العامَ في بَعْضِ المُدُنِ لِتَسْهيلِ العَمَلِيَّةِ الاِنْتِخابِيَّةِ.

Electronic voting was used for the first time this year in some cities to facilitate the election process.

تَصويتٌ مُبَكِّرٌ
early voting

يُساعِدُ التَّصويتُ المُبَكِّرُ النّاخِبينَ عَلى تَفادي الزِّحامِ في يَوْمِ الاِنْتِخاباتِ الرَّئيسِيَّةِ.

Early voting helps voters avoid crowds on the day of the main elections.

تَوْحيدُ صُفوفٍ (حِزْبِيَّةٍ)
unifying (party) ranks, uniting party lines

عَمِلَتِ الأَحْزابُ السِّياسِيَّةُ عَلى تَوْحيدِ صُفوفِها قَبْلَ الاِنْتِخاباتِ لِزِيادَةِ فُرَصِ الفَوْزِ.

Political parties worked on unifying their ranks before the elections to increase their chances of winning.

حَثَّ عَلى تَصويتٍ • حَثَّ
to encourage voting

حَثَّتِ الحَمْلَةُ الاِنْتِخابِيَّةُ لِلْمُرَشَّحَةِ جَميعَ النّاخِبينَ عَلى التَّصويتِ في الاِنْتِخاباتِ القادِمَةِ.

The candidate's electoral campaign encouraged all voters to cast their votes in the upcoming elections.

حُرِّيَّةُ اِنْتِخابٍ
freedom to vote

تَجَمَّعَ المِئاتُ مِنَ المُواطِنينَ لِلتَّعْبيرِ عَنْ رَفْضِهِمْ لِتَزْويرِ الاِنْتِخاباتِ والدَّعْوَةِ لِضَمانِ حُرِّيَّةِ اِنْتِخابٍ حَقيقِيَّةٍ.

Hundreds of citizens gathered to express their rejection of election fraud and call for ensuring true freedom of elections.

حَصَرَ أَصْواتٍ • حَصَرَ
to count the votes

اِنْتَهَتْ عَمَلِيَّةُ حَصْرِ أَصْواتِ الاِنْتِخاباتِ المَحَلِّيَّةِ بِنَجاحٍ وَأَظْهَرَتْ تَفَوُّقَ المُرَشَّحِ الشَّعْبِيِّ.

The local election vote-counting process was successfully completed, showing the popular candidate's lead.

حَصَلَ عَلَى أَغْلَبِيَّةٍ • حُصُولٌ
to gain a majority

حَصَلَ المُرَشَّحُ المُسْتَقِلُّ عَلَى أَغْلَبِيَّةِ الأَصْوَاتِ فِي انْتِخَابَاتِ البَرْلَمَانِ وَتَمَكَّنَ مِنَ الفَوْزِ بِالمَقْعَدِ.

The independent candidate obtained a majority of votes in the parliamentary elections and managed to win the seat.

حَصِيلَةُ فَرْزِ الأَصْوَاتِ
election tally, result of the vote count

أَعْلَنَتِ اللَّجْنَةُ المُسْتَقِلَّةُ لِلانْتِخَابَاتِ حَصِيلَةَ فَرْزِ الأَصْوَاتِ بَعْدَ انْتِهَاءِ العَمَلِيَّةِ الانْتِخَابِيَّةِ وَتَأْكِيدِ صِحَّةِ النَّتَائِجِ.

The independent election committee announced the vote count results after the conclusion of the electoral process and the validation of the outcomes.

حَمْلَةٌ انْتِخَابِيَّةٌ
election campaign

تَحْظَى الحَمَلاتُ الانْتِخَابِيَّةُ بِأَهَمِّيَّةٍ كَبِيرَةٍ فِي جَذْبِ اهْتِمَامِ النَّاخِبِينَ وَزِيَادَةِ نِسْبَةِ المُشَارَكَةِ.

Election campaigns are of great importance in attracting the attention of voters and increasing turnout.

دَائِرَةٌ انْتِخَابِيَّةٌ • دَوَائِرُ انْتِخَابِيَّةٌ
electoral district/constituency

تَمَّتْ إِعَادَةُ تَقْسِيمِ الدَّوَائِرِ الانْتِخَابِيَّةِ فِي البَلَدِ اسْتِجَابَةً لِمَطَالِبِ النَّاخِبِينَ بِتَحْسِينِ التَّمْثِيلِ السِّيَاسِيِّ، وَسَيَتِمُّ تَطْبِيقُ النِّظَامِ الانْتِخَابِيِّ الجَدِيدِ فِي الانْتِخَابَاتِ القَادِمَةِ.

Electoral districts were redivided in the country in response to voters' demands for better political representation, and the new electoral system will be implemented in the upcoming elections.

دِعَايَةٌ انْتِخَابِيَّةٌ
election propaganda

أَطْلَقَ الحِزْبُ الدِّيمُقْرَاطِيُّ حَمْلَةَ دِعَايَةٍ انْتِخَابِيَّةٍ ضَخْمَةً لِجَذْبِ النَّاخِبِينَ وَتَسْلِيطِ الضَّوْءِ عَلَى بَرْنَامَجِهِ السِّيَاسِيِّ.

The Democratic Party launched a massive electoral advertising campaign to attract voters and highlight its political program.

دِيمُقْرَاطِيٌّ
democratic

يَعْمَلُ النُّشَطَاءُ الدِّيمُقْرَاطِيُّونَ عَلَى تَعْزِيزِ الدِّيمُقْرَاطِيَّةِ وَالشَّفَافِيَّةِ فِي الانْتِخَابَاتِ.

Democratic activists work to promote democracy and transparency in elections.

راقب عَمَلِيَّة تَصْويتٍ • مُراقَبَةٌ **to monitor the voting process**

راقَبَتْ مُنَظَّمَةٌ حُقوقِيَّةٌ دَوْلِيَّةٌ عَمَلِيَّةَ التَّصْويتِ لِلتَّأَكُّدِ مِنْ سَيْرِها بِشَكْلٍ عادِلٍ وَشَفّافٍ.

An international human rights organization monitored the voting process to ensure its fairness and transparency.

رَشَّحَ • تَرْشيحٌ **to nominate**

رَشَّحَ حِزْبُ الوَحْدَةِ الوَطَنِيَّةِ مُرَشَّحَةً شابَّةً لِخَوْضِ سِباقِ المَقْعَدِ البَرْلَمانِيِّ.

The National Unity Party nominated a young candidate to run for the parliamentary seat.

شَارَكَ فِي انْتِخاباتٍ • مُشارَكَةٌ **to participate in elections**

شارَكَتِ النِّساءُ في الانْتِخاباتِ بِنِسْبَةِ مُشارَكَةٍ تاريخِيَّةٍ، ما يَعْكِسُ تَقَدُّمَ المُجْتَمَعِ.

Women participated in the elections at a historically high rate, reflecting societal progress.

صالِحٌ **valid**

بَعْدَ التَّحَقُّقِ مِنْ جَميعِ الأَصْواتِ المُدْلى بِها، أَعْلَنَتِ اللَّجْنَةُ الانْتِخابِيَّةُ أَنَّ النَّتائِجَ صالِحَةٌ وَتَمَّ احْتِسابُها بِشَكْلٍ صَحيحٍ.

After verifying all the votes cast, the electoral committee announced that the results were valid and properly counted.

In the example above, تَمَّ احْتِسابُها (literally, 'their counting was completed') is interchangeable with أُحْتُسِبَتْ ('they were counted'). In the example below, تَمَّ وَضْعُ صُنْدوقِ الاقْتِراعِ ('the placing of the ballot box was completed') could also be وُضِعَ صُنْدوقُ الاقْتِراعِ ('the ballot box was placed'). You may notice more examples on the following pages and throughout this book.

→ See note for تَمَّ on p. 34.

صُنْدوقُ اقْتِراعٍ • صَناديقُ اقْتِراعٍ **ballot box**

تَمَّ وَضْعُ صُنْدوقِ الاقْتِراعِ في مَكانٍ مُحَدَّدٍ في اللَّجْنَةِ الانْتِخابِيَّةِ لِيَتَمَكَّنَ النّاخِبونَ مِنْ إِدْخالِ بِطاقاتِهِم الانْتِخابِيَّةِ والتَّصْويتِ بِحُرِّيَّةٍ.

The ballot box was placed in a designated location in the election committee to enable voters to insert their ballots and vote freely.

صُنْدوقٌ انْتخابِيٌّ • صَناديقُ انْتخابِيَّةٌ **ballot box**

سُرِقَ الصُّنْدوقُ الِانْتخابِيُّ مِنْ مَرْكَزِ الِاقْتِراعِ.

The ballot box was stolen from the polling center.

صَوَّتَ • تَصْويتٌ **to vote, cast ballots**

صَوَّتَ النّاخِبونَ بِكَثافَةٍ في الِانْتِخاباتِ البَرْلَمانِيَّةِ رَغْمَ التَّحَدّياتِ الأَمْنِيَّةِ.

Voters voted in large numbers for the parliamentary elections despite security challenges.

صَوْتٌ • أَصْواتٌ **vote**

تَمَّ حَصْرُ أَصْواتِ المُواطِنينَ بِعِنايَةٍ لِضَمانِ عَمَلِيَّةٍ انْتِخابِيَّةٍ شَفّافَةٍ وَنَزيهَةٍ.

The citizens' votes were carefully counted to ensure a transparent and fair electoral process.

غَيْرُ مَرْغوبٍ فيهِ **undesirable**

أَعْلَنَتِ اللَّجْنَةُ الِانْتِخابِيَّةُ أَنَّهُ تَمَّ اسْتِبْعادُ بَعْضِ المُرَشَّحينَ غَيْرِ المَرْغوبِ فيهِم بِسَبَبِ تَجاوُزاتِهِم.

The electoral committee announced that some undesirable candidates had been excluded due to their violations.

فازَ بِالْأَغْلَبِيَّةِ المُطْلَقَةِ • فَوْزٌ **to win an absolute majority**

بَعْدَ فَرْزِ جَميعِ الأَصْواتِ، فازَ المُرَشَّحُ بِالأَغْلَبِيَّةِ المُطْلَقَةِ وَأَصْبَحَ رَئيسًا جَديدًا لِلْبِلادِ.

After counting all the votes, the candidate won an absolute majority and became the new president of the country.

فازَ بِالمَقْعَدِ **to win the seat**

تَمَكَّنَ المُرَشَّحُ الشّابُّ مِنَ الفَوْزِ بِالمَقْعَدِ البَرْلَمانِيِّ المُتَنافَسِ عَلَيْهِ عَلى الرَّغْمِ مِنْ خِبْرَةِ المُرَشَّحينَ الآخَرينَ.

The young candidate managed to win the contested parliamentary seat despite the experience of the other candidates.

فَرَزَ • فَرْزٌ
to sort

قامَتِ اللَّجنَةُ المُستَقِلَّةُ لِلانتِخاباتِ بِفَرْزِ الأَصْواتِ بِدِقَّةٍ لِضَمانِ نَزاهَةِ النَّتائِجِ.

The independent electoral commission carefully sorted the votes to ensure the integrity of the results.

فَرْزُ أَصْواتٍ
ballot sorting

تَمَّ تأْجيلُ عَمَلِيَّةِ فَرْزِ الأَصْواتِ بِسَبَبِ الأَعْمالِ العَنيفَةِ خارِجَ مَرْكَزِ الاقْتِراعِ.

Vote counting was postponed due to violent acts outside the polling center.

قائِمَةٌ انْتِخابِيَّةٌ • قَوائِمُ انْتِخابِيَّةٌ
electoral list

قَدَّمَ الحِزْبُ الدّيمُقْراطِيُّ قائِمَةً انْتِخابِيَّةً تَشْمَلُ مُرَشَّحينَ مِنْ مُخْتَلِفِ المَجالاتِ السِّياسِيَّةِ والاجْتِماعِيَّةِ.

The Democratic Party presented an electoral list that includes candidates from different political and social backgrounds.

لاغٍ
invalid, void, null

بَعْدَ مُراجَعَةِ الطُّعونِ المُقَدَّمَةِ، أَعْلَنَتِ اللَّجْنَةُ الانْتِخابِيَّةُ أَنَّ النَّتائِجَ السّابِقَةَ لاغِيَةٌ وَسَيَتِمُّ إِجْراءُ انْتِخاباتٍ جَديدَةٍ.

After reviewing the submitted appeals, the electoral committee announced that the previous results were void and new elections would be held.

لَجْنَةُ انْتِخاباتٍ = لَجنَةٌ انْتِخابِيَّةٌ
election committee/commission

شَكَّلَتِ اللَّجْنَةُ الانْتِخابِيَّةُ لَجْنَةً لِفَرْزِ الأَصْواتِ وَقامَتْ بِالعَمَلِ عَلى إِحْصاءِ الأَصْواتِ الصَّحيحَةِ والمُلْغاةِ والمُتَنازَعِ عَلَيْها وَفْقَ الإِجْراءاتِ المُتَّبَعَةِ.

The election committee formed a vote-counting committee and worked on tallying valid, invalid, and disputed votes according to established procedures.

مُؤَجَّلٌ
postponed

بِسَبَبِ تَفَشّي وَباءٍ جَديدٍ، أَعْلَنَتِ الحُكومَةُ أَنَّ الانْتِخاباتِ مُؤَجَّلَةٌ حَتّى إِشْعارٍ آخَرَ.

Due to the outbreak of a new epidemic, the government announced that the elections were postponed until further notice.

مُتَعَدِّدُ الأَحْزابِ
multi-party

تَمَيَّزَتِ الانْتِخاباتُ الحاليَّةُ بِأَنَّها مُتَعَدِّدَةُ الأَحْزابِ وَشَهِدَتْ مُنافَسَةً قَوِيَّةً بَيْنَ المُرَشَّحين.

The current elections were characterized by being multi-party, with strong competition between candidates.

مُراقِبٌ مُسْتَقِلٌّ
independent observer

يَتَوَلّى المُراقِبونَ المُسْتَقِلّونَ مُراقَبَةَ الانْتِخاباتِ لِضَمانِ عَدَمِ حُدوثِ أَيِّ تَزْويرٍ.

Independent observers are monitoring the elections to ensure no fraud occurs.

مُراقَبَةُ انْتِخاباتٍ
election monitoring

أَرْسَلَتِ الأُمَمُ المُتَّحِدَةُ فَريقًا لِمُراقَبَةِ الانْتِخاباتِ لِضَمانِ سَيْرِها بِشَكْلٍ ديمُقْراطِيٍّ وَحِيادِيٍّ.

The United Nations sent an election observation team to ensure the democratic and impartial conduct of the elections.

مُرَشَّحٌ
candidate

أَعْلَنَ الحِزْبُ السِّياسِيُّ عَنْ تَرْشيحِ مُرَشَّحٍ مُحَنَّكٍ لِخَوْضِ الانْتِخاباتِ الرِّئاسِيَّةِ.

The political party announced the nomination of a seasoned candidate to run in the presidential elections.

مُرَشَّحٌ مُفَضَّلٌ
preferred candidate

يَدْعَمُ النّاخِبونَ المُرَشَّحَ المُفَضَّلَ لَدَيْهِمْ بِأَمْوالٍ وَدِعايَةٍ.

Voters support their favorite candidate with funds and advertising.

مُسْتَقِلٌّ
independent

قَرَّرَ المُراقِبُ المُسْتَقِلُّ لِلانْتِخاباتِ أَنْ يَنْظُرَ في بَعْضِ الشَّكاوى المُقَدَّمَةِ مِنْ قِبَلِ النّاخِبينَ.

The independent election observer decided to investigate some of the complaints submitted by voters.

مُسَجَّلٌ

registered

يَنْبَغي أَنْ يَكونَ المُواطِنُ مُسَجَّلًا في سِجِلِّ النّاخِبينَ لِيَتَمَكَّنَ مِنَ المُشارَكَةِ في الانْتِخاباتِ.

A citizen must be registered in the voter registry in order to participate in elections.

مُلْغًى

canceled

بَعْدَ اكْتِشافِ مُحاوَلاتِ تَزْويرٍ واسِعَةِ النِّطاقِ، أَعْلَنَتِ اللَّجْنَةُ الانْتِخابِيَّةُ أَنَّ الانْتِخاباتِ مُلْغاةٌ في عِدَّةِ دَوائِرَ انْتِخابِيَّةٍ.

After discovering widespread fraud attempts, the electoral committee announced that the elections are canceled in several electoral districts.

مِنْطَقَةٌ انْتِخابِيَّةٌ • مَناطِقُ انْتِخابِيَّةٌ

voting precinct

تَمَّ تَقْسيمُ البِلادِ إِلى عِدَّةِ مَناطِقَ انْتِخابِيَّةٍ لِضَمانِ تَمْثيلِ جَميعِ المَناطِقِ والأَقاليمِ في البَرْلَمانِ.

The country was divided into several electoral districts to ensure representation of all regions and provinces in the parliament.

نَاخِبٌ

voter

أَدْلى النّاخِبونَ بِأَصْواتِهِمْ في الانْتِخاباتِ بِحُرِّيَّةٍ وَدونَ أَيِّ تَدَخُّلٍ أَوْ ضَغْطٍ مِنْ أَيِّ جِهَةٍ.

Voters cast their votes in the elections freely and without any interference or pressure from any party.

نِسْبَةُ تَصْويتٍ

voter turnout

بَلَغَتْ نِسْبَةُ التَّصْويتِ في الانْتِخاباتِ الأَخيرَةِ 70% مِنْ إِجْماليِّ عَدَدِ النّاخِبينَ المُسَجَّلينَ في المِنْطَقَةِ الانْتِخابِيَّةِ.

The voter turnout in the recent elections reached 70% of the total number of registered voters in the electoral district.

نِظامٌ انْتِخابِيٌّ • أَنْظِمَةٌ انْتِخابِيَّةٌ

electoral system

يَجْري العَمَلُ حالِيًّا عَلى تَعْديلِ النِّظامِ الانْتِخابِيِّ الحالِيِّ لِتَحْسينِ نِسْبَةِ تَمْثيلِ الأَحْزابِ في البَرْلَمانِ.

Work is currently underway to amend the current electoral system to improve the parties' representation in parliament.

to distribute ballot papers • تَوْزيعٌ **وَزَّعَ بِطاقاتٍ انْتِخابِيَّةً**

سَيُوَزِّعُ مَكْتَبُ الانْتِخاباتِ بِطاقاتٍ انْتِخابِيَّةً جَديدَةً لِلنّاخِبينَ قَبْلَ يَوْمِ الاقْتِراعِ.

The election office will distribute new voter cards to the electorate before Election Day.

1.1.2.1 Mini-Articles

Track **6**

في خِضَمِّ إِجْراءاتِ انْتِخاباتٍ عامَّةٍ تاريخِيَّةٍ، تَوَجَّهَ النّاخِبونَ إِلى مَراكِزِ الاقْتِراعِ لِلْإِدْلاءِ بِأَصْواتِهِمْ في انْتِخاباتٍ بَرْلَمانِيَّةٍ وَرِئاسِيَّةٍ مُتَزامِنَةٍ. تَمَّ تَأْمينُ حُرِّيَّةِ الانْتِخابِ وَالشَّفافِيَةِ مِنْ خِلالِ تَواجُدِ مُراقِبينَ مُسْتَقِلّينَ، وَتَطْبيقِ نِظامٍ انْتِخابِيٍّ إِلِكْتِرونِيٍّ جَديدٍ لِفَرْزِ الأَصْواتِ، وَإِعْلانِ نَتائِجِ الانْتِخاباتِ بِشَكْلٍ أَسْرَعَ وَأَكْثَرَ دِقَّةً. تُعْتَبَرُ هَذِهِ الانْتِخاباتُ خُطْوَةً هامَّةً نَحْوَ تَعْزيزِ الدّيمُقْراطِيَّةِ وَالتَّعَدُّدِيَّةِ الحِزْبِيَّةِ في البِلادِ.

Amid historic general election measures, voters headed to polling stations to cast their votes in concurrent parliamentary and presidential elections. Election freedom and transparency were secured through the presence of independent observers and the implementation of a new electronic voting system to count votes and declare election results faster and more accurately. These elections are considered an important step towards strengthening democracy and party pluralism in the country.

انْطَلَقَتْ حَمْلَةٌ انْتِخابِيَّةٌ نَشِطَةٌ تَضُمُّ مُرَشَّحينَ مِنْ مُخْتَلِفِ الأَحْزابِ وَالمَناطِقِ الانْتِخابِيَّةِ، حَيْثُ يَتَنافَسونَ عَلى كَسْبِ تَأْييدِ النّاخِبينَ مِنْ خِلالِ تَقْديمِ بَرامِجِهِمْ وَوُعودِهِمِ الانْتِخابِيَّةِ. تَعَهَّدَ المُرَشَّحونَ بِالالْتِزامِ بِقَوانينَ انْتِخابِيَّةٍ صارِمَةٍ وَتَوْحيدِ صُفوفِ الأَحْزابِ لِتَحْسينِ الحَوْكَمَةِ وَتَحْقيقِ التَّنْمِيَةِ المُسْتَدامَةِ. تَشْهَدُ هَذِهِ الجَوْلَةُ الانْتِخابِيَّةُ تَنافُسًا شَرِسًا وَتَصْويتًا مُبَكِّرًا لِلْمَرَّةِ الأولى في تاريخِ البِلادِ.

An active election campaign was launched, featuring candidates from different parties and electoral districts, competing to win the support of voters by presenting their programs and electoral promises. Candidates pledged to adhere to strict electoral laws and unite party ranks to improve governance and achieve sustainable development. This electoral round witnessed fierce competition and early voting for the first time in the country's history.

بَعْدَ الإِعْلانِ عَنْ نَتائِجَ حاسِمَةٍ لِلانْتِخاباتِ البَرْلَمانِيَّةِ، تَمَكَّنَ حِزْبُ الأَغْلَبِيَّةِ المُطْلَقَةِ مِنَ الفَوْزِ بِمُعْظَمِ المَقاعِدِ البَرْلَمانِيَّةِ. في الوَقْتِ نَفْسِهِ، حَصَلَتِ الأَحْزابُ المُعارِضَةُ عَلى نِسْبَةِ تَصْويتٍ مُتَواضِعَةٍ نَتيجَةَ تَفَتُّتِ الأَصْواتِ بَيْنَ مُرَشَّحينَ مُسْتَقِلّينَ وَأَحْزابٍ صَغيرَةٍ. يَأْمُلُ الفائِزونَ بِالْمَقاعِدِ البَرْلَمانِيَّةِ في تَشْكيلِ حُكومَةٍ جَديدَةٍ قادِرَةٍ عَلى مُواجَهَةِ التَّحَدِّياتِ الاقْتِصادِيَّةِ وَالاجْتِماعِيَّةِ وَالسِّياسِيَّةِ الرّاهِنَةِ.

After the announcement of decisive parliamentary election results, the Absolute Majority Party won most of the parliamentary seats. Meanwhile, opposition parties obtained a modest share of the vote due to the division of votes among independent candidates and small parties. The winners of the parliamentary seats hope to form a new government capable of addressing current economic, social, and political challenges.

1.1.2.2 Interview with Voters

Track 7

مُقابَلاتُ شَوارِعَ يَوْمَ الِانْتِخاباتِ

المُراسِل: مَرْحَبًا بِكُمْ في تَغْطيَةٍ خاصَّةٍ لِانْتِخاباتِ اليَوْم. لِنَتَحَدَّثْ إلى بَعْضِ النّاخِبينَ في الشَّوارِعِ وَنَعْرِفْ آرائَهُمْ حَوْلَ العَمَليَّةِ الِانْتِخابيَّةِ وَتَوَقُّعاتِهِم لِنَتائِجِ الِانْتِخاباتِ.

المُراسِل: مَرْحَبًا، هَلْ يُمْكِنُكَ مُشارَكَةُ انْطِباعِكِ عَنِ انْتِخاباتِ اليَوْمِ؟

ناخِبُ 1: مَرْحَبًا. الِانْتِخاباتُ تَسيرُ بِسَلاسَةٍ. لَقَدْ صَوَّتُّ بِسُهولَةٍ وَلَمْ يَكُنْ هُناكَ طابورٌ طَويلٌ. أَنا مُتَفائِلٌ بِأَنَّ هَذِهِ الِانْتِخاباتِ سَتَجْلِبُ تَغْييرًا إيجابِيًّا لِبِلادِنا.

المُراسِل: شُكْرًا لَكَ. مَرْحَبًا! ما رَأْيُكَ في العَمَليَّةِ الِانْتِخابِيَّةِ؟

ناخِبُ 2: السَّلامُ عَلَيْكُمْ. أَنا سَعيدٌ بِرُؤْيَةِ العَديدِ مِنَ النّاخِبينَ الشَّبابِ يُشارِكونَ في الِانْتِخاباتِ. إِنَّهُمْ يَلْعَبونَ دَوْرًا حاسِمًا في تَحْديدِ مُسْتَقْبَلِ بِلادِنا. وَلَكِنْ، أَتَمَنّى أَنْ يَكونَ لَدَيْنا خياراتٌ أَفْضَلُ لِلْمُرَشَّحينَ.

المُراسِل: شُكْرًا عَلى رَأْيِكَ. مَرْحَبًا، هَلْ يُمْكِنُكَ مُشارَكَةُ تَجْرِبَتِكَ في التَّصْويتِ اليَوْمَ؟

ناخِبُ 3: بِالتَّأْكيدِ. العَمَليَّةُ الِانْتِخابِيَّةُ كانَتْ جَيِّدَةَ التَّنْظيمِ وَلَمْ يَكُنْ هُناكَ أَيُّ مَشاكِلَ تُذْكَرُ. أَنا فَخورٌ بِأَنَّني أَدْلَيْتُ بِصَوْتي وَأَتَمَنّى أَنْ يَنْعَكِسَ ذَلِكَ عَلى المُسْتَوى الوَطَنِيِّ.

المُراسِل: شُكْرًا جَزيلًا. مَرْحَبًا! هَلْ لَدَيْكَ أَيُّ تَوَقُّعاتٍ بِخُصوصِ النَّتائِجِ المُحْتَمَلَةِ لِلِانْتِخاباتِ؟

ناخِبُ 4: السَّلامُ عَلَيْكُمْ. أَعْتَقِدُ أَنَّ النَّتائِجَ سَتَكونُ مُتَقارِبَةً بَيْنَ الأَحْزابِ الكُبْرى. لا يُمْكِنُ التَّنَبُّؤُ بِالْفائِزِ النِّهائِيِّ، لَكِنْ أَتَمَنّى أَنْ يَكونَ الفائِزُ مُلْتَزِمًا بِتَحْسينِ الوَضْعِ الِاقْتِصادِيِّ وَالِاجْتِماعِيِّ في البِلادِ وَالعَمَلِ عَلى تَحْقيقِ التَّنْمِيَةِ المُسْتَدامَةِ.

المُراسِل: شُكْرًا لَكَ عَلى مُشارَكَتِكَ. مَرْحَبًا، هَلْ لَدَيْكَ تَوَقُّعاتٌ حَوْلَ الِانْتِخاباتِ اليَوْمَ؟

ناخِبٌ 5: أَهْلًا وَسَهْلًا. بِالنِّسْبَةِ لِي، الأَهَمُّ هُوَ أَنْ تَكُونَ الاِنْتِخاباتُ نَزِيهَةً وَشَفّافَةً. لا يُهِمُّ مَنْ يَفُوزُ في النِّهايَةِ، بِقَدْرِ ما يُهِمُّ أَنْ تُحْتَرَمَ إرادَةُ الشَّعْبِ وَأَنْ يَعْمَلَ الفائِزُونَ عَلى تَحْقِيقِ مَصْلَحَةِ البِلادِ.

المُراسِلُ: شُكْرًا جَزِيلًا لَكَ. وَأَخِيرًا، هَلْ يُمْكِنُكِ مُشارَكَةُ تَجْرِبَتِكِ في الاِنْتِخاباتِ اليَوْمَ؟

ناخِبٌ 6: بِالطَّبْعِ. أَنا سَعِيدٌ جِدًّا بِمُشارَكَتي في الاِنْتِخاباتِ، وَأَشْعُرُ بِأَنَّنِي أَسْهَمْتُ في تَحْدِيدِ مُسْتَقْبَلِ بَلَدي. العَمَلِيَّةُ كانَتْ سَهْلَةً وَسَرِيعَةً، وَأَتَمَنَّى أَنْ يَظْهَرَ ذَلِكَ في نَتائِجِ الاِنْتِخاباتِ وَالتَّيّارِ السِّياسِيِّ الجَدِيدِ الَّذي سَيَحْكُمُ البِلادَ.

المُراسِلُ: شُكْرًا لَكُمْ جَمِيعًا عَلى مُشارَكَتِكُمْ وَآرائِكُمْ. نَتَمَنَّى أَنْ تَكُونَ هَذِهِ الاِنْتِخاباتُ خُطْوَةً إيجابِيَّةً نَحْوَ مُسْتَقْبَلٍ أَفْضَلَ لِبِلادِنا. الآنَ، سَنَعُودُ إلى الاِسْتُودْيو لِمُتابَعَةِ تَغْطِيَةِ اِنْتِخاباتِ اليَوْمَ.

Street Interviews on Election Day

Reporter: Welcome to our special coverage of the elections today. Let's talk to some voters on the streets and hear their opinions on the electoral process and their expectations for the election results.

Reporter: Hello, can you share your impression of the elections today?

Voter 1: Hello. The elections are going smoothly. I voted easily and there was no long queue. I am optimistic that these elections will bring positive change to our country.

Reporter: Thank you. Hello! What is your opinion of the electoral process?

Voter 2: Peace be upon you. I am happy to see many young voters participating in the elections. They play a crucial role in determining the future of our country. However, I wish we had better options for candidates.

Reporter: Thank you for your opinion. Hello, can you share your voting experience today?

Voter 3: Certainly. The electoral process was well-organized, and there were no significant issues. I am proud that I cast my vote, and I hope that it will reflect on the national level.

Reporter: Thank you very much. Hello, do you have any expectations about the possible results of the elections?

Voter 4: Peace be upon you. I think the results will be close between the major parties. The final winner cannot be predicted, but I hope that the winner will be committed to improving the economic and social situation in the country and working towards sustainable development.

Reporter:	Thank you for sharing your thoughts. Hello, do you have any expectations about the elections today?
Voter 5:	Hello. For me, the most important thing is for the elections to be fair and transparent. It doesn't matter who wins in the end, as much as it matters that the will of the people is respected and that the winners work towards the interest of the country.
Reporter:	Thank you for sharing your thoughts. And finally, can you share your experience of the elections today?
Voter 6:	Of course. I am very happy to have participated in the elections, and I feel that I have contributed to determining the future of my country. The process was easy and quick, and I hope that this will be reflected in the election results and the new political trend that will govern the country.
Reporter:	Thank you all for your participation and opinions. We hope that these elections will be a positive step towards a better future for our country. Now, we will return to the studio to continue our coverage of the elections today.

1.1.3 Constitution and Legal System

Track **8**

أُجيزَ • إجازَةٌ — to be authorized, be passed (into law)

أُجيزَتِ الميزانيَّةُ الجَديدَةُ بَعْدَ تَوافُقِ الأَحْزابِ السِّياسيَّةِ عَلى المُسْتَقْطَعاتِ والإِنْفاقِ الحُكوميِّ.

The new budget was passed after political parties agreed on cuts and government spending.

أَصْدَرَ • إِصْدارٌ — to issue, implement

أَصْدَرَ الرَّئيسُ قَرارًا بِتَشْكيلِ لَجْنَةٍ خاصَّةٍ لِلتَّحْقيقِ في قَضايا فَسادٍ مُرْتَبِطَةٍ بِالإِدارَةِ السّابِقَةِ.

The president issued a decision to form a special committee to investigate corruption cases related to the previous administration.

أَعْلَنَ • إِعْلانٌ — to declare, announce

أَعْلَنَتِ اللَّجْنَةُ الانْتِخابِيَّةُ عَنْ تَحْديدِ مَوْعِدِ الانْتِخاباتِ الرِّئاسيَّةِ المُقْبِلَةِ وَدَعَتْ جَميعَ المُرَشَّحينَ لِلتَّسْجيلِ.

The electoral committee announced the date of the upcoming presidential elections and invited all candidates to register.

أَقَرَّ • إِقْرارٌ **to approve, ratify**

أَقَرَّ مَجْلِسُ النُّوّابِ مَشْروعَ قانونٍ يَمْنَعُ التَّمْييزَ في مَكانِ العَمَلِ بِناءً عَلى الجِنْسِ، العِرْقِ، الدّينِ أَوِ التَّوَجُّهِ الجِنْسِيِّ.

The House of Representatives approved a bill prohibiting workplace discrimination based on sex, race, religion, or sexual orientation.

إداريٌّ **administrative**

أَجْرَتِ الوِزارَةُ تَحْقيقًا إداريًا لِلْكَشْفِ عَنِ الأَوْجُهِ المُتَعَلِّقَةِ بِالفَسادِ وَتَحْسينِ العَمَلِيّاتِ الإدارِيَّةِ في جَميعِ المُؤَسَّساتِ.

The ministry conducted an administrative investigation to uncover aspects related to corruption and improve administrative processes in all institutions.

إِعْلانٌ **declaration**

أَصْدَرَتِ السُّلُطاتُ إِعْلانًا رَسْمِيًّا يَدْعو إِلى تَنْظيمِ مُؤْتَمَرٍ دَوْلِيٍّ لِبَحْثِ سُبُلِ تَعْزيزِ التَّعاوُنِ الإِقْليمِيِّ وَدَعْمِ الاِسْتِقْرارِ في المِنْطَقَةِ.

The authorities announced an official declaration calling for the organization of an international conference to discuss ways to enhance regional cooperation and support stability in the region.

اِسْتَقالَ • اِسْتِقالَةٌ **to resign**

اِسْتَقالَ وَزيرُ الخارِجِيَّةِ بَعْدَ تَسْريبِ وَثائِقَ تُظْهِرُ تَوَرُّطَهُ في قَضايا فَسادٍ.

The foreign minister resigned after the leak of documents showing his involvement in corruption cases.

اِسْتِقالَةٌ **resignation**

بَعْدَ ضُغوطٍ دَوْلِيَّةٍ مُتَزايِدَةٍ، تَقَدَّمَ رَئيسُ الوُزَراءِ بِطَلَبِ اسْتِقالَتِهِ مِنْ مَنْصِبِهِ.

After increasing international pressure, the prime minister submitted his resignation from office.

اِسْتِقْلالٌ
independence

اِحْتَفَلَتِ الْبِلادُ بِالذِّكْرى السَّنَوِيَّةِ لاسْتِقْلالِها وَأَكَّدَتْ عَلى أَهَمِّيَّةِ الْمُحافَظَةِ عَلى الْوَحْدَةِ الْوَطَنِيَّةِ وَتَعْزيزِ التَّنْمِيَةِ الْمُسْتَدامَةِ.

The country celebrated the annual anniversary of its independence, stressing the importance of maintaining national unity and promoting sustainable development.

الْأَمانَةُ الْعامَّةُ لِمَجْلِسِ الْوُزَراءِ
General Secretariat of the Council of Ministers

أَصْدَرَتِ الْأَمانَةُ الْعامَّةُ لِمَجْلِسِ الْوُزَراءِ قَرارًا بِتَشْكيلِ لَجْنَةٍ لِدِراسَةِ الْإِصْلاحاتِ الاقْتِصادِيَّةِ الْمُقْتَرَحَةِ.

The General Secretariat of the Council of Ministers issued a decision to form a committee to study the proposed economic reforms.

الْهَيْئَةُ الْعامَّةُ لِلرِّياضَةِ
General Authority for Sports

أَعْلَنَتِ الْهَيْئَةُ الْعامَّةُ لِلرِّياضَةِ عَنْ خُطَطٍ جَديدَةٍ لِتَطْويرِ الْمُنْشَآتِ الرِّياضِيَّةِ وَدَعْمِ الْمَواهِبِ الشّابَّةِ.

The General Sports Authority announced new plans to develop sports facilities and support young talents.

اِنْتَهَكَ • اِنْتِهاكٌ
to violate (rights)

اِنْتَهَكَتْ قُوّاتُ الْأَمْنِ الْحُقوقَ الْأَساسِيَّةَ لِلْمُتَظاهِرينَ عِنْدَما اسْتَخْدَمَتِ الْقُوَّةَ الْمُفْرِطَةَ لِتَفْريقِ التَّجَمُّعاتِ السِّلْمِيَّةِ.

Security forces violated the fundamental rights of protesters when they used excessive force to disperse peaceful gatherings.

بَرْلَمانٌ
parliament

صَوَّتَ الْبَرْلَمانُ بِأَغْلَبِيَّةٍ ساحِقَةٍ لِصالِحِ تَعْديلِ الدُّسْتورِ لِتَمْديدِ فَتْرَةِ الرِّئاسَةِ مِنْ أَرْبَعِ سَنَواتٍ إِلى سِتِّ سَنَواتٍ.

The parliament voted by an overwhelming majority in favor of amending the constitution to extend the presidential term from four to six years.

تَبَنّى • تَبَنٍّ
to adopt

تَبَنَّتِ الْحُكومَةُ اسْتِراتيجِيَّةً جَديدَةً لِتَعْزيزِ التَّعْليمِ وَالتِّكْنولوجْيا بِهَدَفِ تَحْسينِ نَوْعِيَّةِ الْحَياةِ لِلْمُواطِنينَ.

The government adopted a new strategy to promote education and technology with the aim of improving the quality of life for citizens.

تَشْريعٌ
legislation

أَقَرَّتِ السُّلُطاتُ التَّشْريعَ الجَديدَ الَّذي يَضْمَنُ حَقَّ الوُصولِ إِلى المَعْلوماتِ الحُكوميَّةِ وَيُشَجِّعُ الشَّفافِيَّةَ والمُساءَلَةَ.

The authorities approved the new legislation that guarantees the right to access government information and encourages transparency and accountability.

تَشْريعِيٌّ
legislative

تَعْمَلُ اللَّجْنَةُ التَّشْريعِيَّةُ في البَرْلَمانِ عَلى صِياغَةِ وَمُراجَعَةِ مَشاريعِ القَوانينِ الجَديدَةِ قَبْلَ تَقْديمِها لِلتَّصْويتِ والمُصادَقَةِ.

The legislative committee in parliament works on drafting and reviewing new bills before submitting them for voting and approval.

تَعْديلٌ
amendment

تَمَّ التَّصْويتُ عَلى تَعْديلٍ مُهِمٍّ في قانونِ العَمَلِ يَهْدِفُ إِلى تَحْسينِ ظُروفِ العُمّالِ وَتَوْفيرِ ضَماناتٍ اجْتِماعِيَّةٍ أَكْثَرَ شُمولًا.

An important amendment to the labor law was voted on, aiming to improve workers' conditions and provide more comprehensive social guarantees.

تَعْديلٌ دُسْتورِيٌّ
constitutional amendment

نُظِّمَتْ مُظاهَراتٌ حاشِدَةٌ في العاصِمَةِ لِلْمُطالَبَةِ بِتَعْديلٍ دُسْتورِيٍّ يَكْفُلُ حُقوقَ المَرْأَةِ وَمُساواتِها أَمامَ القانونِ.

Mass demonstrations were held in the capital, demanding a constitutional amendment to guarantee women's rights and equality before the law.

تَمَّ إِصْدارُهُ — to be issued

تَمَّ إِصْدارُ قَرارٍ جَديدٍ يَقْضي بِزِيادَةِ الرَّواتِبِ لِلْمُوَظَّفينَ الحُكوميّينَ بِنِسْبَةِ 5%.

A new decision was issued to increase the salaries of government employees by 5%.

> Instead of using a verb conjugated in the passive voice to indicate that something was done or completed, Arabic often employs the verb تَمَّ ('to be completed') followed with a verbal noun (masdar) as its subject to convey the same meaning.
>
> In the example above, تَمَّ إِصْدارُ قَرارٍ جَديدٍ (literally, 'the issuing of a new decision was completed') is interchangeable with أُصْدِرَ قَرارٌ جَديدٌ ('a new decision was issued'). More examples following below, and you may notice others throughout this book.
>
> → Compare with قامَ بِـ (p. 9)
>
> *Passive constructions omit specifying the agent of the action. This can be useful when the emphasis is on the completion of the action rather than who performed it or to create a more impersonal or general statement.*

تَمَّ إِقْرارُهُ — to be enacted

تَمَّ إِقْرارُ القَوانينِ الجَديدَةِ المُتَعَلِّقَةِ بِالْمِلْكِيَّةِ الفِكْرِيَّةِ لِتَحْسينِ حِمايَةِ حُقوقِ المُؤَلِّفينَ والمُبْتَكِرينَ.

The new intellectual property laws were enacted to improve the protection of authors' and innovators' rights.

تَمَّ إِلْغاؤُهُ — to be canceled

تَمَّ إِلْغاؤُهُ بَعْدَ تَلَقّي العَديدِ مِنَ الشَّكاوى مِنَ المُواطِنينَ بِشَأْنِ عَدَمِ عَدالَةِ التَّوْزيعِ والتَّأْثيرِ السَّلْبِيِّ عَلى الاِقْتِصادِ.

It was canceled after receiving numerous complaints from citizens about unfair distribution and negative impact on the economy.

تَمَّ البَتُّ فيهِ — to be decided

بَعْدَ مُناقَشَةٍ مُسْتَفيضَةٍ، تَمَّ البَتُّ فيهِ وَقَرَّرَتِ اللَّجْنَةُ رَفْضَ الطَّلَبِ.

After an extensive discussion, a decision was made on it, and the committee decided to reject the request.

تَمَّ تَعْدِيلُهُ
to be amended

بَعْدَ مُناقَشاتٍ مُطَوَّلَةٍ، تَمَّ تَعْدِيلُ القانونِ المُتَعَلِّقِ بِضَرِيبَةِ الدَّخْلِ لِتَخْفِيفِ العِبْءِ الضَّرِيبِيِّ عَلَى المُواطِنِينَ مَحدودي الدَّخْلِ.

After lengthy discussions, the income tax law was amended to alleviate the tax burden on citizens with limited income.

تَمَّتِ المُوافَقَةُ عَلَيْهِ
to be approved

تَمَّتِ المُوافَقَةُ عَلَى خُطَّةِ الإِنْقاذِ الاِقْتِصادِيِّ مِنْ قِبَلِ مَجْلِسِ الوُزَراءِ بَعْدَ دِراسَةٍ مُفَصَّلَةٍ لِتَأْثِيراتِها المُتَوَقَّعَةِ عَلَى الاِقْتِصادِ الوَطَنِيِّ.

The economic rescue plan was approved by the Council of Ministers after a detailed study of its expected effects on the national economy.

تَنْظِيمِيٌّ
regulatory

اِتَّخَذَتِ الحُكومَةُ إِجْراءاتٍ تَنْظِيمِيَّةً لِضَبْطِ سوقِ العَمَلِ وَتَحْسِينِ ظُروفِ العُمّالِ وَمُكافَحَةِ العِمالَةِ غَيْرِ الشَّرْعِيَّةِ.

The government took regulatory measures to control the labor market, improve workers' conditions, and combat illegal employment.

تَنْفِيذِيٌّ
executive

قامَتِ الحُكومَةُ بِتَوْجِيهِ تَعْلِيماتٍ تَنْفِيذِيَّةٍ لِتَطْبِيقِ سِياساتٍ جَدِيدَةٍ تَسْتَهْدِفُ تَعْزِيزَ الاِقْتِصادِ وَتَحْسِينَ مُسْتَوى المَعِيشَةِ.

The government issued executive directives to implement new policies aimed at boosting the economy and improving living standards.

جُمْهورِيَّةٌ
republic

أُعْلِنَتِ الجُمْهورِيَّةُ بَعْدَ اِنْتِهاءِ النِّظامِ المَلَكِيِّ وَتَمَّ اِعْتِمادُ دُسْتورٍ جَدِيدٍ.

The republic was declared after the end of the monarchy, and a new constitution was adopted.

حُرِّيَّةٌ
freedom

تَظاهَرَ آلافُ المُواطِنينَ في ساحَةِ الحُرِّيَّةِ مُطالِبينَ بِتَعْزيزِ الحُرِّيّاتِ العامَّةِ والمُطالَبَةِ بِإِصْلاحاتٍ سِياسِيَّةٍ واقْتِصادِيَّةٍ شامِلَةٍ.

Thousands of citizens demonstrated in Freedom Square, calling for the enhancement of general freedoms and demanding comprehensive political and economic reforms.

حُرِّيَّةُ الصِّحافَةِ
freedom of the press

تَعَهَّدَتِ الحُكومَةُ الجَديدَةُ بِتَعْزيزِ حُرِّيَّةِ الصِّحافَةِ وَضَمانِ اسْتِقْلالِ الإِعْلامِ وَحِمايَةِ الصَّحَفِيّينَ مِنَ التَّهْديداتِ والرِّقابَةِ.

The new government pledged to enhance press freedom, ensure media independence, and protect journalists from threats and censorship.

حُرِّيَّةُ تَعْبيرٍ
freedom of expression

اِنْتَقَدَتْ مُنَظَّماتٌ حُقوقِيَّةٌ قَرارَ الحُكومَةِ بِتَشْديدِ الرِّقابَةِ عَلى الإِنْتَرْنِتْ واعْتَبَرَتْهُ انْتِهاكًا لِحُرِّيَّةِ التَّعْبيرِ.

Human rights organizations criticized the government's decision to tighten internet censorship, considering it a violation of freedom of expression.

حُكومَةٌ انْتِقالِيَّةٌ
transitional government

تَمَّ تَشْكيلُ حُكومَةٍ انْتِقالِيَّةٍ بِقِيادَةِ شَخْصِيّاتٍ وَطَنِيَّةٍ بارِزَةٍ لِضَمانِ اسْتِقْرارِ البِلادِ وَإِجْراءِ انْتِخاباتٍ حُرَّةٍ وَنَزيهَةٍ.

A transitional government was formed, led by prominent national figures, to ensure the country's stability and conduct free and fair elections.

حُكومِيٌّ
government-, governmental

تَعاوَنَتِ الوِكالاتُ الحُكومِيَّةُ المُخْتَلِفَةُ لِتَنْفيذِ مَشْروعٍ طَموحٍ لِتَحْسينِ شَبَكَةِ النَّقْلِ العامِّ وَتَخْفيفِ الازْدِحامِ المُروريِّ.

Various government agencies collaborated to implement an ambitious project to improve the public transportation network and alleviate traffic congestion.

to resolve disputes	• حَلَّ	حَلُّ مُنازَعاتٍ

تَمَّ حَلُّ مُنازَعاتِ الأَراضي بَيْنَ الجِيرانِ بَعْدَ تَدَخُّلِ المُجْتَمَعِ المَحَلِّيِّ والإشْرافِ عَلى إعادَةِ تَوْزيعِ الحُدودِ بَيْنَ الأَراضي.

Land disputes between neighbors were resolved after the intervention of the local community and supervision of the redistribution of borders between land plots.

to protect (as in protecting the rights of citizens)	• حِمايَةٌ	حَمى

تَعَهَّدَتِ الحُكومَةُ بِحِمايَةِ حُقوقِ الأَقَلِّيّاتِ وَتَعْزيزِ المُساواةِ والعَدالَةِ الاِجْتِماعِيَّةِ في البِلادِ.

The government pledged to protect the rights of minorities and promote equality and social justice in the country.

constitution	• دَساتيرُ	دُسْتورٌ

أَقَرَّ البَرْلَمانُ تَعْديلاتٍ عَلى الدُّسْتورِ لِضَمانِ اسْتِقْلالِيَّةِ السُّلْطَةِ القَضائِيَّةِ وَفَصْلِ السُّلُطاتِ بَيْنَ الفُروعِ الثَّلاثَةِ لِلْحُكومَةِ.

The parliament adopted amendments to the constitution to ensure the independence of the judiciary and the separation of powers between the three branches of government.

constitutional	دُسْتوريٌّ

أَكَّدَ الخُبَراءُ الدُّسْتورِيّونَ عَلى ضَرورَةِ إجْراءِ تَعْديلاتٍ دُسْتورِيَّةٍ لِضَمانِ حِمايَةِ حُقوقِ الأَقَلِّيّاتِ والحِفاظِ عَلى الدّيمُقْراطِيَّةِ.

Constitutional experts emphasized the need for constitutional amendments to ensure the protection of minority rights and the preservation of democracy.

democracy	ديمُقْراطِيَّةٌ

تُعْتَبَرُ الدّيمُقْراطِيَّةُ مِنْ أَهَمِّ القِيَمِ الَّتي تَسْعى العَديدُ مِنَ الدُّوَلِ لِتَعْزيزِها وَتَطْبيقِها لِضَمانِ حُرِّيَّةِ المُواطِنينَ وَمُشارَكَتِهِم الفَعّالَةِ في العَمَلِيَّةِ السِّياسِيَّةِ.

Democracy is considered one of the most important values that many countries strive to promote and apply in order to ensure citizens' freedom and their active participation in the political process.

رِئاسَةٌ presidency

خِلالَ فَتْرَةِ رِئاسَتِهِ، اِتَّخَذَ الرَّئيسُ العَديدَ مِنَ الإِجْراءاتِ لِتَعْزيزِ الاِقْتِصادِ وَتَحْسينِ مُسْتَوى المَعيشَةِ لِلْمُواطِنينَ.

During his presidency, the president took numerous measures to boost the economy and improve the standard of living for citizens.

رَئيسٌ • رُؤَساءُ president

أَجْرى الرَّئيسُ مُحادَثاتٍ مَعَ زُعَماءِ دُوَلِ الجِوارِ لِتَعْزيزِ التَّعاوُنِ الإِقْليمِيِّ وَتَوْطيدِ العَلاقاتِ الثُّنائِيَّةِ.

The president held talks with leaders of neighboring countries to strengthen regional cooperation and consolidate bilateral relations.

رَئيسُ وُزَراءَ prime minister

أَعْلَنَ رَئيسُ الوُزَراءِ في مُؤْتَمَرٍ صَحَفِيٍّ عَنْ تَشْكيلِ لَجْنَةٍ لِمُراجَعَةِ النِّظامِ الضَّريبِيِّ وَتَحْسينِ جودَةِ الخِدْماتِ الحُكومِيَّةِ.

The prime minister announced in a press conference the formation of a committee to review the tax system and improve the quality of government services.

رَفَضَ • رَفْضٌ to reject

رَفَضَ البَرْلَمانُ مَشْروعَ قانونٍ يَقْتَرِحُ زِيادَةَ الضَّرائِبِ عَلى الطَّبَقَةِ الوُسْطى وَتَحْسينَ ميزانِيَّةِ البِلادِ.

The parliament rejected a bill proposing an increase in taxes on the middle class and improving the country's budget.

رُفِضَ • رَفْضٌ to be rejected

رُفِضَتِ المُقْتَرَحاتُ الَّتي قَدَّمَتْها المُعارَضَةُ بِشَأْنِ تَحْسينِ البِنْيَةِ التَّحْتِيَّةِ لِلنَّقْلِ العامِّ.

The proposals submitted by the opposition on improving public transportation infrastructure were rejected.

سارِيَ المَفْعولِ in effect

تَظَلُّ القَوانينُ القَديمَةُ سارِيَةَ المَفْعولِ حَتّى يَتِمَّ إِصْدارُ تَشْريعٍ جَديدٍ يُلْغيها أَوْ يُعَدِّلُها بِشَكْلٍ رَسْمِيٍّ.

Old laws remain in effect until new legislation is issued that officially repeals or amends them.

سُلْطَةٌ
authority, power

تَعمَلُ السُّلْطاتُ المَحلِّيَّةُ على تَحْسينِ جودَةِ الخِدْماتِ المُقَدَّمَةِ لِلْمُواطِنينَ وَتَلْبِيَةِ احْتِياجاتِهِمِ اليَوْمِيَّةِ.

The local authorities are working to improve the quality of services provided to citizens and meet their daily needs.

سُلْطَةٌ تَشْريعِيَّةٌ
legislative authority

تَعمَلُ السُّلْطَةُ التَّشْريعِيَّةُ على صِياغَةِ القَوانينِ والتَّشْريعاتِ الَّتي تَحْكُمُ البِلادَ وَتَحْمي حُقوقَ المُواطِنينَ.

The legislative authority works to formulate laws and regulations that govern the country and protect citizens' rights.

سُلْطَةٌ تَنْفيذِيَّةٌ
executive authority

تَتَوَلّى السُّلْطَةُ التَّنْفيذِيَّةُ مَسْؤولِيَّةَ تَنْفيذِ السِّياساتِ العامَّةِ وَإِدارَةِ شُؤونِ الدَّوْلَةِ.

The executive authority is responsible for implementing public policies and managing state affairs.

سُلْطَةٌ قَضائِيَّةٌ
judicial authority, judiciary

تُمارِسُ السُّلْطَةُ القَضائِيَّةُ اسْتِقْلالَها في البَتِّ في القَضايا وَصِياغَةِ الأَحْكامِ وَفْقًا لِلْقانونِ.

The judiciary exercises its independence in adjudicating cases and formulating judgments according to the law.

سِيادَةٌ
sovereignty

شَدَّدَتِ السِّياسَةُ الخارِجِيَّةُ لِلدَّوْلَةِ على احْتِرامِ سِيادَةِ دُوَلِ الجِوارِ والتِزامِها بِمَبادِئِ حُسْنِ الجِوارِ وَعَدَمِ التَّدَخُّلِ في شُؤونِها.

The state's foreign policy emphasized respect for the sovereignty of neighboring countries and its commitment to the principles of good neighborliness and non-interference in their affairs.

شَرَّعَ • تَشْريعٌ
to legislate

سَيَتِمُّ تَشْريعُ قانونٍ جَديدٍ يَهْدِفُ إلى تَشْجيعِ الِاسْتِثْماراتِ الأَجْنَبِيَّةِ وَتَحْسينِ بيئَةِ الأَعْمالِ.

A new law will be legislated aiming to encourage foreign investments and improve the business environment.

صَدَّقَ عَلَى • تَصْديقٌ
to approve, ratify

صَدَّقَتِ الحُكومَةُ عَلَى اتِّفاقِيَّةٍ دَوْلِيَّةٍ تَهْدِفُ إِلَى حِمايَةِ البيئَةِ والحَدِّ مِنْ تَأْثيرِ التَّغَيُّراتِ المُناخِيَّةِ.

The government ratified an international agreement aimed at protecting the environment and mitigating the impacts of climate change.

صَوَّتَ عَلَى • تَصْويتٌ
to vote on

سَيُصَوِّتُ أَعْضاءُ البَرْلَمانِ عَلَى مَشْروعِ قانونٍ يَهْدِفُ إِلَى تَقْديمِ دَعْمٍ ماليٍّ لِلْأُسَرِ الأَكْثَرِ احْتِياجًا فِي المُجْتَمَعِ.

Parliament members will vote on a bill aimed at providing financial support to the neediest families in society.

طَبَّقَ • تَطْبيقٌ
to implement

طَبَّقَتِ السُّلْطاتُ قَرارًا يَحْظُرُ اسْتِخْدامَ المَوادِّ البِلاسْتيكِيَّةِ القابِلَةِ لِلتَّصَرُّفِ فِي المَناطِقِ السِّياحِيَّةِ لِلْحِفاظِ عَلَى البيئَةِ.

The authorities implemented a decision banning the use of disposable plastic materials in tourist areas to protect the environment.

عَدَّلَ • تَعْديلٌ
to amend

قامَتِ الحُكومَةُ بِتَعْديلِ القَوانينِ المُتَعَلِّقَةِ بِالتِّجارَةِ الخارِجِيَّةِ لِتَشْجيعِ الصّادِراتِ وَتَنْمِيَةِ القِطاعاتِ الاقْتِصادِيَّةِ الرَّئيسِيَّةِ.

The government amended the laws related to foreign trade to encourage exports and develop key economic sectors.

فاسِدٌ
corrupt

كَشَفَتِ التَّحْقيقاتُ عَنْ شَبَكَةٍ فاسِدَةٍ داخِلَ الإِدارَةِ الحُكومِيَّةِ، مِمّا أَثارَ مُطالَباتٍ بِإِجْراءِ إِصْلاحاتٍ جِذْرِيَّةٍ.

Investigations uncovered a corrupt network within the government administration, sparking calls for radical reforms.

فَسادٌ
corruption

طالَبَ المُتَظاهِرونَ بِمُحاسَبَةِ المَسْؤولينَ عَنْ قَضايا فَسادٍ كَبيرَةٍ وَتَنْفيذِ إِصْلاحاتٍ جِذْرِيَّةٍ لِلْقَضاءِ عَلى المُمارَساتِ الفاسِدَةِ وَتَحْسينِ الخِدْماتِ العامَّةِ.

Protesters demanded accountability for major corruption cases and the implementation of radical reforms to eliminate corrupt practices and improve public services.

قانونٌ • قَوانينُ
law

أَقَرَّ البَرْلَمانُ قانونًا جَديدًا يُنَظِّمُ عَمَلِيَّةَ تَصْديرِ النِّفْطِ والغازِ وَيَحِدُّ مِنَ التَّلَوُّثِ البيئِيِّ المُتَرَتِّبِ عَلى النَّشاطِ التِّجارِيِّ.

The parliament passed a new law regulating the export of oil and gas and limiting the environmental pollution resulting from commercial activity.

قانونٌ أَساسِيٌّ
basic law/constitution

بَدَأَتِ اللَّجْنَةُ البَرْلَمانِيَّةُ المَعْنِيَّةُ بِمُراجَعَةِ القانونِ الأَساسِيِّ لِلْبِلادِ في تَحْديثِ بَعْضِ المَوادِّ وَتَحْسينِ النِّظامِ القانونِيِّ.

The parliamentary committee responsible for reviewing the country's basic law began updating some provisions and improving the legal system.

قانونٌ تَنْفيذِيٌّ
executive order

أَصْدَرَ الرَّئيسُ قانونًا تَنْفيذِيًّا لِتَنْظيمِ العَمَلِ في قِطاعِ الاقْتِصادِ المَعْرِفِيِّ وَتَشْجيعِ الابْتِكارِ والبَحْثِ العِلْمِيِّ.

The president issued an executive order to regulate work in the knowledge economy sector and encourage innovation and scientific research.

قانونِيٌّ
legal

اِسْتَعانَتِ الشَّرِكَةُ بِمُسْتَشارٍ قانونِيٍّ لِلتَّأَكُّدِ مِنَ الالْتِزامِ بِجَميعِ القَوانينِ والتَّشْريعاتِ المُتَعَلِّقَةِ بِنَشاطِها التِّجارِيِّ.

The company sought legal advice to ensure compliance with all laws and regulations related to its business activities.

قَضائِيٌّ
judicial

تَمَّ تَعيينُ لَجْنَةٍ قَضائِيَّةٍ مُسْتَقِلَّةٍ لِلتَّحْقِيقِ في اتِّهاماتٍ حَوْلَ تَجاوُزاتِ حُقوقِ الإِنْسانِ وَضَمانِ تَحْقيقِ العَدالَةِ لِلضَّحايا.

An independent judicial committee was appointed to investigate allegations of human rights abuses and ensure justice for the victims.

قَوانينُ دُسْتورِيَّةٌ
constitutional laws *pl.*

أَصْدَرَتِ المَحْكَمَةُ العُلْيا قَرارًا يُؤَكِّدُ أَهَمِّيَّةَ الاِلْتِزامِ بِالْقَوانينِ الدُّسْتورِيَّةِ لِضَمانِ حُقوقِ المُواطِنينَ والمُحافَظَةِ على النِّظامِ الدّيمُقْراطِيِّ.

The Supreme Court issued a decision emphasizing the importance of adhering to constitutional laws to ensure citizens' rights and maintain the democratic system.

لائِحَةٌ
regulation • لَوائِحُ

أَصْدَرَتِ الحُكومَةُ لائِحَةً تَفْصيلِيَّةً تُنَظِّمُ عَمَلَ الجِهاتِ الرَّقابِيَّةِ وَتُحَدِّدُ مَسْؤولِيّاتِها في مُكافَحَةِ الفَسادِ وَحِمايَةِ المالِ العامِّ.

The government issued a detailed regulation governing the work of supervisory bodies and outlining their responsibilities in combating corruption and protecting public funds.

مُؤَسَّسَةٌ (حُكومِيَّةٌ)
(government) institution, establishment

تُعْتَبَرُ مُؤَسَّسَةُ الضَّمانِ الاِجْتِماعِيِّ أَحَدَ المُؤَسَّساتِ الحُكومِيَّةِ الرَّئيسِيَّةِ المَسْؤولَةِ عَنْ تَوْفيرِ التَّأْمينِ الاِجْتِماعِيِّ وَالمَعاشاتِ لِلْمُواطِنينَ.

The Social Security Institution is considered one of the main government institutions responsible for providing social insurance and pensions to citizens.

→ وَكالَةٌ (p. 48)

مَجْلِسٌ
council, assembly • مَجالِسُ

عَقَدَ مَجْلِسُ المَدينَةِ اجْتِماعًا طارِئًا بَعْدَ الفَيَضاناتِ الأَخيرَةِ لِمُناقَشَةِ خُطَطِ الإِغاثَةِ وَإِعادَةِ الإِعْمارِ.

The city council held an emergency meeting following the recent floods to discuss relief and reconstruction plans.

مَجْلِسٌ دُسْتوريٌّ
constitutional council

أَصْدَرَ المَجْلِسُ الدُّسْتوريُّ قَرارًا يَقْضي بِعَدَمِ دُسْتوريَّةِ بَعْضِ المَوادِّ المُتَعَلِّقَةِ بِحُرِّيَّةِ التَّعْبيرِ في مَشْروعِ القانونِ المُقْتَرَحِ.

The Constitutional Council issued a decision declaring the unconstitutionality of certain provisions related to freedom of expression in the proposed law.

مَجْلِسُ شورى
consultative/shura council

اِنْتَخَبَ مَجْلِسُ الشّورى مُمَثِّلينَ جُدُدَ لِلَجْنَةِ الحُقوقِ والحُرِّيّاتِ بَعْدَ التَّصْويتِ عَلى تَعْزيزِ القَوانينِ الخاصَّةِ بِحِمايَةِ الأَقَلِّيّاتِ.

The Shura Council elected new representatives to the Committee on Rights and Freedoms after voting to strengthen laws on minority protection.

مَجْلِسُ شُيوخٍ
senate

أَصْدَرَ مَجْلِسُ الشُّيوخِ بَيانًا يُدينُ الهَجَماتِ الإِرْهابِيَّةَ الَّتي اسْتَهْدَفَتْ مَراكِزَ تِجارِيَّةً في العاصِمَةِ.

The Senate issued a statement condemning the terrorist attacks targeting shopping centers in the capital.

مَجْلِسُ نُوّابٍ
house of representatives

اِعْتَمَدَ مَجْلِسُ النُّوّابِ تَعْديلاتٍ قانونِيَّةً تَهْدِفُ إِلى تَعْزيزِ حِمايَةِ البيئَةِ وَمُكافَحَةِ التَّلَوُّثِ.

The House of Representatives adopted legal amendments aimed at enhancing environmental protection and combating pollution.

مَجْلِسُ وُزَراءَ
council of ministers

عَقَدَ مَجْلِسُ الوُزَراءِ اجْتِماعًا لِبَحْثِ سُبُلِ دَعْمِ الاِقْتِصادِ الوَطَنِيِّ وَتَشْجيعِ الاِسْتِثْمارِ الأَجْنَبِيِّ.

The Council of Ministers held a meeting to discuss ways to support the national economy and encourage foreign investment.

مَحْكَمَةٌ
court

حَكَمَتِ المَحْكَمَةُ عَلى المُتَّهَمِ بِالتَّزْوِيرِ بِالسَّجْنِ لِمُدَّةِ خَمْسِ سَنَواتٍ وَغَرامَةٍ مالِيَّةٍ بِقِيمَةِ مِلْيونِ دولارٍ.

The court sentenced the defendant accused of forgery to five years in prison and a fine of one million dollars.

مَحْكَمَةٌ دُسْتورِيَّةٌ
constitutional court

رَفَضَتِ المَحْكَمَةُ الدُّسْتورِيَّةُ الطَّعْنَ المُقَدَّمَ مِنَ المُعارَضَةِ بِشَأْنِ تَعْديلاتٍ دُسْتورِيَّةٍ اعْتَبَروها تَقْويضًا لِحُقوقِ المُواطِنينَ.

The Constitutional Court rejected the opposition's appeal regarding constitutional amendments they considered undermining citizens' rights.

مَحْكَمَةٌ عُلْيا
Supreme Court

أَصْدَرَتِ المَحْكَمَةُ العُلْيا حُكْمًا يَقْضي بِإِلْزامِ الشَّرِكاتِ الكُبْرى بِتَوْفيرِ تَعْويضاتٍ لِلْمُتَضَرِّرينَ مِنَ التَّلَوُّثِ البيئِيِّ النّاجِمِ عَنْ أَنْشِطَتِها.

The Supreme Court issued a ruling requiring large corporations to provide compensation for those affected by environmental pollution resulting from their activities.

مَدَنِيٌّ
civil

تَعاوَنَتِ المُنَظَّماتُ المَدَنِيَّةُ مَعَ السُّلُطاتِ المَحَلِّيَّةِ لِتَنْفيذِ مَشاريعَ تَنْمَوِيَّةٍ تَهْدِفُ إِلى تَحْسينِ البِنْيَةِ التَّحْتِيَّةِ لِلْمُدُنِ.

Civil organizations collaborated with local authorities to implement development projects aimed at improving the cities' infrastructure.

مَرْسومٌ
• مَراسيمُ

decree

نُشِرَ مَرْسومٌ رَسْمِيٌّ يَتَضَمَّنُ تَعْييناتٍ جَديدَةً لِمَناصِبَ عُلْيا في الإِدارَةِ الحُكومِيَّةِ والسِّلْكِ الدِّبْلوماسِيِّ.

An official decree was published, including new appointments to senior positions in the government administration and diplomatic corps.

مَشْروعُ قانونٍ draft law, bill

قَدَّمَ نُوّابُ البَرْلَمانِ مَشْروعَ قانونٍ لِتَعْزيزِ حِمايَةِ البيئَةِ وَتَشْجيعِ اسْتِخْدامِ الطّاقَةِ المُتَجَدِّدَةِ في القِطاعِ الصِّناعِيِّ.

Members of parliament proposed a bill to enhance environmental protection and promote the use of renewable energy in the industrial sector.

مَمْلَكَةٌ kingdom

تَبَنَّتِ المَمْلَكَةُ سِياسَةَ الإِصْلاحِ والتَّحْديثِ لِتَعْزيزِ الاِسْتِقْرارِ والتَّنْمِيَةِ الاِقْتِصادِيَّةِ.

The kingdom adopted a policy of reform and modernization to enhance stability and economic development.

نائِبٌ • نُوّابٌ representative, deputy, member of parliament (MP)

صَوَّتَ النُّوّابِ بِالْإِجْماعِ عَلى إِقْرارِ القانونِ الجَديدِ الَّذي يَهْدِفُ إِلى تَحْسينِ حُقوقِ العُمّالِ.

The deputies unanimously voted to pass the new law aimed at improving workers' rights.

نائِبٌ عامٌّ • نُوّابُ عُمومٍ attorney general

عَيَّنَ الرَّئيسُ نائِبًا عامًّا جَديدًا لِإدارَةِ مُكافَحَةِ الفَسادِ وَتَعْزيزِ سِيادَةِ القانونِ عَلى جَميعِ مُسْتَوَياتِ الحُكومَةِ.

The president appointed a new attorney general to direct the fight against corruption and strengthen the rule of law at all levels of government.

نِظامٌ • أَنْظِمَةٌ system or regime

يُنَظِّمُ النِّظامُ السِّياسِيُّ في البِلادِ تَوْزيعَ السُّلُطاتِ بَيْنَ الفُروعِ الثَّلاثَةِ لِلْحُكومَةِ.

The political system in the country regulates the distribution of powers among the three branches of government.

نِظامٌ قانونِيٌّ • أَنْظِمَةٌ قانونِيَّةٌ legal system

يَعْمَلُ النِّظامُ القانونِيُّ عَلى ضَمانِ حُقوقِ المُواطِنينَ وَسِيادَةِ القانونِ.

The legal system works to ensure citizens' rights and the rule of law.

نِظامٌ قَضائِيٌّ
judicial system

يَعمَلُ النِّظامُ القَضائِيُّ في البِلادِ عَلى تَوْفيرِ عَدالَةٍ مُسْتَقِلَّةٍ وَنَزيهَةٍ لِجَميعِ المُواطِنينَ وَحِمايَةِ حُقوقِهِمْ وَحُرِّيّاتِهِمِ الأَساسِيَّةِ.

The judicial system in the country works to provide independent and fair justice for all citizens, protecting their rights and fundamental freedoms.

نَظَّمَ • تَنْظيمٌ
to regulate

تَعَهَّدَتِ السُّلُطاتُ بِتَنْظيمِ قِطاعِ الصِّناعَةِ بِشَكْلٍ أَفْضَلَ لِلْحَدِّ مِنَ التَّلَوُّثِ والحِفاظِ عَلى البيئَةِ وَصِحَّةِ المُواطِنينَ.

The authorities pledged to better regulate the industrial sector in order to reduce pollution, preserve the environment, and protect citizens' health.

هَيْئَةُ الأَمْرِ بِالْمَعْروفِ والنَّهْيِ عَنِ المُنْكَرِ
Commission for the Promotion of Virtue and Prevention of Vice (religious police)

تَحرِصُ هَيْئَةُ الأَمْرِ بِالمَعْروفِ والنَّهْيِ عَنِ المُنْكَرِ عَلى تَعْزيزِ القِيَمِ الأَخْلاقِيَّةِ والسُّلوكِ الاِجْتِماعِيِّ السَّليمِ.

The Authority for the Promotion of Virtue and the Prevention of Vice is committed to promoting moral values and proper social behavior.

هَيْئَةُ الاِتِّصالاتِ وَتِقْنِيَّةِ المَعْلوماتِ
Communications and Information Technology Commission

تَعمَلُ هَيْئَةُ الاِتِّصالاتِ وَتِقْنِيَّةُ المَعْلوماتِ عَلى تَطْويرِ البِنْيَةِ التَّحْتِيَّةِ لِشَبَكاتِ الاِتِّصالاتِ وَتَحْسينِ خِدْماتِ الإِنْتَرْنِتْ.

The Telecommunications and Information Technology Authority works to develop the infrastructure of communication networks and enhance internet services.

هَيْئَةُ الطَّيَرانِ المَدَنِيِّ
Civil Aviation Authority

أَعْلَنَتْ هَيْئَةُ الطَّيَرانِ المَدَنِيِّ عَنْ تَوْسِعَةِ مَطاراتِ البِلادِ لِاسْتيعابِ المَزيدِ مِنَ الرُّكّابِ وَتَحْسينِ الخِدْماتِ.

The Civil Aviation Authority announced the expansion of the country's airports to accommodate more passengers and improve services.

وَثَّقَ • تَوْثيقٌ

to document, authenticate

وَثَّقَتْ مُنَظَّمَةُ حُقوقِ الإنْسانِ انْتِهاكاتٍ جَسيمَةً وَجَرائِمَ حَرْبٍ ارْتَكَبَتْها الأَطْرافُ المُتَنازِعَةُ خِلالَ النِّزاعِ.

The human rights organization documented serious violations and war crimes committed by the conflicting parties during the conflict.

وَثيقَةٌ • وَثائِقُ

document

تَمَّ تَوْقيعُ وَثيقَةٍ تاريخِيَّةٍ تَدْعو إلى تَعْزيزِ التَّعاوُنِ الإقْليمِيِّ في مُكافَحَةِ الإرْهابِ والجَرِيمَةِ المُنَظَّمَةِ عَبْرَ الحُدودِ.

A historic document was signed, calling for the enhancement of regional cooperation in combating terrorism and cross-border organized crime.

وِزارَةٌ

ministry, (US) department

أَعْلَنَتْ وِزارَةُ التَّرْبِيَةِ والتَّعْليمِ عَنْ تَوْسيعِ بَرْنامَجِ الابْتِعاثِ الخارِجِيِّ لِيَشْمَلَ مَزيدًا مِنَ التَّخَصُّصاتِ وَفَتْحِ فُرَصٍ جَديدَةٍ لِلطُّلّابِ.

The Ministry of Education announced the expansion of the foreign scholarship program to include more majors and open new opportunities for students.

> The terms listed below represent those commonly used in Arabic-speaking countries. However, it is important to note that the exact names of government ministries can vary from country to country, similar to how the English term 'ministry' is used in the UK government but 'department' in the US government. Therefore, the specific names of ministries may differ depending on the political and administrative systems of individual countries.

وِزارَةُ الخارِجِيَّةِ

Ministry of Foreign Affairs

تَعاوَنَتْ وِزارَةُ الخارِجِيَّةِ مَعَ دُوَلِ الجِوارِ لِتَعْزيزِ العَلاقاتِ الثُّنائِيَّةِ والتَّعاوُنِ الإقْليمِيِّ.

The Ministry of Foreign Affairs collaborated with neighboring countries to strengthen bilateral relations and regional cooperation.

وِزارَةُ الدّاخِلِيَّةِ

Ministry of Interior

أَصْدَرَتْ وِزارَةُ الدّاخِلِيَّةِ بَيانًا حَوْلَ تَعْزيزِ الأَمْنِ وَمُكافَحَةِ الجَريمَةِ في البِلادِ.

The Ministry of Interior issued a statement on enhancing security and combating crime in the country.

Ministry of Justice **وِزارَةُ عَدْلٍ**

قامَتْ وِزارَةُ العَدْلِ بِإطْلاقِ مُبادَرَةٍ لِتَسْريعِ إجْراءاتِ التَّقاضي وَضَمانِ حُقوقِ المُتَّهَمينَ والمَجْنيِّ عَلَيْهِمْ.

The Ministry of Justice launched an initiative to expedite trial procedures and ensure the rights of defendants and victims.

minister, (US) secretary **وَزيرٌ** • وُزَراءُ

اِلْتَقى وَزيرُ الصِّحَّةِ مَعَ مُمَثِّلي مُنَظَّماتٍ غَيْرِ حُكومِيَّةٍ لِبَحْثِ سُبُلِ تَحْسينِ الرِّعايَةِ الصِّحِّيَّةِ في المَناطِقِ النّائِيَةِ.

The Minister of Health met with representatives of non-governmental organizations to discuss ways to improve healthcare in remote areas.

agency, department **وَكالَةٌ**

أَطْلَقَتْ وَكالَةُ حِمايَةِ البيئَةِ حَمْلَةً وَطَنِيَّةً لِزِيادَةِ الوَعْيِ حَوْلَ أَهَمِّيَّةِ إعادَةِ التَّدْويرِ والتَّقْليلِ مِنَ اسْتِهْلاكِ المَوارِدِ الطَّبيعِيَّةِ.

The Environmental Protection Agency launched a national campaign to raise awareness about the importance of recycling and reducing the consumption of natural resources.

The terms وَكالَةٌ and مُؤَسَّسَةٌ both refer to organizational entities in Arabic, but they carry different connotations and nuances.

وَكالَةٌ (agency, department) typically implies an entity that operates with a specific mandate or delegated authority to carry out specific tasks or services. It often functions under the supervision or jurisdiction of a higher authority or government body.

On the other hand, مُؤَسَّسَةٌ (institution, establishment) refers to a more comprehensive and established organization. It suggests a structured and enduring entity with a broader scope of activities, often associated with a specific purpose, such as education, research, or public services. It can be either public or private, including non-profit and charity organizations.

1.1.3.1 Analytical Study of Systems of Government

Track 9

الدُّسْتورُ وَالنِّظامُ القانونِيُّ وَعَمَلُ المُؤَسَّساتِ الحُكومِيَّةِ وَالسُّلُطاتِ الثَّلاثَةِ: دِراسَةٌ تَحْليلِيَّةٌ

في هَذِهِ المَقالَةِ، سَنَتَناوَلُ الدُّسْتورَ وَالنِّظامَ القانونِيَّ، وَكَيْفَ تَعْمَلُ المُؤَسَّساتُ الحُكومِيَّةُ وَالسُّلُطاتُ الثَّلاثُ لِلْحُكومَةِ.

يُشَكِّلُ النِّظَامُ القَانُونِيُّ الأَسَاسَ لِتَنْظِيمِ الدَّوْلَةِ وَحُكْمِها، وَيَتَأَلَّفُ مِنْ مَجْمُوعَةٍ مِنَ القَوَانِينِ وَاللَّوَائِحِ الَّتِي تَحْكُمُ سَيْرَ الأُمُورِ فِي المُجْتَمَعِ وَالعَلَاقَاتِ بَيْنَ المُوَاطِنِينَ وَالسُّلُطَاتِ. يُمْكِنُ أَنْ يَكُونَ النِّظَامُ القَانُونِيُّ جُمْهُورِيًّا أَوْ مَلَكِيًّا، وَقَدْ يَعْتَمِدُ عَلَى مَبَادِئِ الدِّيمُقْرَاطِيَّةِ وَالتَّعَدُّدِ الحِزْبِيِّ.

الدُّسْتُورُ هُوَ الوَثِيقَةُ الأَسَاسِيَّةُ الَّتِي تُعَرِّفُ نِظَامَ الحُكْمِ وَتُحَدِّدُ القَوَانِينَ وَالمَبَادِئَ التَّوْجِيهِيَّةَ لِلدَّوْلَةِ. يَتَضَمَّنُ الدُّسْتُورُ الحُقُوقَ وَالحُرِّيَّاتِ الأَسَاسِيَّةَ لِلْمُوَاطِنِينَ، وَيُنَظِّمُ عَمَلَ السُّلُطَاتِ الثَّلَاثِ: التَّشْرِيعِيَّةِ وَالتَّنْفِيذِيَّةِ وَالقَضَائِيَّةِ.

تَتَوَلَّى السُّلْطَةُ التَّشْرِيعِيَّةُ إِصْدَارَ القَوَانِينِ وَتَعْدِيلِها وَالمُوَافَقَةَ عَلَى المَشْرُوعَاتِ القَانُونِيَّةِ. فِي بَعْضِ الدُّوَلِ، يَتَأَلَّفُ المَجْلِسُ التَّشْرِيعِيُّ مِنْ مَجْلِسَيْنِ: مَجْلِسِ النُّوَّابِ وَمَجْلِسِ الشُّيُوخِ.

تَتَوَلَّى السُّلْطَةُ التَّنْفِيذِيَّةُ إِنْفَاذَ القَوَانِينِ وَاتِّخَاذَ القَرَارَاتِ الإِدَارِيَّةِ وَالمَالِيَّةِ وَالاِقْتِصَادِيَّةِ. تَضُمُّ السُّلْطَةُ التَّنْفِيذِيَّةُ رَئِيسَ الدَّوْلَةِ وَرَئِيسَ الحُكُومَةِ وَالوُزَرَاءَ وَالمُؤَسَّسَاتِ الحُكُومِيَّةَ وَالهَيْئَاتِ وَالوِكَالَاتِ.

تَتَوَلَّى السُّلْطَةُ القَضَائِيَّةُ تَطْبِيقَ القَوَانِينِ وَحِمَايَةَ الحُقُوقِ وَالحُرِّيَّاتِ، وَتَسْوِيَةَ المُنَازَعَاتِ بَيْنَ الأَفْرَادِ وَالجِهَاتِ الحُكُومِيَّةِ. تَشْمَلُ السُّلْطَةُ القَضَائِيَّةُ المَحَاكِمَ المُخْتَلِفَةَ، بِمَا فِي ذَلِكَ المَحْكَمَةُ العُلْيَا وَالمَحْكَمَةُ الدُّسْتُورِيَّةُ.

تَلْعَبُ المُؤَسَّسَاتُ الحُكُومِيَّةُ دَوْرًا هَامًّا فِي تَنْظِيمِ الشُّؤُونِ الدَّاخِلِيَّةِ وَالخَارِجِيَّةِ لِلدَّوْلَةِ. تَشْمَلُ هَذِهِ المُؤَسَّسَاتُ وِزَارَةَ الدَّاخِلِيَّةِ الَّتِي تَتَوَلَّى شُؤُونَ الأَمْنِ العَامِّ وَالإِدَارَةِ المَحَلِّيَّةِ، وَوِزَارَةَ الخَارِجِيَّةِ الَّتِي تَتَعَامَلُ مَعَ العَلَاقَاتِ الدُّوَلِيَّةِ وَالسِّيَاسَةِ الخَارِجِيَّةِ. بِالإِضَافَةِ إِلَى هَيْئَاتٍ أُخْرَى مِثْلِ هَيْئَةِ الطَّيَرَانِ المَدَنِيِّ وَهَيْئَةِ الاِتِّصَالَاتِ وَتِقْنِيَّةِ المَعْلُومَاتِ.

فِي بَعْضِ الدُّوَلِ، يُوجَدُ مَجْلِسُ شُورَى يَعْمَلُ كَجِهَةٍ اِسْتِشَارِيَّةٍ لِلْحُكُومَةِ وَيُقَدِّمُ المَشُورَةَ فِي القَضَايَا الوَطَنِيَّةِ وَالاِقْتِصَادِيَّةِ وَالاِجْتِمَاعِيَّةِ.

قَدْ تَكُونُ القَوَانِينُ تَشْرِيعِيَّةً أَوْ تَنْظِيمِيَّةً أَوْ تَنْفِيذِيَّةً. تُشَكِّلُ القَوَانِينُ الدُّسْتُورِيَّةُ جُزْءًا أَسَاسِيًّا مِنَ النِّظَامِ القَانُونِيِّ، وَتُنَظِّمُ سُلُطَاتِ وَمُؤَسَّسَاتِ الدَّوْلَةِ. تُحَدِّدُ القَوَانِينُ التَّنْظِيمِيَّةُ إِجْرَاءَاتِ وَطُرُقَ تَطْبِيقِ القَوَانِينِ وَاللَّوَائِحِ الأُخْرَى. أَمَّا القَوَانِينُ التَّنْفِيذِيَّةُ فَتُنَظِّمُ عَمَلَ الجِهَاتِ الحُكُومِيَّةِ وَالمُؤَسَّسَاتِ، وَتُوَجِّهُ السِّيَاسَاتِ وَالأَنْشِطَةَ العَامَّةَ.

تَتَضَمَّنُ التَّعْدِيلَاتُ الدُّسْتُورِيَّةُ تَغْيِيرَاتٍ أَوْ إِضَافَاتٍ عَلَى الدُّسْتُورِ، وَتَتَطَلَّبُ إِجْرَاءَاتٍ خَاصَّةً لِاعْتِمَادِها وَتَنْفِيذِها. قَدْ تَتَضَمَّنُ هَذِهِ الإِجْرَاءَاتُ المُوَافَقَةَ مِنَ المَجْلِسِ التَّشْرِيعِيِّ، ثُمَّ التَّصْوِيتَ مِنْ قِبَلِ المُوَاطِنِينَ فِي اِسْتِفْتَاءٍ شَعْبِيٍّ.

فِي حَالَةِ حُدُوثِ اِسْتِقَالَاتٍ أَوْ فَسَادٍ أَوْ اِنْتِهَاكَاتٍ، قَدْ تَتَوَلَّى السُّلُطَاتُ المَعْنِيَّةُ إِجْرَاءَ التَّحْقِيقَاتِ وَاتِّخَاذَ الإِجْرَاءَاتِ القَانُونِيَّةِ اللَّازِمَةِ. يُقْصَدُ بِالفَسَادِ الحُكُومِيِّ اِسْتِغْلَالُ السُّلْطَةِ وَالمَوَارِدِ العَامَّةِ لِتَحْقِيقِ مَصَالِحَ شَخْصِيَّةٍ أَوْ جَمَاعِيَّةٍ.

تُعْتَبَرُ الحُرِّيَّاتُ الأَساسِيَّةُ، مِثْلُ حُرِّيَّةِ التَّعْبِيرِ وَحُرِّيَّةِ الصَّحافَةِ مُكَوِّناتٍ أَساسِيَّةً لِمُجْتَمَعٍ دِيمُقْراطِيٍّ صِحِّيٍّ، وَتُشَجِّعُ عَلى المُشارَكَةِ السِّياسِيَّةِ وَالمُواطَنَةِ الفاعِلَةِ. تَكْفُلُ هَذِهِ الحُرِّيَّاتُ حَقَّ المُواطِنِينَ فِي التَّعْبِيرِ عَنْ آرائِهِمْ وَتَبادُلِ المَعْلُوماتِ وَالأَفْكارِ بِحُرِّيَّةٍ وَبِدُونِ قُيُودٍ.

السِّيادَةُ وَالاسْتِقْلالُ هُما مَفْهُومانِ أَساسِيّانِ فِي النِّظامِ القانُونِيِّ وَالدُّسْتُورِيِّ. السِّيادَةُ تَعْنِي القُدْرَةَ الكامِلَةَ لِلدَّوْلَةِ عَلى حُكْمِ نَفْسِها، واتِّخاذِ قَراراتِها الدّاخِلِيَّةِ وَالخارِجِيَّةِ بِشَكْلٍ مُسْتَقِلٍّ. الاسْتِقْلالُ يَعْنِي عَدَمَ تَدَخُّلِ الدُّوَلِ الأُخْرى فِي شُؤُونِ الدَّوْلَةِ، واحْتِرامَ سِيادَتِها وَقَراراتِها.

النِّظامُ القانُونِيُّ يَضْمَنُ حِمايَةَ حُقُوقِ المُواطِنِينَ وَالمُؤَسَّساتِ الحُكُومِيَّةِ عَلى حَدٍّ سَواءٍ. يَعْمَلُ النِّظامُ القَضائِيُّ عَلى تَطْبِيقِ القَوانِينِ بِشَكْلٍ عادِلٍ وَحِيادِيٍّ وَتَسْوِيَةِ المُنازَعاتِ بَيْنَ الأَفْرادِ وَالجِهاتِ الحُكُومِيَّةِ.

تُعَدُّ الإِدارَةُ الفَعّالَةُ والشَّفافَةُ مِنَ العَوامِلِ الرَّئِيسِيَّةِ لِبِناءِ نِظامٍ قانُونِيٍّ قَوِيٍّ وَدِيمُقْراطِيٍّ. يَجِبُ أَنْ تُتَّبَعَ القَوانِينُ وَاللَّوائِحُ بِشَكْلٍ دَقِيقٍ وَمُنْتَظِمٍ لِضَمانِ حِمايَةِ الحُقُوقِ وَالحُرِّيّاتِ وَالمَصالِحِ العامَّةِ.

فِي الخِتامِ، يُشَكِّلُ الدُّسْتُورُ وَالنِّظامُ القانُونِيُّ أَساسَ الحُكْمِ وَالنِّظامِ السِّياسِيِّ فِي الدَّوْلَةِ. حَيْثُ يَعْمَلانِ مَعًا لِتَأْمِينِ الحُقُوقِ وَالحُرِّيّاتِ الأَساسِيَّةِ لِلْمُواطِنِينَ، وَتَنْظِيمِ عَمَلِ المُؤَسَّساتِ وَالسُّلُطاتِ الحُكُومِيَّةِ. يَلْعَبُ القَضاءُ دَوْرًا حَيَوِيًّا فِي تَحْقِيقِ العَدالَةِ وَالنَّزاهَةِ، وَإِعْلاءِ مَبادِئِ الدِّيمُقْراطِيَّةِ وَالشَّفافِيَّةِ.

The Constitution, the Legal System, the Work of Government Institutions, and the Three Authorities: an Analytical Study

In this article, we will discuss the constitution, the legal system, and how government institutions and the three branches of government work.

The legal system forms the basis for organizing and governing a state and consists of a set of laws and regulations that govern the functioning of society and the relationships between citizens and authorities. The legal system can be republican or monarchic and may be based on the principles of democracy and multipartyism.

The constitution is the fundamental document that defines the system of government and sets out the laws and guiding principles of the state. The constitution includes the basic rights and freedoms of citizens and regulates the workings of the three branches of government: the legislative, executive, and judicial.

The legislative branch is responsible for issuing and amending laws and approving legal projects. In some countries, the legislative council consists of two houses: the House of Representatives and the Senate.

The executive branch is responsible for implementing laws and making administrative, financial, and economic decisions. The executive branch includes the head of state, the prime minister, ministers, government institutions, and authorities and agencies.

The judicial branch is responsible for enforcing laws, protecting rights and freedoms, and settling disputes between individuals and government entities. The judicial branch includes various courts, including the Supreme Court and the Constitutional Court.

Government institutions play an important role in organizing internal and external affairs of the state. These institutions include the Ministry of Interior, which is responsible for public security and local administration, and the Ministry of Foreign Affairs, which deals with international relations and foreign policy. In addition, there are other authorities such as the Civil Aviation Authority and the Communications and Information Technology Authority.

In some countries, there is a consultative council that acts as an advisory body to the government and provides advice on national, economic, and social issues.

Laws can be legislative, regulatory, or executive. Constitutional laws are an essential part of the legal system and organize the state's authorities and institutions. Regulatory laws determine procedures and methods for implementing other laws and regulations. Executive laws regulate the work of government agencies and institutions and guide public policies and activities.

Constitutional amendments involve changes or additions to the constitution and require special procedures for adoption and implementation. These procedures may include approval from the legislative council and voting by citizens in a popular referendum.

In case of resignations, corruption, or violations, the relevant authorities may undertake investigations and take necessary legal actions. Government corruption means exploiting public resources and power for personal or group interests.

Basic freedoms such as freedom of expression and freedom of the press are fundamental components of a healthy democratic society and encourage political participation and active citizenship. These freedoms guarantee citizens' right to express their opinions and exchange information and ideas freely and without restrictions.

Sovereignty and independence are fundamental concepts in the legal and constitutional system. Sovereignty means the state's complete ability to govern itself and make its internal and external decisions independently. Independence means the non-interference of other countries in the state's affairs and respecting its sovereignty and decisions.

The legal system ensures the protection of the rights of both citizens and government institutions. The judicial system works to apply laws fairly and impartially and settle disputes between individuals and government entities.

Effective and transparent administration is one of the key factors in building a strong and democratic legal system. Laws and regulations must be followed accurately and regularly to ensure the protection of rights, freedoms, and public interests.

In conclusion, the constitution and the legal system form the basis of governance and the political system in the state. They work together to secure the basic rights and freedoms of citizens and regulate the work of government institutions and authorities. The judiciary plays a vital role in achieving justice, integrity, and upholding the principles of democracy and transparency.

1.2 International Relations and Diplomacy

1.2.1 Bilateral Relations Between Countries

Track **10**

أَنْشَأَ • إِنْشاءٌ — to establish

أَنْشَأَتِ الدَّوْلَتانِ لَجْنَةً مُشْتَرَكَةً لِتَنْسِيقِ الجُهودِ المَبْذولَةِ في مُكافَحَةِ الجَرِيمَةِ المُنَظَّمَةِ.

The two countries established a joint committee to coordinate efforts in combating organized crime.

أَنْهى • إِنْهاءٌ — to terminate, sever, end

أَنْهَتِ الحُكومَةُ عَلاقاتِها الدِّبْلوماسِيَّةَ مَعَ الدَّوْلَةِ المُجاوِرَةِ بِسَبَبِ انْتِهاكاتِ حُقوقِ الإِنْسانِ.

The government severed diplomatic relations with the neighboring state due to human rights violations.

اِتِّحادٌ جُمْرُكِيٌّ — customs union

اِتَّفَقَتِ الدُّوَلُ المُتَجاوِرَةُ عَلى إِقامَةِ اتِّحادٍ جُمْرُكِيٍّ لِتَبْسيطِ الإِجْراءاتِ الجُمْرُكِيَّةِ وَتَعْزيزِ التِّجارَةِ الحُرَّةِ بَيْنَها.

Neighboring countries agreed to establish a customs union to simplify customs procedures and promote free trade among them.

اِتِّفاقِيَّةٌ — agreement

وَقَّعَتِ الدَّوْلَتانِ اتِّفاقِيَّةً تِجارِيَّةً لِتَسْهيلِ التَّبادُلِ التِّجارِيِّ وَتَقْليلِ الرُّسومِ الجُمْرُكِيَّةِ عَلى السِّلَعِ المُسْتَوْرَدَةِ.

The two countries signed a trade agreement to facilitate trade exchange and reduce customs duties on imported goods.

اِسْتِراتيجِيٌّ — strategic

اِتَّخَذَتِ الدَّوْلَتانِ خُطُواتٍ اسْتِراتيجِيَّةً لِتَعْزيزِ التَّعاوُنِ في مَجالِ الطّاقَةِ المُتَجَدِّدَةِ.

The two countries took strategic steps to enhance cooperation in the field of renewable energy.

اِسْتَقْبَلَ (شَخْصِيَّةً أَجْنَبِيَّةً رَفيعَةَ المُسْتَوى) • اِسْتِقْبالٌ — to receive (a foreign dignitary)

اِسْتَقْبَلَ الرَّئيسُ شَخْصِيَّةً أَجْنَبِيَّةً رَفيعَةَ المُسْتَوى في القَصْرِ الرِّئاسِيِّ لِبَحْثِ تَعْزيزِ التَّعاوُنِ الثُّنائِيِّ.

The president received a high-ranking foreign dignitary at the presidential palace to discuss strengthening bilateral cooperation.

اِعْتَرَفَ • اِعْتِرافٌ — to recognize

اِعْتَرَفَتِ الحُكومَةُ رَسْمِيًّا بِالدَّوْلَةِ الجَديدَةِ وَأَبْدَتِ اسْتِعْدادَها لِإِقامَةِ عَلاقاتٍ دِبْلوماسِيَّةٍ.

The government officially recognized the new state and expressed its readiness to establish diplomatic relations.

اِقْتِصادِيٌّ — economic

اِسْتَفادَتِ الدَّوْلَتانِ مِنَ التَّعاوُنِ الاِقْتِصادِيِّ المُشْتَرَكِ وَتَحْسينِ البِنْيَةِ التَّحْتِيَّةِ.

The two countries benefited from joint economic cooperation and improved infrastructure.

بُروتوكولٌ — protocol

وَقَّعَتِ الدَّوْلَتانِ بُروتوكولًا لِتَعْزيزِ الشَّفافِيَّةِ وَتَبادُلِ المَعْلوماتِ المالِيَّةِ لِمُكافَحَةِ التَّهَرُّبِ الضَّريبِيِّ.

The two countries signed a protocol to enhance transparency and exchange financial information to combat tax evasion.

تَبادَلَ • تَبادُلٌ — to exchange

تَبادَلَتِ البِعْثاتُ الدِّبْلوماسِيَّةُ الزِّياراتِ وَأَعْلَنَتْ عَنْ تَنْظيمِ مَعْرِضٍ ثَقافِيٍّ مُشْتَرَكٍ لِتَعْزيزِ التَّفاهُمِ بَيْنَ الشُّعوبِ.

Diplomatic missions exchanged visits and announced the organization of a joint cultural exhibition to promote understanding between the peoples.

تَبادُلٌ تِجارِيٌّ
trade exchange

شَهِدَتِ العَلاقاتُ بَيْنَ البَلَدَيْنِ نُمُوًّا مَلْحوظًا في مَجالِ التَّبادُلِ التِّجارِيِّ، مع تَوَقُّعاتٍ بِزِيادَةِ الاِسْتِثْماراتِ المُتَبادَلَة.

Relations between the two countries have experienced significant growth in trade exchange, with expectations of increased mutual investments.

تَبادُلٌ ثَقافِيٌّ
cultural exchange

أُطْلِقَ بَرْنامَجُ التَّبادُلِ الثَّقافِيِّ بَيْنَ الجامِعاتِ لِتَعْزيزِ التَّعاوُنِ الأَكاديمِيِّ وَتَبادُلِ الخِبْراتِ بَيْنَ البَلَدَيْن.

A cultural exchange program was launched between universities to enhance academic cooperation and exchange expertise between the two countries.

تِجارِيٌّ
commercial

تَعاوَنَتِ الشَّرِكاتُ المَحَلِّيَّةُ مَعَ شُرَكاءَ تِجارِيِّينَ لِزِيادَةِ صادِراتِ المُنْتَجاتِ الوَطَنِيَّة.

Local companies collaborated with commercial partners to increase the export of national products.

تَعاوَنَ
• تَعاوُنٌ

to cooperate

تَعاوَنَتِ الوَكالاتُ الأَمْنِيَّةُ في البَلَدَيْنِ لِمُكافَحَةِ الإِرْهابِ وَضَبْطِ الجَماعاتِ المُتَطَرِّفَة.

Security agencies in the two countries cooperated to combat terrorism and control extremist groups.

ثَقافِيٌّ
cultural

نَظَّمَ مَعْهَدٌ ثَقافِيٌّ بَرْنامَجًا لِلتَّبادُلِ الثَّقافِيِّ لِتَعْزيزِ التَّفاهُمِ المُتَبادَلِ بَيْنَ الشُّعوب.

A cultural institute organized a cultural exchange program to promote mutual understanding between peoples.

ثُنائِيٌّ
bilateral

تَمَّ تَوْقيعُ اتِّفاقِيّاتٍ عَديدَةٍ لِتَعْزيزِ العَلاقاتِ الثُّنائِيَّةِ بَيْنَ البَلَدَيْنِ في مَجالاتِ التِّجارَةِ والتَّعْليمِ والثَّقافَة.

Numerous agreements were signed to enhance bilateral relations between the two countries in the fields of trade, education, and culture.

حُدودٌ بَرِّيَّةٌ *pl.* land border

تَمَّتْ تَسْوِيَةُ النِّزاعِ حَوْلَ الحُدودِ البَرِّيَّةِ بَيْنَ البَلَدَيْنِ بِناءً عَلى اتِّفاقِيَّةٍ مُشْتَرَكَةٍ والتِزامِهِما بِالقانونِ الدَّوْلِيِّ.

The land border dispute between the two countries was settled based on a joint agreement and their commitment to international law.

> The word حُدودٌ is the plural of حَدٌّ ('limitation'), but when referring to a boundary or border, it is always plural in Arabic. For example, الحُدودُ بَيْنَ الدَّوْلَتَيْنِ مُغْلَقَةٌ. 'The border between the two countries is closed.'

حَسَّنَ • تَحْسينٌ to improve

تَعَهَّدَتِ الحُكومَتانِ بِتَحْسينِ العَلاقاتِ الاِقْتِصادِيَّةِ وَزِيادَةِ حَجْمِ التَّبادُلِ التِّجارِيِّ بَيْنَ البَلَدَيْنِ.

The two governments pledged to improve economic relations and increase the volume of trade exchange between the countries.

حَلُّ نِزاعاتٍ conflict resolution

اِسْتَعانَتِ الحُكومَةُ بِوَساطَةٍ دَوْلِيَّةٍ لِحَلِّ نِزاعاتٍ حُدودِيَّةٍ مَعَ دَوْلَةٍ مُجاوِرَةٍ وَتَجَنُّبِ التَّصْعيدِ العَسْكَرِيِّ.

The government sought international mediation to resolve border disputes with a neighboring country and avoid military escalation.

حِلْفٌ دِفاعِيٌّ • أَحْلافٌ دِفاعِيَّةٌ defense alliance

شَكَّلَتِ الدَّوْلَتانِ حِلْفًا دِفاعِيًّا لِتَعْزيزِ التَّعاوُنِ العَسْكَرِيِّ وَضَمانِ أَمْنِ واسْتِقْرارِ المِنْطَقَةِ.

The two countries entered into a defense alliance to strengthen military cooperation and ensure regional security and stability.

دِبْلوماسِيٌّ diplomatic

أَسْفَرَ التَّفاوُضُ الدِّبْلوماسِيُّ بَيْنَ البَلَدَيْنِ عَنِ اتِّفاقِيَّةِ سَلامٍ تاريخِيَّةٍ.

Diplomatic negotiation between the two countries resulted in a historic peace agreement.

دِفاعِيٌّ defense-

عَقَدَتِ الدَّوْلَتانِ اتِّفاقِيَّةً دِفاعِيَّةً لِتَعْزيزِ الأَمْنِ الإِقْليمِيِّ وَمُواجَهَةِ التَّهْديداتِ المُشْتَرَكَةِ.

The two countries signed a defense agreement to enhance regional security and confront common threats.

دَوْلِيٌّ
international

تَمَّ التَّوَصُّلُ إلى اتِّفاقٍ دَوْلِيٍّ لِمُكافَحَةِ التَّغَيُّرِ المُناخِيِّ وَخَفْضِ انْبِعاثاتِ الغازاتِ الدَّفيئَةِ.

An international agreement was reached to combat climate change and reduce greenhouse gas emissions.

The term دَوْلِيٌّ is a nisba adjective derived from the noun دَوْلَةٌ (nation), with its plural form being دُوَلٌ (nations). While the standard pronunciation is دَوْلِيٌّ, it is worth noting that an alternative pronunciation دُوَلِيٌّ is preferred by some speakers. It may seem logical to assume that a nisba adjective derived from the noun meaning 'nation' would be 'national.' Instead, this meaning is covered by a nisba adjective derived from the synonymous noun وَطَنٌ, giving us وَطَنِيٌّ (national).

رَسْمُ خَرائِطَ
mapping

عَقَدَتِ اللَّجْنَةُ المُشْتَرَكَةُ اجْتِماعًا لِرَسْمِ خَرائِطَ تُوَضِّحُ الحُدودَ البَحْرِيَّةَ بَيْنَ الدَّوْلَتَيْنِ وَتَحْديدِ مَناطِقِ الاِسْتِغْلالِ الاِقْتِصادِيِّ.

The joint committee held a meeting to draw maps illustrating the maritime borders between the two countries and determine areas of economic exploitation.

رَفيعَةُ المُسْتَوى
high-level, high-ranking

اِلْتَقى وَزيرُ الخارِجِيَّةِ بِنَظيرِهِ مِنَ الدَّوْلَةِ المُجاوِرَةِ في زِيارَةٍ رَفيعَةِ المُسْتَوى لِبَحْثِ قَضايا الأَمْنِ الإِقْليمِيِّ.

The foreign minister met with his counterpart from the neighboring state on a high-level visit to discuss regional security issues.

زِياراتٌ مُتَبادَلَةٌ
exchange of visits

أَجْرى وَزيرُ الخارِجِيَّةِ زِياراتٍ مُتَبادَلَةً مَعَ نَظيرِهِ لِبَحْثِ تَعْزيزِ العَلاقاتِ الثُّنائِيَّةِ والتَّعاوُنِ في مَجالاتٍ مُتَعَدِّدَةٍ.

The foreign minister conducted an exchange of visits with his counterpart to discuss strengthening bilateral relations and cooperation in various fields.

سِفارَةٌ
embassy

اِفْتُتِحَت السِّفارَةُ الجَديدَةُ في العاصِمَةِ بِهَدَفِ تَعْزيزِ العَلاقاتِ الدِّبْلوماسِيَّةِ بَيْنَ البَلَدَيْنِ وَتَقْديمِ الدَّعْمِ لِلْمُواطِنينَ المُقيمينَ.

The new embassy opened in the capital with the aim of enhancing diplomatic relations between the two countries and providing support to the resident citizens.

سَفيرٌ • سُفَراءُ
ambassador

اِلْتَقى السَّفيرُ بِوَزيرِ الخارِجِيَّةِ لِبَحْثِ سُبُلِ تَطْويرِ العَلاقاتِ الثُّنائِيَّةِ وَزِيادَةِ التَّعاوُنِ الاِقْتِصادِيِّ.

The ambassador met with the foreign minister to discuss ways to develop bilateral relations and increase economic cooperation.

سِياسَةٌ
policy

تَتَبَنّى الدَّوْلَةُ سِياساتٍ خارِجِيَّةً تُرَكِّزُ عَلى تَعْزيزِ التَّعاوُنِ الدَّوْلِيِّ والسَّلامِ العالَمِيِّ.

The country is adopting foreign policies focused on promoting international cooperation and global peace.

→ سِياسَةٌ 'politics' (p. 2)

شَراكَةٌ اسْتِراتيجِيَّةٌ
strategic partnership

أَعْلَنَتِ الدَّوْلَتانِ عَنْ تَوْقيعِ شَراكَةٍ اسْتِراتيجِيَّةٍ لِتَعْزيزِ التَّعاوُنِ في مَجالاتِ الأَمْنِ والتِّكْنولوجْيا والبيئَةِ.

The two countries announced the signing of a strategic partnership to enhance cooperation in the fields of security, technology, and the environment.

صَدَّقَ • تَصْديقٌ
to ratify

صَدَّقَ البَرْلَمانُ عَلى مُعاهَدَةٍ دَوْلِيَّةٍ لِحِمايَةِ البيئَةِ والتَّنَوُّعِ البَيولوجِيِّ.

The parliament ratified an international treaty for the protection of the environment and biodiversity.

عَزَّزَ • تَعْزيزٌ
to strengthen

عَزَّزَتِ الزِّيارَةُ الرَّسْمِيَّةُ لِرَئيسِ الوُزَراءِ العَلاقاتِ الثُّنائِيَّةَ وَفَتَحَتْ آفاقًا جَديدَةً لِلتَّعاوُنِ المُشْتَرَكِ.

The prime minister's official visit strengthened bilateral relations and opened up new horizons for joint cooperation.

عَزَّزَ العَلاقاتِ الثُّنائِيَّة
to strengthen bilateral relations

أَجْرى وَزيرُ الخارِجيَّةِ الأُرْدُنِيُّ زِيارَةً رَسْمِيَّةً إلى الفِلِبّين لِعَقْدِ مُحادَثاتٍ مَعَ نَظيرِهِ الفِلِبّينيِّ، بِهَدَفِ تَعْزيزِ العَلاقاتِ الثُّنائِيَّةِ بَيْنَ البَلَدَيْنِ في مَجالاتِ التِّجارَةِ والاِسْتِثْمارِ والتَّعْليم.

The Jordanian Foreign Minister conducted an official visit to the Philippines to hold talks with his Filipino counterpart, aiming to strengthen bilateral relations between the two countries in the fields of trade, investment, and education.

عَقَدَ • عَقْدٌ
to hold (as in holding a meeting or summit)

عَقَدَتِ الدَّوْلَتانِ اجْتِماعًا لِمُناقَشَةِ إِمْكانِيَّةِ إِنْشاءِ مِنْطَقَةِ تِجارَةٍ حُرَّةٍ وَتَسْهيلِ التَّبادُلِ التِّجارِيِّ.

The two countries held a meeting to discuss the possibility of establishing a free trade zone and facilitating trade exchange.

عَلاقاتٌ دِبْلوماسِيَّةٌ *pl.*
diplomatic relations

تَعْمَلُ الدَّوْلَتانِ عَلى تَطْويرِ عَلاقاتٍ دِبْلوماسِيَّةٍ قَوِيَّةٍ تُتيحُ لَهُما التَّعاوُنَ في مَجالاتٍ مُتَنَوِّعَةٍ.

The two countries are working on developing strong diplomatic relations that enable them to collaborate in various fields.

عَلاقاتٌ سِياسِيَّةٌ
political relations

تُعْتَبَرُ العَلاقاتُ السِّياسِيَّةُ بَيْنَ البَلَدَيْنِ مُهِمَّةً لِتَعْزيزِ الاِسْتِقْرارِ الإِقْليمِيِّ والتَّعاوُنِ المُشْتَرَك.

Political relations between the two countries are important for promoting regional stability and joint cooperation.

قِمَّةٌ ثُنائِيَّةٌ • قِمَمٌ
bilateral summit

عُقِدَتْ قِمَّةٌ ثُنائِيَّةٌ بَيْنَ رُؤَساءِ الدَّوْلَتَيْنِ لِبَحْثِ مَواضيعَ مِثْلِ التَّعاوُنِ الاِقْتِصادِيِّ والتَّنْمِيَةِ المُسْتَدامَةِ.

A bilateral summit was held between the heads of the two countries to discuss topics such as economic cooperation and sustainable development.

قُنْصُلٌ • قَناصِلُ consul

تَمَّ تَعْيينُ القُنْصُلِ الجَديدِ لِتَمْثيلِ بَلَدِهِ في المَدينَةِ وَتَعْزيزِ العَلاقاتِ الثَّقافِيَّةِ والتِّجارِيَّةِ بَيْنَ الدَّوْلَتَيْنِ.

The new consul was appointed to represent their country in the city and enhance cultural and commercial relations between the two countries.

قُنْصُلِيٌّ consular

اِفْتَتَحَتِ السِّفارَةُ مَكْتَبًا جَديدًا لِتَقْديمِ الخِدْماتِ القُنْصُلِيَّةِ لِلْمُواطِنينَ المُقيمينَ في البَلَدِ المُضيفِ.

The embassy opened a new office to provide consular services to citizens residing in the host country.

قُنْصُلِيَّةٌ consulate

تُقَدِّمُ القُنْصُلِيَّةُ خِدْماتٍ مُتَنَوِّعَةً لِلْمُواطِنينَ، بِما في ذَلِكَ تَجْديدُ جَوازاتِ السَّفَرِ وَتَقْديمُ المُساعَدَةِ في حالاتِ الطَّوارِئِ.

The consulate provides various services to citizens, including passport renewals and assistance in emergency situations.

مُعاهَدَةٌ treaty

اِنْضَمَّتِ الدَّوْلَةُ إلى مُعاهَدَةِ حَظْرِ الأَسْلِحَةِ النَّوَوِيَّةِ، مُلْتَزِمَةً بِعَدَمِ تَطْويرِ أَوْ نَشْرِ هَذا النَّوْعِ مِنَ الأَسْلِحَةِ.

The country joined the Nuclear Non-Proliferation Treaty, committing not to develop or proliferate such weapons.

مُفاوَضاتٌ pl. negotiations

أُجْرِيَت مُفاوَضاتٌ ثُنائِيَّةٌ بَيْنَ البَلَدَيْنِ لِلتَّوَصُّلِ إلى اتِّفاقٍ حَوْلَ مَشْروعٍ لِتَوْسيعِ التَّعاوُنِ في مَجالِ الطّاقَةِ.

Bilateral negotiations took place between the two countries to reach an agreement on a project to expand cooperation in the energy sector.

مِنْطَقَةٌ اقْتِصادِيَّةٌ حَصْرِيَّةٌ exclusive economic zone

تُناقِشُ الدَّوْلَتانِ إِمْكانِيَّةَ تَوْسيعِ المِنْطَقَةِ الاقْتِصادِيَّةِ الحَصْرِيَّةِ لِتَعْزيزِ التَّعاوُنِ في مَجالِ الصَّيْدِ والتَّنْقيبِ عَنِ المَوارِدِ الطَّبيعِيَّةِ.

The two countries are discussing the possibility of expanding the exclusive economic zone to enhance cooperation in the fields of fishing and natural resource exploration.

مِنْطَقَةٌ حُرَّةٌ • مَناطِقُ — free zone

أُنْشِئَتِ المِنْطَقَةُ الحُرَّةُ بِهَدَفِ تَشْجيعِ الاِسْتِثْماراتِ الأَجْنَبِيَّةِ وَتَحْفيزِ النُّمُوِّ الاِقْتِصاديِّ المَحَلِّيِّ.

The free zone was established to encourage foreign investments and stimulate local economic growth.

نِزاعٌ — conflict, dispute

أَدّى النِّزاعُ بَيْنَ البَلَدَيْنِ إلى تَوَتُّرِ العَلاقاتِ وَتَبادُلِ الاِتِّهاماتِ عَلى المُسْتَوى الدِّبْلوماسِيِّ.

The dispute between the two countries led to tense relations and the exchange of accusations at the diplomatic level.

وَقَّعَ • تَوْقيعٌ — to sign

وَقَّعَتِ الدَّوْلَتانِ اتِّفاقِيَّةَ تَعاوُنٍ عَسْكَرِيٍّ لِتَطْويرِ قُدُراتِ الجَيْشَيْنِ وَإِجْراءِ تَدْريباتٍ مُشْتَرَكَةٍ.

The two countries signed a military cooperation agreement to develop the capabilities of the armies and conduct joint exercises.

وَقَّعَ اتِّفاقِيَّةً • تَوْقيعٌ — to sign an agreement/treaty

وَقَّعَتِ الدَّوْلَتانِ اتِّفاقِيَّةً لِتَعْزيزِ التَّعاوُنِ في مَجالِ البُحوثِ العِلْمِيَّةِ والتِّكْنولوجيا.

The two countries signed an agreement to enhance cooperation in the field of scientific research and technology.

1.2.1.1 Mini-Articles

Track **11**

عَقَدَتْ دَوْلَتا الجِوارِ قِمَّةً ثُنائِيَّةً لِمُناقَشَةِ سُبُلِ تَعْزيزِ العَلاقاتِ الثَّقافِيَّةِ وَالاِقْتِصادِيَّةِ فيما بَيْنَهُما. أَعْلَنَ الزُّعَماءُ خِلالَ المُفاوَضاتِ عَنِ اتِّفاقِيَّةٍ لِإِنْشاءِ مِنْطَقَةٍ اقْتِصادِيَّةٍ حَصْرِيَّةٍ تَهْدِفُ إلى تَحْفيزِ التَّبادُلِ التِّجارِيِّ وَالاِسْتِثْماراتِ المُشْتَرَكَةِ. كَما وَقَّعَ الجانِبانِ مُعاهَدَةً لِتَعْزيزِ التَّعاوُنِ الدِّفاعِيِّ وَالأَمْنِيِّ في المِنْطَقَةِ، مِمّا يُعَزِّزُ الاِسْتِقْرارَ وَالسَّلامَ.

The neighboring countries held a bilateral summit to discuss ways to enhance cultural and economic relations between them. During the negotiations, the leaders announced an agreement to establish an exclusive economic zone aimed at stimulating trade and joint investments. The two sides also signed a treaty to enhance defense and security cooperation in the region, enhancing stability and peace.

اِسْتَقْبَلَ السَّفيرُ الدَّوْلِيُّ لِلْمَمْلَكَةِ الأُرْدُنيَّةِ الهاشِميَّةِ شَخْصيَّةً أَجْنَبيَّةً رَفيعَةَ المُسْتَوى مِنْ جُمْهوريَّةِ مِصْرَ العَرَبيَّةِ في السِّفارَةِ لإِجْراءِ مُحادَثاتٍ حَوْلَ تَعْزيزِ العَلاقاتِ الثُّنائيَّةِ بَيْنَ البَلَدَيْنِ. تَناوَلَتِ الزِّيارَةُ المُتبادَلَةُ مَوْضوعاتٍ مُتَنَوِّعَةً تَشْمَلُ التَّعاوُنَ الثَّقافيَّ وَالتِّجاريَّ وَالبَحْثَ عَنْ سُبُلِ تَطْويرِ شَراكَةٍ اسْتِراتيجيَّةٍ قَويَّةٍ. تَمَّ التَّوْقيعُ عَلى بُروتوكولٍ لِتَبادُلِ الخِبْراتِ وَالمَعْرِفَةِ في مَجالاتِ العُلومِ وَالتِّكْنولوجيا وَالتَّعْليمِ، مِمّا يُعَزِّزُ التَّعاوُنَ الدَّوْلِيَّ وَيَفْتَحُ آفاقًا جَديدَةً لِلشَّبابِ.

The international ambassador of the Hashemite Kingdom of Jordan received a high-level foreign personality from the Arab Republic of Egypt at the embassy to hold talks on enhancing bilateral relations between the two countries. The reciprocal visit covered various topics, including cultural and commercial cooperation, and seeking ways to develop a strong strategic partnership. A protocol was signed to exchange expertise and knowledge in the fields of science, technology, and education, enhancing international cooperation and opening up new prospects for youth.

بَعْدَ سَنَواتٍ مِنَ النِّزاعِ حَوْلَ الحُدودِ البَرِّيَّةِ المُتَنازَعِ عَلَيْها، قَرَّرَتِ البُلْدانُ المَعْنيَّةُ حَلَّ نِزاعاتِها مِنْ خِلالِ عَقْدِ مُفاوَضاتٍ سِلْميَّةٍ. في إِطارِ جَلَساتِ المُفاوَضاتِ، تَمَّ التَّوَصُّلُ إِلى اتِّفاقيَّةٍ لِتَحْديدِ الحُدودِ الدَّوْليَّةِ عَبْرَ رَسْمِ خَرائِطَ مُشْتَرَكَةٍ. بِالإِضافَةِ إِلى ذَلِكَ، تَمَّ إِبْرامُ اتِّفاقٍ لِتَبادُلِ الزِّياراتِ بَيْنَ المَسْؤولينَ الحُكوميّينَ وَالمُواطِنينَ العادِيّينَ، مِمّا يُشَجِّعُ عَلى التَّفاهُمِ المُتَبادَلِ وَيَزيدُ مِنْ فُرَصِ التَّعاوُنِ.

After years of conflict over disputed land borders, the countries involved decided to resolve their disputes through peaceful negotiations. As part of the negotiation sessions, an agreement was reached to determine international borders through joint map drawing. In addition, an agreement was reached to exchange visits between government officials and ordinary citizens, promoting mutual understanding and increasing opportunities for cooperation.

1.2.1.2 Historical Report: Natural Gas Agreement

Track **12**

تَوْقيعُ اتِّفاقيَّةِ الغازِ الطَّبيعِيِّ بَيْنَ مِصْرَ وَإِسْرائيلَ تَعْزيزًا لِلْعَلاقاتِ الثُّنائيَّةِ

في فِبْرايِرَ 2018، أَعْلَنَتْ شَرِكَتا (ديليك دِريلينْغْ) الإِسْرائيليَّةُ وَ (نوبِلْ إِنِرْجي) الأَمْريكيَّةُ عَنْ تَوْقيعِ اتِّفاقيَّةٍ تاريخيَّةٍ لِتَصْديرِ الغازِ الطَّبيعِيِّ مِنْ حُقولِ (تامار) وَ (ليفْياثانْ) الإِسْرائيليَّةِ إِلى مِصْرَ. تَمَّ تَوْقيعُ الاتِّفاقيَّةِ مَعَ شَرِكَةِ (دولْفينوس هولْدِنْجز) المِصْريَّةِ، وَقُدِّرَتْ قيمَةُ الصَّفْقَةِ بِنَحْوِ 15 مِلْيارَ دولارٍ. وَقَّعَ السَّفيرانِ المِصْرِيُّ وَالإِسْرائيلِيُّ بُروتوكولَ التَّفاهُمِ لِهَذِهِ الاتِّفاقيَّةِ.

يَهْدِفُ هَذا الاتِّفاقُ إِلى تَعْزيزِ العَلاقاتِ الثُّنائيَّةِ بَيْنَ مِصْرَ وَإِسْرائيلَ وَتَحْسينِ التَّعاوُنِ الاقْتِصادِيِّ وَالاسْتِراتيجِيِّ بَيْنَ البَلَدَيْنِ. يَتَضَمَّنُ الاتِّفاقُ تَبادُلًا تِجاريًّا وَثَقافيًّا، مَعَ تَعْزيزِ دَوْرِ مِصْرَ كَمَرْكَزٍ إِقْليمِيٍّ لِلْغازِ الطَّبيعِيِّ. تَمْتَدُّ مُدَّةُ

الاتِّفاقِ عَلى مَدى 10 سَنواتٍ، حَيْثُ مِنَ المُتَوَقَّعِ أَنْ يَبْدَأَ تَصْديرُ الغازِ الطَّبيعِيِّ مِنْ إِسْرائيلَ إِلى مِصْرَ في عامِ 2020.

لَقَدْ أَشادَ العَديدُ مِنَ المُراقِبينَ الدَّوْلِيّينَ وَالسِّياسِيّينَ بِالاتِّفاقِ كَخُطْوَةٍ إيجابِيَّةٍ نَحْوَ تَعْزيزِ التَّعاوُنِ الإِقْليمِيِّ وَالسَّلامِ بَيْنَ البَلَدَيْنِ المُتَجاوِرينَ. وَمَعَ ذَلِكَ، اِنْتَقَدَتْ بَعْضُ الجِهاتِ الاتِّفاقَ بِسَبَبِ الخِلافاتِ المُسْتَمِرَّةِ بَيْنَ إِسْرائيلَ وَفِلَسْطينَ.

في المُسْتَقْبَلِ، قَدْ يُمَهِّدُ هَذا الاتِّفاقُ الطَّريقَ لِتَعاوُنٍ أَكْبَرَ بَيْنَ مِصْرَ وَإِسْرائيلَ وَغَيْرِهِما مِنَ الدُّوَلِ العَرَبِيَّةِ في مَجالاتٍ مُتَنَوِّعَةٍ مِثْلِ البيئَةِ وَالتِّكْنولوجْيا وَالتَّعْليمِ. مِنْ شَأْنِ هَذا التَّعاوُنِ أَنْ يُسْهِمَ في تَحْسينِ الاسْتِقْرارِ الإِقْليمِيِّ وَحَلِّ النِّزاعاتِ السِّياسِيَّةِ وَالاقْتِصادِيَّةِ القائِمَةِ.

عَلى الصَّعيدِ الاقْتِصادِيِّ، مِنَ المُتَوَقَّعِ أَنْ يُساهِمَ الاتِّفاقُ في تَنْشيطِ اقْتِصادِيّاتِ كُلٍّ مِنْ مِصْرَ وَإِسْرائيلَ عَنْ طَريقِ تَحْقيقِ فُرَصِ اسْتِثْمارٍ جَديدَةٍ وَزِيادَةِ التَّبادُلِ التِّجارِيِّ وَالاسْتِثْمارِ الأَجْنَبِيِّ. وَعَلى الصَّعيدِ الاجْتِماعِيِّ، يُمْكِنُ أَنْ يُساعِدَ الاتِّفاقُ في تَعْزيزِ التَّفاهُمِ المُتَبادَلِ وَتَبادُلِ الثَّقافاتِ وَالأَفْكارِ بَيْنَ الشَّعْبَيْنِ.

يَظَلُّ الاتِّفاقُ مِثالًا عَلى الفَوائِدِ المُحْتَمَلَةِ لِلتَّعاوُنِ بَيْنَ الدُّوَلِ العَرَبِيَّةِ وَإِسْرائيلَ في مُواجَهَةِ التَّحَدِّياتِ المُشْتَرَكَةِ وَتَعْزيزِ الاسْتِقْرارِ الإِقْليمِيِّ. عَلى الرَّغْمِ مِنْ وُجودِ تَحَدِّياتٍ كَبيرَةٍ مِثْلِ قَضِيَّةِ الصِّراعِ الفِلَسْطينِيِّ - الإِسْرائيلِيِّ، إِلّا أَنَّ تَعْزيزَ التَّعاوُنِ الاقْتِصادِيِّ وَالاجْتِماعِيِّ قَدْ يُساهِمُ في إيجادِ حُلولٍ جَديدَةٍ وَمُسْتَدامَةٍ لِلْمِنْطَقَةِ بِأَكْمَلِها.

Signing of Natural Gas Agreement between Egypt and Israel to Strengthen Bilateral Relations

In February 2018, Israeli company Delek Drilling and American company Noble Energy announced the signing of a historic agreement to export natural gas from the Israeli fields of Tamar and Leviathan to Egypt. The agreement was signed with the Egyptian company Dolphinus Holdings, and the deal was valued at around $15 billion. The Egyptian and Israeli ambassadors signed a memorandum of understanding for the agreement.

The aim of this agreement is to strengthen bilateral relations between Egypt and Israel and to improve economic and strategic cooperation between the two countries. The agreement includes trade and cultural exchange, while strengthening Egypt's role as a regional hub for natural gas. The agreement extends over a period of 10 years, with natural gas exports from Israel to Egypt expected to begin in 2020.

Many international observers and politicians have praised the agreement as a positive step towards regional cooperation and peace between the neighboring countries. However, some parties have criticized the agreement due to ongoing disputes between Israel and Palestine.

In the future, this agreement may pave the way for greater cooperation between Egypt and Israel, as well as other Arab countries, in various fields such as the environment, technology, and education.

This cooperation could contribute to improving regional stability and resolving existing political and economic conflicts.

On the economic front, the agreement is expected to contribute to the revitalization of the economies of both Egypt and Israel by creating new investment opportunities and increasing trade and foreign investment. On the social level, the agreement could help promote mutual understanding and the exchange of cultures and ideas between the two peoples.

The agreement remains an example of the potential benefits of cooperation between Arab countries and Israel in facing common challenges and enhancing regional stability. Despite the existence of major challenges such as the issue of the Israeli-Palestinian conflict, enhancing economic and social cooperation may contribute to finding new and sustainable solutions for the entire region.

1.2.2 Multilateral Organizations and Diplomacy

Track **13**

أَمْنِيٌّ security-

عَقَدَتِ الدُّوَلُ العَرَبِيَّةُ اجْتِماعًا أَمْنِيًا لِبَحْثِ تَعْزيزِ التَّعاوُنِ في مُكافَحَةِ الإِرْهابِ وَضَمانِ الأَمْنِ الإِقْليمِيِّ.

Arab countries held a security meeting to discuss enhancing cooperation in counterterrorism and ensuring regional security.

أَوْصى • تَوْصِيَةٌ to recommend (a resolution)

أَوْصى المَبْعوثُ الدَّوْلِيُّ بِتَشْكيلِ لَجْنَةٍ لِدِراسَةِ الوَضْعِ الإِنْسانِيِّ في اليَمَنِ.

The international envoy recommended the formation of a committee to study the humanitarian situation in Yemen.

إِقْليمِيٌّ regional

اِجْتَمَعَ وُزَراءُ الخارِجِيَّةِ الإِقْليمِيّينَ في القاهِرَةِ لِبَحْثِ سُبُلِ تَعْزيزِ الأَمْنِ والاِسْتِقْرارِ في شَمالِ إِفْريقْيا.

Regional foreign ministers met in Cairo to discuss ways to enhance security and stability in North Africa.

اِتِّفاقِيَّةٌ agreement

وَقَّعَتْ دَوْلَةُ الإِماراتِ وَنيوزيلَنْدا اتِّفاقِيَّةً لِتَعْزيزِ التِّجارَةِ والاِسْتِثْمارِ بَيْنَ البَلَدَيْنِ.

The United Arab Emirates and New Zealand signed an agreement to enhance trade and investment between the two countries.

اِجْتِماعٌ
meeting

عُقِدَ اجْتِماعٌ بَيْنَ وَزِيرَي خارِجِيَّةِ البَلَدَيْنِ لِمُناقَشَةِ قَضايا الأَمْنِ الإِقْليمِيِّ وَتَعْزيزِ التَّعاوُنِ الثُّنائِيِّ.

A meeting was held between the foreign ministers of the two countries to discuss regional security issues and enhance bilateral cooperation.

اِجْتَمَعَ
to meet

• اِجْتِماعٌ

اِجْتَمَعَ وُزَراءُ خارِجِيَّةِ دوَلِ مَجْلِسِ التَّعاوُنِ الخَليجِيِّ في الدَّوْحَةِ لِوَضْعِ خُطَّةٍ تَفاوُضِيَّةٍ لِلتَّعامُلِ مَعَ الأَزْمَةِ السّورِيَّةِ.

The foreign ministers of the Gulf Cooperation Council countries met in Doha to develop a negotiation plan to address the Syrian crisis.

اِعْتَرَضَ
to object

• اِعْتِراضٌ

اِعْتَرَضَتِ الحُكومَةُ الإِسْرائيلِيَّةُ عَلى قَرارِ الأُمَمِ المُتَّحِدَةِ بِشَأْنِ حُقوقِ الفِلَسْطينِيّينَ.

The Israeli government objected to the United Nations' decision regarding the rights of Palestinians.

اِقْتِصادِيٌّ
economic

تَوَصَّلَتِ الدُّوَلُ الأَعْضاءُ في الاِتِّحادِ الأوروبِّيِّ إِلى اتِّفاقٍ اقْتِصادِيٍّ جَديدٍ لِتَعْزيزِ النُّمُوِّ وَخَلْقِ فُرَصِ عَمَلٍ.

European Union member states reached a new economic agreement to boost growth and create job opportunities.

الأُمَمُ المُتَّحِدَةُ
the United Nations

عَقَدَتِ الأُمَمُ المُتَّحِدَةُ مُؤْتَمَرًا لِبَحْثِ سُبُلِ تَعْزيزِ التَّعاوُنِ في مُكافَحَةِ التَّغَيُّرِ المُناخِيِّ.

The United Nations held a conference to discuss ways to enhance cooperation in combating climate change.

الاِتِّحادُ الأوروبِّيُّ
the European Union

أَعْلَنَ الاِتِّحادُ الأوروبِّيُّ عَنْ خُطَّةٍ لِدَعْمِ الاِقْتِصاداتِ النّاشِئَةِ وَتَعْزيزِ التَّنْمِيَةِ المُسْتَدامَةِ.

The European Union announced a plan to support emerging economies and promote sustainable development.

البَنْكُ الدَّوْليُّ
the World Bank

يوَفِّرُ البَنْكُ الدَّوْليُّ قُروضًا مُنْخَفِضَةَ الفائِدَةِ لِتَمْويلِ مَشاريعِ البِنْيَةِ التَّحْتِيَّةِ في الدُّوَلِ النّامِيَةِ.

The World Bank provided low-interest loans to finance infrastructure projects in developing countries.

الجامِعَةُ العَرَبِيَّةُ
the Arab League

عَقَدَتِ الجامِعَةُ العَرَبِيَّةُ اجْتِماعًا طارِئًا لِمُناقَشَةِ الأَزْمَةِ الإِنْسانِيَّةِ في اليَمَنِ والتَّعاوُنِ لِتَوْفيرِ المُساعَداتِ العاجِلَةِ.

The Arab League held an emergency meeting to discuss the humanitarian crisis in Yemen and cooperate in providing urgent aid.

السَّلامُ العَرَبِيُّ الإِسْرائيلِيُّ
the Arab-Israeli peace (process)

تَحَدَّثَ الزُّعَماءُ العَرَبُ عَنِ السَّلامِ العَرَبِيِّ الإِسْرائيلِيِّ في خِطاباتِهِمْ في القِمَّةِ العَرَبِيَّةِ.

Arab leaders spoke about Arab-Israeli peace in their speeches at the Arab summit.

الصِّراعُ العَرَبِيُّ الإِسْرائيلِيُّ
the Arab-Israeli conflict

شارَكَ عَدَدٌ مِنَ الدُّوَلِ العَرَبِيَّةِ في الاِجْتِماعِ الاِسْتِثْنائِيِّ حَوْلَ الصِّراعِ العَرَبِيِّ الإِسْرائيلِيِّ.

Several Arab countries participated in the emergency meeting on the Arab-Israeli conflict.

القِمَّةُ العَرَبِيَّةُ
the Arab League Summit

شَهِدَتِ القِمَّةُ العَرَبِيَّةُ الَّتي عُقِدَتْ في الرِّياضِ تَوْقيعَ اتِّفاقٍ لِتَعْزيزِ الأَمْنِ الإِقْليمِيِّ وَمُكافَحَةِ الإِرْهابِ بَيْنَ الدُّوَلِ العَرَبِيَّةِ.

The Arab [League] Summit held in Riyadh saw the signing of an agreement to enhance regional security and combat terrorism among Arab countries.

المَحْكَمَةُ الجِنائِيَّةُ الدَّوْلِيَّةُ
the International Criminal Court (ICC)

تُتابِعُ المَحْكَمَةُ الجِنائِيَّةُ الدَّوْلِيَّةُ التَّحْقيقَ في جَرائِمِ الحَرْبِ والإِبادَةِ الجَماعِيَّةِ وَتَعْمَلُ عَلى مُحاسَبَةِ المَسْؤولينَ عَنْ تِلْكَ الجَرائِمِ.

The International Criminal Court follows up on the investigation of war crimes and genocide and works to hold those responsible for these crimes accountable.

the Arab Organization for Education, Culture and Science

المُنَظَّمَةُ العَرَبِيَّةُ لِلتَّرْبِيَةِ وَالثَّقافَةِ وَالعُلوم

نَظَمَتِ المُنَظَّمَةُ العَرَبِيَّةُ لِلتَّرْبِيَةِ والثَّقافَةِ والعُلومِ مَعْرِضًا لِلْكِتابِ في القاهِرَةِ لِتَشْجيعِ القِراءَةِ وَتَعْزيزِ التَّبادُلِ الثَّقافيِّ بَيْنَ الدُّوَلِ العَرَبِيَّةِ.

The Arab Organization for Education, Culture, and Science organized a book fair in Cairo to encourage reading and promote cultural exchange among Arab countries.

to withdraw • اِنْسِحابٌ **اِنْسَحَبَ**

اِنْسَحَبَتْ بَعْضُ الدُّوَلِ الأَعْضاءِ مِنَ المُنَظَّمَةِ الدَّوْلِيَّةِ بِسَبَبِ خِلافاتٍ سِياسِيَّةٍ.

Some member states withdrew from the international organization due to political disagreements.

statement **بَيانٌ**

أَصْدَرَتِ الدُّوَلُ المُشارِكَةُ في المُؤْتَمَرِ الدَّوْليِّ لِلهِجْرَةِ بَيانًا مُشْتَرَكًا يَدْعو إِلى تَحْسينِ ظُروفِ المُهاجِرينَ وَتَعْزيزِ التَّعاوُنِ الدَّوْليِّ في هَذا المَجالِ.

The countries participating in the International Conference on Migration issued a joint statement calling for improving the conditions of migrants and enhancing international cooperation in this field.

commercial, trade- **تِجاريٌّ**

أَبْرَمَتِ الهِنْدُ وَبَنْجلاديش اتِّفاقِيَّةً تِجارِيَّةً لِتَسْهيلِ التَّبادُلِ التِّجاريِّ وَتَعْزيزِ الاِسْتِثْمارِ المُشْتَرَكِ.

India and Bangladesh signed a trade agreement to facilitate trade exchange and promote joint investment.

alliance **تَحالُفٌ**

تَمَّ تَشْكيلُ تَحالُفٍ دَوْليٍّ لِمُواجَهَةِ التَّهْديداتِ الإِرْهابِيَّةِ.

An international alliance was formed to confront terrorist threats.

to cooperate • تَعاوُنٌ **تَعاوَنَ**

يَتَعاوَنُ المُجْتَمَعُ الدَّوْليُّ لِتَوْفيرِ المُساعَداتِ الإِنْسانِيَّةِ لِلْأَشْخاصِ المُتَضَرِّرينَ مِنَ النِّزاعِ.

The international community is collaborating to provide humanitarian aid to people affected by the conflict.

تَعاوُنٌ
cooperation

تَعاوَنَتِ الهِنْدُ وَإِسْرائيلُ في مَشْروعٍ بَحْثِيٍّ مُشْتَرَكٍ لِتَطْويرِ عِلاجاتٍ جَديدَةٍ لِمَرَضِ السَّرَطانِ.

India and Israel collaborated on a joint research project to develop new cancer treatments.

تَفاوَضَ • تَفاوُضٌ
to negotiate

تَفاوَضَتِ البُلْدانُ المَعْنِيَّةُ عَلى حَلٍّ سِلْمِيٍّ لِلنِّزاعِ عَلى المَوارِدِ الطَّبيعِيَّةِ.

The concerned countries negotiated a peaceful resolution to the conflict over natural resources.

تَنْسيقٌ
coordination

نَظَّمَتِ السُّلُطاتُ المَحَلِّيَّةُ في باريسَ وَلَنْدَنَ تَنْسيقًا أَمْنِيًّا لِضَمانِ سَلامَةِ المُشَجِّعينَ خِلالَ المُباراةِ النِّهائِيَّةِ لِدَوْرِيِّ الأَبْطالِ.

Local authorities in Paris and London coordinated security efforts to ensure the safety of fans during the Champions League final match.

جَلْسَةٌ
session

عَقَدَتِ الجَمْعِيَّةُ العامَّةُ لِلْأُمَمِ المُتَّحِدَةِ جَلْسَةً طارِئَةً لِبَحْثِ التَّوَتُّراتِ الإِقْليمِيَّةِ وَسُبُلِ حَلِّ النِّزاعاتِ بَيْنَ الدُّوَلِ المَعْنِيَّةِ.

The United Nations General Assembly held an emergency session to discuss regional tensions and ways to resolve conflicts among the concerned countries.

حَدَّدَ مَواقِفَ • تَحْديدٌ
to take a position

حَدَّدَتْ دُوَلُ الخَليجِ مَواقِفَها المُشْتَرَكَةَ تِجاهَ التَّهْديداتِ الإيرانِيَّةِ في المِنْطَقَةِ.

Gulf countries have defined their joint positions regarding Iranian threats in the region.

حَقَّقَ الأَمْنَ والاِسْتِقْرارَ • تَحْقيقٌ
to achieve security and stability

حَقَّقَتِ الدِّبْلوماسِيَّةُ الأَمْريكِيَّةُ الأَمْنَ وَالاِسْتِقْرارَ في المِنْطَقَةِ بَعْدَ التَّوَصُّلِ إِلى اتِّفاقِ سَلامٍ.

American diplomacy achieved security and stability in the region after reaching a peace agreement.

حِلْفُ شَمالِ الأَطْلَسِيِّ (النّاتُو) — the North Atlantic Treaty Organization (NATO)

تَوَحَّدَتْ دُوَلُ حِلْفِ شَمالِ الأَطْلَسِيِّ في مُواجَهَةِ روسْيا بَعْدَ اجْتِياحِها لِأوكْرانْيا، حَيْثُ قامَتْ بِإِرْسالِ قوّاتٍ وَمُعَدّاتٍ عَسْكَرِيَّةٍ لِتَعْزيزِ أَمانِ الدُّوَلِ الأَعْضاءِ المُجاوِرَةِ.

NATO member countries united in standing up to Russia after its invasion of Ukraine, sending military forces and equipment to reinforce the security of neighboring member states.

دِبْلوماسِيٌّ — diplomat

اِنْتَقَدَ الدِّبْلوماسِيُّ الأَمْريكِيُّ بِشِدَّةٍ الهَجَماتِ الإِرْهابِيَّةَ الَّتي وَقَعَتْ في المِنْطَقَةِ.

The American diplomat strongly criticized the terrorist attacks that occurred in the region.

دِبْلوماسِيٌّ — diplomatic

أَجْرَتْ وَزيرَةُ الخارِجِيَّةِ الأُرْدُنِيَّةُ مُحادَثاتٍ دِبْلوماسِيَّةً مَعَ نَظيرِها الفَرَنْسِيِّ في باريسَ لِتَعْزيزِ التَّعاوُنِ في مَجالاتِ التِّجارَةِ والاِسْتِثْمارِ.

The Jordanian Foreign Minister held diplomatic talks with her French counterpart in Paris to enhance cooperation in trade and investment.

In Arabic, certain nisba adjectives (that is, adjectives ending in ـِيٌّ) can also function as nouns to denote a person associated with the adjective's meaning. For instance, the term دِبْلوماسِيٌّ serves as both an adjective meaning 'diplomatic' and a noun referring to a 'diplomat.' The same pattern applies to other words like سِياسِيٌّ (meaning 'political' and 'politician'). Of course, an adjective is made feminine by adding the suffix ـَةٌ, as in the example above. The suffix is also used to denote a woman specifically when applied to a noun referring to a person. Finally, the same suffix can be added to a nisba adjective to create some nouns (such as دِبْلوماسِيٌّ but not سِياسِيٌّ) to embody the concept represented by the adjective. This leaves us with three possible meanings of دِبْلوماسِيَّةٌ:

- (adjective) **diplomatic** (feminine form)
- (noun) a [female] **diplomat**
- (noun) **diplomacy** (as in the example below.)

Understanding these nuances will help in accurately comprehending the intended meaning of such terms in different contexts.

دِبْلوماسِيَّةٌ — diplomacy

قامَتِ الدَّوْلَتانِ بِتَعْزيزِ الدِّبْلوماسِيَّةِ الثُّنائِيَّةِ مِنْ خِلالِ تَوْقيعِ اتِّفاقِيَّةِ تَعاوُنٍ في المَجالِ الاِقْتِصادِيِّ.

The two countries strengthened bilateral diplomacy by signing a cooperation agreement in the economic field.

دَعْمٌ
support

تَقَدَّمَتْ دَوْلَةُ الإماراتِ بِدَعْمٍ مالِيٍّ لِلْمَشْروعِ الإِنْسانِيِّ في سورْيا.

The United Arab Emirates provided financial support for the humanitarian project in Syria.

دُوَلٌ عَرَبِيَّةٌ
Arab countries *pl.*

تُعاني الكَثيرُ مِنَ الدُّوَلِ العَرَبِيَّةِ مِنْ تَدَهْوُرِ الأَوْضاعِ الاِقْتِصادِيَّةِ والسِّياسِيَّةِ.

Many Arab countries are suffering from the deterioration of economic and political conditions.

دَوْلِيٌّ
international

تَمَّ الإِعْلانُ عَنْ تَعاوُنٍ دَوْلِيٍّ بَيْنَ الأَرْجَنْتينِ وَجَنوبِ إِفْريقْيا في مَجالِ البَحْثِ العِلْمِيِّ لِلطّاقَةِ الشَّمْسِيَّةِ بِهَدَفِ تَطْويرِ تِقْنِيّاتٍ جَديدَةٍ لِلاِسْتِفادَةِ مِنَ الطّاقَةِ المُتَجَدِّدَةِ.

An international cooperation between Argentina and South Africa in the field of solar energy research was announced with the aim of developing new technologies to harness renewable energy.

سَفيرٌ
ambassador • سُفَراءُ

اِسْتَدْعَتِ الدَّوْلَةُ السَّفيرَ الفَرَنْسِيَّ لِلتَّشاوُرِ حَوْلَ تَطَوُّراتِ الوَضْعِ في المِنْطَقَةِ.

The state summoned the French ambassador for consultations on the developments in the region.

سِياسِيٌّ
political

عُقِدَتْ قِمَّةٌ سِياسِيَّةٌ في بِرْلينَ بَيْنَ الزُّعَماءِ الأوروبِّيِّينَ لِمُناقَشَةِ التَّوَتُّراتِ والتَّحَدِّياتِ الإِقْليمِيَّةِ.

A political summit was held in Berlin between European leaders to discuss regional tensions and challenges.

شَراكَةٌ
partnership

أَعْلَنَتِ اليابانُ وَكَنَدا عَنْ شَراكَةٍ جَديدَةٍ في مَجالِ تِكْنولوجْيا المَعْلوماتِ والاِتِّصالاتِ لِتَعْزيزِ الاِبْتِكارِ والتَّنْمِيَةِ.

Japan and Canada announced a new partnership in the field of information and communication technology to promote innovation and development.

the International Monetary Fund **صُنْدوقُ النَّقْدِ الدَّوْلِيُّ**

يُقَدِّمُ صُنْدوقُ النَّقْدِ الدَّوْلِيُّ مُساعَداتٍ مالِيَّةً لِلدُّوَلِ المُتَضَرِّرَةِ مِنَ الأَزْمَةِ الاِقْتِصادِيَّةِ.

The International Monetary Fund provides financial assistance to countries affected by the economic crisis.

to vote • تَصْويتٌ **صَوَّتَ**

صَوَّتَ مَجْلِسُ الأَمْنِ الدَّوْلِيِّ بِالإِجْماعِ عَلى إِرْسالِ قوّاتِ حِفْظِ السَّلامِ إِلى المِنْطَقَةِ.

The United Nations Security Council unanimously voted to send peacekeeping forces to the region.

to hold, arrange (a meeting) • عَقْدٌ **عَقَدَ**

عَقَدَتِ الهَيْئَةُ العامَّةُ لِلْبيئَةِ في مِصْرَ اجْتِماعًا لِمُناقَشَةِ سُبُلِ مُواجَهَةِ التَّلَوُّثِ البيئِيِّ وَتَحْسينِ جودَةِ الهَواءِ.

The Egyptian Environmental Affairs Agency held a meeting to discuss ways to combat environmental pollution and improve air quality.

sanctions *pl.* **عُقوباتٌ**

فَرَضَتِ الوِلاياتُ المُتَّحِدَةُ عُقوباتٍ اقْتِصادِيَّةً عَلى مَسْؤولينَ حُكومِيّينَ في إِحْدى دوَلِ أَمريكا الجَنوبِيَّةِ بِسَبَبِ تَوَرُّطِهِمْ في قَضايا فَسادٍ.

The United States imposed economic sanctions on government officials in a South American country due to their involvement in corruption cases.

relations *pl.* **عَلاقاتٌ**

تَعْزيزُ عَلاقاتِ التَّعاوُنِ بَيْنَ الصّينِ وَروسْيا أَثارَ اهْتِمامَ الدُّوَلِ الغَرْبِيَّةِ بِشَأْنِ النُّمُوِّ المُتَزايِدِ لِلْقُوَّةِ الاِقْتِصادِيَّةِ والعَسْكَرِيَّةِ لِلدَّوْلَتَيْنِ.

The strengthening of cooperation relations between China and Russia has drawn the attention of Western countries to the growing economic and military power of the two nations.

قَرارٌ resolution

اِعْتَمَدَ مَجْلِسُ الأَمْنِ الدَّوْلِيُّ قَرارًا يُدينُ اسْتِخْدامَ الأَسْلِحَةِ الكيمْيائِيَّةِ فِي النِّزاعاتِ المُسَلَّحَةِ.

The UN Security Council adopted a resolution condemning the use of chemical weapons in armed conflicts.

قِمَّةٌ • قِمَمٌ summit

عُقِدَتْ قِمَّةُ رُؤَساءِ دُوَلِ مَجْموعَةِ السَّبْعِ في روما، حَيْثُ ناقَشَ الزُّعَماءُ سُبُلَ مُكافَحَةِ تَغَيُّرِ المُناخِ والتَّعاوُنِ الدَّوْلِيِّ لِحِمايَةِ البيئَةِ.

The G7 leaders' summit took place in Rome, where the leaders discussed ways to combat climate change and international cooperation to protect the environment.

مُؤْتَمَرٌ conference

اِسْتَضافَتِ العاصِمَةُ البِريطانِيَّةُ لَنْدَنُ مُؤْتَمَرًا دَوْلِيًّا حَوْلَ الطّاقَةِ المُتَجَدِّدَةِ بِهَدَفِ تَعْزيزِ الاِسْتِدامَةِ والتَّحَوُّلِ نَحْوَ الطّاقَةِ الخَضْراءِ.

London, the British capital, hosted an international conference on renewable energy aimed at promoting sustainability and the transition to green energy.

مَالِيٌّ financial

عُقِدَ مُؤْتَمَرٌ مالِيٌّ في دُبَيَّ بِمُشارَكَةِ خُبَراءَ وَمُسْتَثْمِرينَ مِنْ جَميعِ أَنْحاءِ العالَمِ لِمُناقَشَةِ فُرَصِ الاِسْتِثْمارِ في الشَّرْقِ الأَوْسَطِ.

A financial conference was held in Dubai with the participation of experts and investors from around the world to discuss investment opportunities in the Middle East.

مُبادَرَةُ السَّلامِ العَرَبِيَّةُ the Arab Peace Initiative

تَمَّ تَقْديمُ مُبادَرَةِ السَّلامِ العَرَبِيَّةِ لِحَلِّ الصِّراعِ الإِسْرائيلِيِّ الفِلَسْطينِيِّ.

The Arab Peace Initiative was presented to resolve the Israeli-Palestinian conflict.

مَبْعوثٌ delegate, envoy

تَمَّ اخْتِيارُ مَبْعوثٍ دِبْلوماسِيٍّ جَديدٍ لِتَمْثيلِ البِلادِ في الأُمَمِ المُتَّحِدَةِ.

A new diplomatic envoy was selected to represent the country at the United Nations.

مُتَعَدِّدُ الأَطْرافِ

multilateral

عُقِدَتْ مُفاوَضاتٌ مُتَعَدِّدَةُ الأَطْرافِ في جِنِيفَ بَيْنَ الدُّوَلِ العُظْمى لِحَلِّ النِّزاعاتِ وَضَمانِ السَّلامِ العالَمِيِّ.

Multilateral negotiations were held in Geneva between major powers to resolve conflicts and ensure global peace.

مَجْلِسُ التَّعاوُنِ الخَليجِيِّ

the Gulf Cooperation Council

أَعْلَنَ مَجْلِسُ التَّعاوُنِ الخَليجِيِّ عَنْ خُطَّةٍ لِتَعْزِيزِ التَّكامُلِ الاِقْتِصادِيِّ بَيْنَ دوَلِ الخَليجِ وَتَنْفيذِ مَشْروعاتٍ تَنْمَوِيَّةٍ مُشْتَرَكَةٍ.

The Gulf Cooperation Council announced a plan to enhance economic integration among Gulf countries and implement joint development projects.

مَجْموعَةُ العِشْرينَ

the G20

يَجْتَمِعُ قادَةُ مَجْموعَةِ العِشْرينَ لِمُناقَشَةِ القَضايا الاِقْتِصادِيَّةِ العالَمِيَّةِ وَوَضْعِ خُطَطٍ لِتَعْزِيزِ النُّمُوِّ المُسْتَدامِ والشُّمولِيِّ.

The G20 leaders gather to discuss global economic issues and develop plans to promote sustainable and inclusive growth.

مَحْكَمَةُ العَدْلِ الدَّوْلِيَّةُ

the International Court of Justice

قَضَتْ مَحْكَمَةُ العَدْلِ الدَّوْلِيَّةُ في جِنيفْ بِتَسْوِيَةِ النِّزاعِ الحُدودِيِّ بَيْنَ البَلَدَيْنِ المُتَنازِعَينِ وَتَحْديدِ الخَطِّ الفاصِلِ بَيْنَهُما.

The International Court of Justice in Geneva ruled to settle the border dispute between the two conflicting countries and determine the dividing line between them.

مُعاهَدَةٌ

treaty

أَبْرَمَتِ البَرازيلُ وَأَلْمانْيا مُعاهَدَةً لِلتَّعاوُنِ في مَجالِ التَّعْليمِ والبَحْثِ العِلْمِيِّ بِهَدَفِ تَطْويرِ تِقْنِيّاتٍ جَديدَةٍ.

Brazil and Germany concluded a treaty for cooperation in the field of education and scientific research with the aim of developing new technologies.

مُقْتَرَحٌ
proposal

قَدَّمَتْ وِزارَةُ البيئَةِ المَغْرِبيَّةُ مُقْتَرَحًا لِإنْشاءِ مَحْمِيّاتٍ طَبيعِيَّةٍ جَديدَةٍ لِحِمايَةِ الأَنْواعِ المُهَدَّدَةِ بِالانْقِراضِ.

The Moroccan Ministry of Environment proposed the establishment of new nature reserves to protect endangered species.

مُنَظَّمَةٌ
organization

أَطْلَقَتِ المُنَظَّمَةُ الدَّوْلِيَّةُ حَمْلَةً لِنَشْرِ التَّوْعِيَةِ حَوْلَ مُشْكِلَةِ الجوعِ العالَمِيِّ.

The international organization launched a campaign to raise awareness about the global hunger issue.

مُنَظَّمَةُ التَّعاوُنِ الاقْتِصادِيِّ والتَّنْمِيَةِ
the Organization for Economic Cooperation and Development (OECD)

أَطْلَقَتْ مُنَظَّمَةُ التَّعاوُنِ الاقْتِصادِيِّ والتَّنْمِيَةِ مُبادَرَةً جَديدَةً لِتَحْسينِ جودَةِ التَّعْليمِ في البُلْدانِ النّامِيَةِ وَدَعْمِ تَطْويرِ المَناهِجِ الدِّراسِيَّةِ.

The Organization for Economic Cooperation and Development launched a new initiative to improve education quality in developing countries and support curriculum development.

مُنَظَّمَةُ الدُّوَلِ المُصَدِّرَةِ لِلنِّفْطِ (أُوبِك)
the Organization of the Petroleum Exporting Countries (OPEC)

تَعمَلُ مُنَظَّمَةُ الدُّوَلِ المُصَدِّرَةِ لِلنِّفْطِ (أوبِك) عَلى تَنْظيمِ إِنْتاجِ النِّفْطِ وَتَحْديدِ الأَسْعارِ لِضَمانِ اسْتِقْرارِ سُوقِ النِّفْطِ العالَمِيِّ.

The Organization of the Petroleum Exporting Countries (OPEC) works on regulating oil production and setting prices to ensure the stability of the global oil market.

مُنَظَّمَةُ الصِّحَّةِ العالَمِيَّةِ
the World Health Organization (WHO)

حَذَّرَتْ مُنَظَّمَةُ الصِّحَّةِ العالَمِيَّةُ مِنْ تَفَشّي وَباءٍ جَديدٍ وَدَعَتِ الدُّوَلَ إِلى تَعْزيزِ التَّعاوُنِ الصِّحِّيِّ.

The World Health Organization warned of a new pandemic outbreak and called on countries to strengthen health cooperation.

وَصَلَ إِلى اتِّفاقٍ
• وُصولٌ

to reach an agreement

تَمَّ الوُصولُ إِلى اتِّفاقٍ بَيْنَ الأَطْرافِ المُتَنازِعَةِ بَعْدَ جُهودٍ دِبْلوماسِيَّةٍ مُضْنِيَةٍ.

An agreement was reached between the conflicting parties after strenuous diplomatic efforts.

وَفْدٌ • وُفودٌ **delegation**

وَصَلَ وَفْدٌ مِنَ الحُكومَةِ الصّينيَّةِ إلى القاهِرَةِ لِعَقْدِ اجْتِماعاتٍ مَعَ المَسْؤولينَ المِصْريّينَ.

A delegation from the Chinese government arrived in Cairo for meetings with Egyptian officials.

وَقَّعَ اتِّفاقيَّةً • تَوْقيعٌ **to sign a treaty**

وَقَّعَتِ الدُّوَلُ الأَعْضاءُ في الاتِّحادِ الأوروبِّيِّ اتِّفاقيَّةً تِجاريَّةً مَعَ دَوْلَةِ الإماراتِ العَرَبيَّةِ المُتَّحِدَةِ.

The member states of the European Union signed a trade agreement with the United Arab Emirates.

1.2.2.1 Article

Track **14**

قِمَّةُ الدُّوَلِ العَرَبيَّةِ: تَعْزيزُ التَّعاوُنِ وَالتَّنْسيقِ في المِنْطَقَةِ

في مُؤْتَمَرٍ عُقِدَ مُؤَخَّرًا بَيْنَ الدُّوَلِ العَرَبيَّةِ، ناقَشَتِ الدُّوَلُ المُشارِكَةُ قَضايا إقْليميَّةً وَدَوْليَّةً هامَّةً، مِنْها الصِّراعُ العَرَبيُّ الإسْرائيليُّ وَسُبُلُ تَحْقيقِ السَّلامِ العَرَبيِّ الإسْرائيليِّ. تَمَّ اسْتِعْراضُ مُبادَرَةِ السَّلامِ العَرَبيَّةِ المُقْتَرَحَةِ وَنوقِشَتْ تَفاصيلُها في جَلَساتٍ مُكَثَّفَةٍ.

شَهِدَ الاجْتِماعُ تَواجُدَ عَدَدٍ مِنَ المَبْعوثينَ الدِّبْلوماسيّينَ وَالسُّفَراءِ مِنَ الدُّوَلِ العَرَبيَّةِ وَالأُمَمِ المُتَّحِدَةِ، بِالإضافَةِ إلى مُمَثِّلينَ عَنْ مَجْلِسِ التَّعاوُنِ الخَليجيِّ وَالجامِعَةِ العَرَبيَّةِ. رَكَّزَتِ المُناقَشاتُ عَلى تَعْزيزِ التَّعاوُنِ وَالتَّنْسيقِ بَيْنَ الدُّوَلِ العَرَبيَّةِ لِتَحْقيقِ الأَمْنِ وَالاسْتِقْرارِ في المِنْطَقَةِ وَالتَّصَدّي لِلتَّحَدّياتِ الأَمْنيَّةِ وَالاقْتِصاديَّةِ المُشْتَرَكَةِ. وَخِلالَ الاجْتِماعِ، تَمَّتِ التَّوْصيَةُ بِتَبَنّي سِياساتٍ ماليَّةٍ وَتِجاريَّةٍ تُعَزِّزُ النُّمُوَّ الاقْتِصاديَّ في الدُّوَلِ العَرَبيَّةِ وَتُساهِمُ في تَنْميَةِ المِنْطَقَةِ بِشَكْلٍ مُسْتَدامٍ.

وَقَّعَتْ بَعْضُ الدُّوَلِ المُشارِكَةِ في المُؤْتَمَرِ اتِّفاقيّاتِ تَعاوُنٍ جَديدَةً لِتَعْزيزِ الشَّراكاتِ بَيْنَ البُلْدانِ في مَجالاتِ الطّاقَةِ وَالبيئَةِ وَالتَّعْليمِ وَالثَّقافَةِ، إلى جانِبِ تَوْقيعِ مُعاهَداتٍ لِتَعْزيزِ التَّنْميَةِ المُسْتَدامَةِ وَتَحْسينِ عَلاقاتِ الأَعْمالِ.

عِلاوَةً عَلى ذَلِكَ، أَعْلَنَ المُشارِكونَ عَنْ تَأْسيسِ وُفودٍ دِبْلوماسيَّةٍ جَديدَةٍ لِتَعْزيزِ الحِوارِ وَالتَّفاوُضِ بَيْنَ الدُّوَلِ العَرَبيَّةِ وَدُوَلٍ أُخْرى عَلى المُسْتَوَيَيْنِ الإقْليميِّ وَالدَّوْليِّ. هَذا وَقَدْ تَعَهَّدَتِ الدُّوَلُ المُشارِكَةُ بِمُواصَلَةِ العَمَلِ المُشْتَرَكِ وَالتَّعاوُنِ في مُواجَهَةِ التَّحَدّياتِ المُشْتَرَكَةِ وَتَعْزيزِ الأَمْنِ وَالاسْتِقْرارِ في المِنْطَقَةِ، مَعَ السَّعْيِ لِإيجادِ حُلولٍ دِبْلوماسيَّةٍ لِلنِّزاعاتِ المُسْتَمِرَّةِ.

خِلالَ القِمَّةِ، صَوَّتَتِ الدُّوَلُ العَرَبِيَّةُ لِصالِحِ قَرارٍ يُدينُ العُنْفَ وَيُطالِبُ بِوَقْفِ إِطْلاقِ النّارِ في المَناطِقِ المُتَوَتِّرَةِ وَالتَّفاوُضِ عَلى حُلولٍ سِلْمِيَّةٍ لِلنِّزاعاتِ. كَما دَعَمَتِ الدُّوَلُ المُشارِكَةُ جُهودَ مُكافَحَةِ الإِرْهابِ وَالتَّطَرُّفِ، وَأَكَّدَتْ عَلى ضَرورَةِ التَّنْسيقِ الوَثيقِ بَيْنَ الدُّوَلِ العَرَبِيَّةِ وَالمُنَظَّماتِ الدَّوْلِيَّةِ مِثْلِ الأُمَمِ المُتَّحِدَةِ وَمُنَظَّمَةِ التَّعاوُنِ الاقْتِصادِيِّ وَالتَّنْمِيَةِ، وَذَلِكَ لِتَعْزيزِ الجُهودِ المَبْذولَةِ لِمُكافَحَةِ هَذِهِ التَّهْديداتِ وَالحِفاظِ عَلى الأَمْنِ الإِقْليمِيِّ وَالدَّوْلِيِّ.

في خِتامِ القِمَّةِ، أَصْدَرَ المُشارِكونَ بَيانًا مُشْتَرَكًا يُجَسِّدُ تَضامُنَ الدُّوَلِ العَرَبِيَّةِ وَتَعاوُنَها في مُواجَهَةِ التَّحَدِّياتِ المُسْتَقْبَلِيَّةِ، مَعَ التَّأْكيدِ عَلى ضَرورَةِ العَمَلِ المُسْتَمِرِّ لِتَحْقيقِ التَّقَدُّمِ في مَجالاتِ السَّلامِ وَالتَّنْمِيَةِ وَالتَّعاوُنِ الإِقْليمِيِّ وَالدَّوْلِيِّ.

يُظْهِرُ هَذا المُؤْتَمَرُ أَهَمِّيَّةَ الدِّبْلوماسِيَّةِ مُتَعَدِّدَةِ الأَطْرافِ في تَعْزيزِ التَّعاوُنِ وَتَحْسينِ العَلاقاتِ بَيْنَ الدُّوَلِ العَرَبِيَّةِ، وَيُؤَكِّدُ الدَّوْرَ الحاسِمَ الَّذي تَلْعَبُهُ المُنَظَّماتُ الدَّوْلِيَّةُ وَالإِقْليمِيَّةُ في دَعْمِ الجُهودِ الرّامِيَةِ لِتَحْقيقِ السَّلامِ وَالتَّنْمِيَةِ المُسْتَدامَةِ في المِنْطَقَةِ. تَظَلُّ الجُهودُ الدِّبْلوماسِيَّةُ البَنّاءَةُ وَالحِوارُ المَفْتوحُ أَدَواتٍ أَساسِيَّةً لِتَحْقيقِ الأَهْدافِ المُشْتَرَكَةِ وَتَعْزيزِ الوَحْدَةِ وَالتَّعاوُنِ بَيْنَ الدُّوَلِ العَرَبِيَّةِ.

يُنْتَظَرُ أَنْ تَلْتَقِيَ الدُّوَلُ المُشارِكَةُ مُجَدَّدًا في اجْتِماعاتٍ مُسْتَقْبَلِيَّةٍ لِمُتابَعَةِ تَنْفيذِ القَراراتِ وَالاتِّفاقِيّاتِ المُبْرَمَةِ خِلالَ القِمَّةِ العَرَبِيَّةِ، بِالإِضافَةِ إِلى مُناقَشَةِ التَّطَوُّراتِ الجَديدَةِ وَالتَّحَدِّياتِ المُسْتَقْبَلِيَّةِ الَّتي تُواجِهُ المِنْطَقَةَ.

تَأْتي هَذِهِ القِمَّةُ العَرَبِيَّةُ في إِطارِ اسْتِمْرارِ جُهودِ الدُّوَلِ العَرَبِيَّةِ لِتَعْزيزِ التَّعاوُنِ وَالتَّنْسيقِ المُشْتَرَكِ في مَجالاتٍ مُتَعَدِّدَةِ الأَطْرافِ، وَالبَحْثِ عَنْ حُلولٍ دِبْلوماسِيَّةٍ وَفَعّالَةٍ لِلتَّحَدِّياتِ الإِقْليمِيَّةِ وَالدَّوْلِيَّةِ، وَتَطْويرِ عَلاقاتِ التَّعاوُنِ وَالشَّراكَةِ مَعَ المُنَظَّماتِ الدَّوْلِيَّةِ وَالإِقْليمِيَّةِ الأُخْرى.

يَشْهَدُ العالَمُ العَرَبِيُّ في السَّنَواتِ الأَخيرَةِ تَزايُدًا في التَّعاوُنِ وَالتَّنْسيقِ بَيْنَ الدُّوَلِ العَرَبِيَّةِ، وَهُوَ ما يُعْتَبَرُ خُطْوَةً إِيجابِيَّةً نَحْوَ تَحْقيقِ التَّنْمِيَةِ المُسْتَدامَةِ وَالسَّلامِ وَالأَمانِ لِشُعوبِ المِنْطَقَةِ. وَمِنَ المُتَوَقَّعِ أَنْ تَسْتَمِرَّ هَذِهِ المُبادَراتُ الدِّبْلوماسِيَّةُ وَالجُهودُ المُشْتَرَكَةُ في المُسْتَقْبَلِ لِتَحْسينِ العَلاقاتِ بَيْنَ الدُّوَلِ العَرَبِيَّةِ وَالعالَمِ.

Arab Summit: Enhancing Cooperation and Coordination in the Region

At a recent conference held between Arab countries, participating states discussed important regional and international issues, including the Arab-Israeli conflict and ways to achieve Arab-Israeli peace. The proposed Arab peace initiative was reviewed, and its details were discussed in intensive sessions.

The meeting was attended by a number of diplomatic envoys and ambassadors from Arab countries and the United Nations, as well as representatives from the Gulf Cooperation Council and the Arab League. Discussions focused on enhancing cooperation and coordination among Arab countries to achieve security and stability in the region and to address common security and economic challenges. During the meeting, recommendations were made to adopt financial and trade policies that promote economic growth in Arab countries and contribute to sustainable development in the region.

Some participating countries signed new cooperation agreements to enhance partnerships between countries in the fields of energy, environment, education, and culture, in addition to signing treaties to promote sustainable development and improve business relations.

Furthermore, the participants announced the establishment of new diplomatic delegations to enhance dialogue and negotiations between Arab countries and other countries at the regional and international levels. The participating countries committed to continuing their joint work and cooperation in facing common challenges and enhancing security and stability in the region, while seeking diplomatic solutions to ongoing conflicts.

During the summit, Arab countries voted in favor of a resolution condemning violence and calling for a ceasefire in tense areas and negotiations for peaceful solutions to conflicts. The participating countries also supported efforts to combat terrorism and extremism and emphasized the need for close coordination between Arab countries and international organizations such as the United Nations and the Organization for Economic Cooperation and Development to enhance efforts to combat these threats and maintain regional and international security.

At the end of the summit, the participants issued a joint statement embodying the solidarity and cooperation of Arab countries in facing future challenges, with an emphasis on the need for continuous work to achieve peace, development, and regional and international cooperation.

This conference demonstrates the importance of multi-party diplomacy in enhancing cooperation and improving relations between Arab countries, and emphasizes the critical role played by international and regional organizations in supporting efforts to achieve peace and sustainable development in the region. Constructive diplomatic efforts and open dialogue remain essential tools for achieving common goals and promoting unity and cooperation among Arab countries.

The participating countries are expected to meet again in future meetings to follow up on the implementation of the decisions and agreements reached during the Arab summit, in addition to discussing new developments and future challenges facing the region.

This Arab summit comes in the context of ongoing efforts by Arab countries to enhance cooperation and joint coordination in various multilateral fields, and to seek diplomatic and effective solutions to regional and international challenges, as well as to develop relations of cooperation and partnership with other international and regional organizations.

In recent years, the Arab world has witnessed increasing cooperation and coordination among Arab countries, which is considered a positive step towards achieving sustainable development, peace, and security for the people of the region. It is expected that these diplomatic initiatives and joint efforts will continue in the future to improve relations between Arab countries and the world.

1.2.2.2 Profiles of International Institutions

Track **15**

المُؤَسَّساتُ الدَّوْلِيَّةُ وَدَوْرُها في العالَمِ

تَأَسَّسَتِ الأُمَمُ المُتَّحِدَةُ عامَ 1945 بِهَدَفِ حِفْظِ السَّلامِ وَالأَمْنِ الدَّوْلِيِّ وَتَعْزيزِ التَّعاوُنِ بَيْنَ الدُّوَلِ في المَجالاتِ الاقْتِصادِيَّةِ وَالاجْتِماعِيَّةِ وَالثَّقافِيَّةِ. تَضُمُّ الأُمَمُ المُتَّحِدَةُ 193 دَوْلَةً عُضْوًا وَتَعْمَلُ مِنْ خِلالِ الجَمْعِيَّةِ العامَّةِ وَمَجْلِسِ الأَمْنِ وَغَيْرِهِما مِنَ الكِياناتِ وَالهَيْئاتِ المُتَخَصِّصَةِ.

يُعْتَبَرُ البَنْكُ الدَّوْلِيُّ مُنَظَّمَةً دَوْلِيَّةً تَهْدِفُ إلى تَحْقيقِ التَّنْمِيَةِ الاقْتِصادِيَّةِ وَالحَدِّ مِنَ الفَقْرِ في البُلْدانِ النّامِيَةِ عَبْرَ تَوْفيرِ المُساعَدَةِ المالِيَّةِ وَالتِّقَنِيَّةِ. يُشَكِّلُ البَنْكُ الدَّوْلِيُّ جُزْءًا مِنْ مَجْموعَةِ البَنْكِ الدَّوْلِيِّ، الَّتي تَضُمُّ خَمْسَ مُؤَسَّساتٍ تَعاوُنِيَّةٍ دَوْلِيَّةٍ تَعْمَلُ عَلى تَعْزيزِ النُّمُوِّ الاقْتِصادِيِّ وَتَحْسينِ مُسْتَوى المَعيشَةِ.

تَأَسَّسَتِ المُنَظَّمَةُ العَرَبِيَّةُ لِلتَّرْبِيَةِ وَالثَّقافَةِ وَالعُلومِ عامَ 1970، وَهِيَ مُنَظَّمَةٌ عَرَبِيَّةٌ تَهْدِفُ إلى تَعْزيزِ التَّعاوُنِ الثَّقافِيِّ وَالعِلْمِيِّ وَالتَّرْبَوِيِّ بَيْنَ الدُّوَلِ العَرَبِيَّةِ. تَعْمَلُ المُنَظَّمَةُ عَلى تَطْويرِ المَناهِجِ الدِّراسِيَّةِ وَتَنْظيمِ المُؤْتَمَراتِ وَالنَّدَواتِ وَدَعْمِ المُبادَراتِ البَحْثِيَّةِ وَالتَّعْليمِيَّةِ.

تَأَسَّسَ مَجْلِسُ التَّعاوُنِ الخَليجِيِّ في عامِ 1981، وَيَضُمُّ سِتَّ دُوَلٍ هِيَ البَحْرَيْنِ وَالكُوَيْتُ وَعُمانُ وَقَطَرُ وَالسُّعودِيَّةُ وَالإماراتُ العَرَبِيَّةُ المُتَّحِدَةُ. يَهْدِفُ المَجْلِسُ إلى تَعْزيزِ التَّعاوُنِ الاقْتِصادِيِّ وَالثَّقافِيِّ وَالأَمْنِيِّ بَيْنَ الدُّوَلِ الأَعْضاءِ، وَتَحْقيقِ الاسْتِقْرارِ وَالتَّكامُلِ في المِنْطَقَةِ. كَما يَعْمَلُ المَجْلِسُ عَلى تَنْسيقِ السِّياساتِ وَإِقامَةِ المَشْروعاتِ المُشْتَرَكَةِ وَتَطْويرِ البِنْيَةِ التَّحْتِيَّةِ.

تَأَسَّسَتِ الجامِعَةُ العَرَبِيَّةُ عامَ 1945، وَهِيَ مُنَظَّمَةٌ إِقْليمِيَّةٌ تَهْدِفُ إلى تَعْزيزِ التَّعاوُنِ السِّياسِيِّ وَالاقْتِصادِيِّ وَالثَّقافِيِّ بَيْنَ دُوَلِ العالَمِ العَرَبِيِّ. يَضُمُّ الاتِّحادُ العَرَبِيُّ 22 دَوْلَةً، وَيَتَّخِذُ مَقَرَّهُ الرَّئيسِيَّ في القاهِرَةِ، مِصْرَ. تَسْعى الجامِعَةُ العَرَبِيَّةُ إلى تَحْقيقِ التَّعاوُنِ الثَّقافِيِّ وَالعِلْمِيِّ وَالاجْتِماعِيِّ بَيْنَ الدُّوَلِ الأَعْضاءِ، وَتَعْزيزِ التَّضامُنِ بَيْنَها. كَما تَسْعى الجامِعَةُ العَرَبِيَّةُ إلى حَلِّ النِّزاعاتِ بَيْنَ الدُّوَلِ الأَعْضاءِ بِطُرُقٍ سِلْمِيَّةٍ، وَتَدْعو إلى تَحْقيقِ الاسْتِقْرارِ في المِنْطَقَةِ العَرَبِيَّةِ وَتَعْزيزِ الأَمْنِ الإِقْليمِيِّ وَالدَّوْلِيِّ. وَتُعَدُّ الجامِعَةُ العَرَبِيَّةُ مِنْ أَبْرَزِ المُؤَسَّساتِ العَرَبِيَّةِ الهامَّةِ، وَتُشارِكُ بِنَشاطٍ في التَّحْضيرِ لِلْمُؤْتَمَراتِ الدَّوْلِيَّةِ وَتَقْديمِ المَواقِفِ العَرَبِيَّةِ المُوَحَّدَةِ في القَضايا الدَّوْلِيَّةِ المُخْتَلِفَةِ.

تَأَسَّسَتْ مُنَظَّمَةُ الصِّحَّةِ العالَمِيَّةُ عامَ 1948، وَتُعَدُّ إِحْدى المُنَظَّماتِ التّابِعَةِ لِلأُمَمِ المُتَّحِدَةِ وَمَقَرُّها الرَّئيسِيُّ في جِنيفَ، سِويسْرا. يَتَمَثَّلُ دَوْرُ المُنَظَّمَةِ في العَمَلِ عَلى تَحْسينِ وَتَعْزيزِ الصِّحَّةِ العامَّةِ في العالَمِ، مِنْ خِلالِ إِعْدادِ الخُطَطِ وَالبَرامِجِ الصِّحِّيَّةِ وَتَنْفيذِها في الدُّوَلِ المُخْتَلِفَةِ. كَما تَقومُ المُنَظَّمَةُ بِالْعَمَلِ عَلى الوِقايَةِ مِنَ الأَمْراضِ وَمُكافَحَتِها وَتَقْديمِ الدَّعْمِ الفَنِّيِّ وَالتِّقَنِيِّ في مَجالِ الصِّحَّةِ لِلدُّوَلِ الأَعْضاءِ فيها.

مُنَظَّمَةُ التَّعاوُنِ الاقْتِصادِيِّ وَالتَّنْمِيَةِ (OECD) هِيَ مُنَظَّمَةٌ دَوْلِيَّةٌ تَهْتَمُّ بِتَحْسينِ السِّياساتِ الاقْتِصادِيَّةِ وَالاجْتِماعِيَّةِ في البُلْدانِ الأَعْضاءِ. تُقَدِّمُ المُنَظَّمَةُ الدَّعْمَ وَالإِرْشادَ في مَجالاتِ الاقْتِصادِ وَالتَّعْليمِ وَالتَّوْظيفِ وَالتَّنْمِيَةِ المُسْتَدامَةِ

صُنْدوقُ النَّقْدِ الدَّوْلِيُّ (IMF) هُوَ مُنَظَّمَةٌ دَوْلِيَّةٌ تَهْتَمُّ بِالأُمورِ المالِيَّةِ وَالنَّقْدِيَّةِ في العالَمِ، وَتَعْمَلُ عَلى تَعْزيزِ الاسْتِقْرارِ الاقْتِصادِيِّ في البُلْدانِ الأَعْضاءِ. تُوَفِّرُ المُنَظَّمَةُ الدَّعْمَ المالِيَّ لِلْبُلْدانِ الأَعْضاءِ، وَتَعْمَلُ عَلى تَطْويرِ السِّياساتِ المالِيَّةِ وَالنَّقْدِيَّةِ لِتَعْزيزِ الاقْتِصاداتِ المَحَلِّيَّةِ وَتَحْسينِ الأَوْضاعِ الاقْتِصادِيَّةِ. كَما تُقَدِّمُ IMF خِدْماتٍ اسْتِشارِيَّةً لِلْحُكوماتِ الأَعْضاءِ وَتُساعِدُهُمْ عَلى تَنْفيذِ الإِصْلاحاتِ الاقْتِصادِيَّةِ وَتَعْزيزِ النُّمُوِّ الاقْتِصادِيِّ.

International Institutions and Their Role in the World

The United Nations was founded in 1945 with the aim of maintaining international peace and security and promoting cooperation among countries in economic, social, and cultural fields. The UN has 193 member states and operates through the General Assembly, the Security Council, and other specialized agencies and bodies.

The World Bank is an international organization that aims to achieve economic development and reduce poverty in developing countries by providing financial and technical assistance. The World Bank is part of the World Bank Group, which includes five cooperative international institutions that work to promote economic growth and improve living standards.

The Arab Organization for Education, Culture and Science was founded in 1970, and it is an Arab organization that aims to promote cultural, scientific, and educational cooperation among Arab countries. The organization works on developing curricula, organizing conferences and seminars, and supporting research and educational initiatives.

The Gulf Cooperation Council (GCC) was founded in 1981 and consists of six countries: Bahrain, Kuwait, Oman, Qatar, Saudi Arabia, and the United Arab Emirates. The council aims to enhance economic, cultural, and security cooperation between its member states and achieve stability and integration in the region. It works on coordinating policies, establishing joint projects, and developing infrastructure.

The Arab League was founded in 1945 and is a regional organization that aims to enhance political, economic, and cultural cooperation among Arab countries. The Arab League consists of 22 countries and its headquarters are located in Cairo, Egypt. It seeks to achieve cultural, scientific, and social cooperation among its member states, as well as promoting solidarity among them. The Arab League also seeks to peacefully resolve conflicts between member states and advocates for stability in the Arab region and the promotion of regional and international security. The Arab League is one of the most important Arab institutions and actively participates in preparing for international conferences and presenting unified Arab positions on various international issues.

The World Health Organization (WHO) was founded in 1948 and is one of the organizations affiliated with the United Nations, headquartered in Geneva, Switzerland. The organization's role is to work on improving and enhancing public health worldwide, through the preparation and implementation of health plans and programs in various countries. The organization also works on disease prevention and control and provides technical and health support to its member states.

The Organization for Economic Cooperation and Development (OECD) is an international organization that focuses on improving economic and social policies in its member countries. The organization provides support and guidance in the areas of economics, education, employment, and sustainable development.

The International Monetary Fund (IMF) is an international organization that focuses on financial and monetary affairs in the world and works to promote economic stability in its member countries. The organization provides financial support to its member countries and works to develop financial and monetary policies to strengthen local economies and improve economic conditions. The IMF also provides advisory services to its member governments and helps them implement economic reforms and promote economic growth.

1.2.3 Conflict Resolution and Peacekeeping

Track **16**

أَجْرى مُفاوَضاتٍ

to conduct negotiations

أَجْرَتِ الوِلاياتُ المُتَّحِدَةُ وَكورْيا الشَّمالِيَّةُ مُفاوَضاتٍ جَديدَةً في سِيول بِهَدَفِ التَّوَصُّلِ إلى اتِّفاقٍ نَوَوِيٍّ مُسْتَدامٍ.

The United States and North Korea conducted new negotiations in Seoul aimed at reaching a sustainable nuclear agreement.

أَرْسَلَ قُوّاتِ حِفْظِ السَّلامِ • إرْسالٌ

to send peacekeeping forces

أَرْسَلَتِ الهِنْدُ قوّاتِ حِفْظِ السَّلامِ لِلْمُساعَدَةِ في تَحْقيقِ الاِسْتِقْرارِ في جَنوبِ السّودانِ بَعْدَ سَنَواتٍ مِنَ النِّزاعِ المُسْتَمِرِّ.

India sent peacekeeping forces to help achieve stability in South Sudan after years of ongoing conflict.

إدارَةُ النِّزاعاتِ

conflict management

تَعْمَلُ مُنَظَّماتُ إدارَةِ النِّزاعاتِ عَلى تَقْديمِ الدَّعْمِ والتَّدْريبِ لِلدُّوَلِ المُتَضَرِّرَةِ مِنَ النِّزاعاتِ والحُروبِ.

Conflict management organizations work to provide support and training to countries affected by conflicts and wars.

إِصْلاحٌ سِياسِيٌّ
political reform

تَبَنَّتِ الحُكومَةُ الجَديدَةُ في لُبْنانَ إِصْلاحاتٍ سِياسِيَّةً لِتَحْسينِ الاِسْتِقْرارِ الوَطَنِيِّ.

The new government in Lebanon has adopted political reforms to improve national stability.

إِعادَةُ إِعْمارٍ
reconstruction

تَعَهَّدَتِ الدُّوَلُ المَعْنِيَّةُ بِتَقْديمِ مُساعَداتِ إِعادَةِ الإِعْمارِ لِلْمَناطِقِ المَنْكوبَةِ بَعْدَ انْتِهاءِ النِّزاعِ.

The concerned countries pledged to provide reconstruction assistance to the devastated areas after the conflict ended.

اِتِّفاقُ سَلامٍ
peace agreement

أَبْرَمَتِ الأُرْدُنُّ وَإِسْرائيلُ اتِّفاقَ سَلامٍ لِتَطْبيعِ العَلاقاتِ بَيْنَ البَلَدَيْنِ وَإِنْهاءِ العَداءِ المُمْتَدِّ عَلى مَدى عُقودٍ.

Jordan and Israel signed a peace agreement to normalize relations between the two countries and end decades of animosity.

اِتِّفاقُ سَلامٍ شامِلٍ
comprehensive peace agreement

تَمَّ التَّوْقيعُ عَلى اتِّفاقِ سَلامٍ شامِلٍ يَضْمَنُ اسْتِقْرارَ المِنْطَقَةِ وَيَفْتَحُ آفاقًا جَديدَةً لِلتَّعاوُنِ.

A comprehensive peace agreement was signed, ensuring regional stability and opening new horizons for cooperation.

اِسْتَعادَ السَّيْطَرَةَ
to regain control

• اِسْتِعادَةٌ

اِسْتَعادَتِ القُوّاتُ الحُكومِيَّةُ السَّيْطَرَةَ عَلى المَدينَةِ بَعْدَ مَعارِكَ طَويلَةٍ مَعَ المُتَمَرِّدينَ.

The government forces regained control of the city after lengthy battles with the rebels.

اِنْتِهاكاتٌ إِنْسانِيَّةٌ
human rights violations

أَفادَتِ التَّقاريرُ بِوُقوعِ انْتِهاكاتٍ إِنْسانِيَّةٍ في اليَمَنِ مِنْ قِبَلِ الأَطْرافِ المُتَنازِعَةِ.

Reports indicated the occurrence of humanitarian violations in Yemen by the conflicting parties.

إِنْسِحابٌ withdrawal

أَعْلَنَتِ القُوّاتُ المُتواجِدَةُ في المِنْطَقَةِ النِّزاعِيَّةِ انْسِحابَها تَمْهِيدًا لِعَمَلِيَّةِ إِعادَةِ الإِعْمارِ.

The forces present in the conflict zone announced their withdrawal in preparation for the reconstruction process.

إِنْسَحَبَ to withdraw

• اِنْسِحابٌ

اِنْسَحَبَتِ القُوّاتُ الأَجْنَبِيَّةُ مِنَ البِلادِ بَعْدَ تَحْقيقِ الاِسْتِقْرارِ السِّياسِيِّ والأَمْنِيِّ.

The foreign forces withdrew from the country after achieving political and security stability.

تَحْكيمٌ arbitration

اِتَّفَقَتِ الحُكومَةُ والمُعارَضَةُ عَلى تَحْكيمٍ مُحايِدٍ لِفَضِّ النِّزاعِ السِّياسِيِّ المُسْتَعْصِي.

The government and opposition agreed on a neutral arbitration to settle the intractable political dispute.

تَحْكيمِيٌّ arbitral, arbitration-

عُقِدَتْ جِلْسَةٌ تَحْكيمِيَّةٌ دَوْلِيَّةٌ لِلْفَصْلِ في النِّزاعِ الاِقْتِصادِيِّ بَيْنَ الإِماراتِ وَقَطَر.

An international arbitration session was held to settle the economic dispute between the UAE and Qatar.

تَحْليلُ نِزاعٍ conflict analysis

قامَ خُبَراءُ تَحْليلِ النِّزاعاتِ بِتَقْديمِ تَوْصِياتٍ لِحُكومَةِ لُبْنانَ لِمُواجَهَةِ التَّوَتُّراتِ الدّاخِلِيَّةِ.

Conflict analysis experts provided recommendations to the Lebanese government to address internal tensions.

تَخَلّى to relinquish

• تَخَلٍّ

تَخَلّى الرَّئيسُ عَنْ مَواقِفِهِ السّابِقَةِ وَقَرَّرَ التَّعاوُنَ مَعَ المُجْتَمَعِ الدَّوْلِيِّ.

The president relinquished his previous positions and decided to cooperate with the international community.

تخَلٍّ
abandonment, disarmament

تَمَّتْ مُناقَشَةُ سُبُلِ التَّخَلّي عَنِ الأَسْلِحَةِ النَّوَوِيَّةِ خِلالَ مُفاوَضاتِ السَّلامِ بَيْنَ البَلَدَيْنِ.

Ways of nuclear disarmament were discussed during peace negotiations between the two countries.

تَراجَعَ
to retreat

• تَراجُعٌ

تَراجَعَتْ قُوّاتُ المُعارَضَةِ بَعْدَ مُواجَهاتٍ عَنيفَةٍ مَعَ الجَيْشِ الوَطَنِيِّ.

The opposition forces retreated after fierce clashes with the national army.

تَراجُعٌ
retreat, decline

شَهِدَتِ المِنْطَقَةُ تَراجُعًا في التَّوَتُّراتِ العَسْكَرِيَّةِ بِفَضْلِ جُهودِ الوَساطَةِ الدِّبْلوماسِيَّةِ.

The region experienced a reduction in military tensions thanks to diplomatic mediation efforts.

تَسْوِيَةٌ سِلْمِيَّةٌ
peaceful settlement

تَوَصَّلَتِ الأَطْرافُ المُتَنازِعَةُ إِلى تَسْوِيَةٍ سِلْمِيَّةٍ بَعْدَ جَوْلاتٍ طَويلَةٍ مِنَ المُفاوَضاتِ المُكَثَّفَةِ.

The conflicting parties reached a peaceful settlement after lengthy rounds of intense negotiations.

تَسْوِيَةُ نِزاعٍ
conflict settlement

تَمَّ التَّوَصُّلُ إِلى تَسْوِيَةِ نِزاعِ الحُدودِ بَيْنَ العِراقِ والكُوَيْتِ بَعْدَ عَقْدٍ مِنَ الوَساطَةِ الدَّوْلِيَّةِ.

A border dispute settlement between Iraq and Kuwait was reached after a decade of international mediation.

تَصْعيدٌ
escalation

تَسَبَّبَ تَصْعيدُ العُنْفِ عَلى الحُدودِ في تَدَهْوُرِ العَلاقاتِ بَيْنَ الدَّوْلَتَيْنِ المُتَنازِعَتَيْنِ.

The escalation of violence on the border led to the deterioration of relations between the two conflicting countries.

to coexist	• تَعايُش	تَعايَش

تَعايَشَ السُّكّانُ المَحَلِّيّونَ مَعَ اللّاجِئينَ الجُدُدِ بِسَلامٍ وَتَفاهُمٍ رَغْمَ التَّحَدِّياتِ.

The local residents coexisted peacefully and with understanding with the new refugees despite the challenges.

to negotiate	• تَفاوُض	تَفاوَضَ

تَفاوَضَتْ مِصْرُ والسّودانُ حَوْلَ تَوْزيعِ المِياهِ في النّيلِ لِضَمانِ اسْتِخْدامٍ مُسْتَدامٍ لِلْمَوارِدِ المائِيَّةِ.

Egypt and Sudan negotiated the distribution of Nile water to ensure the sustainable use of water resources.

negotiable, negotiation-	تَفاوُضيٌّ

اِسْتَخْدَمَتِ الأَطْرافُ المُتَصارِعَةُ وَسائِلَ تَفاوُضِيَّةً لِتَسْوِيَةِ الخِلافاتِ حَوْلَ مَشاريعِ تَطْويرِ المِنْطَقَةِ.

The conflicting parties used negotiation tactics to settle disputes over regional development projects.

tensions	pl.	تَوَتُّراتٌ

وَسَطَ تَصاعُدِ التَّوَتُّراتِ بَيْنَ اليَمَنِ وجيبوتي، دَعَتِ الأُمَمُ المُتَّحِدَةُ إلى حِوارٍ سِياسِيٍّ لِحَلِّ الخِلافاتِ.

Amid escalating tensions between Yemen and Djibouti, the United Nations called for a political dialogue to resolve disputes.

to mediate	تَوَسَّطَ

تَوَسَّطَتِ الأُمَمُ المُتَّحِدَةُ في المُفاوَضاتِ بَيْنَ الدَّوْلَتَيْنِ المُتَنازِعَتَيْنِ حَوْلَ مَوارِدِ المِياهِ.

The United Nations mediated in negotiations between the two disputing countries over water resources.

to reach an agreement	• تَوَصُّل	تَوَصَّلَ إلى اتِّفاقٍ

تَوَصَّلَتِ الجَزائِرُ والمَغْرِبُ إلى اتِّفاقٍ لِتَعْزيزِ التَّعاوُنِ الاقْتِصادِيِّ وَفَتْحِ الحُدودِ المُغْلَقَةِ مُنْذُ سَنَواتٍ.

Algeria and Morocco reached an agreement to enhance economic cooperation and open the long-closed borders.

جَماعاتٌ مُسَلَّحَةٌ

armed groups

تُقاتِلُ القُوّاتُ الحُكومِيَّةُ جَماعاتٍ مُسَلَّحَةً في شَمالِ سورْيا لِاسْتِعادَةِ السَّيْطَرَةِ عَلى المَناطِقِ الحُدودِيَّةِ.

Government forces are fighting armed groups in northern Syria to regain control of border areas.

جُهودُ تَسْوِيَةٍ

settlement efforts

pl.

تَمَّ إِطْلاقُ جُهودِ تَسْوِيَةٍ دَوْلِيَّةٍ لِلتَّوَصُّلِ إِلى حَلٍّ سِلْمِيٍّ وَدائِمٍ لِلنِّزاعِ المُسْتَمِرِّ.

International settlement efforts were launched to reach a peaceful and lasting solution to the ongoing conflict.

جُهودٌ دَوْلِيَّةٌ لِحَلِّ النِّزاعَاتِ

international efforts to resolve conflicts

pl.

تَشْهَدُ المِنْطَقَةُ جُهودًا دَوْلِيَّةً لِحَلِّ النِّزاعاتِ وَإِيجادِ حُلولٍ دائِمَةٍ لِلصِّراعاتِ.

The region is witnessing international efforts to resolve conflicts and find lasting solutions to disputes.

جُهودُ سَلامٍ

peace efforts

pl.

تَتَواصَلُ جُهودُ السَّلامِ بَيْنَ الحُكومَةِ اليَمَنِيَّةِ وَجَماعَةِ الحوثِيِّ لِإِيجادِ حَلٍّ لِلْأَزْمَةِ الإِنْسانِيَّةِ المُسْتَمِرَّةِ.

Peace efforts continue between the Yemeni government and the Houthi group to find a solution to the ongoing humanitarian crisis.

حَفِظَ الأَمْنَ

to maintain security

• حِفْظٌ

سَتَعْمَلُ الشُّرْطَةُ عَلى حِفْظِ الأَمْنِ خِلالَ المُظاهَراتِ المُزْمَعَةِ في وَسَطِ المَدينَةِ.

The police will maintain security during the planned protests in the city center.

حِفْظُ السَّلامِ

peacekeeping

يَعْمَلُ المَبْعوثونَ الدَّوْلِيّونَ عَلى حِفْظِ السَّلامِ وَمَنْعِ تَفاقُمِ العُنْفِ في مِنْطَقَةِ الشَّرْقِ الأَوْسَطِ.

International envoys work to maintain peace and prevent the escalation of violence in the Middle East region.

to achieve peace	تَحْقيقٌ •	حَقَّقَ السَّلامَ

حَقَّقَتِ المَمْلَكَةُ الأُرْدُنِيَّةُ الهاشِمِيَّةُ السَّلامَ مَعَ إِسْرائيلَ عَبْرَ اتِّفاقِيَّةِ وادي عَرَبَةَ في عامِ 1994.

The Hashemite Kingdom of Jordan achieved peace with Israel through the Wadi Araba Agreement in 1994.

to achieve common interests	تَحْقيقٌ •	حَقَّقَ مَصالِحَ مُشْتَرَكَةً

حَقَّقَتِ الأَرْجَنْتينُ وَتشيلي مَصالِحَ مُشْتَرَكَةً في مَجالاتِ الطَّاقَةِ والبيئَةِ مِنْ خِلالِ تَوْقيعِ مُذَكِّرَةِ تَفاهُمٍ.

Argentina and Chile achieved mutual interests in the fields of energy and environment by signing a memorandum of understanding.

to arbitrate, rule	حُكْمٌ •	حَكَمَ

حَكَمَتْ مَحْكَمَةٌ دَوْلِيَّةٌ في النِّزاعِ الحُدوديِّ بَيْنَ دَوْلَتَيْنِ مُتَجاوِرَتَيْنِ وَأَصْدَرَتْ قَرارًا بِتَرْسيمِ الحُدودِ.

An international court arbitrated the border dispute between two neighboring countries and issued a decision determining the borders.

conflict resolution	حَلُّ نِزاعٍ

أَعْلَنَتْ مِصْرُ وَإِثْيوبْيا عَنْ حَلِّ النِّزاعِ حَوْلَ مِياهِ النّيلِ بَعْدَ سِلْسِلَةٍ طَويلَةٍ مِنَ المُفاوَضاتِ المُكَثَّفَةِ.

Egypt and Ethiopia announced the resolution of the dispute over Nile water after a long series of intensive negotiations.

to resolve a conflict	حَلَّ نِزاعًا

يُحاوِلُ المَبْعوثُ الدَّوْلِيُّ حَلَّ النِّزاعِ بَيْنَ الحُكومَةِ والمُعارَضَةِ مِنْ خِلالِ المُفاوَضاتِ.

The international envoy is trying to resolve the conflict between the government and the opposition through negotiations.

to resolve conflict through dialogue	حَلٌّ •	حَلَّ نِزاعًا بِالحِوارِ

حَلَّتْ نَيْجيرْيا والكاميرونُ نِزاعَهُما بِالحِوارِ حَوْلَ الحُدودِ المُتَنازَعِ عَلَيْها، مِمَّا أَدَّى إِلى تَعْزيزِ الاسْتِقْرارِ في المِنْطَقَةِ.

Nigeria and Cameroon resolved their border dispute through dialogue, leading to enhanced stability in the region.

حَلُّ نِزاعاتٍ
conflict resolution

تَعَهَّدَ الزُّعَماءُ الإِقْليمِيّونَ بِحَلِّ النِّزاعاتِ في مِنْطَقَةِ القوقازِ بِطَريقَةٍ سِلْمِيَّةٍ وَدِبْلوماسِيَّةٍ.

Regional leaders pledged to resolve conflicts in the Caucasus region in a peaceful and diplomatic manner.

حَلٌّ نِهائِيٌّ لِلنِّزاعِ
final resolution of the conflict

يَأْمُلُ المُفاوِضونَ في التَّوَصُّلِ إِلى حَلٍّ نِهائِيٍّ لِلنِّزاعِ الفِلَسْطينِيِّ الإِسْرائيلِيِّ خِلالَ المُحادَثاتِ المُقْبِلَةِ.

Negotiators hope to reach a final resolution to the Israeli-Palestinian conflict during the upcoming talks.

حَلَّلَ نِزاعًا • تَحْليلٌ
to analyze a conflict

حَلَّلَتِ النُّرْويجُ وَروسْيا النِّزاعَ حَوْلَ المَصايِدِ البَحْرِيَّةِ في بَحْرِ بارِنْتِسْ وَتَوَصَّلَتا إِلى اتِّفاقٍ لِتَقاسُمِ المَوارِدِ بِشَكْلٍ عادِلٍ.

Norway and Russia analyzed the dispute over marine fisheries in the Barents Sea and reached an agreement to share resources fairly.

حِوارٌ
dialogue

دَعَتِ الدَّوْلَةُ المُجاوِرَةُ إِلى إِجْراءِ حِوارٍ بَنّاءٍ لِتَعْزيزِ التَّعاوُنِ وَتَنْمِيَةِ العَلاقاتِ الثُّنائِيَّةِ.

The neighboring state called for a constructive dialogue to enhance cooperation and develop bilateral relations.

حِوارٌ سِياسِيٌّ
political dialogue

شارَكَ الزُّعَماءُ السِّياسِيّونَ في حِوارٍ سِياسِيٍّ لِمُناقَشَةِ القَضايا الرّاهِنَةِ وَوَضْعِ خُطَطٍ لِلتَّعامُلِ مَعَ التَّحَدِّياتِ.

Political leaders participated in a political dialogue to discuss current issues and develop plans to address challenges.

خُطُواتٌ لِتَحْقيقِ السَّلامِ *pl.*
steps to achieve peace

تَمَّ اتِّخاذُ خُطُواتٍ حاسِمَةٍ لِتَحْقيقِ السَّلامِ بَيْنَ فِلَسْطينَ وَإِسْرائيلَ، مِمّا أَدّى إِلى تَقَدُّمٍ مَلْحوظٍ في المُفاوَضاتِ.

Decisive steps were taken to achieve peace between Palestine and Israel, leading to significant progress in negotiations.

دِبْلوماسِيٌّ diplomatic

تَمَّ التَّوَصُّلُ إِلى اتِّفاقٍ دِبْلوماسِيٍّ بَيْنَ مِصْرَ وَإِثْيوبْيا حَوْلَ قَضِيَّةِ سَدِّ النَّهْضَةِ.

A diplomatic agreement was reached between Egypt and Ethiopia on the Grand Ethiopian Renaissance Dam issue.

دِبْلوماسِيَّةٌ diplomacy

تَمَّتِ الدَّعْوَةُ إِلى تَطْبيقِ دِبْلوماسِيَّةٍ جَديدَةٍ بَيْنَ البَلَدَيْنِ لِتَسْوِيَةِ الخِلافاتِ المُسْتَمِرَّةِ بِشَأْنِ الحُدودِ.

A new diplomacy was called for between the two countries to settle the ongoing border disputes.

دَعَمَ مُبادَرَةَ سَلامٍ • دَعْمٌ to support a peace initiative

دَعَمَتِ الدُّوَلُ الغَرْبِيَّةُ مُبادَرَةَ سَلامٍ جَديدَةً بَيْنَ إِسْرائيلَ وَفِلَسْطينَ.

Western countries supported a new peace initiative between Israel and Palestine.

سَلامٌ peace

تَعْزيزُ السَّلامِ والتَّفاهُمِ المُتَبادَلِ بَيْنَ الدُّوَلِ يُساهِمُ في بِناءِ عالَمٍ أَكْثَرَ أَمانًا واسْتِقْرارًا.

Promoting peace and mutual understanding between countries contributes to building a safer and more stable world.

سِلْمِيٌّ peaceful, peace-

تَمَّ التَّأْكيدُ عَلى الحُلولِ السِّلْمِيَّةِ لِلنِّزاعاتِ الإِقْليمِيَّةِ خِلالَ المُؤْتَمَرِ الدَّوْلِيِّ لِلسَّلامِ.

Peaceful solutions to regional conflicts were emphasized during the international peace conference.

سَوّى نِزاعًا • تَسْوِيَةٌ to settle a conflict

سَوّى الجانِبانِ النِّزاعَ الحُدودِيَّ بَعْدَ سَنَواتٍ مِنَ التَّوَتُّرِ والمُفاوَضاتِ.

The two sides settled the border dispute after years of tension and negotiations.

to reconcile, settle	• مُصالَحَةٌ	صالَحَ

يُؤمَلُ أَنْ تَتَمَكَّنَ الحُكومَةُ اليَمَنِيَّةُ وَجَماعَةُ الحوثِيّينَ مِنَ التَّوَصُّلِ إلى مُصالَحَةٍ يَوْمًا ما لِإنْهاءِ الحَرْبِ الأَهْلِيَّةِ المُسْتَمِرَّةِ.

It is hoped that the Yemeni government and the Houthi group can one day reconcile to end the ongoing civil war.

to escalate	• تَصْعيدٌ	صَعَّدَ

صَعَّدَتِ الدَّوْلَتانِ الخِلافَ بَيْنَهُما بَعْدَ انْتِهاكِ الحُدودِ الجَوِّيَّةِ.

The two countries escalated the dispute between them after violating the air borders.

civilian casualties	ضَحايا مَدَنِيّينَ

اِرْتَفَعَ عَدَدُ الضَّحايا المَدَنِيّينَ في النِّزاعِ السّورِيِّ بِسَبَبِ القَصْفِ المُسْتَمِرِّ.

The number of civilian casualties in the Syrian conflict has risen due to ongoing bombardment.

to isolate	• عَزْلٌ	عَزَلَ

قامَتِ الدَّوْلَةُ بِعَزْلِ نَفْسِها عَنِ العالَمِ الخارِجِيِّ بِسَبَبِ تَوَجُّهاتِها السِّياسِيَّةِ المُثيرَةِ لِلْجَدَلِ.

The state isolated itself from the outside world due to its controversial political orientations.

deposition, removal	عَزْلٌ

أَدَّتِ الضُّغوطُ الدَّوْلِيَّةُ إلى عَزْلِ الزَّعيمِ الدّيكْتاتورِيِّ وَإجْراءِ انْتِخاباتٍ حُرَّةٍ وَنَزيهَةٍ.

International pressure led to the removal of the dictatorial leader and the holding of free and fair elections.

military-	عَسْكَرِيٌّ

أَجْرَتِ الدَّوْلَتانِ العَسْكَرِيَّتانِ تَدْريباتٍ مُشْتَرَكَةً لِتَعْزيزِ التَّعاوُنِ الأَمْنِيِّ بَيْنَهُما وَتَحْسينِ اسْتِعْدادِهِما لِلتَّصَدّي لِلتَّهْديداتِ المُحْتَمَلَةِ.

The two military states conducted joint exercises to enhance security cooperation between them and improve their readiness to counter potential threats.

عَمَلِيَّةُ سَلامٍ
peace process

اِنْطَلَقَتْ عَمَلِيَّةُ السَّلامِ بَيْنَ الهِنْدِ وَباكِسْتانَ لِتَهْدِئَةِ التَّوَتُّراتِ وَتَسْوِيَةِ المَشاكِلِ الحُدودِيَّةِ المُسْتَمِرَّةِ.

The peace process between India and Pakistan was launched to ease tensions and resolve ongoing border issues.

عَنيفٌ
violent

تَدَخَّلَتِ القُوّاتُ العَسْكَرِيَّةُ لِفَضِّ الاحْتِجاجاتِ العَنيفَةِ في شَوارِعِ العاصِمَةِ الجَزائِرِيَّةِ.

Military forces intervened to disperse violent protests in the streets of the Algerian capital.

غَيْرُ مُتَعاوِنٍ
uncooperative

اِتَّهَمَتِ الحُكومَةُ الفَصائِلَ غَيْرَ المُتَعاوِنَةِ بِعَرْقَلَةِ عَمَلِيَّةِ السَّلامِ في اليَمَنِ.

The government accused uncooperative factions of hindering the peace process in Yemen.

قُوّاتُ حِفْظِ السَّلامِ
peacekeeping forces *pl.*

تَعَهَّدَتْ قُوّاتُ حِفْظِ السَّلامِ التّابِعَةِ لِلْأُمَمِ المُتَّحِدَةِ بِضَمانِ اسْتِقْرارِ الأَمْنِ وَحِمايَةِ المَدَنِيِّينَ في جُمْهورِيَّةِ إِفْرِيقْيا الوُسْطى.

The United Nations peacekeeping forces pledged to ensure security stability and protect civilians in the Central African Republic.

مُؤْتَمَرُ سَلامٍ
peace conference

عُقِدَ مُؤْتَمَرُ سَلامٍ في جِنيفَ بَيْنَ الأَطْرافِ المُتَنازِعَةِ لِلْوُصولِ إِلى حَلٍّ سِياسِيٍّ دائِمٍ.

A peace conference was held in Geneva between the conflicting parties to reach a permanent political solution.

مُبادَرَةُ سَلامٍ
peace initiative

أَطْلَقَتِ الأُمَمُ المُتَّحِدَةُ مُبادَرَةَ سَلامٍ جَديدَةً لِحِلِّ النِّزاعِ بَيْنَ كورْيا الشَّمالِيَّةِ وَكورْيا الجَنوبِيَّةِ.

The United Nations launched a new peace initiative to resolve the conflict between North Korea and South Korea.

مُتَشَدِّدٌ
militant

وَجَّهَتِ السُّلُطاتُ تُهَمًا لِمَجْموعَةٍ مِنَ المُتَشَدِّدينَ بِالتَّخْطيطِ لِهَجَماتٍ إِرْهابِيَّةٍ.

Authorities charged a group of militants with planning terrorist attacks.

مُتَصالِحٌ
reconciled

اِسْتَعادَتِ الدَّوْلَتانِ المُتَصالِحتانِ عَلاقاتِهِما الدِّبْلوماسِيَّةَ بَعْدَ تَوْقيعِ اتِّفاقِيَّةِ السَّلامِ.

The reconciled countries restored their diplomatic relations after signing the peace agreement.

مُتَطَرِّفٌ
extremist

تُكافِحُ الأَجْهِزَةُ الأَمْنِيَّةُ المُتَطَرِّفينَ الَّذينَ يُهَدِّدونَ اسْتِقْرارَ المِنْطَقَةِ.

Security forces are combating extremists who threaten the stability of the region.

مُتَفاهِمٌ
understanding

بِفَضْلِ النَّهْجِ المُتَفاهِمِ بَيْنَ القُوى العالَمِيَّةِ، تَمَّ التَّوَصُّلُ إِلى حُلولٍ دِبْلوماسِيَّةٍ لِلنِّزاعاتِ الدَّوْلِيَّةِ.

Thanks to the understanding approach among global powers, diplomatic solutions were reached for international conflicts.

مُتَوافَقٌ عَلَيْهِ
compatible, agreeable

بَعْدَ عِدَّةِ جَوْلاتٍ مِنَ المُفاوَضاتِ، تَوَصَّلَتِ الدَّوْلَتانِ إِلى اتِّفاقٍ مُتَوافَقٍ عَلَيْهِ حَوْلَ تَبادُلِ الأَراضي المُتَنازَعِ عَلَيْها.

After several rounds of negotiations, the two countries reached a mutually agreeable agreement on the exchange of disputed lands.

مُسَلَّحٌ
armed

شَنَّتْ جَماعَةٌ مُسَلَّحَةٌ هُجومًا عَلى قَرْيَةٍ في شَمالِ مالي مِمّا أَسْفَرَ عَنْ سُقوطِ عَدَدٍ مِنَ الضَّحايا.

An armed group launched an attack on a village in northern Mali, resulting in a number of casualties.

مُشْتَرَكٌ
joint

تَمَّ التَّوْقيعُ عَلى مُعاهَدَةٍ مُشْتَرَكَةٍ بَيْنَ الدُّوَلِ الأَعْضاءِ في الاِتِّحادِ الأوروبِّيِّ لِلْحَدِّ مِنَ انْتِشارِ الأَسْلِحَةِ النَّوَوِيَّةِ.

A joint treaty was signed between the European Union member states to curb the proliferation of nuclear weapons.

مَصالِحُ مُشْتَرَكَةٌ
common/shared interests *pl.*

اِجْتَمَعَ زُعَماءُ الدُّوَلِ المُتَنازِعَةِ لِبَحْثِ المَصالحِ المُشْتَرَكَةِ وَسُبُلِ تَعْزيزِ التَّعاوُنِ والسَّلامِ في المِنْطَقَةِ.

Leaders of the conflicting countries met to discuss common interests and ways to enhance cooperation and peace in the region.

مُصالَحَةٌ
reconciliation

تَوَصَّلَتِ الأَطْرافُ المُتَنازِعَةُ إلى اتِّفاقِ مُصالَحَةٍ بَعْدَ جَوْلَةٍ طَويلَةٍ مِنَ المُفاوَضاتِ.

The warring parties reached a reconciliation agreement after a long round of negotiations.

مُصالَحَةٌ وَطَنِيَّةٌ
national reconciliation

أَجْرَتِ الحُكومَةُ مُصالَحَةً وَطَنِيَّةً لِتَعْزيزِ الوَحْدَةِ والتَّعايُشِ بَيْنَ مُخْتَلِفِ الجَماعاتِ العِرْقِيَّةِ والدّينِيَّةِ.

The government established a national reconciliation to promote unity and coexistence among various ethnic and religious groups.

مُعارَضَةٌ مُسَلَّحَةٌ
armed opposition

يُواجِهُ الجَيْشُ المِصْرِيُّ مُعارَضَةً مُسَلَّحَةً في شِبْهِ جَزيرَةِ سَيْناءَ وَيَسْعى لِاسْتِعادَةِ الأَمْنِ.

The Egyptian army faces armed opposition in the Sinai Peninsula and is seeking to restore security.

مُعاهَدَةُ سَلامٍ
peace treaty

أَبْرَمَتِ الدَّوْلَتانِ المُتَنازِعَتانِ مُعاهَدَةَ سَلامٍ تاريخِيَّةً لِإِنْهاءِ النِّزاعاتِ الطَّويلَةِ وَتَعْزيزِ التَّعاوُنِ المُشْتَرَكِ.

The two conflicting states signed a historic peace treaty to end long-standing disputes and promote mutual cooperation.

مُعْتَدِلٌ
moderate

قامَتِ الجَماعاتُ المُعْتَدِلَةُ بِإِنْشاءِ تَحالُفٍ لِمُواجَهَةِ التَّطَرُّفِ وَتَعْزيزِ الاِسْتِقْرارِ في المِنْطَقَةِ.

Moderate groups formed an alliance to counter extremism and promote stability in the region.

مُفاوِضٌ رَئيسِيٌّ
chief negotiator

يَعْمَلُ المُفاوِضُ الرَّئيسِيُّ لِلاتِّحادِ الأوروبِّيِّ عَلى التَّوَصُّلِ إِلى اتِّفاقٍ شامِلٍ مَعَ إيرانَ بِشَأْنِ بَرْنامَجِها النَّوَوِيِّ.

The European Union's chief negotiator is working to reach a comprehensive agreement with Iran regarding its nuclear program.

مُفاوَضَةٌ
negotiation

اِنْتَهَتِ المُفاوَضاتُ بَيْنَ البَلَدَيْنِ حَوْلَ اتِّفاقِيَّةِ التِّجارَةِ الحُرَّةِ بِنَجاحٍ، مِمّا عَزَّزَ العَلاقاتِ الاِقْتِصادِيَّةَ بَيْنَهُما.

The negotiations between the two countries on the free trade agreement successfully concluded, enhancing economic relations between them.

نازِحونَ
displaced persons *pl.*

يُعاني النّازِحونَ في مُخَيَّماتِ العِراقِ مِنْ ظُروفٍ مَعيشِيَّةٍ صَعْبَةٍ وَنَقْصٍ في المَوارِدِ.

Displaced people in Iraqi camps suffer from difficult living conditions and a lack of resources.

نِزاعٌ
conflict, dispute

تَطَوَّرَ النِّزاعُ بَيْنَ الشَّرِكَتَيْنِ إِلى مُسْتَوًى قَضائِيٍّ بَعْدَ فَشَلِ المُحادَثاتِ المُباشِرَةِ.

The dispute between the two companies escalated to a legal level after direct talks failed.

هَدَّأَ
to de-escalate • تَهْدِئَةٌ

هَدَّأَتْ تونِسُ الوَضْعَ بَعْدَ الاِحْتِجاجاتِ الواسِعَةِ عَلى الفَسادِ والبِطالَةِ.

Tunisia calmed the situation after widespread protests against corruption and unemployment.

وَساطَةٌ
mediation

عَمِلَتِ الأُمَمُ المُتَّحِدَةُ كَوَسيطٍ في وَساطَةٍ بَيْنَ الأَطْرافِ المُتَنازِعَةِ لِتَحْقيقِ وَقْفِ إِطْلاقِ النّارِ.

The United Nations acted as a mediator in mediating between the warring parties to achieve a ceasefire.

وَسَّعَ حِوارًا • تَوْسيعٌ **to expand dialogue**

تَعْتَزِمُ الحُكومَةُ تَوْسيعَ حِوارِها مَعَ المُجْتَمَعِ المَدَنِيِّ لِتَعْزيزِ الثِّقَةِ والتَّعاوُنِ.

The government plans to expand its dialogue with civil society to enhance trust and cooperation.

وَقَّعَ اتِّفاقَ سَلامٍ • تَوْقيعٌ **to sign a peace agreement**

وَقَّعَتْ تونِسُ وَلِيبْيا اتِّفاقَ سَلامٍ لِوَضْعِ حَدٍّ لِلتَّوَتُّراتِ الحُدودِيَّةِ وَتَعْزيزِ التَّعاوُنِ الأَمْنِيِّ والاِقْتِصادِيِّ بَيْنَ البَلَدَيْنِ.

Tunisia and Libya signed a peace agreement to put an end to border tensions and enhance security and economic cooperation between the two countries.

وَقْفُ إِطْلاقِ نارٍ **ceasefire**

اِتَّفَقَ الطَّرَفانِ عَلى وَقْفِ إِطْلاقِ نارٍ مُؤَقَّتٍ لِتَهْدِئَةِ التَّوَتُّراتِ وَتَمْهيدِ الطَّريقِ لِلْمُفاوَضاتِ.

The two parties agreed on a temporary ceasefire to ease tensions and pave the way for negotiations.

1.2.3.1 Historical Report: The UN Emergency Force

Track **17**

قُوَّةُ الطَّوارِئِ التّابِعَةُ لِلْأُمَمِ المُتَّحِدَةِ: أَوَّلُ تَجْرِبَةٍ لِحِفْظِ السَّلامِ وَأَهَمِّيَّتُها في تَسْوِيَةِ النِّزاعاتِ

في تاريخِ 7 نوفَمْبِرَ 1956، أَنْشَأَتِ الجَمْعِيَّةُ العامَّةُ لِلْأُمَمِ المُتَّحِدَةِ قُوَّةَ الطَّوارِئِ التّابِعَةَ لِلْأُمَمِ المُتَّحِدَةِ (UNEF) لِحَلِّ النِّزاعِ النّاشِبِ بَيْنَ مِصْرَ وَإِسْرائيلَ عَلى قَناةِ السُّوَيْسِ. وَكانَتْ هَذِهِ القُوَّةُ هِيَ أَوَّلَ قُوَّةِ حِفْظِ سَلامٍ تابِعَةٍ لِلْأُمَمِ المُتَّحِدَةِ، وَتَضَمَّنَتْ مُشارَكَةَ 11 دَوْلَةً: البَرازيلُ، وَكَنَدا، وَكولومْبِيا، وَالدِّنِمارْكُ، وَفِنْلَنْدا، وَالهِنْدُ، وَإِنْدونيسْيا، وَالنَّرْويجُ، وَالسّويدُ، وَيوغوسْلافْيا. وَقَدْ تَمَّ نَشْرُ هَذِهِ القُوَّةِ عَلى الجانِبِ المِصْرِيِّ مِنْ خَطِّ التَّهْدِئَةِ بِمُوافَقَةِ حُكومَةِ مِصْرَ، في حينِ رَفَضَتْ إِسْرائيلُ اسْتِقْبالَ أَيِّ قُوّاتٍ دَوْلِيَّةٍ عَلى أَراضيها أَوْ في المَناطِقِ الَّتي احْتَلَّتْها.

وَكانَتْ مَهامُّ قُوَّةِ الطَّوارِئِ هِيَ مُراقَبَةُ انْسِحابِ القُوّاتِ الإِسْرائيلِيَّةِ وَالبِريطانِيَّةِ وَالفَرَنْسِيَّةِ مِنْ شِبْهِ جَزيرَةِ سَيْناءَ وَقِطاعِ غَزَّةَ، وَالعَمَلُ كَقُوَّةٍ فاصِلَةٍ بَيْنَ الجانِبَيْنِ المُتَحارِبَيْنِ، وَتَأْمينِ الاِلْتِزامِ بِاتِّفاقِ وَقْفِ إِطْلاقِ النّارِ. كَما ساهَمَتْ قُوَّةُ الطَّوارِئِ في إِعادَةِ فَتْحِ قَناةِ السُّوَيْسِ الَّتي تَعَطَّلَتْ جَرّاءَ الصِّراعِ.

وَظَلَّتْ قُوَّةُ الطَّوارِئِ مُتَمَرْكِزَةً في المِنْطَقَةِ حَتّى عامِ 1967، عِنْدَما طَلَبَتْ مِصْرُ سَحْبَها مِنْ أَراضيها قُبَيْلَ انْدِلاعِ حَرْبِ يونْيو. وَقَدِ اعْتُبِرَتْ هَذِهِ الخُطْوَةُ مِنْ قِبَلِ إِسْرائيلَ بِمَثابَةِ تَصْعيدٍ لِلتَّوَتُّراتِ، وَأَدَّتْ إِلى اشْتِعالِ نيرانِ الحَرْبِ بَيْنَ الجانِبَيْنِ. وَخِلالَ فَتْرَةِ انْسِحابِ قُوّاتِ حِفْظِ السَّلامِ، قُتِلَ جُنْدِيٌّ بَرازيلِيٌّ وَ 14 جُنْدِيًّا هِنْدِيًّا، وَأُصيبَ 17 آخَرونَ.

وَرَغْمَ أَنَّ قُوَّةَ الطَّوارِئِ لَمْ تَسْتَطِعْ مَنْعَ نُشوبِ حَرْبٍ جَديدَةٍ في المُسْتَقْبَلِ، فَإِنَّها شَكَّلَتْ نَموذَجًا جَديدًا لِلْأُمَمِ المُتَّحِدَةِ في مَجالِ حِفْظِ السَّلامِ بِالتَّعاوُنِ مَعَ الأَطْرافِ المَعْنِيَّةِ. كَما أَظْهَرَتْ أَهَمِّيَّةَ دَوْرِ المُجْتَمَعِ الدَّوْلِيِّ في تَسْوِيَةِ النِّزاعاتِ بِطُرُقٍ سِلْمِيَّةٍ.

The United Nations Emergency Force: First Peacekeeping Experience and Its Significance in Conflict Resolution

On November 7, 1956, the United Nations General Assembly established the United Nations Emergency Force (UNEF) to resolve the conflict between Egypt and Israel over the Suez Canal. This force was the first peacekeeping force established by the United Nations and included the participation of 11 countries: Brazil, Canada, Colombia, Denmark, Finland, India, Indonesia, Norway, Sweden, and Yugoslavia. This force was deployed on the Egyptian side of the ceasefire line with the approval of the Egyptian government, while Israel refused to receive any international forces on its territory or in the areas it occupied.

The tasks of the emergency force were to monitor the withdrawal of Israeli, British, and French forces from the Sinai Peninsula and the Gaza Strip, to act as a buffer force between the warring parties, and to secure compliance with the ceasefire agreement. The emergency force also contributed to the reopening of the Suez Canal, which was disrupted by the conflict.

The emergency force remained stationed in the region until 1967, when Egypt requested its withdrawal from its territories before the outbreak of the June War. This move was considered by Israel as an escalation of tensions, and it led to the outbreak of war between the two sides. During the peacekeeping force's withdrawal, a Brazilian soldier and 14 Indian soldiers were killed, and 17 others were wounded.

Although the emergency force was unable to prevent the outbreak of a new war in the future, it formed a new model for the United Nations in the field of peacekeeping in cooperation with the parties involved. It also demonstrated the importance of the role of the international community in resolving conflicts peacefully.

1.2.3.2 Historical Report: The Oslo Accords

Track **18**

اِتِّفاقيَّةُ أوسْلو: أَمَلُ السَّلامِ وَتَحَدِّياتُ الواقِعِ في الشَّرْقِ الأَوْسَطِ

في الثالثَ عشَرَ مِنْ سِبْتَمْبِرَ 1993، وَقَّعَ الرَّئيسُ الفِلَسْطينِيُّ ياسِرُ عَرَفاتٍ وَرَئيسُ الوُزَراءِ الإِسْرائيلِيُّ إِسْحاقُ رابينَ اتِّفاقِيَّةَ سَلامٍ تاريخِيَّةً في واشِنْطُنَ بِحُضورِ الرَّئيسِ الأَمْريكِيِّ بيلْ كِلينْتونْ. وَكانَتْ هَذِهِ الاتِّفاقِيَّةُ نَتيجَةً لِمُفاوَضاتٍ سِرِّيَّةٍ أُجْرِيَتْ في النَّرْويجِ بِوَساطَةٍ دِبْلوماسِيَّةٍ مِنَ الحُكومَةِ النَّرْويجِيَّةِ وَبِمُشارَكَةِ مُمَثِّلينَ مِنَ الطَّرَفَيْنِ.

وَتَضَمَّنَتِ الاتِّفاقِيَّةُ تَسْوِيَةً سِلْمِيَّةً لِلنِّزاعِ بَيْنَ إِسْرائيلَ وَالفِلَسْطينِيّينَ عَلى أَساسِ حَلِّ الدَّوْلَتَيْنِ وَالاعْتِرافِ المُتَبادَلِ. وَأَقَرَّتِ الاتِّفاقِيَّةُ بِإِنْشاءِ سُلْطَةٍ فِلَسْطينِيَّةٍ مُؤَقَّتَةٍ تُديرُ شُؤونَ الفِلَسْطينِيّينَ في قِطاعِ غَزَّةَ والضِّفَّةِ الغَرْبِيَّةِ لِمُدَّةِ خَمْسِ سَنَواتٍ، تَليها مُفاوَضاتٌ نِهائِيَّةٌ حَوْلَ قَضايا مِثْلَ حُدودِ الدَّوْلَةِ وَاللّاجِئينَ وَالقُدْسِ وَالمُسْتَوْطَناتِ. كَما نَصَّتِ الاتِّفاقِيَّةُ عَلى وَقْفِ إِطْلاقِ نارٍ بَيْنَ الجانِبَيْنِ وانْسِحابٍ تَدْريجِيٍّ لِلْقُوّاتِ الإِسْرائيلِيَّةِ مِنَ المَناطِقِ الَّتي تَمَّ تَسْليمُها إِلى السُّلْطَةِ الفِلَسْطينِيَّةِ.

وَأَثارَتْ هَذِهِ المُبادَرَةُ أَمَلًا كَبيرًا في تَحْقيقِ السَّلامِ في المِنْطَقَةِ، وَحَظِيَتْ بِدَعْمٍ دَوْلِيٍّ واسِعٍ. وَحَصَلَ عَرَفاتٌ وَرابينُ وَوَزيرُ خارِجِيَّةِ إِسْرائيلَ شَمْعونُ بيريسَ عَلى جائِزَةِ نوبِلَ لِلسَّلامِ في عامِ 1994. لَكِنَّها واجَهَتْ أَيْضًا مُعارَضَةً شَديدَةً مِنْ جَماعاتٍ مُسَلَّحَةٍ مُتَطَرِّفَةٍ في كِلا الجانِبَيْنِ، وَالَّتي ارْتَكَبَتِ انْتِهاكاتٍ إِنْسانِيَّةً ضِدَّ المَدَنِيّينَ. وَأَدّى اغْتِيالُ رابينَ عَلى يَدِ مُتَشَدِّدٍ يَهودِيٍّ في عامِ 1995 إِلى تَصْعيدِ التَّوَتُّراتِ وَإِعاقَةِ جُهودِ التَّسْوِيَةِ.

وَرَغْمَ التَّوَصُّلِ إِلى اتِّفاقاتٍ أُخْرى في أَعْقابِ اتِّفاقِيَّةِ أوسْلو، مِثْلَ اتِّفاقِيَّةِ الخَليلِ في عامِ 1997 وَخُطَّةِ خارِطَةِ الطَّريقِ في عامِ 2003، إِلّا أَنَّ المُفاوَضاتِ النِّهائِيَّةَ لَمْ تُحَقِّقْ حَلًّا نِهائِيًّا لِلنِّزاعِ. وَلا تَزالُ قَضايا مِثْلَ حُدودِ الدَّوْلَةِ وَاللّاجِئينَ وَالقُدْسِ وَالمُسْتَوْطَناتِ تُشَكِّلُ عَقَباتٍ كَبيرَةً أَمامَ تَحْقيقِ السَّلامِ. وَلا تَزالُ هُناكَ حاجَةٌ إِلى جُهودٍ دَوْلِيَّةٍ وَإِقْليمِيَّةٍ مُشْتَرَكَةٍ لِتَحْقيقِ السَّلامِ الشّامِلِ وَالدّائِمِ في المِنْطَقَةِ. يَتَطَلَّبُ ذَلِكَ تَنازُلاتٍ مِنَ الجانِبَيْنِ وَحِوارًا دائِمًا وَبِناءً لِلثِّقَةِ وَالتِزامًا بِحَلِّ النِّزاعِ بِطَريقَةٍ سِلْمِيَّةٍ وَعادِلَةٍ وَمُتَوازِنَةٍ، وَذَلِكَ لِتَحْقيقِ الأَمْنِ وَالاسْتِقْرارِ وَالازْدِهارِ لِلشَّعْبَيْنِ الفِلَسْطينِيِّ وَالإِسْرائيلِيِّ.

The Oslo Accords: Hope for Peace and Challenges of Reality in the Middle East

On September 13, 1993, Palestinian President Yasser Arafat and Israeli Prime Minister Yitzhak Rabin signed a historic peace agreement in Washington, with the presence of US President Bill Clinton. The agreement was the result of secret negotiations held in Norway, mediated by the Norwegian government and involving representatives from both sides.

The agreement included a peaceful resolution to the conflict between Israel and the Palestinians based on a two-state solution and mutual recognition. The agreement established a temporary Palestinian Authority to govern Palestinian affairs in the Gaza Strip and the West Bank for a period of five years, followed by final negotiations on issues such as state borders, refugees, Jerusalem, and settlements. The agreement also provided for a ceasefire between the two sides and a gradual withdrawal of Israeli forces from areas that were turned over to the Palestinian Authority.

This initiative raised great hopes for achieving peace in the region and received broad international support. Arafat, Rabin, and Israeli Foreign Minister Shimon Peres were awarded the Nobel Peace Prize in 1994. However, it also faced strong opposition from extremist armed groups on both sides, who committed human rights violations against civilians. Rabin's assassination by a Jewish extremist in 1995 led to increased tensions and hindered efforts towards a settlement.

Although other agreements were reached following the Oslo Accords, such as the Hebron Agreement in 1998 and the Roadmap for Peace in 2003, final negotiations have not achieved a permanent solution to the conflict. Issues such as state borders, refugees, Jerusalem, and settlements continue to be major obstacles to achieving peace. There is still a need for joint regional and international efforts to achieve comprehensive and lasting peace in the region. This requires concessions from both sides, ongoing dialogue, building trust, and commitment to resolving the conflict in a peaceful, fair, and balanced manner, to achieve security, stability, and prosperity for the Palestinian and Israeli peoples.

1.2.4 Humanitarian Aid and Disaster Relief

Track 19

to provide shelter for	• إيواءٌ	آوى

يَأْوي المَرْكَزُ الاِجْتِماعِيُّ الجَديدُ العائِلاتِ المُتَضَرِّرَةَ مِنَ الكَوارِثِ الطَّبيعِيَّةِ حَتّى يَتِمَّ إعادَةُ تَأْهيلِ مَنازِلِهِم.

The new community center shelters families affected by natural disasters until their homes are rehabilitated.

to send	• إرْسالٌ	أَرْسَلَ

سَيُرْسِلُ الصَّليبُ الأَحْمَرُ فَريقًا طِبِّيًّا إلى المِنْطَقَةِ المَنْكوبَةِ لِتَقْديمِ المُساعَدَةِ والرِّعايَةِ الطِّبِّيَّةِ.

The Red Cross will send a medical team to the disaster-stricken area to provide assistance and medical care.

to send relief teams	أَرْسَلَ فِرَقَ إغاثَةٍ

أَرْسَلَتِ الحُكومَةُ فِرَقَ إغاثَةٍ إلى المَناطِقِ المُتَضَرِّرَةِ مِنَ الزِّلْزالِ لِتَقْديمِ المُساعَدَةِ اللّازِمَةِ.

The government sent relief teams to the areas affected by the earthquake to provide the necessary assistance.

أَرْسَلَ مُساعَداتٍ إِنْسانِيَّةً
to send humanitarian aid

تَعَهَّدَتْ دَوْلَةُ الإماراتِ بِإِرْسالِ مُساعَداتٍ إِنْسانِيَّةٍ عاجِلَةٍ لِلشَّعْبِ السّوريِّ المُتَضَرِّرِ مِنَ النِّزاعِ.

The United Arab Emirates pledged to send urgent humanitarian aid to the Syrian people affected by the conflict.

أَغاثَ • إِغاثَةٌ
to provide relief for

أَغاثَتِ المُنَظَّماتُ الدَّوْلِيَّةُ اللّاجِئينَ بِإِرْسالِ مَوادٍّ إِغاثَةٍ وَمُسْتَلْزَماتٍ طِبِّيَّةٍ.

International organizations provided relief to refugees by sending relief materials and medical supplies.

إِجْلاءُ مَدَنِيِّينَ
evacuation of civilians

شارَكَتِ القُوّاتُ المُسَلَّحَةُ في عَمَلِيَّةِ إِجْلاءِ مَدَنِيّينَ مِنْ مَناطِقِ القِتالِ العَنيفِ في حَلَبَ.

The armed forces participated in the evacuation of civilians from areas of intense fighting in Aleppo.

إِغاثَةٌ
relief

أَطْلَقَتْ مُنَظَّمَةُ الصَّليبِ الأَحْمَرِ حَمْلَةَ إِغاثَةٍ عاجِلَةً لِتَوْفيرِ المُساعَداتِ الإِنْسانِيَّةِ لِلْمُتَضَرِّرينَ مِنَ الإِعْصارِ.

The Red Cross launched an emergency relief campaign to provide humanitarian assistance to those affected by the hurricane.

إِغاثَةٌ إِنْسانِيَّةٌ
humanitarian aid

تَمَّ تَنْسيقُ جُهودِ الإِغاثَةِ الإِنْسانِيَّةِ بَيْنَ مُخْتَلِفِ المُنَظَّماتِ لِمُساعَدَةِ اللّاجِئينَ مِنَ الرّوهينْجا.

Humanitarian relief efforts were coordinated among various organizations to assist the Rohingya refugees.

إِغاثَةٌ طارِئَةٌ
emergency aid/relief

أَرْسَلَتْ مُنَظَّمَةُ الهِلالِ الأَحْمَرِ شِحْنَةَ إِغاثَةٍ طارِئَةً لِدَعْمِ المُتَضَرِّرينَ مِنَ الزِّلْزالِ الَّذي ضَرَبَ تُرْكيا.

The Red Crescent sent an emergency relief shipment to support those affected by the earthquake that hit Turkey.

إغاثيٌّ relief-related

تَمَّ تَنْظيمُ قافِلَةٍ إغاثِيَّةٍ لِنَقْلِ المَوادِّ الغِذائِيَّةِ والأَدْوِيَةِ إلى المَناطِقِ المُتَضَرِّرَةِ مِنَ الكَوارِثِ.

A relief convoy was organized to transport food and medicines to disaster-affected areas.

إمْداداتٌ غِذائِيَّةٌ *pl.* food supplies

تَلَقَّتِ المَناطِقُ المَنْكوبَةُ إمْداداتٍ غِذائِيَّةً مِنَ المُنَظَّماتِ الدَّوْلِيَّةِ لِتَلْبِيَةِ احْتِياجاتِ السُّكّانِ المَحَلِّيِّينَ.

The devastated areas received food supplies from international organizations to meet the needs of the local population.

إنْسانيٌّ humanitarian

يَعْمَلُ المُتَطَوِّعونَ في المُنَظَّماتِ الإنْسانِيَّةِ عَلى تَقْديمِ المُساعَدَةِ لِضَحايا النِّزاعاتِ والكَوارِثِ الطَّبيعِيَّةِ.

Volunteers in humanitarian organizations work to provide assistance to victims of conflicts and natural disasters.

اِحْتِياجاتٌ أَساسِيَّةٌ *pl.* basic needs

تَعْمَلُ المُنَظَّماتُ الإغاثِيَّةُ عَلى تَوْفيرِ الاِحْتِياجاتِ الأَساسِيَّةِ مِثْلِ المَأْوى والمِياهِ النَّظيفَةِ لِلْمُتَضَرِّرينَ.

Relief organizations work to provide basic needs such as shelter and clean water for those affected.

اِسْتَجابَ • اِسْتِجابَةٌ to respond to

اِسْتَجابَتِ الأُمَمُ المُتَّحِدَةُ فَورًا لِلنِّداءِ العاجِلِ لِلْمُساعَدَةِ الإنْسانِيَّةِ في جُمْهورِيَّةِ إفْريقْيا الوُسْطى.

The United Nations promptly responded to the urgent appeal for humanitarian assistance in the Central African Republic.

اِسْتَجابَ لِلْكارِثَةِ to respond to a disaster

اِسْتَجابَتْ أَلْمانْيا لِلْكارِثَةِ في أَفْغانِسْتانَ بِتَقْديمِ مُساعَداتٍ إنْسانِيَّةٍ وَدَعْمٍ لِجُهودِ إعادَةِ الإعْمارِ.

Germany responded to the disaster in Afghanistan by providing humanitarian aid and support for reconstruction efforts.

تَبَرَّعَ • تَبَرُّعٌ — to donate

تَبَرَّعَتِ الوِلاياتُ المُتَّحِدَةُ بِمَبْلَغٍ كَبيرٍ لِدَعْمِ جُهودِ إِعادَةِ الإِعْمارِ في موزَمْبيق بَعْدَ الإِعْصارِ المُدَمِّرِ.

The United States donated a substantial amount to support reconstruction efforts in Mozambique after the devastating cyclone.

> In Arabic, as in English, verbs can be classified as transitive verbs (taking a direct object) or intransitive verbs (requiring a preposition). However, the correspondence between the two languages is not always straightforward. A verb in English that takes a direct object may require a preposition in Arabic, or vice versa. Carefully analyze verbs in context and observe how they govern their complements. This approach will enable you to construct grammatically accurate sentences of your own in Arabic.

تَبَرَّعَ بِالْمَوادِّ الغِذائِيَّةِ — to donate food items

تَبَرَّعَتْ كَنَدا بِالْمَوادِّ الغِذائِيَّةِ والمُسْتَلْزَماتِ الطِّبِّيَّةِ لِلْمُتَضَرِّرينَ مِنَ الفَيَضاناتِ في جَنوبِ السّودانِ.

Canada donated food supplies and medical necessities to those affected by the floods in South Sudan.

تَدَخَّلَ في • تَدَخُّلٌ — to intervene in

تَدَخَّلَتْ فَرَنْسا لِإِغاثَةِ المُتَضَرِّرينَ مِنَ الجَفافِ في دُوَلِ السّاحِلِ الإِفْريقِيِّ وَتَقْديمِ المُساعَداتِ اللّازِمَةِ.

France intervened to provide relief to those affected by the drought in African Sahel countries and offer necessary assistance.

تَعاوَنَ في إِغاثَةٍ • تَعاوُنٌ — to collaborate in relief efforts

تَعاوَنَتِ الهِنْدُ مَعَ المَمْلَكَةِ المُتَّحِدَةِ في إِغاثَةِ ضَحايا الإِعْصارِ الَّذي ضَرَبَ بَنَما.

India collaborated with the United Kingdom in providing relief to the victims of the typhoon that hit Panama.

تَقْديمُ المَشورَةِ والدَّعْمِ النَّفْسِيِّ — providing counseling and psychological support

يَتِمُّ تَقْديمُ المَشورَةِ والدَّعْمِ النَّفْسِيِّ لِلضَّحايا الَّذينَ عانَوْا مِنْ تَجارِبَ صادِمَةٍ بِسَبَبِ الكَوارِثِ الطَّبيعِيَّةِ.

Counseling and psychological support are provided to victims who have experienced traumatic events due to natural disasters.

تَوْزيعُ مُساعَداتٍ
distribution of aid

قامَتْ مُنَظَّمَةُ الأُمَمِ المُتَّحِدَةِ لِلطُّفُولَةِ (اليونيسِفْ) بِتَوْزيعِ مُساعَداتٍ غِذائِيَّةٍ وَصِحِّيَّةٍ لِلْأَطْفالِ المُتَضَرِّرينَ في الصّومالِ.

UNICEF distributed food and health assistance to affected children in Somalia.

جَمَعَ تَبَرُّعاتٍ • جَمْعٌ
to fundraise

جَمَعَتْ جَمْعِيَّةٌ خَيْرِيَّةٌ مَحَلِّيَّةٌ تَبَرُّعاتٍ مِنَ الأَفْرادِ والشَّرِكاتِ لِمُساعَدَةِ ضَحايا الفَيَضاناتِ.

A local charity collected donations from individuals and businesses to help flood victims.

جَمْعِيّاتٌ خَيْرِيَّةٌ
charitable organizations

تَعاوَنَتْ جَمْعِيّاتٌ خَيْرِيَّةٌ مَعَ مُنَظَّماتٍ غَيْرِ حُكومِيَّةٍ لِتَقْديمِ المُساعَدَةِ لِضَحايا الزِّلْزالِ.

Charitable associations collaborated with non-governmental organizations to provide assistance to earthquake victims.

حالَةُ طَوارِئَ
emergency-

تَمَّ إِعْلانُ حالَةِ الطَّوارِئِ في تايْلانْدْ بَعْدَ الفَيَضاناتِ الشَّديدَةِ الَّتي أَغْرَقَتِ العَديدَ مِنَ المَناطِقِ.

A state of emergency was declared in Thailand following the severe floods that submerged many areas.

حَسَّنَ الظُّروفَ الصِّحِّيَّةَ • تَحْسينٌ
to improve health conditions

يُحَسِّنُ البَرْنامَجُ الوَطَنِيُّ لِلصِّحَّةِ العامَّةِ الظُّروفَ الصِّحِّيَّةَ في المَناطِقِ النّائِيَةِ مِنَ البِلادِ.

The National Public Health Program improves health conditions in remote areas of the country.

حَقيبَةُ إِسْعافاتٍ أَوَّلِيَّةٍ
first aid kit

قامَتْ جَمْعِيَّةُ الهِلالِ الأَحْمَرِ بِتَوْزيعِ حَقائِبِ الإِسْعافاتِ الأَوَّلِيَّةِ لِلْأُسَرِ المُتَضَرِّرَةِ مِنَ الزِّلْزالِ.

The Red Crescent Society distributed first aid kits to families affected by the earthquake.

خَيْمَةٌ • خِيَامٌ — tent

تَبَرَّعَتْ دَوْلَةُ قَطَرَ بِآلافِ الخِيَمِ لِلْمُتَضَرِّرينَ جَرّاءَ الزِّلْزالِ الَّذي ضَرَبَ إِنْدونيسْيا.

Qatar donated thousands of tents to those affected by the earthquake that struck Indonesia.

دَعْمٌ نَفْسِيٌّ — psychological support

تَلَقَّتِ الأُسَرُ المَنْكوبَةُ دَعْمًا نَفْسِيًّا مِنَ الخُبَراءِ لِمُواجَهَةِ الصَّدْمَةِ والتَّأَقْلُمِ مَعَ الظُّروفِ الجَديدَةِ.

Distressed families received psychological support from experts to cope with the shock and adapt to the new circumstances.

سَاعَدَ المُتَضَرِّرينَ • مُساعَدَةٌ — to help those affected

ساعَدَتِ اليابانُ المُتَضَرِّرينَ مِنَ الزِّلْزالِ في نيبالَ مِنْ خِلالِ إِرْسالِ فِرَقِ إِنْقاذٍ وَمُساعَداتٍ طِبِّيَّةٍ.

Japan helped those affected by the earthquake in Nepal by sending rescue teams and medical assistance.

شاحِنَةُ إِغاثَةٍ — relief truck

وَصَلَتْ شاحِنَةُ إِغاثَةٍ تابِعَةٌ لِلْهِلالِ الأَحْمَرِ إِلى المَناطِقِ المُتَضَرِّرَةِ مِنَ الجَفافِ في الصّومالِ.

A Red Crescent relief truck arrived in the drought-affected areas in Somalia.

ضَرورِيٌّ — necessary, essential

يُعْتَبَرُ تَوْفيرُ المِياهِ النَّظيفَةِ والغِذاءِ ضَرورِيٌّ لِلْمُتَضَرِّرينَ مِنَ الكَوارِثِ الطَّبيعِيَّةِ.

Providing clean water and food is essential for those affected by natural disasters.

طائِرَةُ إِغاثَةٍ — relief plane

أُرْسِلَتْ طائِرَةُ إِغاثَةٍ تابِعَةٌ لِلْأُمَمِ المُتَّحِدَةِ إِلى هايْتي لِنَقْلِ المُساعَداتِ الغِذائِيَّةِ والطِّبِّيَّةِ لِلْمُتَضَرِّرينَ مِنَ الإِعْصارِ.

A United Nations relief plane was sent to Haiti to transport food and medical aid to those affected by the hurricane.

طَعامٌ وَشَرابٌ
food and drink

قَدَّمَتِ المُنَظَّماتُ الإنْسانِيَّةُ طَعامًا وَشَرابًا لِلنّازِحينَ الَّذينَ فَرّوا مِنَ المَعارِكِ الدّائِرَةِ في المَدينَةِ.

Humanitarian organizations provided food and drink to the displaced people who fled the ongoing battles in the city.

عامِلُ إغاثَةٍ • عُمّالُ إغاثَةٍ
relief workers

تَطَوَّعَ عُمّالُ إغاثَةٍ مِنْ مُخْتَلِفِ الدُّوَلِ لِمُساعَدَةِ النّازِحينَ جَرّاءَ النِّزاعِ المُسْتَمِرِّ في اليَمَنِ.

Relief workers from various countries volunteered to help the displaced people due to the ongoing conflict in Yemen.

عَمَلٌ إنْسانِيٌّ
humanitarian work

يُعْتَبَرُ عَمَلُ المُنَظَّماتِ الطِّبِّيَّةِ العامِلَةِ في المَناطِقِ المُتَضَرِّرَةِ مِنَ النِّزاعاتِ عَمَلًا إنْسانِيًّا بِالدَّرَجَةِ الأولى.

The work of medical organizations operating in conflict-affected areas is considered primarily a humanitarian act.

عَمَلِيَّةُ إغاثَةٍ
relief operation

نَفَّذَتِ القُوّاتُ الدَّوْلِيَّةُ عَمَلِيَّةَ إغاثَةٍ واسِعَةً لِمُساعَدَةِ الضَّحايا بَعْدَ الفَيَضاناتِ الهائِلَةِ في بَنْجلاديش.

The international forces carried out a large-scale relief operation to help the victims after the massive floods in Bangladesh.

عَمَلِيَّةُ إغاثَةٍ إنْسانِيَّةٍ
humanitarian relief operation

شارَكَتْ عِدَّةُ دُوَلٍ في عَمَلِيَّةِ إغاثَةٍ إنْسانِيَّةٍ لِإنْقاذِ النّازِحينَ المُحاصَرينَ عَلى الحُدودِ التُّرْكِيَّةِ السّورِيَّةِ.

Several countries participated in a humanitarian relief operation to rescue the displaced people trapped at the Turkish-Syrian border.

قَدَّمَ مُساعَداتٍ إنْسانِيَّةً • تَقْديمٌ
to provide humanitarian aid

قَدَّمَتْ مُنَظَّمَةُ أَطِبّاءَ بِلا حُدودٍ مُساعَداتٍ إنْسانِيَّةً لِلْمَناطِقِ المَنْكوبَةِ جَرّاءَ الفَيَضاناتِ في باكِسْتانَ.

Doctors Without Borders provided humanitarian assistance to areas devastated by floods in Pakistan.

كارِثَةٌ إِنْسانِيَّةٌ
humanitarian disaster

يُعاني الشَّعْبُ اليَمَنِيُّ مِنْ كارِثَةٍ إِنْسانِيَّةٍ بِسَبَبِ النِّزاعِ المُسْتَمِرِّ وَنَقْصِ المَوارِدِ الأَساسِيَّةِ.

The Yemeni people are suffering from a humanitarian catastrophe due to the ongoing conflict and lack of basic resources.

لاجِئٌ
refugee

تُواجِهُ الحُكومَةُ تَحَدّياتٍ كَبيرَةً في اسْتيعابِ اللّاجِئينَ الفارّينَ مِنَ النِّزاعِ المُسْتَعِرِ في سورْيا.

The government faces significant challenges in accommodating refugees fleeing the escalating conflict in Syria.

مَأْوًى
• مَآوٍ

shelter

أَقامَتِ الحُكومَةُ مَأْوًى مُؤَقَّتًا لِضَحايا الفَيَضاناتِ الَّذينَ فَقَدوا مَنازِلَهُمْ في المَدينَةِ.

The government set up a temporary shelter for flood victims who lost their homes in the city.

مُؤَقَّتٌ
temporary

أُقيمَ مَأْوًى مُؤَقَّتٌ لِلنّازِحينَ جَرّاءَ الزِّلْزالِ حَتّى يَتِمَّ تَوْفيرُ سَكَنٍ دائِمٍ لَهُمْ.

Temporary shelter was set up for those displaced by the earthquake until permanent housing could be provided.

مُتَضَرِّرٌ
affected

السُّكّانُ المُتَضَرِّرونَ مِنَ الجَفافِ في إِثْيوبْيا يُعانونَ مِنْ نَقْصٍ حادٍّ في المِياهِ والمَوارِدِ الغِذائِيَّةِ.

The population affected by the drought in Ethiopia suffers from a severe shortage of water and food resources.

مُتَضَرِّرٌ جَرّاءَ كارِثَةٍ
disaster-affected

تَمَّ تَقْديمُ المُساعَدَةِ العاجِلَةِ لِلْأَشْخاصِ المُتَضَرِّرينَ جَرّاءَ كارِثَةِ الاِنْهِيارِ الأَرْضِيِّ في كولومْبِيا.

Urgent assistance was provided to those affected by the landslide disaster in Colombia.

مُتطَوِّعِين volunteers *pl.*

شارَكَ مُتطَوِّعونَ مِنْ جَميعِ أَنْحاءِ العالَمِ في جُهودِ الإغاثَةِ لِمُساعَدَةِ اللّاجِئينَ المُحْتاجينَ إلى مُساعَدَةٍ.

Volunteers from all around the world participated in relief efforts to help refugees in need of assistance.

مُتعاطِفٌ sympathetic person, sympathizer

أَظْهَرَ المُتعاطِفونَ تَضامُنَهُمْ مَعَ ضَحايا الفَيَضاناتِ مِنْ خِلالِ التَّبَرُّعِ بِالْمَوادِّ الغِذائيَّةِ والمُسْتَلْزَماتِ الطِّبِّيَّةِ.

Sympathizers showed their solidarity with flood victims by donating food supplies and medical necessities.

مُخَيَّمٌ لِلّاجِئِين refugee camp

أَسَّسَتِ الأُمَمُ المُتَّحِدَةُ مُخَيَّمًا لِلّاجِئينَ عَلى الحُدودِ بَيْنَ لُبْنانَ وَسورْيا لِاسْتِقْبالِ النّازِحينَ.

The United Nations established a refugee camp on the border between Lebanon and Syria to accommodate displaced people.

مُدَمِّرٌ destructive

تَسَبَّبَ الإعْصارُ المُدَمِّرُ في دَمارٍ واسِعٍ وَفِقْدانِ العَديدِ مِنَ الأَرْواحِ في جُزُرِ الكاريبِيِّ.

The destructive hurricane caused widespread devastation and loss of lives in the Caribbean islands.

مُساعَداتٌ aid, assistance *pl.*

أَرْسَلَتِ الحُكومَةُ مُساعَداتٍ اقْتِصادِيَّةً ومادِّيَّةً لِدَعْمِ المَناطِقِ المَنْكوبَةِ بِسَبَبِ الكَوارِثِ الطَّبيعِيَّةِ.

The government sent financial and material assistance to support disaster-stricken areas due to natural disasters.

مُساعَداتٌ إغاثِيَّةٌ aid supplies, relief assistance *pl.*

وَصَلَتْ مُساعَداتٌ إغاثِيَّةٌ عاجِلَةٌ مِنْ دوَلِ مَجْلِسِ التَّعاوُنِ الخَليجِيِّ إلى اليَمَنِ لِمُواجَهَةِ أَزْمَةِ المَجاعَةِ.

Urgent relief assistance from the Gulf Cooperation Council countries arrived in Yemen to address the famine crisis.

مُساعَداتٌ طِبِّيَّةٌ (pl.)
medical aid

أَرْسَلَتِ الصِّينُ مُساعَداتٍ طِبِّيَّةً وَفِرَقًا طِبِّيَّةً مُتَخَصِّصَةً لِمُساعَدَةِ النّاسِ في الفِلِبِّينِ بَعْدَ الإِعْصارِ.

China sent medical assistance and specialized medical teams to help the people in the Philippines after the typhoon.

مُساعَدَةٌ إِنْسانِيَّةٌ
humanitarian aid

قامَتِ الأُمَمُ المُتَّحِدَةُ بِتَنْظِيمِ مُساعَدَةٍ إِنْسانِيَّةٍ عاجِلَةٍ لِلْمُتَضَرِّرِينَ مِنَ الفَيَضاناتِ في بَنْجلادِيشَ.

The United Nations organized urgent humanitarian aid for those affected by the floods in Bangladesh.

مُشَرَّدٌ
displaced, homeless

صارَ الآلافُ مِنَ الأَشْخاصِ مُشَرَّدِينَ بَعْدَ الزِّلْزالِ العَنِيفِ الَّذِي دَمَّرَ مَنازِلَهُمْ وَمُمْتَلَكاتِهِمْ.

Thousands of people were left homeless after the violent earthquake that destroyed their homes and possessions.

مُكافَحَةُ انْتِشارِ الأَمْراضِ
combating the spread of diseases

تَبْذُلُ السُّلُطاتُ المَحَلِّيَّةُ جُهودًا لِمُكافَحَةِ انْتِشارِ الأَمْراضِ في المَناطِقِ المُتَضَرِّرَةِ مِنَ الفَيَضاناتِ.

Local authorities are making efforts to combat the spread of diseases in flood-affected areas.

مُكْتَظٌّ
overcrowded

أَصْبَحَتْ مُخَيَّماتُ اللاجِئِينَ مُكْتَظَّةً بِالنّاسِ الَّذِينَ فَرّوا مِنَ المَناطِقِ المُتَوَتِّرَةِ.

Refugee camps have become overcrowded with people fleeing from conflict areas.

مُنَظَّمَةُ إِغاثَةٍ
relief organization

تَعاوَنَتْ مُنَظَّمَةُ الإِغاثَةِ الدَّوْلِيَّةُ مَعَ الأُمَمِ المُتَّحِدَةِ لِتَوْفِيرِ مُساعَداتٍ لِلْمُتَضَرِّرِينَ مِنَ الزِّلْزالِ في هايتي.

The International Relief Organization collaborated with the United Nations to provide assistance to those affected by the earthquake in Haiti.

مُهَجَّرٌ displaced, uprooted

أُجْبِروا على التَّهْجيرِ بَعْدَ أَنْ دَمَّرَتْ مَنازِلَهُم الحَرْبُ الأَهْلِيَّةُ المُسْتَعِرَةُ.

They were forced to become displaced after their homes were destroyed by the raging civil war.

مِياهٌ نَظيفَةٌ *pl.* clean water

ساهَمَتْ مُنَظَّماتٌ غَيْرُ حُكومِيَّةٍ في تَوْفيرِ مِياهٍ نَظيفَةٍ لِلْمُجْتَمَعاتِ المُتَضَرِّرَةِ مِنَ الجَفافِ في إِفْريقْيا.

Non-governmental organizations contributed to providing clean water to communities affected by drought in Africa.

وَزَّعَ • تَوْزيعٌ to distribute

تَتَعاوَنُ الجِهاتُ المانِحَةُ مَعَ المُنَظَّماتِ الدَّوْلِيَّةِ لِتَوْزيعِ المَوادِّ الغِذائِيَّةِ عَلى اللّاجِئينَ في مُخَيَّماتِ اللُّجوءِ.

Donor agencies are cooperating with international organizations to distribute food supplies to refugees in camps.

وَزَّعَ مُساعَداتٍ إِنْسانِيَّةً to distribute humanitarian aid

وَزَّعَتْ جَمْعِيَّةُ الهِلالِ الأَحْمَرِ المَحَلِّيَّةُ مُساعَداتٍ إِنْسانِيَّةً عَلى الأُسَرِ المُتَضَرِّرَةِ جَرّاءَ الأَعاصيرِ في المِنْطَقَةِ.

The local Red Crescent Society distributed humanitarian aid to families affected by the cyclones in the area.

وَصَّلَ • تَوْصيلٌ to deliver

وَصَّلَتْ مُنَظَّمَةُ الأَغْذِيَةِ والزِّراعَةِ (الفاو) مَوادَّ غِذائِيَّةً إِلى المَناطِقِ المُتَضَرِّرَةِ جَرّاءَ الجَفافِ الشَّديدِ.

The Food and Agriculture Organization (FAO) delivered food supplies to areas affected by severe drought.

وَفَّرَ الماءَ والطَّعامَ • تَوْفيرٌ to provide water and food

سَتُوَفِّرُ الحُكومَةُ الماءَ والطَّعامَ لِلسُّكّانِ المُتَضَرِّرينَ جَرّاءَ الفَيَضاناتِ القادِمَةِ.

The government will provide water and food for the population affected by the upcoming floods.

1.2.4.1 Article: Turkey-Syria Earthquake

Track **20**

الزِّلْزالُ الحُدودِيُّ بَيْنَ تُرْكِيا وَسورْيا: العَمَلُ الإنْسانِيُّ المُسْتَمِرُّ لِلْمُنَظَّماتِ الإغاثِيَّةِ

تُواصِلُ المُنَظَّماتُ الإغاثِيَّةُ العَمَلَ عَلى تَقْديمِ المُساعَدَةِ الإنْسانِيَّةِ لِلْمُتَضَرِّرينَ مِنَ الزِّلْزالِ الَّذي ضَرَبَ مَناطِقَ حُدودِيَّةً بَيْنَ تُرْكِيا وَسورْيا في أَوائِلِ عامِ 2023، وَالَّذي خَلَّفَ آلافَ القَتْلى وَالجَرْحى وَالمُشَرَّدينَ. وَقَدْ أَرْسَلَتْ مُؤَسَّساتٌ دَوْلِيَّةٌ وَجَمْعِيّاتٌ خَيْرِيَّةٌ شاحِناتٍ وَطائِراتِ إغاثَةٍ مُحَمَّلَةً بِالْمَوادِّ الغِذائِيَّةِ وَالطِّبِّيَّةِ إلى المَناطِقِ المَنْكوبَةِ، حَيْثُ يُعاني السُّكّانُ مِنْ نَقْصٍ في المِياهِ النَّظيفَةِ وَالخِدْماتِ الصِّحِّيَّةِ وَالكَهْرَباءِ. وَقَدْ قامَ عُمّالُ الإغاثَةِ بِتَوْزيعِ حَقائِبِ الإسْعافاتِ الأَوَّلِيَّةِ وَالإمْداداتِ الغِذائِيَّةِ عَلى اللّاجِئينَ في المُخَيَّماتِ المُؤَقَّتَةِ الَّتي تَضُمُّ آلافَ الخِيامِ المُكْتَظَّةِ. كَما قَدَّموا المَشورَةَ وَالدَّعْمَ النَّفْسِيَّ لِلْأَطْفالِ وَالنِّساءِ وَكِبارِ السِّنِّ الَّذينَ تَأَثَّروا بِشِدَّةٍ بِالْكارِثَةِ. وَقَدْ أَشادَتِ المُنَظَّماتُ الإغاثِيَّةُ بِالتَّعاوُنِ وَالتَّضامُنِ بَيْنَ المُتَطَوِّعينَ وَالمُتَعاطِفينَ مِنْ مُخْتَلِفِ الجِنْسِيّاتِ وَالدِّياناتِ، الَّذينَ تَبَرَّعوا بِالْمالِ أَوْ بِالْمَوادِّ أَوْ بِوَقْتِهِمْ لِمُساعَدَةِ المُحْتاجينَ. وَقَدْ أَكَّدَتْ أَنَّ عَمَلِيَّةَ الإغاثَةِ مُسْتَمِرَّةٌ حَتّى يَتِمَّ تَأْمينُ احْتِياجاتِ المُتَضَرِّرينَ مِنَ المَأْوى وَالغِذاءِ وَالصِّحَّةِ، وَحَتّى تَتِمَّ إعادَةُ إعْمارِ المَناطِقِ المُدَمَّرَةِ.

Border earthquake between Turkey and Syria: the ongoing humanitarian work of relief organizations

Humanitarian organizations continue to work on providing assistance to those affected by the earthquake that struck border areas between Turkey and Syria in early 2023, which left thousands dead, injured, and displaced. International institutions and charities have sent relief trucks and planes loaded with food and medical supplies to the affected areas, where the population suffers from a shortage of clean water, health services, and electricity. Relief workers have distributed first aid kits and food supplies to refugees in temporary camps, which house thousands of crowded tents. They also provided counseling and psychological support to children, women, and the elderly who were severely affected by the disaster. Humanitarian organizations praised the cooperation and solidarity among volunteers and sympathizers of different nationalities and religions, who donated money, materials, or their time to help those in need. They stressed that the relief efforts will continue until the needs of the affected individuals for shelter, food, and health are secured, and until the devastated areas are rebuilt.

1.2.4.2 Article: War Refugees

Track **21**

لاجِئو أوكْرانْيا: مُعاناةُ النُّزوحِ وَالْحاجَةُ إلى المُساعَدَةِ الإنْسانِيَّةِ

في ظِلِّ اسْتِمْرارِ الحَرْبِ في أوكْرانْيا، تَتَواصَلُ عَمَلِيّاتُ إجْلاءِ المَدَنِيّينَ الَّذينَ يُعانونَ مِنَ القَصْفِ وَالدَّمارِ وَنَقْصِ الخِدْماتِ الأَساسِيَّةِ. وَقَدْ أَصْبَحَ مَلايينُ الأوكْرانِيّينَ لاجِئينَ في الدُّوَلِ المُجاوِرَةِ وَأوروبّا، بَحْثًا عَنْ المَأْوى وَالحِمايَةِ وَالعَوْنِ. وَتَقولُ المُفَوَّضِيَّةُ السّامِيَةُ لِلْأُمَمِ المُتَّحِدَةِ لِشُؤونِ اللّاجِئينَ (UNHCR) إنَّها سَجَّلَتْ أَكْثَرَ مِنْ 8 مَلايينِ

لاجِئٍ مِنْ أوكْرانْيا في دُوَلٍ مُخْتَلِفَةٍ، مِنْها بولَنْدا وَروسْيا وَرومانْيا وَالمَجَرُ وَمولْدوفا وَغَيْرُها. كَما تَقولُ المُفَوَّضِيَّةُ إِنَّ هُناكَ نَحْوَ 6 مَلايينِ نازِحٍ داخِلَ أوكْرانْيا نَفْسِها، يَعيشونَ في ظُروفٍ صَعْبَةٍ وَخَطيرَةٍ.

وَتَقومُ مُؤَسَّساتٌ إغاثِيَّةٌ دَوْلِيَّةٌ وَمَحَلِّيَّةٌ بِتَقْديمِ المُساعَداتِ الإِنْسانِيَّةِ لِلْمُتَضَرِّرينَ مِنَ الحَرْبِ، سَواءٌ في داخِلِ أوكْرانْيا أَوْ خارِجِها. وَتَشْمَلُ هَذِهِ المُساعَداتُ الإِغاثِيَّةُ المُساعَداتِ الطِّبِّيَّةَ وَالغِذائِيَّةَ وَالمائِيَّةَ وَالإيوائِيَّةَ، إِضافَةً إِلى التَّوْزيعِ المُسْتَمِرِّ لِحَقائِبِ الإِسْعافاتِ الأَوَّلِيَّةِ وَالإِمْداداتِ الغِذائِيَّةِ وَالماءِ النَّظيفِ. كَما تُقَدِّمُ هَذِهِ المُؤَسَّساتُ الدَّعْمَ النَّفْسِيَّ وَالقانونِيَّ لِلّاجِئينَ، خُصوصًا النِّساءَ وَالأَطْفالَ، الَّذينَ يُشَكِّلونَ نَحْوَ 90 في المِئَةِ مِنْ عَدَدِ المُهَجَّرينَ.

وَتُعاني جهودُ الإِغاثَةِ مِنْ نَقْصٍ في التَّمْويلِ، حَيْثُ تَقولُ المُفَوَّضِيَّةُ إِنَّها تَحْتاجُ إِلى 700 مِلْيونِ دولارٍ لِتَغْطِيَةِ احْتِياجاتِ المُتَضَرِّرينَ في عامِ 2023. وَتَدْعو المُفَوَّضِيَّةُ المُجْتَمَعَ الدَّوْلِيَّ إِلى زِيادَةِ التَّبَرُّعاتِ، وَالتَّعاطُفِ مَعَ حالَةِ الطَّوارِئِ الإِنْسانِيَّةِ في أوكْرانْيا. كَما تُشَجِّعُ عَلى التَّعاوُنِ بَيْنَ الجِهاتِ المُخْتَلِفَةِ، سَواءٌ كانَتْ حُكوماتٍ أَوْ جَمْعِيّاتٍ خَيْرِيَّةٍ أَوْ مُتَطَوِّعينَ، في إِغاثَةِ المُتَضَرِّرينَ.

Ukraine's Refugees: The Suffering of Displacement and the Need for Humanitarian Assistance

Amidst the ongoing war in Ukraine, the evacuation of civilians who are suffering from shelling, destruction, and lack of basic services continues. Millions of Ukrainians have become refugees in neighboring countries and Europe, seeking shelter, protection, and assistance. The United Nations High Commissioner for Refugees (UNHCR) says it has registered more than 8 million refugees from Ukraine in different countries, including Poland, Russia, Romania, Hungary, Moldova, and others. The agency also says there are about 6 million internally displaced persons in Ukraine itself, living in difficult and dangerous conditions.

International and local relief organizations are providing humanitarian aid to those affected by the war, whether inside or outside Ukraine. These include medical, food, water, and shelter aid, as well as the ongoing distribution of first aid kits, food supplies, and clean water. These organizations also provide psychological and legal support to refugees, especially women and children, who make up about 90 percent of the displaced.

The relief effort is suffering from a funding shortfall, with the agency saying it needs $700 million to meet the needs of those affected in 2023. The agency calls on the international community to increase donations and show solidarity with the humanitarian emergency in Ukraine. It also encourages cooperation between different entities, whether governments, charities, or volunteers, in providing relief to those affected.

1.2.4.3 Interview with an Aid Worker

Track **22**

جُهودُ الإغاثَةِ الطّارِئَةِ في سورْيا: وُجْهَةُ نَظَرِ عامِلِ إغاثَةٍ

المُراسِلُ: مَرْحَبًا بِكُمْ في بَرْنامَجِنا الإخْبارِيِّ. نَحْنُ اليَوْمَ مَعَ السَّيِّدِ عَلِيٍّ، عامِلِ إغاثَةٍ في مُنَظَّمَةِ إغاثَةٍ دَوْلِيَّةٍ تَعْمَلُ في مُخَيَّمٍ لِلّاجِئينَ في سورْيا. شُكْرًا لَكَ عَلى وَقْتِكَ وَمُشارَكَتِكَ مَعَنا.

عامِلُ الإغاثَةِ: شُكْرًا لَكُمْ عَلى دَعْمِكُمْ واهْتِمامِكُمْ بِالْوَضْعِ الإنْسانِيِّ في سورْيا. يَسُرُّني أَنْ أَتَحَدَّثَ مَعَكُمْ عَنْ عَمَلِيَّةِ الإغاثَةِ الطّارِئَةِ الَّتي نَقومُ بِها هُنا.

المُراسِلُ: ما هِيَ الظُّروفُ الَّتي يُواجِهُها المَدَنِيّونَ الَّذينَ تَمَّ إجْلاؤُهُمْ مِنْ مَناطِقِ القِتالِ؟

عامِلُ الإغاثَةِ: الظُّروفُ صَعْبَةٌ جِدًّا وَمَأْساوِيَّةٌ. هَؤُلاءِ المَدَنِيّونَ هُمْ لاجِئونَ مُشَرَّدونَ وَمُهَجَّرونَ جَرّاءَ كارِثَةٍ إنْسانِيَّةٍ مُدَمِّرَةٍ. لَدَيْهِمُ احْتِياجاتٌ أَساسِيَّةٌ كَثيرَةٌ غَيْرُ مُتَوَفِّرَةٍ، مِثْلُ المَأْوى وَالطَّعامِ وَالشَّرابِ وَالرِّعايَةِ الصِّحِّيَّةِ وَالدَّعْمِ النَّفْسِيِّ. كَثيرٌ مِنْهُمْ يُعانونَ مِنْ جُروحٍ وَأَمْراضٍ وَصَدَماتٍ نَفْسِيَّةٍ.

المُراسِلُ: كَيْفَ تَقومونَ بِتَقْديمِ المُساعَداتِ الإنْسانِيَّةِ لِهَؤُلاءِ اللّاجِئينَ؟

عامِلُ الإغاثَةِ: نَحْنُ نَقومُ بِتَقْديمِ المُساعَداتِ الإغاثِيَّةِ بِالتَّعاوُنِ مَعَ جَمْعِيّاتٍ خَيْرِيَّةٍ أُخْرى وَبِدَعْمٍ مِنَ المُتَبَرِّعينَ وَالمُتَطَوِّعينَ. نَحْنُ نَسْتَخْدِمُ شاحِناتِ إغاثَةٍ وَطائِراتِ إغاثَةٍ لِإرْسالِ المُساعَداتِ الغِذائِيَّةِ وَالطِّبِّيَّةِ وَالإمْداداتِ الأُخْرى إلى المُخَيَّمِ. ثُمَّ نَقومُ بِتَوْزيعِها عَلى اللّاجِئينَ بِطَريقَةٍ مُنَظَّمَةٍ وَعادِلَةٍ. كَذَلِكَ نَقومُ بِإقامَةِ خِيامٍ لِتَوْفيرِ مَأْوًى مُؤَقَّتٍ لِهَؤُلاءِ اللّاجِئينَ، وَبِحَفْرِ آبارٍ لِتَوْفيرِ مِياهٍ نَظيفَةٍ، وَبِإنْشاءِ عِياداتٍ طِبِّيَّةٍ لِتَقْديمِ الرِّعايَةِ الصِّحِّيَّةِ، وَبِتَقْديمِ المَشورَةِ وَالدَّعْمِ النَّفْسِيِّ لِلْأَطْفالِ وَالنِّساءِ وَالرِّجالِ.

المُراسِلُ: ما هِيَ التَّحَدِّياتُ الَّتي تُواجِهُكُمْ في عَمَلِيَّةِ الإغاثَةِ؟

عامِلُ الإغاثَةِ: التَّحَدّياتُ كَثيرَةٌ وَمُتَعَدِّدَةٌ. نُواجِهُ صُعوبَةً في جَمْعِ التَّمْويلِ اللّازِمِ لِتَغْطِيَةِ تَكاليفِ العَمَلِيّاتِ الإغاثِيَّةِ، كَذَلِكَ نُواجِهُ صُعوبَةً في الوُصولِ إلى المَناطِقِ المُتَضَرِّرَةِ بِسَبَبِ القُيودِ الأَمْنِيَّةِ وَالعِرْقِيَّةِ وَالجُغْرافِيَّةِ. كَما أَنَّ الوَضْعَ الإنْسانِيَّ في سورْيا يَتَطَلَّبُ تَوْفيرَ المُساعَداتِ عَلى المَدى الطَّويلِ، وَهَذا يَتَطَلَّبُ تَخْصيصَ المَزيدِ مِنَ المَوارِدِ وَالجُهودِ.

المُراسِلُ: شُكْرًا جَزيلًا لَكَ عَلى مُشارَكَتِنا هَذِهِ المَعْلوماتِ المُهِمَّةِ حَوْلَ عَمَلِيَّةِ الإغاثَةِ الطّارِئَةِ في سورْيا. نَحْنُ نُقَدِّرُ جُهودَكُمْ وَنَتَمَنّى لَكُمُ التَّوْفيقَ في عَمَلِكُمْ. شُكْرًا لَكَ عَلى وَقْتِكَ وَمُشارَكَتِكَ مَعَنا.

عامِلُ الإغاثَةِ: أَشْكُرُكُمْ أَيْضًا عَلى هَذِهِ الفُرْصَةِ لِلْحَديثِ عَنْ عَمَلي وَعَنْ مُعاناةِ اللّاجِئينَ في سورْيا. نَأْمُلُ أَنْ يَتَحَسَّنَ الوَضْعُ الإنْسانِيُّ في المِنْطَقَةِ وَأَنْ تَتِمَّ تَلْبِيَةُ احْتِياجاتِ اللّاجِئينَ بِشَكْلٍ كامِلٍ.

**Emergency Relief Efforts in Syria:
An Aid Worker's Perspective**

Reporter: Welcome to our news program. Today, we have with us Mr. Ali, a relief worker in an international relief organization working in a refugee camp in Syria. Thank you for your time and for joining us.

Relief worker: Thank you for your support and interest in the humanitarian situation in Syria. I am glad to speak with you about the emergency relief operation we are conducting here.

Reporter: What are the conditions faced by civilians who have been evacuated from combat zones?

Relief worker: The conditions are very difficult and tragic. These civilians are displaced and uprooted refugees due to a devastating humanitarian crisis. They have many basic needs that are not available, such as shelter, food, water, health care, and psychological support. Many of them suffer from injuries, illnesses, and psychological trauma.

Reporter: How do you provide humanitarian aid to these refugees?

Relief worker: We provide relief aid in cooperation with other charitable organizations, with the support of donors and volunteers. We use relief trucks and relief planes to send food, medical aid, and other supplies to the camp. Then, we distribute them to the refugees in an organized and fair manner. We also set up tents to provide temporary shelter for these refugees, dig wells to provide clean water, establish medical clinics to provide health care, and provide counseling and psychological support for children, women, and men.

Reporter: What are the challenges you face in the relief operation?

Relief worker: The challenges are many and varied. We face difficulty in raising the necessary funding to cover the costs of relief operations. We also face

	difficulty in accessing the affected areas due to security, ethnic, and geographic restrictions. The humanitarian situation in Syria requires long-term relief aid, which requires more resources and efforts.
Reporter:	Thank you very much for sharing with us this important information about the emergency relief operation in Syria. We appreciate your efforts and wish you success in your work. Thank you for your time and for joining us.
Relief worker:	Thank you also for this opportunity to talk about my work and the suffering of refugees in Syria. We hope that the humanitarian situation in the region will improve and that the needs of the refugees will be fully met.

Unit 2
Crime

Crime is an intricate and multifaceted aspect of society that pervades all cultures and nations, affecting individuals and communities on both personal and systemic levels. This unit aims to provide an overview of crime-related vocabulary in Arabic. By delving into the lexicon of various types of crimes, it offers a unique opportunity to understand how criminal events are reported and discussed in Arabic media, from both linguistic and sociocultural perspectives.

We begin this exploration with **Violent Crime**, and it is here that we need to note a significant disclaimer. This section contains discussions and vocabulary pertaining to murder, rape, child abuse, and similar violent crimes. Such content may be disturbing or triggering for some readers, so please proceed with discretion.

From there, we expand our focus to **Property Crimes**, which includes stealing, fraud, vandalism, and arson, diving into the language used to describe these criminal activities in Arabic media.

The unit concludes with **Drug-Related Crimes**, where we explore the language used in Arabic media to discuss drug possession and usage, drug manufacturing, dealing, trafficking, and even driving under the influence.

As you journey through the unit, it's important to note that the boundaries in the usage of certain terms in Arabic, especially within the 'Theft and Robbery' section, can be somewhat fluid. Some terms might appear interchangeable, with subtle or even no practical differences in meaning. The choice of one term over another can often boil down to personal preference or the stylistic approach of the journalist or media outlet. While understanding these nuances is part of the learning process, it's also important to not get too caught up in these distinctions. As you become more comfortable and fluent in media Arabic, you'll naturally develop a feel for which term to use in a given context.

As challenging as some of these topics might be, understanding the language used around them is vital for gaining a nuanced understanding of Arabic media discourse and the cultural, societal, and legal dynamics that shape it.

إِخْلاءُ سَبيلٍ release on bail

تَمَّ إِخْلاءُ سَبيلِ المُتَّهَمِ بِجَريمَةِ الاِعْتِداءِ بِالضَّرْبِ عَلى زَوْجَتِهِ بَعْدَ دَفْعِ الكَفالَةِ، وَسَيُواجِهُ المُحاكَمَةَ في وَقْتٍ لَاحِقٍ.

The suspect in the domestic assault case was released on bail and will face trial at a later date.

اِعْتَرَفَ بِجَريمَةٍ • اِعْتِرافٌ to confess to a crime

اِعْتَرَفَ المُتَّهَمُ بِجَريمَةِ السَّطْوِ المُسَلَّحِ أَمامَ المَحْكَمَةِ بِأَنَّهُ الشَّخْصُ الَّذي نَفَّذَ الجَريمَةَ وَأَنَّهُ اسْتَخْدَمَ سِلاحَ جَريمَةٍ في العَمَلِيَّةِ.

The defendant confessed in court to the armed robbery and admitted that he was the one who committed the crime and used a crime weapon in the operation.

جانٍ • جُناةٌ perpetrator, offender, culprit

أَلْقَتِ الشُّرْطَةُ القَبْضَ عَلى الجاني بَعْدَ ساعاتٍ مِنَ ارْتِكابِهِ جَريمَةَ القَتْلِ.

Police arrested the perpetrator hours after committing the murder.

جَريمَةٌ • جَرائِمُ crime

يَجِبُ عَلى الدُّوَلِ أَنْ تَعْمَلَ بِجِدٍّ لِلْحَدِّ مِنَ ارْتِفاعِ مُعَدَّلاتِ الجَريمَةِ في المُجْتَمَعاتِ الفَقيرَةِ.

Countries must work hard to reduce the high rates of crime in poor communities.

حالَةُ تَلَبُّسٍ **(caught) in the act** (of committing a crime), **in flagrante delicto**

تَمَّ القَبْضُ عَلَى اللِّصِّ في حالَةِ تَلَبُّسٍ بِالسَّرِقَةِ.

The thief was caught in the act of stealing.

ضَحِيَّةٌ • ضَحايا victim

كانَتِ الضَّحِيَّةُ شابٌّ في العِشْرينِاتِ مِنْ عُمْرِهِ يَعيشُ وَحْدَهُ في الشَّقَّةِ.

The victim was a young man in his twenties living alone in the apartment.

> The noun ضَحِيَّةٌ is grammatically feminine but can denote either a male or female victim. → Compare with رَهينَةٌ (p. 138)

مُجْرِمٌ criminal

أَلْقَتِ الشُّرْطَةُ القَبْضَ عَلى مُجْرِمٍ مَطْلوبٍ لِارْتِكابِهِ سِلْسِلَةً مِنَ السَّرِقاتِ.

Police arrested a wanted criminal for committing a series of thefts.

مُشْتَبَهٌ بِهِ suspect

تَعْتَقِدُ الشُّرْطَةُ أَنَّ المُشْتَبَهَ بِهِ الرَّئيسِيَّ قَدْ فَرَّ إِلى الخارِجِ.

Police believe the main suspect has fled the country.

2.1 Violent Crime

The following section contains sensitive vocabulary and texts that depict instances of physical and sexual violence. These materials are included solely for the purpose of understanding and effectively communicating in the context of media Arabic. We acknowledge that these topics may be distressing or triggering for some individuals. Reader discretion is advised.

Track **24**

جَرِيمَةُ عُنْفٍ • جَرائِمُ violent crime

شَهِدَتِ المَدينَةُ ارْتِفاعًا في مُعَدَّلاتِ جَرائِمِ العُنْفِ خِلالَ الأَشْهُرِ القَليلَةِ الماضِيَةِ.

The city has experienced a rise in violent crime rates in recent months.

خَطيرٌ dangerous

تَمَّ إِصْدارُ تَحْذيرٍ لِلْمُواطِنينَ بِشَأْنِ مَجْموعَةٍ خَطيرَةٍ مِنَ المُجْرِمينَ الهارِبينَ.

A warning was issued to citizens about a dangerous group of escaped criminals.

عُنْفٌ violence

اِنْتَشَرَتْ أَعْمالُ العُنْفِ في المِنْطَقَةِ إِثْرَ الاِحْتِجاجاتِ المُسْتَمِرَّةِ.

Violence spread in the area following ongoing protests.

عَنيفٌ violent

وَقَعَتِ اشْتِباكاتٌ عَنيفَةٌ بَيْنَ المُتَظاهِرينَ وَقُوّاتِ الأَمْنِ في ساحَةِ التَّحْريرِ.

Violent clashes occurred between protesters and security forces in Tahrir Square.

2.1.1 Murder and Homicide

Track **25**

أَداةُ جَريمَةٍ • أَدَواتٌ — crime tool (an object used in the commission of a crime)

اِسْتُخْدِمَتْ مِطْرَقَةٌ كَأَداةِ جَريمَةٍ في الاِعْتِداءِ عَلَى الضَّحِيَّةِ في مَنْزِلِها.

A hammer was used as a crime tool in the assault on the victim in her home.

أَطْلَقَ نارًا • إِطْلاقٌ — to shoot

أَطْلَقَ مَجْهولٌ النَّارَ عَلَى المَحَلِّ التِّجاريِّ وَأَصابَ عِدَّةَ أَشْخاصٍ.

An unknown individual opened fire at the store, injuring several people.

أُلْقِيَ • إِلْقاءٌ — to be thrown

لَقِيَ الضَّحِيَّةُ حَتْفَهُ بَعْدَ أَنْ أُلْقِيَ مِنْ نافِذَةِ شَقَّتِهِ.

The victim died after being thrown from the window of his apartment.

تَحْقيقٌ في جَريمَةِ قَتْلٍ — homicide investigation

بَدَأَتِ الشُّرْطَةُ تَحْقيقًا مُعَمَّقًا في جَريمَةِ قَتْلٍ لَمْ يَتِمَّ حَلُّها بَعْدُ.

The police started a thorough investigation into an unsolved murder case.

تَشْريحُ جُثَّةٍ — autopsy

أَجْرى الطَّبيبُ الشَّرْعِيُّ تَشْريحًا لِجُثَّةِ الضَّحِيَّةِ لِتَحْديدِ سَبَبِ الوَفاةِ.

The forensic doctor performed an autopsy on the victim's body to determine the cause of death.

جَبانٌ • جُبَناءُ — cowardly, coward

وَصَفَتِ الشُّرْطَةُ الجانِيَ بِأَنَّهُ جَبانٌ بِسَبَبِ اِسْتِهْدافِهِ لِضَحايا ضُعَفاءَ.

The police described the perpetrator as cowardly for targeting vulnerable victims.

جُثَّةٌ • جُثَثٌ corpse

عَثَرَتِ الشُّرْطَةُ عَلى جُثَّةِ الضَّحِيَّةِ مُلْقاةً بِجوارِ الطَّريقِ.

Police found the victim's body lying next to the road.

جُثَّةٌ هامِدَةٌ lifeless corpse

عُثِرَ عَلى جُثَّةٍ هامِدَةٍ لِشابٍّ فِي حَديقَةٍ عامَّةٍ.

A lifeless body of a young man was found in a public park.

جَريمَةُ قَتْلٍ • جَرائِمُ homicide

أَظْهَرَتِ الإِحْصائِيّاتُ ارْتِفاعَ مُعَدَّلاتِ جَرائِمِ القَتْلِ فِي المَدينَةِ خِلالَ السَّنَواتِ الأَخيرَةِ.

Statistics show an increase in homicide rates in the city over the last few years.

جِنائِيٌّ criminal

تَعاوَنَتِ الشُّرْطَةُ مَعَ خُبَراءَ جِنائِيِّينَ لِكَشْفِ غُموضِ جَريمَةِ القَتْلِ.

The police collaborated with criminal experts to unravel the mystery of the murder.

حَبْلٌ • حِبالٌ rope

تَمَّ اسْتِخْدامُ حَبْلٍ لِرَبْطِ الضَّحِيَّةِ قَبْلَ قَتْلِه.

A rope was used to tie up the victim before he was killed.

حَجَرٌ • حِجارَةٌ / أَحْجارٌ stone

قَتَلَ المُتَّهَمُ الضَّحِيَّةَ بِرَشْقِ رَأْسِه بِحَجَرٍ.

The suspect killed the victim by throwing a stone at his head.

حُكْمٌ بِإِعْدامٍ • أَحْكامٌ بِإِعْدامٍ death penalty

حُكِمَ بِالإِعْدامِ عَلى المُدانِ بِارْتِكابِ جَريمَةِ قَتْلٍ بَشِعَةٍ.

The convict who committed a heinous murder was sentenced to capital punishment.

خَنَق

to strangle

• خَنْقٌ

خَنَقَ الجاني ضَحِيَّتَهُ بِاسْتِخْدامِ حَبْلٍ، ثُمَّ تَخَلَّصَ مِنَ الجُثَّةِ في مِنْطَقَةٍ نائِيَةٍ.

The perpetrator strangled his victim using a rope and then disposed of the body in a remote area.

دَمَوِيٌّ

bloody

وَقَعَتْ مُواجَهَةٌ دَمَوِيَّةٌ بَيْنَ عِصابَتَيْنِ مُتَنافِسَتَيْنِ، أَسْفَرَتْ عَنْ مَقْتَلِ عِدَّةِ أَفْرادٍ.

A bloody confrontation occurred between two rival gangs, resulting in several fatalities.

دَهْسٌ بِسَيّارَةٍ

vehicular assault

اِرْتَكَبَ مَجْهولٌ جَريمَةَ قَتْلٍ عَنْ طَريقِ دَهْسِ شَخْصٍ بِالسَّيّارَةِ وَفَرَّ هارِبًا.

An unknown perpetrator committed a murder by running over a person with a car and fled the scene.

رَمى جُثَّةً

to dump a corpse

• رَمْيٌ

بَعْدَ ارْتِكابِ الجَريمَةِ، رَمى القاتِلُ بِجُثَّةِ الضَّحِيَّةِ في حاوِيَةِ قُمامَةٍ.

After committing the crime, the killer dumped the victim's body in a trash container.

سِكّينٌ

knife

• سَكاكينُ

عَثَرَتِ الشُّرْطَةُ عَلى سِكّينٍ مُلَطَّخَةٍ بِالدِّماءِ قُرْبَ مَوْقِعِ الحادِثِ.

Police found a bloodstained knife near the crime scene.

سِلاحٌ

weapon

• أَسْلِحَةٌ

عُثِرَ عَلى السِّلاحِ المُسْتَخْدَمِ في الجَريمَةِ مَخْفِيًّا تَحْتَ مَقْعَدِ سَيّارَةٍ.

The weapon used in the crime was found hidden under a car seat.

edged weapon, cold weapon **سِلاحٌ أَبْيَضُ**

تَعَرَّضَتِ الضَّحِيَّةِ لِهُجومٍ بِسِلاحٍ أَبْيَضَ عَلى يَدِ مُعْتَدٍ مَجْهولٍ.

The victim was attacked with a bladed weapon by an unknown assailant.

> The term سِلاحٌ أَبْيَضُ refers to weapons that do not rely on firearms or explosive mechanisms. Examples include knives, swords, arrows, and similar bladed or pointed instruments. The term is commonly used to distinguish these types of weapons from firearms or سِلاحٌ نارِيٌّ, which are weapons that utilize gunpowder or other propellants.

crime weapon (a weapon used in the commission of a crime) **سِلاحُ جَرِيمَةٍ** • أَسْلِحَةٌ

عَثَرَتِ الشُّرْطَةُ عَلَى سِلاحِ جَرِيمَةٍ داخِلَ السَّيّارَةِ الَّتي تَمَّ اسْتِخْدامُها في عَمَلِيَّةِ سَطْوٍ مُسَلَّحٍ.

The police found a crime weapon inside the car that was used in an armed robbery.

firearm, gun **سِلاحٌ نارِيٌّ**

اِسْتَخْدَمَ المُجْرِمُ سِلاحًا نارِيًّا لِإِطْلاقِ النّارِ عَلى الضَّحايا.

The criminal used a firearm to shoot the victims.

hanging **شَنْقٌ**

عُثِرَ عَلى الضَّحِيَّةِ مَشْنوقًا داخِلَ مَنْزِلِهِ.

The victim was found hanged in his home.

heinous **شَنيعٌ**

شَهِدَتِ البَلْدَةُ جَرِيمَةً شَنيعَةً راحَ ضَحِيَّتَها رَجُلٌ مُسِنٌّ.

The town witnessed a heinous crime that claimed the life of an elderly man.

blunt force trauma **ضَرْبَةٌ بِأَداةٍ حادَّةٍ**

أُصيبَتِ الضَّحِيَّةُ بِجُروحٍ خَطيرَةٍ بَعْدَ تَعَرُّضِها لِضَرْبَةٍ بِأَداةٍ حادَّةٍ.

The victim sustained serious injuries after being struck with a sharp object.

طَعَنَ • طَعْنٌ — to stab

طَعَنَ مُراهِقٌ زَميلَهُ في المَدْرَسَةِ بَعْدَ مُشاجَرَةٍ بَيْنَهُما.

A teenager stabbed his schoolmate after a fight between them.

طَعْنَةٌ — stabbing

تَلَقَّتِ الضَّحِيَّةُ طَعْنَةً قاتِلَةً فِي الصَّدْرِ.

The victim received a fatal stab wound to the chest.

عَصا • عِصِيٌّ — stick

تَعَرَّضَتِ الضَّحِيَّةُ لِلضَّرْبِ بِعَصًا حَتّى المَوْتِ.

The victim was beaten to death with a stick.

قاتِلٌ • قَتَلَةٌ — murderer

اِعْتَرَفَ القاتِلُ بِجَرائِمِهِ بَعْدَ أَنْ أُلْقِيَ القَبْضُ عَلَيْهِ مِنْ قِبَلِ الشُّرْطَةِ.

The murderer confessed to his crimes after being apprehended by the police.

قاسٍ • قُساةٌ — harsh, cruel

كانَتْ جَرِيمَةُ القَتْلِ قاسِيَةً وَمُرَوِّعَةً، حَيْثُ تَعَرَّضَتِ الضَّحِيَّةُ لِلتَّعْذيبِ قَبْلَ مَوْتِها.

The murder was cruel and horrifying, as the victim was tortured before her death.

قَتَلَ • قَتْلٌ — to kill, murder

يُشْتَبَهُ بِأَنَّ الجانِيَ قَتَلَ زَوْجَتَهُ عَمْدًا وادَّعى أَنَّها حادِثَةٌ.

It is suspected that the perpetrator killed his wife intentionally and claimed it was an accident.

قَتْلٌ — murder

وَقَعَ حادِثُ قَتْلٍ مَأْساوِيٍّ بَيْنَ جيرانٍ تَطَوَّرَ مِنْ خِلافٍ بَسيطٍ.

A tragic murder incident occurred between neighbors that escalated from a simple dispute.

قُتِلَ — to be killed, be murdered

قُتِلَ رَجُلٌ بَعْدَ تَعَرُّضِهِ لِهُجومٍ مُسَلَّحٍ في الشّارِعِ.

A man was killed after being attacked by an armed assailant in the street.

قَتَلَ عَمْدًا = قَتَلَ عَنْ عَمْدٍ — to intentionally kill

اِعْتَرَفَ المُشْتَبَهُ بِهِ بِأَنَّهُ قَتَلَ الضَّحِيَّةَ عَمْدًا بِسَبَبِ خِلافٍ بَيْنَهُما.

The suspect confessed that he intentionally killed the victim due to a dispute between them.

قَتيلٌ • قَتْلى — murder victim

تُوُفِّيَ القَتيلُ مُتَأَثِّرًا بِجُروحِهِ بَعْدَ تَلَقّيهِ طَعَناتٍ مُتَعَدِّدَةً.

The victim died from his wounds after receiving multiple stab wounds.

قَضِيَّةُ قَتْلٍ • قَضايا — murder case

يُجْرى تَحْقيقٌ حَوْلَ قَضِيَّةِ قَتْلٍ وَقَعَتْ في الحَيِّ الجَنوبِيِّ لِلْمَدينَةِ.

An investigation is underway regarding a murder case that occurred in the city's southern district.

مُتَّهَمٌ — accused

تَمَّ تَوْجيهُ اتِّهاماتٍ رَسْمِيَّةٍ لِلْمُتَّهَمِ بِارْتِكابِ جَريمَةِ قَتْلٍ بَشِعَةٍ.

The suspect was formally charged with committing a heinous murder.

مَحْكَمَةُ جِناياتٍ • مَحاكِمُ — criminal court

سَتَعْقِدُ مَحْكَمَةُ الجِناياتِ جَلْسَةً لِلنَّظَرِ في قَضِيَّةِ قَتْلٍ مُثيرَةٍ لِلْجَدَلِ.

The criminal court will hold a session to examine a controversial murder case.

مُرْعِبٌ — frightening

اِنْتَشَرَتْ في المَدينَةِ أَخْبارٌ عَنْ جَريمَةٍ مُرْعِبَةٍ وَقَعَتْ في أَحَدِ الأَحْياءِ السَّكَنِيَّةِ.

News of a terrifying crime that took place in a residential neighborhood spread throughout the city.

horrifying

مُرَوِّعٌ

وَقَعَتْ جَرِيمَةُ قَتْلٍ دَمَوِيَّةٌ وَمُرَوِّعَةٌ فِي إِحْدَى الْقُرَى النَّائِيَةِ.

A bloody and horrifying murder occurred in a remote village.

gruesome

مُرِيعٌ

تَعَرَّضَتِ الْمَدِينَةُ لِجَرِيمَةٍ مُرِيعَةٍ أَسْفَرَتْ عَنْ مَقْتَلِ ثَلاثَةِ أَشْخَاصٍ.

The city experienced a gruesome crime resulting in the death of three people.

murdered

مَقْتُولٌ

عُثِرَ عَلَى الشَّابِّ مَقْتُولًا بِطَرِيقَةٍ وَحْشِيَّةٍ دَاخِلَ مَنْزِلِهِ.

The young man was found brutally killed inside his home.

savage

وَحْشِيٌّ

شَهِدَتِ الْمِنْطَقَةُ جَرِيمَةَ قَتْلٍ عَنِيفَةً وَوَحْشِيَّةً أَثَارَتِ الرُّعْبَ بَيْنَ السُّكَّانِ.

The area witnessed a brutal and savage murder that instilled terror among the residents.

2.1.1.1 Mini-Articles

Track **26**

فِي حَادِثَةٍ مُرَوِّعَةٍ وَقَعَتِ اللَّيْلَةَ الْمَاضِيَةَ، اعْتَرَفَ مُجْرِمٌ خَطِيرٌ بِجَرِيمَةِ قَتْلٍ بَشِعَةٍ اسْتَخْدَمَ فِيهَا سِلاحًا أَبْيَضَ، عَلَى وَجْهِ التَّحْدِيدِ سِكِّينًا. عُثِرَ عَلَى جُثَّةِ الضَّحِيَّةِ هَامِدَةً فِي مَكَانٍ نَاءٍ بَعْدَ تَلَقِّي الشُّرْطَةِ بَلاغًا مِنَ الْمُشْتَبَهِ بِهِ الَّذِي أُلْقِيَ الْقَبْضُ عَلَيْهِ لاحِقًا. سَتَسْتَكْمِلُ الْمَحْكَمَةُ الْجِنَائِيَّةُ تَحْقِيقَاتِهَا فِي الْقَضِيَّةِ وَتَقُومُ بِتَوْجِيهِ التُّهَمِ الْمُنَاسِبَةِ لِلْمُتَّهَمِ.

In a horrifying incident that occurred last night, a dangerous criminal confessed to a heinous murder using a sharp weapon, specifically a knife. The victim's lifeless body was found in a remote location after the police received a report from the suspect, who was later arrested. The criminal court will continue its investigation into the case and bring appropriate charges against the accused.

لَقَدْ شَهِدَتِ الْمَدِينَةُ كَمِينًا قَاتِلًا عِنْدَمَا أَطْلَقَ رَجُلٌ مُسَلَّحٌ النَّارَ عَلَى مَجْمُوعَةٍ مِنَ النَّاسِ فِي سُوقٍ مُزْدَحِمٍ. أَسْفَرَ الْحَادِثُ الدَّمَوِيُّ عَنْ مَقْتَلِ ثَلاثَةِ أَشْخَاصٍ وَإِصَابَةِ آخَرِينَ. بَعْدَ مُطَارَدَةٍ قَصِيرَةٍ، تَمَكَّنَتِ الشُّرْطَةُ مِنَ الْقَبْضِ عَلَى الْمُجْرِمِ وَإِخْلاءِ الْمَوْقِعِ الَّذِي شَهِدَ مَشَاهِدَ مُرَوِّعَةً.

The city witnessed a deadly ambush when a gunman opened fire on a group of people in a crowded market. The bloody incident resulted in the deaths of three individuals and injuries to others. After a brief chase, the police were able to apprehend the criminal and evacuate the scene, which bore witness to horrifying sights.

عُثِرَ عَلى جُثَّةِ شابٍّ مَقْتولٍ في أَحَدِ الأَحْياءِ السَّكَنِيَّةِ، حَيْثُ تَمَّ خَنْقُهُ بِحَبْلٍ بَعْدَ تَعَرُّضِهِ لِلضَّرْبِ بِوَحْشِيَّةٍ. بَدَأَتِ الشُّرْطَةُ تَحْقيقاتِها في جَريمَةِ القَتْلِ الوَحْشِيَّةِ تِلْكَ وَأَجْرَتْ تَشْريحًا لِجُثَّةِ الضَّحِيَّةِ لِلْوُصولِ إِلى المَزيدِ مِنَ المَعْلوماتِ حَوْلَ الجَريمَةِ وَالقاتِلِ. يَتَواصَلُ التَّحْقيقُ في جَريمَةِ القَتْلِ تِلْكَ، حَيْثُ تَعْمَلُ الشُّرْطَةُ بِجِدٍّ عَلى تَتَبُّعِ الأَدِلَّةِ وَجَمْعِ الشَّهاداتِ لِتَحْديدِ هُوِيَّةِ المُشْتَبَهِ بِهِ وَإِلْقاءِ القَبْضِ عَلَيْهِ.

A young man's murdered body was found in a residential neighborhood, where he had been strangled with a rope after being brutally beaten. The police began their investigation into this brutal murder and performed an autopsy on the victim's body to gather more information about the crime and the killer. The murder investigation continues as the police work diligently to follow leads and collect witness testimonies to identify the suspect and arrest them.

اِنْدَلَعَتْ جَريمَةُ عُنْفٍ مُرَوِّعَةٌ في أَحَدِ المُتَنَزَّهاتِ العامَّةِ حَيْثُ تَعَرَّضَ رَجُلٌ لِلطَّعْنِ بِأَداةٍ حادَّةٍ وَلِلضَّرْبِ بِعَصًا. تَمَّ نَقْلُ الضَّحِيَّةِ إِلى المُسْتَشْفى في حالَةٍ حَرِجَةٍ بَيْنَما شَرَعَتِ الشُّرْطَةُ في البَحْثِ عَنِ الجاني. مِنَ الجَديرِ بِالذِّكْرِ أَنَّ الحادِثَةَ شَهِدَتْ تَدَخُّلًا شُجاعًا لِأَحَدِ المارَّةِ، وَالَّذي تَمَكَّنَ مِنْ إِنْقاذِ الضَّحِيَّةِ وَإِبْلاغِ الشُّرْطَةِ عَنِ الواقِعَةِ المُرْعِبَةِ.

A terrifying act of violence broke out in a public park where a man was stabbed with a sharp object and beaten with a stick. The victim was transported to the hospital in critical condition while the police began searching for the perpetrator. It should be noted that the incident involved the courageous intervention of a passerby who managed to save the victim and report the terrifying incident to the police.

وَقَعَتْ جَريمَةُ قَتْلٍ غامِضَةٌ حَيْثُ عُثِرَ عَلى جُثَّةِ رَجُلٍ مُلْقاةً عَلى جانِبِ الطَّريقِ بَعْدَ تَعَرُّضِهِ لِلدَّهِسِ بِسَيّارَةٍ. تُحَقِّقُ الشُّرْطَةُ في هَذِهِ القَضِيَّةِ وَتَسْتَنِدُ إِلى كاميراتِ المُراقَبَةِ وَشَهاداتِ الشُّهودِ لِلتَّوَصُّلِ إِلى مَعْرِفَةِ هُوِيَّةِ السّائِقِ الجَبانِ الَّذي لاذَ بِالْفِرارِ بَعْدَ ارْتِكابِ الجَريمَةِ. دَعا المُحَقِّقونَ المُواطِنينَ لِلتَّعاوُنِ مَعَ الشُّرْطَةِ وَتَقْديمِ أَيِّ مَعْلوماتٍ قَدْ تُساعِدُ في القَبْضِ عَلى المُتَّهَمِ.

A mysterious murder occurred, with a man's body found dumped on the side of the road after being run over by a car. The police are investigating the case, relying on surveillance cameras and witness testimonies to identify the cowardly driver who fled the scene after committing the crime. Investigators urged citizens to cooperate with the police and provide any information that may help in apprehending the suspect.

2.1.1.2 Police Report

Track **27**

تَقْريرُ الشُّرْطَةِ حَوْلَ جَريمَةِ القَتْلِ:

تاريخُ الحادِثِ: 19 أَبْريلَ، 2023

المَوْقِعُ: شارِعُ الأَمَلِ، القاهِرَةُ

وَصْفُ الحادِثِ: تَلَقَّتِ الشُّرْطَةُ بَلاغًا حَوْلَ اكْتِشافِ جُثَّةٍ هامِدَةٍ تَعَرَّضَتْ لِلطَّعْنِ بِسِكّينٍ (أَداةِ الجَريمَةِ) في أَحَدِ الأَزِقَّةِ المُظْلِمَةِ بِالْقُرْبِ مِنْ مَبْنًى سَكَنِيٍّ. يُعْتَقَدُ أَنَّ الضَّحِيَّةَ، رَجُلٌ في الأَرْبَعينَ مِنْ عُمْرِهِ، قُتِلَ عَمْدًا في ساعَةٍ مُتَأَخِّرَةٍ مِنَ اللَّيْلِ.

التَّحْقيقُ: تَمَّ تَشْريحُ جُثَّةِ القَتيلِ وَجَمْعُ الأَدِلَّةِ مِنْ مَوْقِعِ الجَريمَةِ. كَما تَمَّ أَخْذُ شَهاداتٍ مِنَ الشُّهودِ الَّذينَ كانوا في المِنْطَقَةِ في تِلْكَ اللَّيْلَةِ. يَتِمُّ التَّحْقيقُ في قَضِيَّةِ القَتْلِ هَذِهِ بِواسِطَةِ فَريقٍ مُتَخَصِّصٍ مِنَ المُحَقِّقينَ الجِنائِيّينَ وَخُبَراءِ الطِّبِّ الشَّرْعِيِّ.

المُشْتَبَهُ بِهِ: لا يوجَدُ مُشْتَبَهٌ بِهِ حَتّى الآنَ، وَلَكِنَّ الشُّرْطَةَ تُتابِعُ عِدَّةَ خُطوطِ تَحْقيقٍ وَتَبْحَثُ عَنْ أَيِّ دَليلٍ يُمْكِنُ أَنْ يَقودَ إِلى هُوِيَّةِ القاتِلِ وَيَكْشِفَ دَوافِعَ الجَريمَةِ.

نِداءٌ لِلْمُساعَدَةِ: تَطْلُبُ الشُّرْطَةُ مِنَ المُواطِنينَ تَقْديمَ أَيِّ مَعْلوماتٍ تَتَعَلَّقُ بِالْحادِثِ أَوِ المُشْتَبَهِ بِهِ. يُرْجى التَّواصُلُ مَعَ الشُّرْطَةِ عَلى الخَطِّ السّاخِنِ لِلْجَرائِمِ الجِنائِيَّةِ في حالَةِ وُجودِ مَعْلوماتٍ ذاتِ صِلَةٍ.

Homicide Police report:

Incident date: April 19, 2023

Location: Amal Street, Cairo

Incident description: The police received a report about the discovery of a lifeless body that had been stabbed with a knife (the crime weapon) in one of the dark alleys near a residential building. It is believed that the victim, a man in his forties, was deliberately killed late at night.

Investigation: The victim's body was autopsied, and evidence was collected from the crime scene. Statements were also taken from witnesses who were in the area that night. The murder case is being investigated by a specialized team of criminal investigators and forensic experts.

Suspect: There is no suspect yet, but the police are pursuing several lines of investigation and looking for any evidence that could lead to the identity of the killer and reveal the motives of the crime.

Call for assistance: The police request that citizens provide any information related to the incident or the suspect. Please contact the police on the criminal hotline in case of any relevant information.

2.1.1.3 Conversation About a Crime

Track 28

شَخْصٌ 1: هَلْ سَمِعْتَ عَنِ الحادِثَةِ المُرَوِّعَةِ الَّتي وَقَعَتْ في السّوقِ المُزْدَحِمِ؟

شَخْصٌ 2: لا، ماذا حَدَثَ بِالضَّبْطِ؟

شَخْصٌ 1: أَطْلَقَ رَجُلٌ مُسَلَّحٌ النّارَ عَلى مَجْموعَةٍ مِنَ النّاسِ. كانَتْ جَرِيمَةَ قَتْلٍ دَمَوِيَّةً حَيْثُ قُتِلَ ثَلاثَةُ أَشْخاصٍ وَأُصيبَ آخَرونَ.

شَخْصٌ 2: يا إِلَهي! هَلْ أَلْقَتِ الشُّرْطَةُ القَبْضَ عَلى المُجْرِمِ؟

شَخْصٌ 1: نَعَمْ، بَعْدَ مُطارَدَةٍ قَصيرَةٍ، تَمَكَّنَتِ الشُّرْطَةُ مِنَ القَبْضِ عَلى المُجْرِمِ وَإِخْلاءِ سَبيلِ المُتَواجِدينَ في المَوْقِعِ.

شَخْصٌ 2: ما نَوْعُ السِّلاحِ الَّذي اسْتَخْدَمَهُ المُجْرِمُ؟

شَخْصٌ 1: اِسْتَخْدَمَ سِلاحًا نارِيًّا لِإِطْلاقِ النّارِ عَلى الضَّحايا.

شَخْصٌ 2: كَيْفَ تَمَكَّنَ المارَّةُ مِنَ النَّجاةِ مِنْ هَذا الهُجومِ المُرْعِبِ؟

شَخْصٌ 1: لَقَدْ تَفَرَّقوا وَاخْتَبَؤوا في المَتاجِرِ وَالمَقاهي المُجاوِرَةِ لِلسّوقِ حَتّى وَصَلَتِ الشُّرْطَةُ.

شَخْصٌ 2: هَلْ تَمَّ فَتْحُ تَحْقيقٍ في جَريمَةِ القَتْلِ هَذِهِ؟

شَخْصٌ 1: بِالطَّبْعِ، تَتَواصَلُ التَّحْقيقاتُ لِكَشْفِ تَفاصيلِ الجَريمَةِ وَكَشْفِ دَوافِعِ المُجْرِمِ.

شَخْصٌ 2: إِنَّهُ حَدَثٌ مُرَوِّعٌ حَقًّا. يَجِبُ أَنْ تَكونَ قُوّاتُ الأَمْنِ وَالشُّرْطَةُ في حالَةِ تَأَهُّبٍ لِمَنْعِ الحَوادِثِ المُشابِهَةِ في المُسْتَقْبَلِ.

Person 1:	Have you heard about the horrifying incident that happened in the crowded market?
Person 2:	No. What exactly happened?
Person 1:	An armed man opened fire on a group of people. It was a bloody murder where three people were killed and others injured.
Person 2:	Oh my God! Did the police catch the criminal?
Person 1:	Yes, after a short chase, the police managed to arrest the criminal and evacuate those present at the scene.
Person 2:	What type of weapon did the criminal use?
Person 1:	He used a firearm to shoot the victims.
Person 2:	How did the bystanders manage to escape from this terrifying attack?
Person 1:	They dispersed and hid in the shops and cafes surrounding the market until the police arrived.
Person 2:	Has an investigation been opened into this murder?
Person 1:	Of course, investigations are ongoing to uncover the details of the crime and reveal the criminal's motives.
Person 2:	It's truly a horrifying event. The security forces and the police must be on high alert to prevent similar incidents in the future.

2.1.2 Assault and Domestic Violence

Track **29**

إِساءَةٌ جِنْسِيَّةٌ sexual abuse

تَمَّ اتِّخاذُ الإِجْراءاتِ القانونِيَّةِ ضِدَّ شَخْصٍ ارْتَكَبَ إِساءَةً جِنْسِيَّةً لِضَحِيَّةٍ بَريئَةٍ.

Legal actions were taken against a person who committed sexual abuse towards an innocent victim.

إِيذاءٌ harm, injury

اِتُّهِمَ المُشْتَبَهُ بِهِ بِإِيذاءِ الضَّحِيَّةِ وَإِلحاقِ أَذًى جَسَدِيٍّ بِها.

The suspect was accused of harming the victim and causing her physical injury.

إيذاءٌ جِنْسِيٌّ sexual assault

يَجِبُ مُعاقَبَةُ الجُناةِ المَسْؤولينَ عَنِ الإيذاءِ الجِنْسِيِّ لِلضَّحايا.

Perpetrators responsible for sexual assault on victims must be punished.

اِسْتِغْلالٌ جِنْسِيٌّ sexual exploitation

تَمَّ الكَشْفُ عَنْ شَبَكَةِ دَعارَةٍ تَسْتَغِلُّ الفَتَياتِ جِنْسِيًّا وَتُمارِسُ الإتْجارَ بالْبَشَرِ.

A prostitution network exploiting girls sexually and engaging in human trafficking was uncovered.

اِعْتِداءٌ assault

وَقَعَ اعْتِداءٌ عَنيفٌ عَلى امْرَأَةٍ في مَوْقِفِ سَيّاراتٍ مُظْلِمٍ.

A violent assault occurred on a woman in a dark parking lot.

اِعْتِداءٌ جَسَدِيٌّ physical assault

تَمَّ تَوْقيفُ شَخْصٍ بِتُهْمَةِ الاعْتِداءِ الجَسَدِيِّ عَلى جارِهِ.

An individual was arrested on charges of physically assaulting his neighbor.

اِعْتِداءٌ جِنْسِيٌّ sexual assault

تُحَقِّقُ الشُّرْطَةُ في ادِّعاءاتٍ تَتَعَلَّقُ بِحادِثَةِ اعْتِداءٍ جِنْسِيٍّ وَقَعَتْ في المَدينَةِ.

The police are investigating allegations related to a sexual assault incident that occurred in the city.

اِعْتِداءٌ جِنْسِيٌّ sexual aggression

اِتَّخَذَتِ الجِهاتُ المَعْنِيَّةُ إجْراءاتٍ لِلتَّصَدّي لِظاهِرَةِ الاعْتِداءِ الجِنْسِيِّ في المُجْتَمَعِ.

Relevant authorities took measures to address the phenomenon of sexual assault in society.

اِعْتِداءٌ جِنْسِيٌّ عَلى أَطْفالٍ sexual assault on children

تَبْذُلُ المُنَظَّماتُ غَيْرُ الحُكوميَّةِ جُهودًا لِلْقَضاءِ عَلى الاعْتِداءِ الجِنْسِيِّ عَلى الأَطْفالِ.

NGOs are making efforts to eradicate sexual abuse of children.

اِعْتَدى بِالْخَنْق — to strangle

يَعْتَدي الْمُشْتَبَهُ بِهِ بِالْخَنْقِ عَلى ضَحاياهُ داخِلَ مَنازِلِهِمْ.

The suspect attacks his victims by strangling them inside their homes.

اِعْتَدى بِالضَّرْب — to physically assault

يَعْتَدي الشّابُّ بِالضَّرْبِ عَلى الأَشْخاصِ الأَقَلِّ قوَّةً مِنْهُ.

The young man attacks people weaker than him with beatings.

اِعْتَدى عَلى • اِعْتِداءٌ — to assault, to attack

يَعْتَدي الجاني عَلى ضَحاياهُ بِاسْتِخْدامِ العُنْفِ الجَسَدِيِّ وَالنَّفْسِيِّ.

The perpetrator assaults his victims using physical and psychological violence.

اِغْتِصابٌ — rape

اِعْتَرَفَ الْمُشْتَبَهُ بِهِ بِارْتِكابِ جَريمَةِ اغْتِصابٍ بَعْدَ التَّحْقيقاتِ الأَوَّلِيَّةِ.

The suspect confessed to committing rape after initial investigations.

اِغْتِصابٌ جَماعِيٌّ — gang rape

أَثارَتْ جَريمَةُ الاِغْتِصابِ الجَماعِيِّ لِفَتاةٍ صَغيرَةٍ اسْتِنْكارًا واسِعًا في الْمُجْتَمَعِ.

The gang rape of a young girl sparked widespread outrage in society.

اِغْتِصابٌ زَوْجِيٌّ — marital rape

أَدانَتِ المَحْكَمَةُ الزَّوْجَ بِتُهْمَةِ الإِغْتِصابِ الزَّوْجِيِّ وَقَضَتْ بِالسَّجْنِ الْمُؤَبَّدِ.

The court convicted the husband of marital rape and sentenced him to life imprisonment.

اِغْتَصَبَ • اِغْتِصابٌ — to rape

يَغْتَصِبُ الجاني النِّساءَ في الْمِنْطَقَةِ وَيَتْرُكُهُنَّ فاقِداتٍ لِلْوَعْي.

The perpetrator rapes women in the area and leaves them unconscious.

تَحَرَّشَ • تَحَرُّش — to harass

تَحَرَّشَتِ المَرْأَةُ بِالرَّجُلِ فِي المَتْجَرِ، مِمَّا أَثَارَ إِحْرَاجَهُ وَدَفَعَهُ لِطَلَبِ المُسَاعَدَةِ مِنَ المُوَظَّفِينَ.

The woman harassed the man in the store, causing him embarrassment and prompting him to seek help from the staff.

تَحَرُّش — harassment

تَمَّ التَّبْلِيغُ عَنْ حَالَةِ تَحَرُّشٍ فِي مَكَانِ العَمَلِ وَبَدَأَتِ التَّحْقِيقَاتُ اللَّازِمَةُ.

A case of harassment was reported in the workplace, and the necessary investigations began.

تَحَرُّشٌ جِنْسِيٌّ — sexual harassment

تَمَّتْ مُعَاقَبَةُ المُوَظَّفِ المُتَّهَمِ بِالتَّحَرُّشِ الجِنْسِيِّ بِزَمِيلَتِهِ فِي العَمَلِ.

The employee accused of sexual harassment against his female colleague was punished.

تَحَرَّشَ جِنْسِيًّا — to sexually harass

كَانَ الرَّجُلُ قَدْ تَحَرَّشَ بِعِدَّةِ نِسَاءٍ فِي العَمَلِ قَبْلَ أَنْ يَتِمَّ القَبْضُ عَلَيْهِ.

The man sexually harassed several women at work before he was caught.

تَعَرَّضَ لِاعْتِدَاءٍ • تَعَرُّضٌ لِاعْتِدَاءٍ — to be attacked

يَتَعَرَّضُ العَامِلُونَ فِي المُسْتَشْفَيَاتِ لِلاعْتِدَاءِ مِنْ قِبَلِ بَعْضِ المَرْضَى المُنْزَعِجِينَ.

Hospital workers are exposed to assault from some agitated patients.

> The structure تَعَرَّضَ لِـ means 'to be subjected to,' 'to suffer from,' 'to be exposed to' a certain situation or event, often with negative implications such as being subjected to harm, danger, or an unfortunate event. The structure can be followed by a verbal noun (masdar), in which case it is often simply translated as a passive verb in English, as in the examples above and below.

تَعَرَّضَ لِاغْتِصَابٍ • تَعَرُّضٌ — to be raped

تَعَرَّضَتِ الشَّابَّةُ لِلاغْتِصَابِ أَثْنَاءَ عَوْدَتِهَا إِلَى المَنْزِلِ فِي وَقْتٍ مُتَأَخِّرٍ مِنَ اللَّيْلِ.

The young woman was raped while returning home late at night.

abuse — تَعْنيفٌ

تَمَّتْ مُحاكَمَةُ الأَبِ بِتُهْمَةِ تَعْنيفِ ابْنِهِ الصَّغيرِ بِوَحْشِيَّةٍ.

The father was tried for brutally abusing his young son.

child abuse — تَعْنيفُ أَطْفالٍ

تَبَنَّتِ الحُكومَةُ تَشْريعاتٍ جَديدَةً لِمُكافَحَةِ تَعْنيفِ الأَطْفالِ وَحِمايَتِهِمْ.

The government adopted new legislation to combat child abuse and protect them.

domestic violence report — تَقْريرُ عُنْفٍ أُسَرِيٍّ • تَقاريرُ

تَمَّ تَقْديمُ تَقْريرِ عُنْفٍ أُسَرِيٍّ لِلْجِهاتِ المُخْتَصَّةِ لِاتِّخاذِ الإِجْراءاتِ القانونِيَّةِ اللَّازِمَةِ.

A domestic violence report was submitted to the relevant authorities to take the necessary legal actions.

case of domestic violence — حالَةُ عُنْفٍ أُسَرِيٍّ

تَعامَلَتِ السُّلُطاتُ مَعَ حالَةِ عُنْفٍ أُسَرِيٍّ تَسَبَّبَتْ في إِصابَةِ الأُمِّ وَطِفْلِها.

Authorities dealt with a domestic violence case that resulted in injuries to the mother and her child.

to choke — خَنَقَ • خَنْقٌ

خَنَقَ الجاني الضَّحِيَّةَ حَتَّى المَوْتِ وَلاذَ بِالْفِرارِ.

The perpetrator strangled the victim to death and fled the scene.

strangulation, choking — خَنْقٌ

حاوَلَ المُعْتَدي خَنْقَ ضَحِيَّتِهِ بِواسِطَةِ حَبْلٍ قَبْلَ أَنْ يَتِمَّ القَبْضُ عَلَيْهِ.

The assailant attempted to strangle his victim with a rope before being apprehended.

hitting, beating — ضَرْبٌ

تَعَرَّضَتِ الضَّحِيَّةُ لِلْعُنْفِ وَالضَّرْبِ المُبَرِّحِ مِنْ قِبَلِ الجاني.

The victim was subjected to violence and severe beating by the perpetrator.

ضُرِبَ • ضَرْبٌ — to be beaten

كانَتِ المَرْأَةُ تُضْرَبُ عَلى يَدَيْ زَوْجِها بِصورَةٍ مُتَكَرِّرَةٍ، مِمّا أَثارَ قَلَقَ الجيرانِ.

The woman was repeatedly beaten by her husband, which alarmed the neighbors.

ضَرْبٌ وَجَرْحٌ — beating and injury

اِعْتَقَلَتِ الشُّرْطَةُ شَخْصًا بِتُهْمَةِ الضَّرْبِ وَالجَرْحِ بَعْدَ مُشاجَرَةٍ عَنيفَةٍ.

Police arrested a person on charges of assault and battery after a violent altercation.

عَنَّفَ • تَعْنيفٌ — to abuse

عَنَّفَ الرَّجُلُ زَوْجَتَهُ بِشَكْلٍ مُتَكَرِّرٍ، وَوُجِّهَتْ إِلَيْهِ تُهْمَةُ العُنْفِ المَنْزِلِيِّ.

The man repeatedly abused his wife and was charged with domestic violence.

عُنِّفَ • تَعْنيفٌ — to be abused

عُنِّفَ الطِّفْلُ مِنْ قِبَلِ أَحَدِ أَفْرادِ العائِلَةِ، وَبَدَأَتِ الشُّرْطَةُ فِي التَّحْقيقِ.

The child was abused by a family member, and the police began investigating.

عَنَّفَ أَطْفالًا — to abuse children

اِعْتَقَلَتِ السُّلُطاتُ مُعَلِّمًا مُتَّهَمًا بِأَنَّهُ يُعَنِّفُ الأَطْفالَ فِي المَدْرَسَةِ.

Authorities arrested a teacher accused of abusing children at school.

عُنْفٌ أُسَرِيٌّ — domestic violence

أَبْلَغَتِ المَرْأَةُ عَنْ تَعَرُّضِها لِعُنْفٍ أُسَرِيٍّ، وَطَلَبَتْ حِمايَةً مِنَ الشُّرْطَةِ.

The woman reported experiencing domestic violence and sought protection from the police.

عُنْفٌ جَسَدِيٌّ — physical violence

شَهِدَتِ المِنْطَقَةُ زِيادَةً فِي حالاتِ العُنْفِ الجَسَدِيِّ بَيْنَ المُراهِقينَ.

The area has seen an increase in cases of physical violence among teenagers.

sexual violence — عُنْفٌ جِنْسِيٌّ

تُظْهِرُ الإِحْصائِيّاتُ زِيادَةً في حالاتِ العُنْفِ الجِنْسِيِّ في السَّنَواتِ الأَخيرَةِ.

Statistics show an increase in cases of sexual violence in recent years.

school violence — عُنْفٌ مَدْرَسِيٌّ

اِتَّخَذَتْ إِدارَةُ المَدْرَسَةِ إِجْراءاتٍ صارِمَةً لِلْحَدِّ مِنْ حالاتِ العُنْفِ المَدْرَسِيِّ.

The school administration took strict measures to curb cases of school violence.

armed violence — عُنْفٌ مُسَلَّحٌ

تَفاقَمَتْ حالَةُ العُنْفِ المُسَلَّحِ في المَدينَةِ بَعْدَ سِلْسِلَةٍ مِنَ الهَجَماتِ.

The situation of armed violence in the city escalated after a series of attacks.

domestic violence — عُنْفٌ مَنْزِلِيٌّ

أَقامَتْ جَمْعِيّاتُ حُقوقِ الإِنْسانِ حَمَلاتٍ تَوْعِيَةً لِمُكافَحَةِ العُنْفِ المَنْزِلِيِّ.

Human rights associations launched awareness campaigns to combat domestic violence.

psychological violence — عُنْفٌ نَفْسِيٌّ

كانَتِ المَرْأَةُ تُعاني مِنَ العُنْفِ النَّفْسِيِّ الَّذي كانَ يُمارِسُهُ زَوْجُها عَلَيْها.

The woman suffered from the psychological abuse her husband inflicted on her.

physically violent — عَنيفٌ جَسَدِيًّا

كانَ الجاني عَنيفًا جَسَدِيًّا وَوَجَّهَ ضَرَباتٍ مُتَواصِلَةً لِلضَّحِيَّةِ.

The perpetrator was physically violent and delivered continuous blows to the victim.

psychologically violent — عَنيفٌ نَفْسِيًّا

اِتَّهَمَتِ المَرْأَةُ زَوْجَها بِأَنَّهُ عَنيفٌ نَفْسِيًّا وَطَلَبَتِ الطَّلاقَ.

The woman accused her husband of being psychologically violent and requested a divorce.

مُتَحَرِّشٌ harasser

أَلْقَتِ الشُّرْطَةُ القَبْضَ عَلى مُتَحَرِّشٍ تَسَبَّبَ في تَرْويعِ النِّساءِ بِالْحَيِّ.

Police arrested a harasser who terrorized women in the neighborhood.

مُتَحَرِّشٌ جِنسِيًّا sexual harasser

اِعْتَقَلَتِ الشُّرْطَةُ رَجُلًا متحَرِّشًا جِنسِيًّا بَعْدَ تَلَقّي العَديدِ مِنَ الشَّكاوى.

Police arrested a man engaging in sexual harassment after receiving numerous complaints.

مُتَعَرِّضٌ لِاغْتِصابٍ (male) rape victim

قَدَّمَ المَرْكَزُ المُتَخَصِّصُ دَعْمًا نَفْسِيًّا لِلْأَشْخاصِ المُتَعَرِّضينَ لِلاغْتِصابِ وَالتَّحَرُّشِ الجِنْسِيِّ.

The specialized center provided psychological support to individuals who have been subjected to rape and sexual harassment.

مُتَعَرِّضَةٌ لِاغْتِصابٍ (female) rape victim

تَعَرَّضَتِ الفَتاةُ لِلاغْتِصابِ عَلى يَدِ جارِها، وَسارَعَتِ السُّلُطاتُ بِاعْتِقالِهِ.

The girl was subjected to rape by her neighbor, and authorities quickly arrested him.

مَرْكَزُ عُنْفٍ أُسَرِيٍّ • مَراكِزُ domestic violence center

زارَتِ الضَّحِيَّةُ مَرْكَزَ عُنْفٍ أُسَرِيٍّ لِلْحُصولِ عَلى المُساعَدَةِ وَالدَّعْمِ النَّفْسِيِّ.

The victim visited a domestic violence center to obtain assistance and psychological support.

مُعَنَّفٌ abused

تَوَجَّهَتِ امْرَأَةٌ مُعَنَّفَةٌ إِلى مَرْكَزِ الدَّعْمِ لِطَلَبِ المُساعَدَةِ وَالحِمايَةِ.

An abused woman approached a support center to seek help and protection.

مُعَنِّفٌ abusive

تَعَرَّضَتِ الزَّوْجَةُ لِلضَّرْبِ المُعَنِّفِ مِنْ قِبَلِ زَوْجِها.

The wife was subjected to abusive beating by her husband.

مُغْتَصِبٌ

rapist

أَلْقَتِ الشُّرْطَةُ القَبْضَ عَلى مُغْتَصِبٍ هارِبٍ كانَ مَطْلوبًا في عِدَّةِ قَضايا.

The police arrested a fugitive rapist who was wanted in several cases.

> One strategy for learning new vocabulary is to group words by 'word family,' words that share a common root and are derived forms of others. The vocabulary items in each section of this book are arranged alphabetically. Scan the section and group word families either as a traditional list or as a spidergram (diagram with lines and circles).

2.1.2.1 Mini-Articles

Track **30**

تَمَّ القَبْضُ عَلى رَجُلٍ في الثَّلاثينيّاتِ مِنْ عُمْرِهِ بِتُهْمَةِ الاِعْتِداءِ الجَسَدِيِّ وَالجِنْسِيِّ عَلى زَوْجَتِهِ في حادِثَةِ عُنْفٍ أُسَرِيٍّ مُرَوِّعَةٍ. وَفْقًا لِتَقْريرِ العُنْفِ الأُسَرِيِّ الصّادِرِ عَنِ الشُّرْطَةِ، اِعْتَدى المُتَّهَمُ بِالضَّرْبِ وَالجَرْحِ عَلى ضَحِيَّتِهِ قَبْلَ أَنْ يَقومَ بِخَنْقِها. تَمَّ تَوْجيهُ تُهَمِ الاِعْتِداءِ الجِنْسِيِّ وَالعُنْفِ المَنْزِلِيِّ إِلى المُتَّهَمِ، وَتَمَّ نَقْلُ الضَّحِيَّةِ إِلى المُسْتَشْفى لِتَلَقّي العِلاجِ.

A man in his thirties was arrested on charges of physical and sexual assault on his wife in a horrific domestic violence incident. According to the police domestic violence report, the suspect attacked the victim with beatings and injuries before strangling her. The accused was charged with sexual assault and domestic violence, and the victim was transferred to the hospital for treatment.

أَفادَ مَرْكَزُ العُنْفِ الأُسَرِيِّ بِأَنَّ حالاتِ العُنْفِ المَدْرَسِيِّ قَدِ ارْتَفَعَتْ بِشَكْلٍ مَلْحوظٍ في السَّنَواتِ الأَخيرَةِ. قَدَّمَ التَّقْريرُ مَعْلوماتٍ عَنْ حالاتِ تَعَرُّضِ الأَطْفالِ لِلتَّعْنيفِ وَالضَّرْبِ داخِلَ المَدارِسِ، مِمّا يُؤَدّي إِلى أَذًى جَسَدِيٍّ وَنَفْسِيٍّ. دَعا المَرْكَزُ إِلى تَطْبيقِ إِجْراءاتٍ صارِمَةٍ لِمُكافَحَةِ هَذِهِ الظّاهِرَةِ وَحِمايَةِ الأَطْفالِ مِنَ التَّعْنيفِ.

The Family Violence Center reported that cases of school violence have increased significantly in recent years. The report provided information on cases of children being abused and beaten in schools, leading to physical and psychological injuries. The center called for the implementation of strict measures to combat this phenomenon and protect children from abuse.

أَلْقَتِ الشُّرْطَةُ القَبْضَ عَلى مُتَحَرِّشٍ جِنْسِيٍّ مَشْهورٍ عَلى الإِنْتَرْنِتْ بَعْدَ سِلْسِلَةٍ مِنَ الشَّكاوى المُقَدَّمَةِ مِنْ قِبَلِ ضَحاياهُ. وَوَفْقًا لِلتَّحْقيقاتِ، كانَ المُتَّهَمُ يَسْتَغِلُّ الإِنْتَرْنِتْ لِيَتَحَرَّشَ جِنْسِيًّا بِالْقاصِرينَ وَيُحَرِّضَ عَلى ارْتِكابِ جَرائِمَ جِنْسِيَّةٍ. يُواجِهُ المُتَّهَمُ الآنَ عِدَّةَ تُهَمٍ، مِنْها الاِعْتِداءُ الجِنْسِيُّ عَلى أَطْفالٍ وَالتَّحَرُّشُ الجِنْسِيُّ عَلى الإِنْتَرْنِتْ.

Police arrested a notorious online sexual harasser after a series of complaints filed by his victims. According to the investigation, the suspect used the internet to sexually harass minors and incite the commission of sexual crimes. The suspect now faces multiple charges, including sexual assault on children and online sexual harassment.

أَعْلَنَتِ الشُّرْطَةُ اليَوْمَ عَنْ تَوْقيفِ مُشْتَبَهٍ بِهِ في قَضِيَّةِ اغْتِصابٍ جَماعِيٍّ وَقَعَتِ الشَّهْرَ الماضِيَ في مِنْطَقَةٍ نائِيَةٍ. وَفْقًا لِلتَّحْقيقاتِ، تَعَرَّضَتِ المَرْأَةُ المُتَوَسِّطَةُ العُمْرِ لاِعْتِداءٍ جَسَدِيٍّ وَجِنْسِيٍّ عَلى يَدِ مَجْموعَةٍ مِنَ الرِّجالِ الَّذينَ اعْتَرَفوا بِجَريمَتِهِمْ. تَمَّ احْتِجازُ المُشْتَبَهِ بِهِمْ لِيُواجِهوا تُهَمَ الاِغْتِصابِ الجَماعِيِّ وَالعُنْفِ الجَسَدِيِّ، وَسَتَتِمُّ مُحاكَمَتُهُمْ قَريبًا.

Police today announced the arrest of a suspect in a gang rape case that took place last month in a remote area. According to the investigation, the middle-aged woman was subjected to physical and sexual assault by a group of men who confessed to their crime. The suspects were detained to face charges of gang rape and physical violence, and they will soon be tried.

في حادِثَةٍ صادِمَةٍ، أُلْقِيَ القَبْضُ عَلى أَبٍ بِتُهْمَةِ تَعْنيفِ الأَطْفالِ وَالاِعْتِداءِ الجِنْسِيِّ عَلى ابْنَتِهِ البالِغَةِ مِنَ العُمْرِ 12 عامًا. تَمَّ الكَشْفُ عَنِ الجَريمَةِ بَعْدَ أَنْ أَبْلَغَتْ مُعَلِّمَةُ البِنْتِ في المَدْرَسَةِ السُّلُطاتِ المَحَلِّيَّةَ بَعْدَ اكْتِشافِها إِصاباتٍ واضِحَةً عَلى جَسَدِ الطِّفْلَةِ. تَمَّ نَقْلُ الطِّفْلَةِ إِلى مَرْكَزٍ لِرِعايَةِ الأَطْفالِ المُعَنَّفينَ، فيما يُواجِهُ الأَبُ تُهَمَ العُنْفِ المَنْزِلِيِّ وَالاِعْتِداءِ الجِنْسِيِّ.

In a shocking incident, a father was arrested on charges of child abuse and sexual assault on his 12-year-old daughter. The crime was uncovered after the girl's schoolteacher reported to local authorities when she discovered clear injuries on the child's body. The child was transferred to a center for abused children, while the father faces charges of domestic violence and sexual assault.

2.1.2.2 Court Report: Domestic Abuse

Track **31**

في قَضِيَّةٍ مُثيرَةٍ لِلْجَدَلِ، أَصْدَرَتْ مَحْكَمَةُ الجِناياتِ حُكْمًا بِالسَّجْنِ لِمُدَّةِ 10 سَنَواتٍ عَلى المُتَّهَمِ الَّذي ارْتَكَبَ جَرائِمَ عُنْفٍ أُسَرِيٍّ وَاعْتِداءٍ جِنْسِيٍّ بِحَقِّ زَوْجَتِهِ وابْنَتِهِ البالِغَةِ مِنَ العُمْرِ 13 عامًا. وَفْقًا لِوَثائِقِ المَحْكَمَةِ، كانَ المُتَّهَمُ مُتَوَرِّطًا في حَوادِثَ مُتَكَرِّرَةٍ مِنَ الضَّرْبِ وَالجَرْحِ، وَتَعْنيفِ الأَطْفالِ، وَالاِعْتِداءِ الجِنْسِيِّ عَلى طِفْلَةٍ.

تَمَّ الكَشْفُ عَنِ الجَرائِمِ بَعْدَ أَنْ تَقَدَّمَتِ الزَّوْجَةُ بِشَكْوى لِلشُّرْطَةِ، حَيْثُ أَفادَتْ بِأَنَّ زَوْجَها كانَ يُمارِسُ العُنْفَ الجَسَدِيَّ وَالنَّفْسِيَّ وَالجِنْسِيَّ بِحَقِّها وابْنَتِها. وَبَعْدَ التَّحْقيقِ في الأَمْرِ، تَمَّ تَوْجيهُ تُهَمِ الاِعْتِداءِ الجَسَدِيِّ، وَالعُنْفِ المَنْزِلِيِّ، وَالاِغْتِصابِ الزَّوْجِيِّ لِلْمُتَّهَمِ.

وَأَكَّدَتِ المَحْكَمَةُ في حَيْثِيّاتِ حُكْمِها أَنَّ المُتَّهَمَ كانَ يَعْتَدي بِالضَّرْبِ عَلى زَوْجَتِهِ بِانْتِظامٍ، كَما اعْتَرَفَ المُتَّهَمُ بِمُمارَسَةِ العُنْفِ الجِنْسِيِّ عَلى ابْنَتِهِ. وَبِناءً عَلى الأَدِلَّةِ المُقَدَّمَةِ وَشَهاداتِ الشُّهودِ وَالضَّحايا، قَضَتِ المَحْكَمَةُ بِإِدانَةِ المُتَّهَمِ بِجَميعِ التُّهَمِ المُوَجَّهَةِ إِلَيْهِ.

كَما أَمَرَتِ المَحْكَمَةُ بِأَنْ يَخْضَعَ المُتَّهَمُ لِعِلاجٍ نَفْسِيٍّ وَبَرامِجِ إِعادَةِ تَأْهيلٍ لِمُرْتَكِبي العُنْفِ الجَسَدِيِّ وَالجِنْسِيِّ. بِالإِضافَةِ إِلى ذَلِكَ، أَصْدَرَتِ المَحْكَمَةُ حُكْمًا بِمَنْعِ المُتَّهَمِ مِنَ الاِقْتِرابِ مِنْ زَوْجَتِهِ وَابْنَتِهِ لِمُدَّةِ 20 عامًا بَعْدَ إِطْلاقِ سَراحِهِ مِنَ السِّجْنِ.

تَأْمُلُ عائِلَةُ الضَّحايا وَالْمُجْتَمَعُ المَحَلِّيُّ في أَنْ يَكونَ هَذا الحُكْمُ رِسالَةً قَوِيَّةً لِلْمُتَوَرِّطينَ في جَرائِمِ العُنْفِ الأُسَرِيِّ وَالاِعْتِداءِ الجِنْسِيِّ، مُشَدِّدَةً عَلى أَهَمِّيَّةِ مُكافَحَةِ هَذِهِ الجَرائِمِ وَحِمايَةِ الضَّحايا. وَقَدْ أَشارَتِ المُحامِيَةُ الخاصَّةُ بِالزَّوْجَةِ وَالطِّفْلَةِ إِلى أَنَّ هَذا الحُكْمَ يَعْكِسُ التِزامَ القَضاءِ بِمُعاقَبَةِ المُعْتَدينَ وَتَوْفيرِ الدَّعْمِ اللّازِمِ لِلضَّحايا.

وَفي غُضونِ ذَلِكَ، دَعَتْ مُنَظَّماتُ حُقوقِ الإِنْسانِ وَالنِّساءِ المَحَلِّيَّةُ إِلى تَعْزيزِ الإِجْراءاتِ الوِقائِيَّةِ وَالقَوانينِ لِمُكافَحَةِ العُنْفِ الأُسَرِيِّ وَالاِعْتِداءِ الجِنْسِيِّ، بِما في ذَلِكَ تَوْفيرُ مَراكِزِ دَعْمٍ لِضَحايا العُنْفِ الأُسَرِيِّ وَالعُنْفِ الجِنْسِيِّ، وَتَعْزيزُ التَّوْعِيَةِ وَالتَّثْقيفِ حَوْلَ هَذِهِ القَضايا.

يَأْمُلُ النُّشَطاءُ أَنْ تُؤَدِّيَ التَّوْعِيَةُ المُتَزايِدَةُ وَالتَّشْريعاتُ الأَكْثَرُ صَرامَةً إِلى انْخِفاضِ مُعَدَّلاتِ العُنْفِ الأُسَرِيِّ وَالاِعْتِداءِ الجِنْسِيِّ في المُجْتَمَعِ. وَمَعَ ذَلِكَ، يَعْتَرِفونَ بِأَنَّ التَّغْييرَ سَيَأْخُذُ وَقْتًا وَيَتَطَلَّبُ جُهودًا مُشْتَرَكَةً مِنَ الحُكومَةِ وَالمُنَظَّماتِ غَيْرِ الحُكومِيَّةِ وَالمُجْتَمَعِ المَدَنِيِّ.

وَفي النِّهايَةِ، يَتَطَلَّعُ المُتَضَرِّرونَ مِنْ هَذِهِ الجَرائِمِ إِلى تَحْقيقِ العَدالَةِ وَالشِّفاءِ وَالتَّعافي مِنَ الآثارِ الجَسَدِيَّةِ وَالنَّفْسِيَّةِ المُدَمِّرَةِ لِلْعُنْفِ الأُسَرِيِّ وَالاِعْتِداءِ الجِنْسِيِّ. وَيُوَجِّهونَ نِداءً إِلى الجَميعِ لِلْوُقوفِ بِجانِبِ الضَّحايا وَدَعْمِهِمْ في سَبيلِ إِعادَةِ بِناءِ حَياتِهِمْ وَمُسْتَقْبَلِهِمْ بِكَرامَةٍ وَأَمانٍ.

In a controversial case, a criminal court issued a 10-year prison sentence for the defendant who committed domestic violence and sexual assault against his wife and their 13-year-old daughter. According to court documents, the defendant was involved in repeated incidents of battery, child abuse, and sexual assault on a minor.

The crimes were uncovered after the wife filed a complaint with the police, stating that her husband had been perpetrating physical, psychological, and sexual violence against her and their daughter. Following an investigation, charges of physical assault, domestic violence, and marital rape were brought against the defendant.

The court, in its judgment, confirmed that the defendant regularly assaulted his wife and admitted to committing sexual violence against his daughter. Based on the evidence presented, witness testimonies, and the victims' statements, the court convicted the defendant of all charges against him.

The court also ordered the defendant to undergo psychological treatment and rehabilitation programs for physically and sexually violent offenders. Furthermore, the court issued a ruling prohibiting the defendant from approaching his wife and daughter for 20 years after his release from prison.

The victims' family and local community hope that this judgment serves as a strong message to those involved in domestic violence and sexual assault crimes, emphasizing the importance of combating such crimes and protecting the victims. The wife and child's attorney stated that this verdict reflects the judiciary's commitment to punishing offenders and providing necessary support to victims.

Meanwhile, local human rights and women's organizations called for enhancing preventive measures and laws to combat domestic violence and sexual assault, including the provision of support centers for victims of domestic violence and sexual abuse and promoting awareness and education on these issues.

Activists hope that increased awareness and stricter legislation will lead to a decrease in domestic violence and sexual assault rates in society. However, they acknowledge that change will take time and require joint efforts from the government, non-governmental organizations, and civil society.

Finally, those affected by these crimes look forward to achieving justice, healing, and recovery from the devastating physical and psychological effects of domestic violence and sexual assault. They appeal to everyone to stand by the victims and support them in rebuilding their lives and futures with dignity and safety.

2.1.3 Abductions and Ransoms

Track 32

أَفْرَجَ عَنْ رَهائِنَ • إِفْراجٌ — to release hostages

أَفْرَجَتِ المَجْموعَةُ المُسَلَّحَةُ عَنِ الرَّهائِنِ بَعْدَ تَلَقِّي الفِدْيَةِ المَطْلوبَةِ.

The armed group released the hostages after receiving the requested ransom.

اِحْتَجَزَ • اِحْتِجازٌ — to take hostage, detain, hold

اِحْتَجَزَ الخاطِفُ الرَّهائِنَ داخِلَ مَبْنًى مُحْتَلٍّ وَطالَبَ بِمَطالِبَ مُحَدَّدَةٍ.

The kidnapper detained the hostages inside an occupied building and demanded specific demands.

اِخْتِطافٌ — kidnapping, abduction

وَقَعَتْ حادِثَةُ اخْتِطافٍ مُرَوِّعَةٌ لِرَجُلِ أَعْمالٍ بارِزٍ في المَدينَةِ.

A horrifying abduction of a prominent businessman occurred in the city.

اِخْتِطافُ أَطْفالٍ — child abduction

شَهِدَتِ المِنْطَقَةُ زِيادَةً في حالاتِ اخْتِطافِ الأَطْفالِ خِلالَ الأَشْهُرِ القَليلَةِ الماضِيَةِ.

The area has seen an increase in child abduction cases in recent months.

اِخْتَطَفَ • اِخْتِطافٌ — to kidnap, abduct

اِخْتَطَفَتِ المَجْموعَةُ المُسَلَّحَةُ ثَلاثَةَ سُيّاحٍ أَجانِبَ وَاقْتادَتْهُمْ إلى مَكانٍ مَجْهولٍ.

The armed group kidnapped three foreign tourists and took them to an unknown location.

اِشْتَرَطَ دَفْعَ فِدْيَةٍ • اِشْتِراطٌ — to demand ransom payment

اِشْتَرَطَ الخاطِفُ دَفْعَ فِديَةٍ مِقْدارُها مِلْيونَ دولارٍ لإِطْلاقِ سَراحِ الرَّهينَةِ.

The kidnapper demanded a one-million-dollar ransom for the release of the hostage.

تَبادَلَ • تَبادُلٌ — to exchange

تَمَّ تَبادُلُ الرَّهائِنِ مُقابِلَ الإِفْراجِ عَنْ سُجَناءَ سِياسِيّينَ مِنَ الجانِبِ الآخَرِ.

Hostages were exchanged for the release of political prisoners from the opposing side.

تَحْريرُ رَهائِنَ — hostage release

نَجَحَتِ القُوّاتُ الخاصَّةُ في تَحْريرِ رَهائِنَ تَمَّ احْتِجازُهُمْ في مَبْنًى مُحْتَلٍّ.

Elite forces successfully freed hostages who were held in an occupied building.

حَرَّرَ • تَحْريرٌ — to free, liberate

حَرَّرَتِ الشُّرْطَةُ الرَّهائِنَ بَعْدَ مُداهَمَةٍ ناجِحَةٍ لِمَوْقِعِ الاِحْتِجازِ.

The police freed the hostages after a successful raid on the detention site.

خاطِفٌ — kidnapper

اِعْتَقَلَتِ الشُّرْطَةُ الخاطِفَ بَعْدَ مُطارَدَةٍ مُثيرَةٍ عَلى الطَّريقِ السَّريعِ.

The police arrested the kidnapper after a thrilling chase on the highway.

خِلافٌ عَلى فِدْيَةٍ — ransom negotiation

تَسَبَّبَ خِلافٌ عَلى فِدْيَةٍ بَيْنَ الخاطِفينَ وَالشُّرْطَةِ في تَصاعُدِ التَّوَتُّراتِ.

A ransom dispute between the kidnappers and the police escalated tensions.

دَفَعَ فِدْيَةً • دَفْعٌ — to pay a ransom

دَفَعَتِ الحُكومَةُ فِدْيَةً لإِطْلاقِ سَراحِ الرَّهائِنِ رَغْمَ سِياسَةِ عَدَمِ التَّفاوُضِ مَعَ الخاطِفينَ.

The government paid a ransom to release the hostages despite the policy of not negotiating with kidnappers.

رَهينَةٌ • رَهائِنُ — hostage

أُطْلِقَ سَراحُ الرَّهائِنِ بَعْدَ أَيّامٍ مِنَ الاِحْتِجازِ وَالمُفاوَضاتِ المُضْنِيَةِ.

The hostages were released after days of captivity and intense negotiations.

> The noun رَهينَةٌ is grammatically feminine but can denote either a male or female hostage. → Compare with ضَحِيَّةٌ (p. 113)

طَلَبَ فِدْيَةً • طَلَبٌ — to demand a ransom

طَلَبَ الخاطِفونَ فِدْيَةً ضَخْمَةً مُقابِلَ إِطْلاقِ سَراحِ المُخْتَطَفينَ.

The kidnappers demanded a huge ransom in exchange for the release of the abductees.

عَمَلِيَّةُ احْتِجازٍ — hostage-taking operation

تُواصِلُ قُوّاتُ الأَمْنِ مُحاصَرَةَ مَكانِ عَمَلِيَّةِ الاِحْتِجازِ، وَالتَّفاوُضَ مَعَ الخاطِفينَ.

Security forces continue to surround the site of the hostage-taking operation and negotiate with the kidnappers.

عَمَلِيَّةُ اخْتِطافٍ — kidnapping operation

نَجَحَتِ الشُّرْطَةُ فِي إِفْشالِ عَمَلِيَّةِ اخْتِطافٍ كانَتْ تَسْتَهْدِفُ سِياسِيًّا مَحَلِّيًّا.

The police succeeded in foiling an abduction operation targeting a local politician.

عَمَلِيَّةُ تَبادُلٍ — exchange operation

نُفِّذَتْ عَمَلِيَّةُ تَبادُلٍ بَيْنَ الحُكومَةِ وَالجَماعَةِ المُسَلَّحَةِ لِإِطْلاقِ سَراحِ الرَّهائِنِ.

An exchange operation was carried out between the government and the armed group to release the hostages.

فِدْيَةٌ — ransom

طالَبَ الخاطِفونَ بِمَبْلَغٍ كَبيرٍ كَفِدْيَةٍ مُقابِلَ إِطْلاقِ سَراحِ المُخْتَطَفِ.

The kidnappers demanded a large ransom for the release of the abductee.

فِدْيَةٌ مَطْلوبَةٌ
ransom demand

تَلَقَّتْ عائِلَةُ المُخْتَطَفِ رِسالَةً تُفيدُ بِأَنَّ هُناكَ فِدْيَةً مَطْلوبَةً لِإِطْلاقِ سَراحِهِ.

The abductee's family received a message stating that a ransom was required for his release.

مُحْتَجَزٌ
held captive

كانَ الطِّفْلُ مُحْتَجَزًا مِنْ قِبَلِ الخاطِفينَ لِأَيّامٍ قَبْلَ أَنْ يَتِمَّ إِطْلاقُ سَراحِهِ.

The child was held captive by the kidnappers for days before being released.

مُخْتَطَفٌ
kidnapped, abductee

تَمَّ العُثورُ عَلى المُخْتَطَفِ في مَنْزِلٍ مَهْجورٍ بَعْدَ أُسْبوعٍ مِنَ اخْتِطافِهِ.

The abductee was found in an abandoned house a week after being kidnapped.

مُخْتَطَفٌ قَسْرًا
abducted by force

شَهِدَتِ الفَتاةُ مِحْنَةً مُرْعِبَةً بَعْدَ أَنْ تَمَّ اخْتِطافُها قَسْرًا مِنْ قِبَلِ مَجْموعَةٍ مَجْهولَةٍ.

The girl experienced a terrifying ordeal after being forcibly abducted by an unknown group.

2.1.3.1 Mini-Articles

Track **33**

اِكْتَشَفَتِ الشُّرْطَةُ عَمَلِيَّةَ اخْتِطافِ أَطْفالٍ بِالْقُرْبِ مِنْ مَدْرَسَةِ بَيْروتَ الاِبْتِدائِيَّةِ اليَوْمَ. وَفْقًا لِلْمَصادِرِ، كانَ الخاطِفُ يَطْلُبُ فِدْيَةً لِإِطْلاقِ سَراحِ الأَطْفالِ المُخْتَطَفينَ. تَمَكَّنَتِ الشُّرْطَةُ مِنْ تَحْديدِ مَكانِ الاِحْتِجازِ وَتَحْريرِ الرَّهائِنِ بِنَجاحٍ، واعْتَقَلَتِ الخاطِفَ.

The police discovered a child abduction operation near Beirut Primary School today. According to sources, the kidnapper was demanding a ransom for the release of the abducted children. The police managed to locate the place of detention and successfully freed the hostages, arresting the kidnapper.

أَعْلَنَتِ الحُكومَةُ اليَوْمَ عَنْ عَمَلِيَّةِ تَبادُلٍ ناجِحَةٍ بَيْنَ جَماعَةٍ إِرْهابِيَّةٍ وَالسُّلُطاتِ. اِحْتَجَزَتِ الجَماعَةُ مُوَظَّفينَ دِبْلوماسِيّينَ كَرَهائِنَ وَاشْتَرَطَتْ دَفْعَ فِدْيَةٍ ضَخْمَةٍ لِإِطْلاقِ سَراحِهِمْ. وَبَعْدَ مُفاوَضاتٍ طَويلَةٍ، تَمَّ التَّوَصُّلُ إِلى اتِّفاقٍ لِتَحْريرِ الرَّهائِنِ مُقابِلَ إِطْلاقِ سَراحِ بَعْضِ المُعْتَقَلينَ السِّياسِيّينَ.

The government announced today a successful exchange operation between a terrorist group and the authorities. The group held diplomatic staff as hostages and demanded a large ransom for their release. After lengthy negotiations, an agreement was reached to free the hostages in exchange for the release of some political detainees.

شَهِدَتْ مِنْطَقَةُ الجِوارِ خِلافًا عَلى فِدْيَةٍ بَيْنَ عِصابَتَيْنِ مُتَنافِسَتَيْنِ. تَعَرَّضَ أَحَدُ أَفْرادِ العِصابَةِ لِلاخْتِطافِ قَسْرًا مِنْ قِبَلِ العِصابَةِ الأُخْرى، وَتَمَّ احْتِجازُهُ حَتّى يَتِمَّ دَفْعُ الفِدْيَةِ المَطْلوبَةِ. وَبَعْدَ تَصاعُدِ التَّوَتُّرِ بَيْنَ الجانِبَيْنِ، تَمَكَّنَتِ الشُّرْطَةُ مِنَ التَّدَخُّلِ وَأَفْرَجَتْ عَنِ المُحْتَجَزِ بَيْنَما أَلْقَتِ القَبْضَ عَلى أَعْضاءِ العِصابَتَيْنِ.

A neighborhood dispute over ransom was witnessed between two rival gangs. One gang member was forcibly kidnapped by the other gang and was held until the required ransom was paid. As tensions escalated between the two sides, the police intervened and released the detainee while arresting members of both gangs.

2.1.3.2 Historical Report: Kidnapping in Yemen

Track **34**

الاِخْتِطافُ في اليَمَنِ

في تِسْعينِيّاتِ القَرْنِ الماضي، شَهِدَتِ اليَمَنُ ارْتِفاعًا في حَوادِثِ الاِخْتِطافِ، حَيْثُ اُخْتُطِفَ أَكْثَرُ مِنْ 100 أَجْنَبِيٍّ مُنْذُ انْدِماجِ اليَمَنِ الشَّمالِيِّ وَالجَنوبِيِّ في عامِ 1990. نَفَّذَتِ القَبائِلُ المُتَنازِعَةُ مُعْظَمَ عَمَلِيّاتِ الاِخْتِطافِ لِلتَّفاوُضِ مَعَ الحُكومَةِ حَوْلَ احْتِياجاتِ التَّنْمِيَةِ. عادَةً ما كانَ الخاطِفونَ يُعامِلونَ الرَّهائِنَ كَضُيوفِ شَرَفٍ، حَيْثُ يُقَدِّمونَ لَهُمُ الشّايَ وَالسَّجائِرَ وَأَحْيانًا الأَسْلِحَةَ التَّقْليدِيَّةَ كَهَدايا. وَمَعَ ذَلِكَ، حَذَّرَ الدِّبْلوماسِيّونَ الغَرْبِيّونَ مِنَ السَّفَرِ إِلى بَعْضِ المَناطِقِ القَبَلِيَّةِ وَرَوَوْا قِصَصًا تَحْذيرِيَّةً عَنْ رَهائِنَ لَمْ يُعامَلوا بِشَكْلٍ جَيِّدٍ، كَبَريطانِيٍّ تَعَرَّضَ لِلْإيهامِ بِالإِعْدامِ.

وَرَغْمَ أَنَّ الحُكومَةَ كانَتْ صَبورَةً في التَّعامُلِ مَعَ الخاطِفينَ وَنادِرًا ما عاقَبَتْهُمْ، إِلّا أَنَّها مُؤَخَّرًا مَنَعَتِ الأَجانِبَ مِنَ السَّفَرِ إِلى مَأْرِبَ، وَهِيَ مِنْطَقَةٌ مُفَضَّلَةٌ لِعَمَلِيّاتِ الاِخْتِطافِ. اِتَّهَمَتِ الحُكومَةُ المَمْلَكَةَ العَرَبِيَّةَ السُّعودِيَّةَ المُجاوِرَةَ بِتَشْجيعِ عَمَلِيّاتِ الاِخْتِطافِ كَوَسيلَةٍ لِلْإِضْرارِ بِديمُقْراطِيَّةِ اليَمَنِ.

Kidnapping in Yemen

In the 1990s, Yemen experienced a rise in kidnapping incidents, with more than 100 foreigners abducted since the merger of North and South Yemen in 1990. Disputing tribes carried out most of the kidnappings to negotiate with the government over development needs. The kidnappers usually treated the hostages as honored guests, offering them tea, cigarettes, and sometimes traditional weapons as gifts. However, Western diplomats warned against traveling to some tribal areas and recounted cautionary tales of hostages who were not treated well, such as a British man subjected to a mock execution.

Although the government was patient in dealing with the kidnappers and rarely punished them, it recently banned foreigners from traveling to Marib, a favorite area for kidnapping operations. The government accused neighboring Saudi Arabia of encouraging kidnappings as a means to undermine Yemen's democracy.

2.2 Property Crimes

2.2.1 Theft and Robbery

Track **35**

forced entry — **اِقْتِحامٌ عُنْوَةً**

اِقْتَحَمَ اللُّصوصُ المَتْجَرَ عُنْوَةً وَسَرَقُوا الأَجْهِزَةَ الإِلِكْترونِيَّةَ.

The thieves forced their way into the store and stole electronic devices.

burglary, home invasion — **اِقْتِحامُ مَنْزِلٍ**

تَعَرَّضَتِ العائِلَةُ لِاقْتِحامِ المَنْزِلِ عِنْدَما دَخَلَ لُصوصٌ المَنْزِلَ وَسَرَقُوا المُمْتَلَكاتِ.

The family experienced a home invasion when thieves entered the house and stole their possessions.

to burglarize — **اِقْتَحَمَ مَنْزِلًا** • اِقْتِحامُ مَنْزِلٍ

اِقْتَحَمَ اللُّصوصُ مَنْزِلَ العائِلَةِ وَسَرَقُوا الأَمْوالَ وَالمُجَوْهَراتِ.

The burglars broke into the family's home and stole money and jewelry.

trespassing into property — **تَعَدٍّ عَلى مِلْكِيَّةٍ**

تَعَدّى اللِّصُّ عَلى مِلْكِيَّةِ الجارِ وَسَرَقَ عِدَّةَ مُقْتَنَياتٍ قَيِّمَةٍ.

The thief sneaked into the neighbor's property and stole several valuable items.

burglary, break-in — **تَعَرُّضٌ لِسَطْوٍ**

اِكْتَشَفَتْ عائِلَةٌ عِنْدَ عَوْدَتِها مِنَ العُطْلَةِ أَنَّ مَنْزِلَها قَدْ تَعَرَّضَ لِلسَّطْوِ.

A family discovered upon returning from vacation that their home had been burglarized.

to be mugged/robbed — **تَعَرَّضَ لِلسَّلْبِ** • تَعَرُّضٌ لِلسَّلْبِ

تَعَرَّضَ الشّابُّ لِلسَّلْبِ عِنْدَما أُجْبِرَ عَلى تَسْليمِ هاتِفِهِ وَمَحْفَظَتِهِ.

The young man was subjected to mugging when forced to hand over his phone and wallet.

سارِقٌ thief, robber

أَلْقَتِ الشُّرْطَةُ القَبْضَ عَلى السّارِقِ بَعْدَ العُثورِ عَلى البَضائِعِ المَسْروقَةِ في مَنْزِلِه.

The police arrested the thief after finding stolen goods in his home.

سارِقٌ مُسَلَّحٌ armed robber

هَدَّدَ السّارِقُ المُسَلَّحُ المُوَظَّفينَ بِمُسَدَّسٍ قَبْلَ أَنْ يَسْتَوْلِيَ عَلى الأَمْوالِ.

The armed robber threatened the employees with a gun before taking the money.

سَرَقَ • سَرِقَةٌ to steal

سَرَقَ اللِّصُّ المُجَوْهَراتِ مِنَ المَنْزِلِ خِلالَ غِيابِ العائِلَةِ.

The thief stole the jewelry from the house while the family was away.

سَرَقَ مِنْ مَتاجِرَ • سَرِقَةٌ to shoplift

أَلْقَتِ الشُّرْطَةُ القَبْضَ عَلى الشّابِّ الَّذي كانَ يَسْرِقُ مِنَ المَتاجِرِ بِاسْتِمْرارٍ.

The police arrested the young man who was continuously shoplifting.

سَرِقَةٌ theft, stealing, larceny

شَهِدَتِ المِنْطَقَةُ ارْتِفاعًا في حَوادِثِ السَّرِقَةِ خِلالَ الأَشْهُرِ الماضِيَةِ.

The area has seen an increase in theft incidents in recent months.

سَرِقَةٌ بِالإِكْراهِ theft by force

تَعَرَّضَتِ امْرَأَةٌ لِسَرِقَةٍ بِالإِكْراهِ في مَنْزِلِها مِنْ قِبَلِ لِصَّيْنِ مُسَلَّحَيْنِ بِالسَّكاكينِ.

A woman was subjected to robbery by force in her home by two armed thieves with knives.

> While the terms سَرِقَةٌ بِالإِكْراهِ (above) and سَرِقَةٌ بِالتَّهْديدِ (below) have similar meanings and are often used interchangeably in practice, they carry distinct nuances. Both involve the act of taking someone else's property without their consent, but the first term entails the use of physical force, whereas the second term implies the use of threats or intimidation. These threats can manifest as verbal warnings, the looming threat of violence, or any other form of coercion that compels the victim to surrender their property due to fear.

سَرِقَةٌ بِالتَّهْديدِ theft by threat, robbery by intimidation

اِسْتَخْدَمَ اللِّصُّ السِّلاحَ في سَرِقَةٍ بِالتَّهْديدِ واسْتَوْلى عَلى مَبْلَغٍ كَبيرٍ مِنَ المالِ.

The thief used a weapon in robbery by intimidation and seized a large sum of money.

سَرِقَةُ سَيّارَةٍ carjacking, grand theft auto

تَمَّ القَبْضُ عَلى مُشْتَبَهٍ بِهِ في قَضِيَّةِ سَرِقَةِ سَيّارَةٍ بَعْدَ مُطارَدَةٍ قَصيرَةٍ.

A suspect was arrested in a car theft case after a brief chase.

سَرِقَةٌ في شارِعٍ street theft

تَعَرَّضَتِ المَرْأَةُ لِسَرِقَةٍ في الشّارِعِ عِنْدَما اقْتَرَبَ مِنْها لِصٌّ وَسَرَقَ حَقيبَتَها.

The woman experienced a street theft when a thief approached her and stole her purse.

سَرِقَةُ مَتاجِرَ shoplifting

شَهِدَتِ المَدينَةُ ارْتِفاعًا في حالاتِ سَرِقَةِ المَتاجِرِ خِلالَ الأَشْهُرِ الأَخيرَةِ.

The city has seen an increase in shoplifting cases in recent months.

سَرِقَةُ مَحْفَظَةٍ pickpocketing

تَعَرَّضَتِ السَّيِّدَةُ لِسَرِقَةِ المَحْفَظَةِ عِنْدَما انْشَغَلَتْ بِالتَّسَوُّقِ.

The woman's wallet was stolen while she was busy shopping.

سَطا عَلى • سَطْوٌ to rob, raid

سَطا اللُّصوصُ عَلى المَتْجَرِ واسْتَوْلَوْا عَلى المالِ وَالبَضائِعِ.

The thieves raided the store and took the money and goods.

سَطْوٌ burglary

تَعَرَّضَ المَتْجَرُ لِلسَّطْوِ لَيْلًا حَيْثُ كُسِرَتِ النَّوافِذُ وَتَمَّتْ سَرِقَةُ البَضائِعِ.

The store was subjected to a break-in and burglary at night when the windows were broken, and goods were stolen.

سَطْوٌ عَلى بَنْكٍ
bank robbery

شَهِدَتِ المَدينَةُ عَمَلِيَّةَ سَطْوٍ عَلى بَنْكٍ وَسَرِقَةِ مَبْلَغٍ كَبيرٍ مِنَ النُّقودِ.

The city witnessed a bank robbery where a large sum of money was stolen.

سَطْوٌ عَلى مَنازِلَ
home invasion robbery

تَمَّ تَوْجيهُ تَحْذيرٍ لِلسُّكّانِ بِشَأْنِ مَوْجَةٍ مِنَ السَّطْوِ عَلى المَنازِلِ فِي المِنْطَقَةِ.

Residents were warned about a wave of home invasions in the area.

سَطْوٌ مُسَلَّحٌ
armed robbery

تَعَرَّضَ البَنْكُ لِسَطْوٍ مُسَلَّحٍ عِنْدَما اقْتَحَمَ مَجْهولونَ المَبْنى وَهَدَّدوا المُوَظَّفينَ.

The bank experienced an armed robbery when unidentified individuals stormed the building and threatened employees.

سَلْبٌ
mugging, robbery

اِنْخَفَضَتْ مُعَدَّلاتُ السَّلْبِ فِي المَدينَةِ بِشَكْلٍ مَلْحوظٍ بِفَضْلِ الجُهودِ الأَمْنِيَّةِ المُسْتَمِرَّةِ.

The mugging rates in the city have significantly decreased due to ongoing security efforts.

عَمَلِيَّةُ سَطْوٍ
robbery, heist

أَلْقَتِ الشُّرْطَةُ القَبْضَ عَلى عِصابَةٍ تَوَرَّطَتْ فِي عِدَّةِ عَمَلِيّاتِ سَطْوٍ عَلى المَتاجِرِ.

The police arrested a gang involved in multiple store robberies.

لِصٌّ • لُصوصٌ
thief, burglar

تَمَكَّنَ لِصٌّ مِنْ سَرِقَةِ مُجَوْهَراتٍ ثَمينَةٍ مِنَ المَتْجَرِ بِطَريقَةٍ ماهِرَةٍ.

A thief managed to steal valuable jewelry from the store in a skillful manner.

> The Arabic terms لِصٌّ and سارِقٌ are very similar, both translating to 'thief.' However, there's a nuanced difference between them. لِصٌّ often implies a habitual behavior or even a profession. On the other hand, سارِقٌ may denote a one-time offender or a novice. Nevertheless, both terms can generally be used interchangeably.

مَسْروقٌ stolen

تَمَّت اسْتِعادَةُ المُمْتَلَكاتِ المَسْروقَةِ بَعْدَ إِلْقاءِ القَبْضِ عَلى اللُّصوصِ.

The stolen property was recovered after the thieves were arrested.

مُقْتَحَمٌ burglarized, burgled

عُثِرَ عَلى المَنْزِلِ مُقْتَحَمًا وَمَنْهوبًا بَعْدَ عَمَلِيَّةِ سَطْوٍ فاشِلَةٍ.

The home was found burglarized and ransacked after a failed robbery attempt.

In the example above, we have the passive participle adjective, which takes a fatha (َ◌) as its vowel: مُقْتَحَمٌ (*muqtaḫam*). In the second example, we have the active participle being used as a noun, which has a kasra (ِ◌) as its vowel: مُقْتَحِمٌ (*muqtaḫim*). In a real-world news article, Arabic is not vocalized, so it is necessary to study the context to determine the correct vowel pattern.

مُقْتَحِمٌ burglar, intruder

أُلْقِيَ القَبْضُ عَلى المُقْتَحِمِ بَعْدَ مُحاوَلَتِهِ سَرِقَةَ مَنْزِلٍ في الحَيِّ.

The intruder was arrested after attempting to burglarize a home in the neighborhood.

مُهاجِمُ بُيوتٍ burglar

حَذَّرَتِ الشُّرْطَةُ المُواطِنينَ مِنْ مُهاجِمِ البُيوتِ الَّذي يَسْتَهْدِفُ المَنازِلَ الفارِغَةَ.

The police warned citizens about a burglar targeting empty homes.

نَشّالٌ pickpocket

تَمَّ القَبْضُ عَلى النَّشّالِ بَعْدَ سَرِقَتِهِ مَحْفَظَةَ السَّيِّدَةِ العَجوزِ.

The pickpocket was arrested after stealing the old lady's wallet.

نَشَلَ • نَشْلٌ to pickpocket

نَشَلَ اللِّصُّ المَحْفَظَةَ مِنْ جَيْبِ السَّيِّدَةِ دونَ أَنْ تُلاحِظَ.

The thief pickpocketed the woman's wallet without her noticing.

نَهَبَ • نَهْبٌ to loot, plunder

نَهَبَتِ العِصابَةُ المَتاجِرَ المَحَلِّيَّةَ واسْتَوْلَتْ عَلى مَبالِغَ كَبيرَةٍ مِنَ النُّقودِ وَالبَضائِع.

The gang looted local stores, seizing large amounts of cash and merchandise.

2.2.1.1 Mini-Articles

Track **36**

في واقِعَةِ سَرِقَةٍ مُرَوِّعَةٍ تَحْتَ تَهْديدِ السِّلاحِ، تَعَرَّضَ مَتْجَرُ مُجَوْهَراتٍ في وَسَطِ المَدينَةِ لِعَمَلِيَّةِ سَطْوٍ مُسَلَّحٍ. اِسْتَخْدَمَ السارِقونَ أَسْلِحَةً نارِيَّةً لِتَرْويعِ العامِلينَ وَالزَّبائِنِ وَتَمَكَّنوا مِنْ سَرِقَةِ مَجْموعَةٍ مِنَ القِطَعِ الثَّمينَةِ. شَرَعَتِ الشُّرْطَةُ في التَّحْقيقِ وَالبَحْثِ عَنِ الجُناةِ الَّذينَ لاذوا بِالْفِرارِ بَعْدَ اقْتِحامِ المَتْجَرِ عُنْوَةً.

In a horrifying armed robbery, a jewelry store in the city center was subjected to an armed heist. The robbers used firearms to intimidate the employees and customers, managing to steal a collection of precious items. The police have initiated an investigation and are searching for the culprits who fled after forcibly entering the store.

شَهِدَ حَيٌّ هادِئٌ في المَدينَةِ سَرِقَةً غَريبَةً لِسَيّارَةٍ لَيْلَةَ الأَمْسِ، حَيْثُ تَعَرَّضَتْ سَيّارَةٌ فاخِرَةٌ لِلسَّرِقَةِ مِنْ أَمامِ مَنْزِلِ صاحِبِها. وَفْقًا لِلتَّقاريرِ الأَوَّلِيَّةِ، تَمَكَّنَ اللِّصُّ مِنَ اقْتِحامِ المَنْزِلِ وَالوُصولِ إِلى المِفْتاحِ دونَ أَنْ يَتِمَّ اكْتِشافُهُ. يَعْمَلُ رِجالُ الشُّرْطَةِ حالِيًّا عَلى جَمْعِ المَعْلوماتِ حَوْلَ المُشْتَبَهِ بِهِمْ وَالبَحْثِ عَنِ السَّيّارَةِ المَسْروقَةِ.

A quiet neighborhood in the city witnessed a bizarre car theft last night, as a luxury car was stolen from outside its owner's home. According to initial reports, the thief managed to break into the home and access the key without being detected. The police are currently gathering information on the suspects and searching for the stolen vehicle.

اِنْتَشَرَتْ مَوْجَةُ سَرِقاتِ مَحافِظَ في الآوِنَةِ الأَخيرَةِ، حَيْثُ تَعَرَّضَ العَديدُ مِنَ المُواطِنينَ لِلسَّلْبِ وَالنَّشْلِ في شَوارِعِ المَدينَةِ. تَلَقَّتِ الشُّرْطَةُ عِدَّةَ بَلاغاتٍ حَوْلَ نَشّالينَ يَسْتَهْدِفونَ المارَّةَ وَيَسْرِقونَ مَحافِظَهُمْ وَمُقْتَنَياتِهِمُ الشَّخْصِيَّةَ. تُحَذِّرُ الشُّرْطَةُ الجُمْهورَ مِنَ التَّجَوُّلِ في المَناطِقِ المَعْروفَةِ بِوُجودِ النَّشّالينَ وَتُطالِبُ بِالإِبْلاغِ عَنْ أَيِّ حادِثَةِ سَرِقَةٍ.

A recent spate of wallet thefts has emerged, with several citizens being robbed and pickpocketed on the city streets. The police received multiple reports about pickpockets targeting passersby and stealing their wallets and personal belongings. The public is warned against wandering in areas known for pickpocketing activity and urged to report any theft incidents.

شَهِدَتْ مَجْموعَةٌ مِنَ المَتاجِرِ الكُبْرى زِيادَةً في حَوادِثِ سَرِقَةِ المَتاجِرِ خِلالَ الشَّهْرِ الماضي. وَفْقًا لِمَصادِرِ الشُّرْطَةِ، يُعْتَقَدُ أَنَّ مَجْموعَةً مِنَ اللُّصوصِ المُنَظَّمينَ يَقومونَ بِعَمَلِيّاتِ السَّرِقَةِ بِطَريقَةٍ مُحْكَمَةٍ وَسَريعَةٍ، مُسْتَغِلّينَ الزِّحامَ

وَانْشِغالَ المُوَظَّفينَ. تَعْمَلُ الشُّرْطَةُ بِالتَّعاوُنِ مَعَ إداراتِ المَتاجِرِ عَلى تَعْزيزِ إجْراءاتِ الأَمانِ وَتَوْفيرِ المَزيدِ مِنَ التَّدْريبِ لِلْعامِلينَ لِمُواجَهَةِ هَذِهِ الظّاهِرَةِ وَالحَدِّ مِنْها.

A number of major retail stores have witnessed an increase in shoplifting incidents over the past month. According to police sources, it is believed that a group of organized thieves is carrying out these thefts in a precise and swift manner, taking advantage of crowds and busy employees. The police are working in collaboration with store management to enhance security measures and provide additional training to staff in order to combat and minimize this phenomenon.

في سِلْسِلَةِ سَرِقاتٍ غَيْرِ مُعْتادَةٍ، تَمَّ الإِبْلاغُ عَنْ سَرِقَةِ عِدَّةِ مَنازِلَ في حَيٍّ راقٍ بِالْمَدينَةِ خِلالَ الأُسْبوعِ الماضي. قامَ مُهاجِمو البُيوتِ بِالاقْتِحامِ وَالتَّعَدّي عَلى المِلْكِيَّةِ، مُسْتَغِلّينَ غِيابَ السُّكّانِ في ساعاتِ العَمَلِ. وَبِحَسَبِ الشُّرْطَةِ، يُعْتَقَدُ أَنَّ الجُناةَ يَعْمَلونَ كَفَريقٍ مُنَظَّمٍ وَيَسْتَهْدِفونَ المَنازِلَ الَّتي تَبْدو أَكْثَرَ ثَراءً. تُجْرى حالِيًّا التَّحْقيقاتُ في الحَوادِثِ وَجَمْعُ المَعْلوماتِ لِلْقَبْضِ عَلى المُتَوَرِّطينَ.

In an unusual series of thefts, several homes in an upscale neighborhood in the city were reported burglarized last week. The attackers broke into the homes and trespassed on the property, taking advantage of the residents being away during work hours. According to the police, it is believed that the perpetrators operate as an organized team, targeting wealthier-looking homes. Investigations are currently underway to gather information and apprehend those involved.

شَهِدَ بَنْكٌ مَحَلِّيٌّ حادِثَ سَطْوٍ الأُسْبوعَ الماضي، حَيْثُ اسْتَخْدَمَ المُجْرِمونَ الإِكْراهَ لِتَنْفيذِ عَمَلِيَّةِ سَرِقَةٍ كَبيرَةٍ. تَمَّ إِقْناعُ المُوَظَّفينَ بِفَتْحِ الخَزائِنِ وَتَسْليمِ الأَمْوالِ تَحْتَ التَّهْديدِ بِالْعُنْفِ. وَبِالرَّغْمِ مِنْ مُحاوَلاتِ الشُّرْطَةِ لِلْوُصولِ إِلى مَكانِ الحادِثِ بِسُرْعَةٍ، تَمَكَّنَ السّارِقونَ مِنَ الفِرارِ بِمَبْلَغٍ كَبيرٍ مِنَ النُّقودِ. تَتَواصَلُ التَّحْقيقاتُ لِلْكَشْفِ عَنْ هُوِيَّةِ الجُناةِ وَتَقْديمِهِمْ لِلْعَدالَةِ.

A local bank experienced a robbery over the past week, with criminals using force to carry out a large-scale theft. Employees were coerced into opening the vaults and handing over the money under the threat of violence. Despite the police's attempts to quickly reach the scene of the crime, the robbers managed to escape with a substantial amount of cash. Investigations continue to uncover the identity of the culprits and bring them to justice.

2.2.1.2 Public Service Announcement: Thefts in the Area

Track **37**

إِعْلانُ تَوْعِيَةٍ عامَّةٍ:

أَيُّها المُواطِنونَ الأَعِزّاءُ، نَوَدُّ تَوْجيهَ التَّحْذيرِ لَكُمْ بِشَأْنِ ارْتِفاعِ حالاتِ السَّرِقَةِ وَالسَّطْوِ المُسَلَّحِ في المَدينَةِ. تُظْهِرُ التَّقاريرُ الأَمْنِيَّةُ زِيادَةً في حالاتِ سَرِقَةِ المَتاجِرِ، وَسَرِقَةِ السَّيّاراتِ وَسَرِقَةِ المَحافِظِ في الشَّوارِعِ. نَدْعوكُمْ لِتَوَخّي الحَذَرِ وَاتِّباعِ التَّوْصِياتِ التّالِيَةِ:

تَجَنَّبوا السَّيْرَ في الأَماكِنِ المُظْلِمَةِ وَالنّائِيَةِ، حَيْثُ يُمْكِنُ أَنْ يَتَعَرَّضَ المارَّةُ لِلسَّطْوِ وَالنَّشْلِ مِنْ قِبَلِ اللُّصوصِ.

عِنْدَ التَّواجُدِ في المَتاجِرِ وَالأَماكِنِ العامَّةِ، حافِظوا عَلى مَحْفَظَتِكُمْ وَمُتَعَلِّقاتِكُمُ الشَّخْصِيَّةِ بَعيدَةً عَنْ مُتَناوَلِ اللُّصوصِ المُحْتَمَلينِ.

لا تَتْرُكوا سَيّاراتِكُمْ مَفْتوحَةً وَمَكْشوفَةً، وَتَأَكَّدوا مِنْ تَأْمينِها جَيِّدًا لِتَجَنُّبِ سَرِقَتِها بِالْإِكْراهِ.

اِحْرِصوا عَلى تَأْمينِ مَنازِلِكُمْ بِإِقْفالِ الأَبْوابِ وَالنَّوافِذِ، وَتَرْكيبِ أَنْظِمَةِ إِنْذارٍ مُناسِبَةٍ لِمَنْعِ اقْتِحامِ المَنْزِلِ وَالتَّعَدّي عَلى مِلْكِيّاتِكُمْ.

في حالَةِ التَّعَرُّضِ لِمَوْقِفِ سَرِقَةٍ بِالتَّهْديدِ أَوْ سَطْوٍ مُسَلَّحٍ، لا تُقاوِموا وَحاوِلوا الإِبْلاغَ عَنِ الواقِعَةِ فَوْرًا بَعْدَ تَأْمينِ سَلامَتِكُمْ.

نَدْعو جَميعَ المُواطِنينَ لِلتَّعاوُنِ مَعَ الشُّرْطَةِ وَالإِبْلاغِ عَنْ أَيِّ نَشاطٍ مَشْبوهٍ أَوْ حالَةِ سَرِقَةٍ. مَعًا نَحْمي مَدينَتَنا وَنُحافِظُ عَلى أَمانِها وَسَلامَةِ جَميعِ سُكّانِها.

Public Awareness Announcement:

Dear citizens, we would like to issue a warning regarding the rise in theft and armed robbery cases in the city. Security reports indicate an increase in incidents of store thefts, car thefts, and wallet thefts on the streets. We urge you to exercise caution and follow the recommendations below:

Avoid walking in dark and remote areas, where passersby may be susceptible to robbery and pickpocketing by thieves.

When in stores and public places, keep your wallet and personal belongings out of reach of potential thieves.

Do not leave your cars unlocked and exposed; make sure to secure them well to avoid forced theft.

Secure your homes by locking doors and windows and installing appropriate alarm systems to prevent home invasions and property violations.

In case of encountering a threatening theft or armed robbery situation, do not resist and try to report the incident immediately after ensuring your safety.

We call on all citizens to cooperate with the police and report any suspicious activity or theft cases. Together, we can protect our city and ensure the safety and well-being of all its residents.

2.2.2 Fraud and Embezzlement

Track **38**

bribery

إغْراءٌ ماليٌّ

اِسْتَخْدَمَ المُتَّهَمُ إغْراءً ماليًا لإِقْناعِ الشُّهودِ بِتَغْييرِ أقْوالِهِمْ.

The accused used financial inducement to convince witnesses to change their testimonies.

to deceive, to cheat, commit fraud

اِحْتالَ • اِحْتِيالٌ

اِحْتالَ الشّابُّ عَلى المُسِنّينَ بِبَيْعِهِمْ مُنْتَجاتٍ غَيْرِ مَوْجودَةٍ.

The young man defrauded the elderly by selling them nonexistent products.

fraud, scam

اِحْتِيالٌ

اِعْتَقَلَتِ الشُّرْطَةُ رَجُلَ الأَعْمالِ بِتُهْمَةِ الاحْتِيالِ وَالتَّلاعُبِ بِأَمْوالِ الشَّرِكَةِ.

The police arrested the businessman on charges of fraud and manipulation of company funds.

electronic fraud

اِحْتِيالٌ اِلكْتْرونيٌّ

زادَتْ حالاتُ الاحْتِيالِ الإلِكْترونيِّ بِشَكْلٍ كَبيرٍ خِلالَ السَّنَواتِ الأخيرَةِ.

Electronic fraud cases have increased significantly in recent years.

online fraud

اِحْتِيالٌ عَبْرَ الإِنْتَرْنِتْ

تَعَرَّضَتِ الشّابَّةُ لِاحْتِيالٍ عَبْرَ الإِنْتَرْنِتْ بَعْدَ التَّوَرُّطِ في صَفْقَةٍ مَشْبوهَةٍ.

The young woman fell victim to an online scam after getting involved in a suspicious deal.

embezzlement

اِخْتِلاسٌ

يُواجِهُ المُديرُ تُهْمَةَ اخْتِلاسِ الأَمْوالِ مِنَ الشَّرِكَةِ.

The manager faces charges of embezzling funds from the company.

(financial) embezzlement

اِخْتِلاسُ أَمْوالٍ = اِخْتِلاسٌ ماليٌّ

كَشَفَ التَّحْقيقُ عَنْ عَمَلِيّاتِ اخْتِلاسٍ ماليٍّ مُسْتَمِرَّةٍ داخِلَ المُؤَسَّسَةِ.

The investigation revealed ongoing financial embezzlement within the organization.

to embezzle	• اِخْتِلاسٌ	اِخْتَلَسَ

اِخْتَلَسَ المُحاسِبُ أَمْوالَ الشَّرِكَةِ عَلى مَدى عامَيْنِ قَبْلَ أَنْ يُكْتَشَفَ.
The accountant embezzled company funds for two years before being discovered.

forgery	تَزْويرٌ

اِعْتَرَفَ المُتَّهَمُ بِتَزْويرِ تَوْقيعاتِ زُمَلائِهِ لِلاِسْتيلاءِ عَلى أَمْوالِهِم.
The defendant admitted to forging his colleagues' signatures to seize their money.

bank forgery	تَزْويرٌ مَصْرِفيٌّ

قامَتِ العِصابَةُ بِتَزْويرٍ مَصْرِفيٍّ لِتَحْويلِ الأَمْوالِ إِلى حِساباتِهِم الخاصَّة.
The gang engaged in bank forgery to transfer funds to their own accounts.

counterfeit, imitation	تَقْليدٌ

تَمَّ إِغْلاقُ مَصْنَعٍ يَقومُ بِإِنْتاجِ سِلَعِ تَقْليدٍ لِماركاتٍ عالَمِيَّةٍ.
A factory producing imitation goods of international brands was closed.

to manipulate	• تَلاعُبٌ	تَلاعَبَ

تَلاعَبَ المُديرُ بِالأَرْقامِ لِإِظْهارِ أَرْباحٍ أَعْلى لِلشَّرِكَةِ.
The manager manipulated the numbers to show higher profits for the company.

to forge	• تَزْويرٌ	زَوَّرَ

زَوَّرَ المُوَظَّفُ الوَثائِقَ الرَّسْمِيَّةَ لِلْحُصولِ عَلى تَمْويلٍ غَيْرِ قانونيٍّ.
The employee forged official documents to obtain illegal financing.

to steal one's identity	• سَرِقَةٌ	سَرَقَ هُوِيَّتَهُ

سَرَقَتْ مَجْموعَةٌ مِنَ المُجْرِمينَ هُوِيَّةَ الرَّجُلِ واسْتَخْدَموها في عَمَلِيّاتِ اِحْتِيالٍ.
A group of criminals stole the man's identity and used it in fraudulent activities.

سَرِقَةُ هُوِيَّةٍ identity theft

أَصْبَحَتْ سَرِقَةُ الهُوِيَّةِ مُشْكِلَةً مُتَزايِدَةً مَعَ انْتِشارِ اسْتِخْدامِ الإِنْتَرْنِت.

Identity theft has become an increasing problem with the widespread use of the internet.

غَشَّ • غِشٌّ/غَشٌّ to deceive, defraud

غَشَّ المُتَسابِقُ في السِّباقِ بِاتِّباعِ طَريقٍ مُخْتَصَرٍ لِلْفَوْزِ.

The competitor cheated in the race by taking a shortcut to win.

غِشٌّ deception, cheating

اِتُّهِمَتِ الشَّرِكَةُ المُنافِسَةُ بِالْغِشِّ في تَقْديمِ عَطاءاتِ مَشْروعِ البِناءِ.

The competing company was accused of cheating in the submission of construction project bids.

قَضِيَّةُ احْتِيالٍ fraud case

تَزايَدَتْ قَضايا الِاحْتِيالِ المُتَعَلِّقَةُ بِالتِّجارَةِ الإِلِكْترونِيَّةِ في الآوِنَةِ الأَخيرَةِ.

Fraud cases related to e-commerce have been on the rise lately.

مُحْتالٌ fraudster, scammer

اِتَّضَحَ أَنَّ المُديرَ التَّنْفيذِيَّ لِلشَّرِكَةِ مُحْتالٌ اسْتَوْلى عَلى أَمْوالِ الشَّرِكَةِ بِطُرُقٍ غَيْرِ قانونِيَّةٍ.

It turned out that the company's CEO was a fraudster who embezzled the company's funds through illegal means.

مُحْتالٌ عَبْرَ الإِنْتَرْنِتْ online scammer

حَذَّرَتِ الشُّرْطَةُ مِنْ مُحْتالٍ عَبْرَ الإِنْتَرْنِتْ يَسْتَغِلُّ ضَحاياهُ مِنْ خِلالِ مِنَصّاتِ التَّواصُلِ الِاجْتِماعِيِّ.

The police warned of an online scammer exploiting victims through social media platforms.

مُحْتالٌ عَقارِيٌّ real estate fraudster

تَمَّ القَبْضُ عَلى مُحْتالٍ عَقارِيٍّ بَعْدَ تَوَرُّطِهِ في عَمَلِيّاتِ بَيْعٍ غَيْرِ قانونِيَّةٍ.

A real estate scammer was arrested after being involved in illegal sales transactions.

مُخادِعٌ
deceiver

كانَ المُخادِعُ يَتَظاهَرُ بِأَنَّهُ موَظَّفٌ حُكومِيٌّ لِلْحُصولِ عَلى مَعْلوماتٍ شَخْصِيَّةٍ مِنَ الضَّحايا.

The deceiver pretended to be a government employee to obtain personal information from victims.

مُخَطَّطِ احْتِيالِ بونْزي
Ponzi scheme

تَمَّ الكَشْفُ عَنْ مُخَطَّطِ احْتِيالِ بونْزي ضَخْمٍ تَوَرَّطَتْ فيهِ شَرِكَةٌ اسْتِثْمارِيَّةٌ.

A massive Ponzi scheme was uncovered involving an investment company.

مُزَوِّرٌ
counterfeiter, forger

اِعْتَقَلَتِ السُّلُطاتُ رَجُلًا يُعْتَقَدُ أَنَّهُ مُزَوِّرٌ بَعْدَ العُثورِ عَلى مُعَدّاتِ تَزْويرٍ في مَنْزِلِه.

Authorities arrested a man believed to be a counterfeiter after finding counterfeiting equipment in his home.

مَسْروقٌ وَأُعيدَ بَيْعُهُ
stolen and resold

اِشْتَرى الرَّجُلُ سَيّارَةً مَسْروقَةً وَأُعيدَ بَيْعُها بِدونِ أَنْ يَدْرِيَ.

The man unknowingly bought a stolen car that was resold.

مَغْشوشٌ
fraudulent, counterfeit, forged

اِكْتَشَفَتِ الجَمارِكُ شِحْنَةً مِنَ الأَدْوِيَةِ المَغْشوشَةِ وَمَنَعَتْ دُخولَها البِلادَ.

Customs discovered a shipment of fraudulent medicines and prevented their entry into the country.

> A strategy for learning new vocabulary is to identify word forms (active participle, passive participle, nisba adjective, etc.) and find the word (verb, etc.) it is derived from. For example, مَغْشوشٌ is the passive participle of the verb غَشَّ (to defraud, cheat), which we can find on the previous page. So مَغْشوشٌ literally means 'defrauded,' 'cheated,' which is how it would be translated when it describes a person. Understanding the literal meaning and connecting a new word mentally to a word you may already know will help you memorize it.

مُقَلَّدٌ
counterfeit

يَجِبُ الحَذَرُ مِنْ شِراءِ المُنْتَجاتِ المُقَلَّدَةِ لِأَنَّها غالِبًا ما تَكونُ ذاتَ جَوْدَةٍ مُنْخَفِضَةٍ.

Be cautious of purchasing counterfeit products as they are often of low quality.

نَصّابٌ con artist

اِتَّضَحَ أَنَّ المُسْتَثْمِرَ الشَّهيرَ كانَ نَصّابًا يَقومُ بِعَمَلِيّاتِ احْتِيالٍ ضَخْمَةٍ.

It turned out that the famous investor was a con artist running massive scams.

نَصَبَ فَخًّا • نَصْبٌ to set a trap

نَصَبَتِ الشُّرْطَةُ فَخًّا لِلْقَبْضِ عَلى تاجِرِ المُخَدِّراتِ الهارِبِ.

The police set a trap to catch the fugitive drug dealer.

وَثيقَةٌ مُزَيَّفَةٌ • وَثائِقُ fake document

ضَبَطَتِ الشُّرْطَةُ رَجُلًا يُتاجِرُ بِوَثائِقِ هِجْرَةٍ مُزَيَّفَةٍ.

The police apprehended a man trading in counterfeit immigration documents.

2.2.2.1 Mini-Articles

Track **39**

في حادِثَةٍ غَريبَةٍ، تَمَكَّنَ مُحْتالٌ عَقارِيٌّ مِنْ تَزْويرِ وَثائِقَ مُزَيَّفَةٍ لِبَيْعِ أَراضٍ غَيْرِ مُسَجَّلَةٍ لِلْعَديدِ مِنَ المُسْتَثْمِرينَ. وَقَدِ اسْتَخْدَمَ المُحْتالُ تَقْليدًا مُتْقَنًا لِلطَّوابِعِ الرَّسْمِيَّةِ لِإِتْمامِ عَمَلِيّاتِ البَيْعِ. تَمَّ القَبْضُ عَلى الجاني بَعْدَ تَلَقّي الشُّرْطَةِ العَديدَ مِنَ الشَّكاوى حَوْلَ قَضايا احْتِيالٍ عَقارِيٍّ.

In a strange incident, a real estate scammer managed to forge fake documents to sell unregistered lands to many investors. The scammer used a skillful imitation of official stamps to complete the sales. The perpetrator was arrested after the police received numerous complaints about real estate fraud cases.

تَمَّ الكَشْفُ عَنْ عَمَلِيَّةِ اخْتِلاسٍ وَاحْتِيالٍ مالِيٍّ في إِحْدى الشَّرِكاتِ المَحَلِّيَّةِ. قامَ مُديرُ الشَّرِكَةِ بِتَحْويلِ الأَمْوالِ إِلى حِساباتِهِ الشَّخْصِيَّةِ بَعْدَ الغَشِّ وَاسْتِخْدامِ مَعْلوماتٍ مُضَلِّلَةٍ. تَمَّ القَبْضُ عَلى المُديرِ وَتَوْجيهُ الاتِّهاماتِ لَهُ بِالاخْتِلاسِ وَالإِغْراءِ المالِيِّ.

A case of embezzlement and financial fraud was uncovered in a local company. The company director transferred funds to his personal accounts after cheating and using deceptive information. The director was arrested and charged with embezzlement and financial enticement.

يُحَذِّرُ خُبَراءُ الأَمْنِ الإِلِكْترونيِّ مِنْ زِيادَةِ حالاتِ الاحْتِيالِ عَبْرَ الإِنْتَرْنِتْ وَسَرِقَةِ هُوِيَّةِ المُسْتَخْدِمينَ. يَسْتَغِلُّ المُحْتالونَ ثَغَراتِ الأَمانِ في المَواقِعِ الإِلِكْترونِيَّةِ لِسَرِقَةِ المَعْلوماتِ الشَّخْصِيَّةِ وَالبَياناتِ المالِيَّةِ لِلضَّحايا. يُنْصَحُ الجَميعُ بِتَوَخّي الحَذَرِ وَاسْتِخْدامِ تَدابيرِ الأَمانِ اللّازِمَةِ لِلْحِمايَةِ مِنْ هَذِهِ الجَرائِمِ.

Cybersecurity experts warn of an increase in online fraud and identity theft cases. Scammers exploit security vulnerabilities in websites to steal victims' personal information and financial data. Everyone is advised to exercise caution and use necessary security measures to protect themselves from these crimes.

تَعَرَّضَ مُوَظَّفٌ في أَحَدِ البُنوكِ المَحَلِّيَّةِ لِسَرِقَةِ هُوِيَّةٍ بَعْدَ تَعَرُّضِ بَياناتِهِ لِلتَّسْريبِ. اِسْتَخْدَمَ المُحْتالونَ مَعْلوماتِهِ لِارْتِكابِ جَرائِمِ اخْتِلاسٍ ماليٍّ وَتَزْويرٍ مَصْرِفِيٍّ عَبْرَ حِساباتٍ بَنْكِيَّةٍ مُزَوَّرَةٍ. يَجْري التَّحْقيقُ لِلْوُصولِ إِلى الجُناةِ وَتَقْديمِهِمْ لِلْعَدالَةِ.

An employee at a local bank fell victim to identity theft after his data was leaked. Scammers used his information to commit financial embezzlement and banking forgery through fake bank accounts. An ongoing investigation is being conducted to bring the perpetrators to justice.

أُحيلَ نَصّابٌ يَسْتَخْدِمُ مُخَطَّطَ احْتِيالِ بونْزي إِلى المَحْكَمَةِ بَعْدَ الكَشْفِ عَنْ عَمَلِيّاتِ تَزْويرٍ وَاسْتِغْلالِ أَمْوالِ المُسْتَثْمِرينَ. كانَ المُحْتالُ يُغْري الضَّحايا بِعَوائِدَ مالِيَّةٍ وَهْمِيَّةٍ عالِيَةٍ، مُسْتَخْدِمًا وَثائِقَ مُزَيَّفَةً وَمَعْلوماتٍ مُضَلِّلَةً. يُواجِهُ الجاني الآنَ عِدَّةَ تُهَمٍ تَتَعَلَّقُ بِالاحْتِيالِ وَالتَّزْويرِ وَسوءِ اسْتِخْدامِ الأَمْوالِ.

A Ponzi scheme scammer was brought to court after the discovery of forgery and exploitation of investors' money. The imposter lured victims with high, fictitious financial returns, using fake documents and misleading information. The perpetrator now faces several charges related to fraud, forgery, and misuse of funds.

تَمَكَّنَتِ الشُّرْطَةُ مِنَ القَبْضِ عَلى مُزَوِّرٍ مُحْتَرِفٍ يُنْتِجُ عُمْلَةً مُزَوَّرَةً ويُداوِلُها في السّوقِ المَحَلِّيِّ. عُثِرَ عَلى مُعَدّاتِ تَزْويرٍ مُتَطَوِّرَةٍ وَكَمِّيّاتٍ كَبيرَةٍ مِنَ العُمْلَةِ المُزَيَّفَةِ داخِلَ مَخْبَأِ الجاني. يُواجِهُ المُتَّهَمُ الآنَ عِدَّةَ تُهَمٍ تَتَعَلَّقُ بِإِنْتاجِ وَتَوْزيعِ العُمْلَةِ المُقَلَّدَةِ وَمُحاوَلَةِ إِضْعافِ الاِقْتِصادِ الوَطَنِيِّ.

The police managed to arrest a professional counterfeiter who produced and circulated fake currency in the local market. Advanced counterfeiting equipment and large quantities of fake currency were found in the perpetrator's hideout. The suspect now faces several charges related to the production and distribution of counterfeit currency and attempts to undermine the national economy.

2.2.2.2 Historical Report: Bernie Madoff

Track **40**

تَحْذيرٌ مِنْ مُخَطَّطِ احْتِيالِ بونْزي: قِصَّةُ بيرْني مادوفْ وَالاِحْتِيالِ الماليِّ الهائِلِ

في إِحْدى أَكْبَرِ قَضايا الاِحْتِيالِ في التّاريخِ، تَمَّ الكَشْفُ عَنْ عَمَلِيَّةِ احْتِيالٍ ضَخْمَةٍ بِاسْتِخْدامِ مُخَطَّطِ بونْزي، قامَ بِها بيرْني مادوفْ. كانَ مادوفْ يُغْري المُسْتَثْمِرينَ بِعَوائِدَ ماليَّةٍ مُرْتَفِعَةٍ لِمُدَّةِ سَنواتٍ. لَكِنَّ هَذِهِ العَوائِدَ لَمْ تَكُنْ حَقيقِيَّةً؛ وَإِنَّما كانَ يُحَرِّكُ المالَ بَيْنَ العُمَلاءِ الجُدُدِ وَالقُدامى في مُخَطَّطِ بونْزي.

تَمَكَّنَ مادوفْ مِنَ اخْتِلاسِ مِلْياراتِ الدّولاراتِ مِنْ أَمْوالِ المُسْتَثْمِرينَ في هَذِهِ العَمَلِيَّةِ الَّتي تَضَمَّنَتِ الغِشَّ وَالتَّزْويرَ المَصْرِفِيَّ. اِسْتَخْدَمَ وَثائِقَ مُزَيَّفَةً لِإِقْناعِ المُسْتَثْمِرينَ بِأَنَّ اسْتِثْماراتِهِمْ في أَمانٍ وَتَحْتَ إِدارَةٍ مُحْتَرِفَةٍ. بِالرَّغْمِ مِنْ تَعْقيدِ المُخَطَّطِ، فَقَدِ اسْتَمَرَّتِ العَمَلِيَّةُ لِسَنَواتٍ طَويلَةٍ قَبْلَ أَنْ تَنْكَشِفَ.

في النِّهايَةِ، أُلْقِيَ القَبْضُ عَلى مادوفْ ووُجِّهَتْ لَهُ تُهَمُ الاِحْتِيالِ وَالتَّزْويرِ وَالاِخْتِلاسِ. بَعْدَ مُحاكَمَةٍ مُطَوَّلَةٍ، أُدينَ مادوفْ بِقَضايا احْتِيالٍ وَتَزْويرٍ وَاخْتِلاسٍ لِأَمْوالِ المُسْتَثْمِرينَ، وَحُكِمَ عَلَيْهِ بِالسَّجْنِ لِفَتْرَةٍ طَويلَةٍ. اليَوْمَ، يُعْتَبَرُ مادوفْ مِثالًا بارِزًا عَلى الجَشَعِ وَالنَّصْبِ، وَتُسْتَخْدَمُ قَضِيَّتُهُ كَتَحْذيرٍ لِلْمُسْتَثْمِرينَ وَالمُؤَسَّساتِ المالِيَّةِ حَوْلَ أَهَمِّيَّةِ تَوَخّي الحَذَرِ وَفَحْصِ الاِسْتِثْماراتِ بِعِنايَةٍ.

Warning of a Ponzi Scheme: The Story of Bernie Madoff and the Massive Financial Fraud

In one of the largest fraud cases in history, a massive Ponzi scheme orchestrated by Bernie Madoff was uncovered. Madoff lured investors with high financial returns over the years. However, these returns were not real; he moved money between new and old clients in a Ponzi scheme.

Madoff managed to embezzle billions of dollars from investors in this operation, which involved bank fraud and forgery. He used fake documents to convince investors that their investments were safe and under professional management. Despite the complexity of the scheme, the operation continued for many years before being exposed.

In the end, Madoff was arrested and charged with fraud, forgery, and embezzlement. After a lengthy trial, Madoff was convicted of fraud, forgery, and embezzling investors' money and sentenced to a long prison term. Today, Madoff is considered a prime example of greed and deception, and his case is used as a warning to investors and financial institutions about the importance of exercising caution and carefully examining investments.

2.2.3 Vandalism and Arson

Track **41**

أَشْعَلَ • إِشْعالٌ — to set fire to

أَشْعَلَ المُتَظاهِرونَ إِطاراتِ المَطّاطِ لِقَطْعِ الطُّرُقِ.

Protesters set fire to rubber tires to block roads.

أَلْقى حِجارَةً • إِلْقاءٌ — to throw rocks

أَلْقى المُتَظاهِرونَ الحِجارَةَ عَلى قُوّاتِ الأَمْنِ خِلالَ المُظاهَرَةِ المُحْتَدِمَةِ.

Protesters threw stones at security forces during the heated demonstration.

> Notice, in the examples above and below, that the verb أَلْقى takes a direct object and also the preposition عَلى before its indirect object, translating to 'at.'

أَلْقى قُنْبُلَةً • إِلْقاءٌ — to throw a bomb

أَلْقى مُهاجِمٌ مَجْهولٌ قُنْبُلَةً يَدَوِيَّةً عَلى مَوْكِبٍ سِياسِيٍّ.

An unknown attacker threw a hand grenade at a political procession.

إِضْرامُ نيرانٍ مُتَعَمَّدٌ — arson

اِعْتَقَلَتِ الشُّرْطَةُ شَخْصًا يُشْتَبَهُ في إِضْرامِهِ النّيرانَ في المَبْنى المَهْجورِ.

The police arrested a person suspected of setting fire to the abandoned building.

اِشْتِباهٌ في حَريقٍ جِنائِيٍّ — suspicion of criminal arson

بَدَأَ المُحَقِّقونَ يَعْتَقِدونَ بِوُجودِ اشْتِباهٍ في حَريقٍ جِنائِيٍّ بَعْدَ العُثورِ عَلى مُؤَشِّراتٍ لِاسْتِخْدامِ مَوادَّ قابِلَةٍ لِلاشْتِعالِ.

Investigators began to suspect arson after finding evidence of flammable materials being used.

اِعْتِداءٌ بِمُتَفَجِّراتٍ — explosive attack

وَقَعَ اعْتِداءٌ بِالْمُتَفَجِّراتِ عَلى مَكْتَبِ بَريدٍ مَحَلِّيٍّ، مِمّا أَدّى إِلى إِصابَةِ عِدَّةِ أَشْخاصٍ.

An explosive attack took place on a local post office, injuring several people.

اِعْتَدى عَلى مُمْتَلَكاتٍ عامَّةٍ • اِعْتِداءٌ — to attack public property

اِعْتَدتْ مَجْموعَةٌ مِنَ الشَّبابِ عَلى مُمْتَلَكاتٍ عامَّةٍ في الحَديقَةِ وَسَطَ المَدينَةِ.

A group of young people attacked public property in the city center park.

تَحْليلُ بُقْعَةٍ • تَحاليلُ — forensic analysis

قامَ خُبَراءُ الجَريمَةِ بِتَحْليلِ بُقْعَةِ دَمٍ لِتَحْديدِ هُوِيَّةِ الجاني.

Crime experts analyzed a bloodstain to determine the perpetrator's identity.

تَخْريبٌ — vandalism

شَهِدَتِ المَدينَةُ حَوادِثَ تَخْريبٍ مُتَعَدِّدَةً خِلالَ الاِحْتِجاجاتِ الأَخيرَةِ.

The city experienced multiple acts of vandalism during the recent protests.

تَخْريبُ مُمْتَلَكاتٍ عامَّةٍ — vandalism of public property

تَمَّ القَبْضُ عَلى مَجْموعَةٍ مِنَ الشَّبابِ بِتُهْمَةِ تَخْريبِ المُمْتَلَكاتِ العامَّةِ.

A group of young people were arrested for damaging public property.

تَدْميرُ مُمْتَلَكاتٍ — destruction of property

تَمَّ تَوْجيهُ تُهْمَةِ تَدْميرِ المُمْتَلَكاتِ لِلشّابِّ بَعْدَ تَكْسيرِهِ زُجاجَ السَّيّارَةِ.

The young man was charged with property damage after smashing the car window.

حَرَقَ • حَرْقٌ — to burn

أُدينَ شابٌّ بِتُهْمَةِ حَرْقِ مَرْكَبَةٍ مُتَوَقِّفَةٍ في شارِعٍ هادِئٍ.

A young man was convicted of burning a parked vehicle on a quiet street.

حَرَقَ مُمْتَلَكاتٍ • حَرْقٌ — to burn property

حَرَقَ المُتَظاهِرونَ مُمْتَلَكاتٍ عامَّةً خِلالَ المُظاهَراتِ العَنيفَةِ.

Protesters burned public property during violent demonstrations.

fire	• حَرائِقُ	حَريقٌ

اِنْدَلَعَ حَريقٌ هائِلٌ في مُسْتَوْدَعِ الأَخْشابِ، مِمّا أَسْفَرَ عَنْ خَسائِرَ كَبيرَةٍ.

A massive fire broke out in the timber warehouse, resulting in significant losses.

intentional fire	• حَرائِقُ	حَريقٌ مُتَعَمَّدٌ

تُشيرُ الأَدِلَّةُ إلى أَنَّ الحَريقَ الَّذي انْدَلَعَ في المُسْتَوْدَعِ كانَ مُتَعَمَّدًا.

Evidence suggests that the fire that broke out in the warehouse was intentional.

massive fire	حَريقٌ هائِلٌ

اِجْتاحَ حَريقٌ هائِلٌ غابَةً قَريبَةً، مِمّا أَدّى إلى إخْلاءِ القُرى المُجاوِرَةِ.

A massive fire swept through a nearby forest, leading to the evacuation of surrounding villages.

curfew	حَظْرُ تَجَوُّلٍ

أَعْلَنَتِ الحُكومَةُ حَظْرَ التَّجَوُّلِ في المَدينَةِ بَعْدَ أَعْمالِ الشَّغَبِ وَالتَّخْريبِ.

The government announced a curfew in the city following riots and vandalism.

to vandalize	• تَخْريبٌ	خَرَّبَ

خَرَّبَ شَبابٌ مُتَهَوِّرونَ مَدْرَسَةً مَهْجورَةً بِإِلْقاءِ الأَحْجارِ عَلى نَوافِذِها.

Reckless youths vandalized an abandoned school by throwing stones at its windows.

to destroy	• تَدْميرٌ	دَمَّرَ

دَمَّرَ المُتَظاهِرونَ الغاضِبونَ مَكْتَبَ الحُكومَةِ المَحَلِّيِّ.

Angry protesters destroyed the local government office.

stone-throwing	رَشْقٌ بِحِجارَةٍ

تَعَرَّضَ المَبْنى لِرَشْقٍ بِالحِجارَةِ مِنْ قِبَلِ مُحْتَجّينَ غاضِبينَ.

The building was subject to a stone-throwing attack by angry protesters.

سَيْطَرَةٌ عَلى حَريقٍ
fire control

تَمَكَّنَ رِجالُ الإِطْفاءِ مِنَ السَّيْطَرَةِ عَلى حَريقٍ انْدَلَعَ في المَصْنَعِ.

Firefighters managed to control a fire that broke out in the factory.

فَجَّرَ مَوادَّ ناسِفَةً • تَفْجيرٌ
to detonate explosives

فَجَّرَ مَجْهولونَ مَوادَّ ناسِفَةً أَمامَ مَقَرِّ شَرِكَةٍ خاصَّةٍ، مِمّا أَثارَ الرُّعْبَ بَيْنَ المارَّةِ.

Unknown individuals detonated explosives in front of a private company's headquarters, causing terror among passersby.

مُتَّهَمٌ بِتَخْريبٍ
accused of vandalism

تَمَّ تَوْقيفُ المُراهِقِ المُتَّهَمِ بِالتَّخْريبِ لِإِحْداثِهِ أَضْرارًا في المَلْعَبِ.

The teenager accused of vandalism was detained for causing damage to the stadium.

مُتَوَرِّطٌ في إِشْعالِ حَريقٍ
involved in starting a fire

تَمَّ القَبْضُ عَلى رَجُلٍ مُتَوَرِّطٍ في إِشْعالِ الحَريقِ الَّذي أَتى عَلى عِدَّةِ مَحَلّاتٍ.

A man involved in starting the fire that destroyed several shops was arrested.

مُخَرِّبٌ
vandal

قامَ المُخَرِّبُ بِكِتابَةِ شِعاراتٍ سِياسِيَّةٍ عَلى جُدْرانِ المَدْرَسَةِ.

The vandal wrote political slogans on the walls of the school.

مُدَمَّرٌ
destroyed

وَجَدَ المالِكُ مَتْجَرَهُ مُدَمَّرًا بِالْكامِلِ بَعْدَ عَمَلِيَّةِ سَطْوٍ مُسَلَّحٍ وَقَعَتْ لَيْلًا.

The shop owner found his store completely destroyed after an armed robbery took place overnight.

مُدَمِّرٌ
vandal, destroyer

أَلْقَتِ الشُّرْطَةُ القَبْضَ عَلى مَجْموعَةٍ مِنَ المُدَمِّرينَ الَّذينَ قاموا بِتَحْطيمِ زُجاجِ السَّيّاراتِ وَتَدْميرِ مُمْتَلَكاتٍ عامَّةٍ.

The police arrested a group of vandals who smashed car windows and destroyed public property.

مُدَمِّرٌ
destructive

بَعْدَ سِلْسِلَةٍ مِنَ التَّخْرِيبِ المُدَمِّرِ فِي المَدِينَةِ، طالَبَ السُّكّانُ بِزِيادَةِ تَواجُدِ الشُّرْطَةِ وَتَعْزِيزِ الأَمانِ.

After a series of destructive vandalism incidents in the city, residents called for increased police presence and improved security.

مُشْتَعِلٌ بِالنّيرانِ
ablaze

عِنْدَما وَصَلَتْ سَيّاراتُ الإِطْفاءِ، كانَ المَبْنى مُشْتَعِلًا بِالنّيرانِ بِالْفِعْلِ.

By the time the fire trucks arrived, the building was already engulfed in flames.

مُفْتَعِلُ حَريقٍ
arsonist

تَمَّ القَبْضُ عَلى مُفْتَعِلِ الحَريقِ المَسْؤولِ عَنْ حَريقِ المَبْنى بَعْدَ التَّحْقيقاتِ الأَوَّلِيَّةِ.

The arsonist responsible for the building fire was caught after initial investigations.

مُهَدَّدٌ بِالْحَظْرِ
threatened with a curfew

يَتَوَجَّهُ السُّكّانُ المَحَلِّيّونَ إِلى المَتاجِرِ لِتَخْزينِ الطَّعامِ وَالمُسْتَلْزَماتِ الأَساسِيَّةِ قَبْلَ أَنْ يَكونوا مُهَدَّدينَ بِالْحَظْرِ.

Local residents rush to stores to stock up on food and essentials before being threatened with a lockdown.

2.2.3.1 Mini-Articles

Track **42**

اِنْدَلَعَ حَريقٌ هائِلٌ في مُسْتَوْدَعِ تَخْزينٍ اللَّيْلَةَ الماضِيَةَ، وَتُشيرُ التَّحْقيقاتُ الأَوَّلِيَّةُ إِلى أَنَّ السَّبَبَ يُمْكِنُ أَنْ يَكونَ إِضْرامُ نيرانٍ مُتَعَمَّدٍ. تَمَكَّنَ رِجالُ الإِطْفاءِ مِنَ السَّيْطَرَةِ عَلى الحَريقِ بَعْدَ ساعاتٍ مِنَ الجُهودِ المُضْنِيَةِ. تَمَّ اعْتِقالُ شَخْصٍ اتُّهِمَ بِالتَّخْريبِ وَالتَّوَرُّطِ في إِشْعالِ الحَريقِ.

A massive fire broke out in a storage warehouse last night, and initial investigations indicate that the cause could be intentional arson. Firefighters were able to control the fire after hours of strenuous efforts. A person accused of sabotage and involvement in starting the fire has been arrested.

شَهِدَ حَيٌّ سَكَنِيٌّ هُجومًا عَنيفًا تَمَثَّلَ في رَشْقٍ بِالحِجارَةِ عَلى المَنازِلِ وَالمَتاجِرِ المَحَلِّيَّةِ، مِمّا أَلْحَقَ أَضْرارًا بِالْمُمْتَلَكاتِ وَأَثارَ الهَلَعَ بَيْنَ السُّكّانِ. تَمَّ فَرْضُ حَظْرِ تَجَوُّلٍ في المِنْطَقَةِ حَتّى يَتِمَّ القَبْضُ عَلى المُخَرِّبينَ المُشْتَبَهِ بِهِمْ. تَعْمَلُ الشُّرْطَةُ عَلى جَمْعِ الأَدِلَّةِ وَتَحْليلِ مَسْرَحِ الجَريمَةِ لِتَحْديدِ هُوِيَّةِ المُعْتَدينَ.

A residential neighborhood witnessed a violent attack in the form of stone-throwing at homes and local shops, causing property damage and panic among residents. A curfew has been imposed in the area until the suspected vandals are apprehended. The police are working on gathering evidence and analyzing the crime scene to identify the attackers.

تَعَرَّضَتْ مَدْرَسَةُ ثانَوِيَّةٍ لِعَمَلِيَّةِ تَخريبِ مُمْتَلَكاتٍ عامَّةٍ عَلى يَدِ مَجْهولينَ لَيْلَةَ الأَمْسِ، حَيْثُ تَمَّ تَدْميرُ الأَبْوابِ وَكَسْرُ النَّوافِذِ بِواسِطَةِ الرَّشْقِ بِالحِجارَةِ. تَسَبَّبَ هَذا العَمَلُ التَّخْريبِيُّ في إِلْغاءِ الدُّروسِ اليَوْمَ لِإِجْراءِ الإِصْلاحاتِ اللّازِمَةِ. تَتَعاوَنُ الشُّرْطَةُ مَعَ المَدْرَسَةِ لِلْبَحْثِ عَنِ الجُناةِ وَمَعْرِفَةِ الدَّوافِعِ وَراءَ هَذا العَمَلِ المُنَظَّمِ.

A high school was subjected to vandalism of public property by unknown individuals last night, where doors were destroyed, and windows were broken by stone-throwing. This destructive act led to the cancellation of classes today to carry out necessary repairs. The police are cooperating with the school to search for the culprits and understand the motives behind this organized act.

اِنْدَلَعَ حَريقٌ مُتَعَمَّدٌ في مُتَنَزَّهٍ عامٍ، مِمّا تَسَبَّبَ في إِتْلافِ عِدَّةِ أَشْجارٍ نادِرَةٍ وَمَرافِقَ عامَّةٍ. يُشْتَبَهُ أَنَّ مُفْتَعِلَ الحَريقِ قَدْ أَشْعَلَ النّيرانَ بِغَرَضِ إِلْحاقِ الضَّرَرِ بِالْمُتَنَزَّهِ وَتَرْويعِ المُواطِنينَ. تُجْري الشُّرْطَةُ تَحْقيقاتِها لِلْقَبْضِ عَلى المُشْتَبَهِ بِهِمْ وَمَنْعِ تَكْرارِ مِثْلِ هَذِهِ الجَرائِمِ في المُسْتَقْبَلِ.

An intentional fire broke out in a public park, causing damage to several rare trees and public facilities. It is suspected that the arsonist set the fire with the intent to cause harm to the park and terrorize citizens. The police are conducting investigations to apprehend the suspects and prevent the recurrence of such crimes in the future.

في واقِعَةِ تَخْريبٍ مُرَوِّعَةٍ، حَدَثَ إِضْرامُ نيرانٍ مُتَعَمَّدٌ في مَكْتَبَةٍ عامَّةٍ بِالْمَدينَةِ أَمْسِ، مِمّا أَدّى إِلى تَدْميرِ مُمْتَلَكاتٍ ثَمينَةٍ وَالتَّأْثيرِ سَلْبًا عَلى المُجْتَمَعِ. تَمَكَّنَتْ قُوّاتُ الإِطْفاءِ مِنَ السَّيْطَرَةِ عَلى الحَريقِ بَعْدَ جُهودٍ مُكَثَّفَةٍ. يُعْتَقَدُ أَنَّ المُخَرِّبَ المُتَّهَمَ بِالتَّخْريبِ قَدْ فَجَّرَ مَوادَّ ناسِفَةً قَبْلَ الفِرارِ مِنَ المَوْقِعِ.

In a horrifying act of vandalism, an intentional fire was set in a city public library yesterday, leading to the destruction of valuable property and a negative impact on the community. Firefighters managed to control the fire after intensive efforts. It is believed that the vandal accused of sabotage detonated explosives before fleeing the scene.

2.2.3.2 Editorial on Vandalism

Track **43**

مُواجَهَةُ تَخْريبِ المُمْتَلَكاتِ: مَسْؤولِيَّةٌ مُشْتَرَكَةٌ لِتَعْزيزِ أَمانِ مَدينَتِنا

في الآوِنَةِ الأَخيرَةِ، شَهِدَتْ مَدينَتُنا زِيادَةً مَلْحوظَةً في حَوادِثِ التَّخْريبِ وَتَدْميرِ المُمْتَلَكاتِ العامَّةِ، مِمّا يُثيرُ القَلَقَ بَيْنَ السُّكّانِ وَيُلْقي بِظِلالِهِ عَلى الأَمانِ العامِّ. إِنَّ حَوادِثَ إِضْرامِ النّيرانِ المُتَعَمَّدَةِ، وَالرَّشْقِ بِالحِجارَةِ، وَالاِعْتِداءِ بِالمُتَفَجِّراتِ عَلى المُمْتَلَكاتِ العامَّةِ وَالخاصَّةِ تُعَدُّ تَهْديدًا حَقيقِيًّا لِنُمُوِّ مَدينَتِنا وَجَوْدَةِ الحَياةِ لِسُكّانِها.

لا يُمكِنُ إنكارُ أَنَّ هَذِهِ الأَفْعالَ المُخَرِّبَةَ وَالمُدَمِّرَةَ تَفْتَقِرُ إلى حِسِّ المَسْؤولِيَّةِ وَتَهْدِفُ إلى نَشْرِ الفَوْضى وَالخَوْفِ بَيْنَ المُواطِنينَ. يُظْهِرُ حَظْرُ التَّجَوُّلِ المَفْروضُ في مَناطِقَ مُعَيَّنَةٍ مَدى خُطورَةِ هَذِهِ المُشْكِلَةِ وَضَرورَةَ التَّصَدّي لَها بِحَزْمٍ.

تَتَطَلَّبُ مُكافَحَةُ هَذِهِ الظّاهِرَةِ المُتَنامِيَةِ جُهودًا مُشْتَرَكَةً مِنَ السُّلُطاتِ وَالمُواطِنينَ. يَجِبُ عَلى الشُّرْطَةِ تَكْثيفُ دَوْرِيّاتِها وَالتَّحْقيقُ في الحَوادِثِ بِشَكْلٍ سَريعٍ وَفَعّالٍ، بَيْنَما يَنْبَغي عَلى المُواطِنينَ الإِبْلاغُ عَنْ أَيِّ نَشاطٍ مَشْبوهٍ أَوْ شَخْصٍ مُتَوَرِّطٍ في إِشْعالِ الحَرائِقِ أَوْ أَيِّ إِعْتِداءٍ آخَرَ.

وَمِنَ الضَّروريِّ أَيْضًا التَّرْكيزُ عَلى التَّوْعِيَةِ وَتَعْزيزُ التَّكاتُفِ المُجْتَمَعِيِّ لِمُواجَهَةِ هَذا النَّوْعِ مِنَ الجَريمَةِ. يُمْكِنُ تَنْظيمُ حَمَلاتٍ تَوْعَوِيَّةٍ تُرَكِّزُ عَلى الأَضْرارِ الَّتي يُلْحِقُها التَّخْريبُ بِالْمُمْتَلَكاتِ وَالبيئَةِ وَالاِقْتِصادِ، وَتُشَجِّعُ المُواطِنينَ عَلى تَعْزيزِ روحِ المَسْؤولِيَّةِ المُجْتَمَعِيَّةِ.

في النِّهايَةِ، يَجِبُ عَلَيْنا أَنْ نَتَّحِدَ كَمُجْتَمَعٍ لِلْقَضاءِ عَلى ظاهِرَةِ التَّخْريبِ وَالتَّدْميرِ في مَدينَتِنا. يَلْعَبُ كُلُّ فَرْدٍ دَوْرًا هامًّا في الحِفاظِ عَلى أَمْنِ وَسَلامَةِ مَدينَتِنا مِنْ هَذِهِ التَّهْديداتِ. يُمَثِّلُ الحِوارُ بَيْنَ السُّلُطاتِ وَالمُواطِنينَ أَساسًا قَوِيًّا لِبِناءِ اسْتِراتيجِيَّةٍ فَعّالَةٍ لِمُواجَهَةِ هَذِهِ المُشْكِلَةِ وَضَمانِ تَحْقيقِ النَّجاحِ عَلى المَدى الطَّويلِ.

بِالإِضافَةِ إِلى ذَلِكَ، يُمْكِنُ تَنْظيمُ أَنْشِطَةٍ تَثْقيفِيَّةٍ وَوِرَشِ عَمَلٍ لِلشَّبابِ حَوْلَ أَهَمِّيَّةِ حِمايَةِ المُمْتَلَكاتِ العامَّةِ وَتَعْزيزِ قِيَمِ المُواطَنَةِ الصّالِحَةِ. يُمْكِنُ أَنْ تُساعِدَ هَذِهِ المُبادَراتُ في غَرْسِ روحِ التَّكاتُفِ وَالمَحَبَّةِ لِلْمَدينَةِ بَيْنَ الأَجْيالِ الشّابَّةِ، وَالَّتي سَتُسْهِمُ بِدَوْرِها في الحَدِّ مِنْ مُعَدَّلاتِ التَّخْريبِ وَالإِضْرارِ بِمُمْتَلَكاتِنا المُشْتَرَكَةِ.

إِنَّ مُكافَحَةَ تَخْريبِ المُمْتَلَكاتِ العامَّةِ وَإِضْرامِ النّيرانِ المُتَعَمَّدِ لَيْسَتْ مَسْؤولِيَّةَ السُّلُطاتِ وَحْدَها، بَلْ هِيَ مَسْؤولِيَّةٌ جَماعِيَّةٌ نَحْمِلُها جَميعًا. مِنْ خِلالِ التَّعاوُنِ وَالتَّفاني في بِناءِ مُجْتَمَعٍ أَكْثَرَ أَمانًا وَازْدِهارًا، سَنَتَمَكَّنُ مِنَ التَّغَلُّبِ عَلى هَذِهِ التَّحَدِّياتِ وَضَمانِ مُسْتَقْبَلٍ مُشْرِقٍ لِمَدينَتِنا وَأَهْلِها.

Addressing Property Vandalism: a Shared Responsibility to Enhance the Safety of Our City

Recently, our city has witnessed a significant increase in incidents of vandalism and destruction of public property, causing concern among residents and casting a shadow over public safety. Deliberate arson, stone-throwing, and attacks with explosives on public and private property pose a real threat to the growth of our city and the quality of life for its residents.

It cannot be denied that these destructive and damaging acts are carried out irresponsibly and aim to spread chaos and fear among citizens. The imposition of curfews in certain areas shows the severity of this problem and the need to address it firmly.

Combating this growing phenomenon requires joint efforts from the authorities and citizens. The police must intensify their patrols and investigate incidents quickly and effectively, while citizens should report any suspicious activity or individuals involved in starting fires or other assaults.

It is also essential to focus on raising awareness and promoting community solidarity to confront this type of crime. Awareness campaigns can be organized that emphasize the damage caused by vandalism to property, the environment, and the economy, and encourage citizens to strengthen their sense of community responsibility.

In the end, we must unite as a community to eliminate the phenomenon of vandalism and destruction in our city. Every individual plays an important role in maintaining the security and safety of our city from these threats. Dialogue between authorities and citizens forms a strong basis for developing an effective strategy to address this problem and ensure long-term success.

In addition, educational activities and workshops can be organized for young people on the importance of protecting public property and promoting good citizenship values. These initiatives can help instill a spirit of unity and love for the city among younger generations, which in turn will contribute to reducing vandalism rates and damage to our shared properties.

Combating the vandalism of public property and deliberate arson is not the sole responsibility of the authorities but a collective responsibility we all bear. Through cooperation and dedication to building a safer and more prosperous community, we can overcome these challenges and ensure a bright future for our city and its people.

2.3 Drug-related Crimes

2.3.1 Possession and Usage

Track **44**

أَدْمَنَ عَلى • إدمانٌ — to become addicted to

أَدْمَنَتِ الفَتاةُ عَلى المُخَدِّراتِ بَعْدَ أَنْ تَعَرَّضَتْ لِضُغوطٍ نَفْسِيَّةٍ شَديدَةٍ.

The girl became addicted to drugs after experiencing severe psychological stress.

أَقْراصُ مُخَدِّراتٍ *pl.* — drug tablets

عُثِرَ عَلى أَقْراصِ مُخَدِّراتٍ مُهَرَّبَةٍ داخِلَ حَقيبَةِ مُسافِرٍ بِالْمَطارِ.

Smuggled narcotic pills were found in a traveler's suitcase at the airport.

إِدْمانٌ — addiction

تَتَعامَلُ المُنَظَّماتُ غَيْرُ الحُكومِيَّةِ مَعَ حالاتِ إِدْمانِ المُخَدِّراتِ وَتُساعِدُ المُتَعاطينَ عَلى التَّخَلُّصِ مِنْها.

NGOs deal with drug addiction cases and help users overcome their dependency.

إِدْمانٌ عَلى مُخَدِّراتٍ drug addiction

تُعْتَبَرُ الوِقايَةُ مِنَ الإِدْمانِ عَلى المُخَدِّراتِ أَحَدَ أَبْرَزِ التَّحَدِّياتِ الَّتي تُواجِهُ الشَّبابَ.

Preventing drug addiction is one of the most significant challenges facing young people.

إِكْسْتاسي ecstasy

تَمَّ القَبْضُ عَلى شَخْصٍ يَبيعُ حُبوبَ الإِكْسْتاسي في حَفْلَةٍ موسيقِيَّةٍ.

A person was arrested for selling ecstasy pills at a music concert.

تَعاطى مُخَدِّراتٍ • تَعاطٍ to use drugs

يَتَعاطى الشّابُّ المُخَدِّراتِ مُنْذُ سَنواتٍ وَيُحاوِلُ الآنَ التَّوَقُّفَ عَنْ ذَلِكَ.

The young man has been using drugs for years and is now trying to stop.

تَعاطي مُخَدِّراتٍ drug use

يُواجِهُ المُراهِقونَ ضُغوطًا اجْتِماعِيَّةً تَزيدُ مِنَ احْتِمالِ تَعاطي المُخَدِّراتِ.

Teenagers face social pressures that increase the likelihood of drug use.

حُبوبُ هَلْوَسَةٍ *pl.* LSD

اِنْتَشَرَتْ حُبوبُ الهَلْوَسَةِ بَيْنَ بَعْضِ الشَّبابِ الَّذينَ يَبْحَثونَ عَنْ تَجارِبَ جَديدَةٍ.

LSD pills have spread among some young people seeking new experiences.

حَشيشٌ hashish

تَمَّ ضَبْطُ مَجْموعَةٍ مِنَ الشَّبابِ يَتَعاطَوْنَ الحَشيشَ في مَوْقِعٍ مَهْجورٍ.

A group of young people was caught using hashish at an abandoned site.

حَمْلَةُ مُكافَحَةِ مُخَدِّراتٍ anti-drug campaign

أَطْلَقَتِ الحُكومَةُ حَمْلَةَ مُكافَحَةِ المُخَدِّراتِ لِلْحَدِّ مِنَ انْتِشارِها.

The government launched an anti-drug campaign to curb their spread.

صادَرَ • مُصادَرَةٌ to confiscate

تَمَّتْ مُصادَرَةُ كَمِّيَّةٍ مِنَ المُخَدِّراتِ المُهَرَّبَةِ بِواسِطَةِ الجَمارِكِ.

A quantity of smuggled drugs was seized by customs.

عَقارٌ مُخَدِّرٌ • عَقاقيرُ narcotic, drug

ضَبَطَتِ السُّلُطاتُ عَقارًا مُخَدِّرًا جَديدًا يَنْتَشِرُ سَريعًا بَيْنَ الشَّبابِ.

Authorities seized a new narcotic drug rapidly spreading among the youth.

فَتَّشَ حَقيبَتَهُ • تَفْتيشٌ to search one's bag

فَتَّشَتِ الشُّرْطَةُ حَقيبَةَ المُشْتَبَهِ بِهِ وَوَجَدَتْ بِداخِلِها مَوادَّ مُخَدِّرَةً.

The police searched the suspect's bag and found drugs inside.

فينيثايْلين fenethylline

اِرْتَفَعَتْ حالاتُ تَعاطي حُبوبِ الفينيثايْلين بَيْنَ العُمّالِ الَّذينَ يَعْمَلونَ في ظُروفٍ قاسيَةٍ.

The use of fenethylline pills has increased among workers who work under harsh conditions.

> Fenethylline is a synthetic stimulant drug. The word الكَبْتاجوْن (derived from a well-known brand name of fenethylline, Captagon) is often used colloquially to refer to a variety of stimulant drugs, not just fenethylline specifically.

كوكايينُ cocaine

تَمَكَّنَتِ الشُّرْطَةُ مِنْ حَجْزِ كَمِّيَّةٍ كَبيرَةٍ مِنَ الكوكايينِ المُهَرَّبِ.

The police managed to seize a large amount of smuggled cocaine.

مادَّةٌ أَفْيونِيَّةٌ • مَوادُّ opioids

حَظَرَتِ الحُكومَةُ اسْتيرادَ المَوادِّ الأَفْيونيَّةِ لِمَنْعِ انْتِشارِ المُخَدِّراتِ.

The government banned the importation of opiate substances to prevent the spread of drugs.

ماريجْوانا marijuana, cannabis

ضَبَطَتِ الشُّرْطَةُ شِحْنَةَ ماريجْوانا ضَخْمَةً كانَتْ مُعَدَّةً لِلتَّوْزيعِ عَلى السّوقِ المَحَلِّيِّ.

The police seized a huge shipment of cannabis intended for distribution in the local market.

مُتعاطٍ لِلْمُخَدِّرات — on drugs, high

اِعْتَقَلَتِ الشُّرْطَةُ شابًّا مُتعاطِيًا لِلْمُخَدِّراتِ، كانَ يَقودُ بِسُرْعَةٍ غَيْرِ قانونِيَّةٍ وَيُشَكِّلُ خَطَرًا عَلى سَلامَةِ المارَّةِ.

The police arrested a young man on drugs who was driving at an illegal speed and posed a danger to the safety of pedestrians.

مُخَدِّرٌ — narcotic, drug

تَمَّ ضَبْطُ كَمِّيَّةٍ كَبيرَةٍ مِنَ المُخَدِّراتِ في مُسْتَوْدَعٍ سِرِّيٍّ بِالْمَدينَةِ.

A large quantity of drugs was seized in a secret warehouse in the city.

> The noun مُخَدِّرٌ is an active participle derived from the verb خَدَّرَ (to sedate, numb, drug). Active participles of augmented verbs take the prefix مُـ and contain a kasra (ِ). Active participles primarily function as adjectives–the adjective مُخَدِّرٌ thus means 'numb<u>ing</u>' or 'sedative.' But many adjectives, including participles, can be used as nouns in Arabic. So, the noun مُخَدِّرٌ is 'something that sedates,' that is, a narcotic. A few more active participles appear in this section below. We have labeled them for you so you can consider their literal meanings and how they were derived from adjectives, which, in turn, were derived from verbs.

مُخَدِّراتٌ صِناعِيَّةٌ — synthetic drugs (pl.)

تَنْتَشِرُ المُخَدِّراتُ الصِّناعِيَّةُ بِسُرْعَةٍ بَيْنَ المُراهِقينَ بِسَبَبِ سُهولَةِ الوُصولِ إِلَيْها.

Synthetic drugs are quickly spreading among teenagers due to their easy accessibility.

مُدْمِنٌ — an addict; addicted (active participle)

يُواجِهُ مُدْمِنُ المُخَدِّراتِ تَحَدِّياتٍ عَديدَةً لِلتَّخَلُّصِ مِنْ إِدْمانِهِ.

A drug addict faces numerous challenges to overcome their addiction.

مُسْتَهْلِكُ مُخَدِّراتٍ — user, drug addict (active participle)

تُشيرُ التَّقاريرُ إِلى ارْتِفاعِ عَدَدِ مُسْتَهْلِكي المُخَدِّراتِ في المِنْطَقَةِ.

Reports indicate an increase in the number of drug users in the area.

مُصادَرَةُ مُخَدِّراتٍ — seizure of drugs

نَجَحَتِ العَمَلِيّاتُ الأَمْنِيَّةُ في مُصادَرَةِ مُخَدِّراتٍ بِقيمَةِ مَلايينِ الدّولاراتِ.

Security operations succeeded in confiscating drugs worth millions of dollars.

مُنَشِّطاتٌ
stimulants — *active participle; pl.*

حَظَرَتِ اللَّجْنَةُ الأولِمْبِيَّةُ المُنَشِّطاتِ وَفَرَضَتْ عُقوباتٍ عَلى الرِّياضِيّينَ المُخالِفينَ.

The Olympic Committee banned stimulants and imposed penalties on violating athletes.

مَوادٌّ مُخَدِّرَةٌ
narcotics — *pl.*

اِكْتَشَفَتِ الشُّرْطَةُ مَوادَّ مُخَدِّرَةً تُسْتَخْدَمُ في عَمَلِيَّةِ تَهْريبٍ كَبيرَةٍ.

The police discovered narcotic substances being used in a major smuggling operation.

> Here, the active participle مُخَدِّرٌ is used as an adjective.

ميثامْفيتامينْ
methamphetamine

ضَبَطَتِ الشُّرْطَةُ مَصْنَعًا سِرِّيًّا لِتَصْنيعِ الميثامْفيتامين.

The police busted a clandestine methamphetamine manufacturing facility.

هيروينُ
heroin

عُثِرَ عَلى جُرُعاتٍ مِنَ الهيروينِ داخِلَ شَقَّةِ المُشْتَبَهِ بِهِ.

Doses of heroin were found in the suspect's apartment.

2.3.1.1 Mini-Articles

Track **45**

تَشْهَدُ السُّلُطاتُ المَحَلِّيَّةُ ارْتِفاعًا في حالاتِ إِدْمانِ مُخَدِّراتِ الميثامْفيتامينْ وَالإِكْستاسي، بِسَبَبِ تَوَفُّرِ هَذِهِ المُخَدِّراتِ الصِّناعِيَّةِ بِكَثْرَةٍ في السّوقِ السَّوْداءِ. أُجْرِيَتْ حَمْلَةُ مُكافَحَةِ مُخَدِّراتٍ لِلتَّصَدّي لِهَذِهِ الظّاهِرَةِ، مِمّا أَدّى إِلى إِلْقاءِ القَبْضِ عَلى عَدَدٍ مِنْ مُسْتَهْلِكي المُخَدِّراتِ وَضَبْطِ كَمِّيّاتٍ مِنَ المَوادِّ الأَفْيونِيَّةِ.

Local authorities are witnessing an increase in cases of addiction to methamphetamine and ecstasy drugs due to the widespread availability of these synthetic drugs on the black market. A drug enforcement campaign was carried out to combat this phenomenon, which led to the arrest of several drug users and the seizure of some opiate substances.

اِنْتَشَرَتْ ظاهِرَةُ تَعاطي حُبوبِ الهَلْوَسَةِ بَيْنَ الشَّبابِ في الآوِنَةِ الأَخيرَةِ. أُصيبَ أَحَدُ الشَّبابِ بِرَدِّ فِعْلٍ حادٍّ بَعْدَ تَناوُلِهِ جُرْعَةً زائِدَةً مِنْ هَذِهِ المادَّةِ المُخَدِّرَةِ. تَمَّ نَقْلُهُ عَلى الفَوْرِ إِلى المُسْتَشْفى، حَيْثُ اتَّضَحَ أَنَّهُ كانَ يُعاني مِنْ

إِدْمانٍ عَلى هَذِهِ الحُبوبِ. تُحَذِّرُ السُّلُطاتُ الصِّحِّيَّةُ مِنْ مَخاطِرِ تَعاطي المُخَدِّراتِ وَالآثارِ السَّلْبِيَّةِ المُحْتَمَلَةِ عَلى الصِّحَّةِ العامَّةِ.

The phenomenon of hallucinogenic pill consumption has recently spread among young people. One youth suffered a severe reaction after taking an overdose of this narcotic substance. He was immediately taken to the hospital, where it was discovered that he was addicted to these pills. Health authorities warn of the risks of drug use and the potential negative effects on public health.

في واقِعَةٍ غَيْرِ مُتَوَقَّعَةٍ، أُلْقِيَ القَبْضُ عَلى شابٍّ يُشْتَبَهُ في تَعاطيهِ المُخَدِّراتِ داخِلَ مُتَنَزَّهٍ عامٍّ. عُثِرَ بَيْنَ أَغْراضِهِ عَلى كَمِّيّاتٍ مِنَ الحَشيشِ وَالكوكايين، وَتَمَّ تَفْتيشُ حَقيبَتِهِ مِنْ قِبَلِ رِجالِ الشُّرْطَةِ. بَعْدَ عَمَلِيَّةِ المُصادَرَةِ، وَجَّهَتِ النِّيابَةُ العامَّةُ تُهْمَةَ تَعاطي المُخَدِّراتِ لِلْمُتَّهَمِ، الَّذي اعْتَرَفَ بِأَنَّهُ يُعاني مِنْ إِدْمانِ هَذِهِ المَوادِّ المَحْظورَةِ.

In an unexpected incident, a young man was arrested on suspicion of drug use inside a public park. Quantities of marijuana and cocaine were found among his belongings, and his bag was searched by the police. After the confiscation process, the public prosecutor charged the accused with drug use, who admitted to suffering from addiction to these prohibited substances.

2.3.1.2 Public Service Announcement: Drug Addiction

Track **46**

إِعْلانُ خِدْمَةٍ عامَّةٍ:

تُحَذِّرُ وِزارَةُ الصِّحَّةِ الجُمْهورَ مِنْ مَخاطِرِ تَعاطي وَإِدْمانِ المَوادِّ المُخَدِّرَةِ كالماريجْوانا، وَالحَشيشِ، وَالكوكايين، وَالهيروين، وَالمَوادِّ الأَفْيونِيَّةِ وَالمُخَدِّراتِ الصِّناعِيَّةِ كالْميثامْفيتامين وَالإِكْستاسي. يُؤَثِّرُ اسْتِخْدامُ هَذِهِ المَوادِّ الضّارَّةِ عَلى صِحَّتِكُمْ وَسَلامَتِكُمْ وَقَدْ يُؤَدّي إِلى تَدْميرِ حَياتِكُمْ وَعائِلاتِكُمْ.

تَهْدِفُ حَمْلَةُ مُكافَحَةِ المُخَدِّراتِ إِلى تَوْعِيَةِ المُواطِنينَ حَوْلَ المَخاطِرِ المُرْتَبِطَةِ بِتَعاطي الحُبوبِ المُخَدِّرَةِ وَحُبوبِ الهَلْوَسَةِ. يُنْصَحُ المُتَعاطونَ لِلْمُخَدِّراتِ وَالمُدْمِنونَ بِطَلَبِ المُساعَدَةِ وَالدَّعْمِ لِلتَّغَلُّبِ عَلى إِدْمانِ المُخَدِّراتِ وَاسْتِعادَةِ حَياتِهِمُ الطَّبيعِيَّةِ.

نُشَجِّعُ الجَميعَ عَلى التَّعاوُنِ مَعَ السُّلُطاتِ في الإِبْلاغِ عَنْ أَيِّ نَشاطٍ مَشْبوهٍ يَتَعَلَّقُ بِتَعاطي المُخَدِّراتِ وَتَوْزيعِها. يَجِبُ عَلَيْنا جَميعًا العَمَلُ مَعًا لِمُكافَحَةِ هَذِهِ الظّاهِرَةِ وَحِمايَةِ مُجْتَمَعِنا مِنْ آثارِ الإِدْمانِ وَالمُخَدِّراتِ.

ساهِموا في نَشْرِ الوَعْيِ حَوْلَ أَخْطارِ تَعاطي المُخَدِّراتِ وَإِدْمانِ المَوادِّ المُخَدِّرَةِ، وَساعِدوا أَصْدِقاءَكُمْ وَأَحْبابَكُمْ عَلى الابْتِعادِ عَنْ هَذا الدّاءِ الخَطيرِ. مَعًا، يُمْكِنُنا بِناءُ مُسْتَقْبَلٍ أَفْضَلَ وَأَكْثَرَ أَمانًا لِلْجَميعِ.

Public Service Announcement:

The Ministry of Health warns the public about the dangers of using and addiction to narcotic substances such as marijuana, hashish, cocaine, heroin, opiate substances, and synthetic drugs like methamphetamine and ecstasy. The use of these harmful substances affects your health and safety and may lead to the destruction of your lives and families.

The anti-drug campaign aims to educate citizens about the risks associated with the use of narcotic pills and hallucinogenic tablets. Drug users and addicts are advised to seek help and support to overcome addiction to narcotics and regain their normal lives.

We encourage everyone to cooperate with the authorities in reporting any suspicious activities related to drug use and distribution. We must all work together to combat this phenomenon and protect our community from the effects of addiction and narcotics.

Contribute to raising awareness about the dangers of drug use and addiction to narcotic substances and help your friends and loved ones stay away from this dangerous affliction. Together, we can build a better and safer future for all.

2.3.1.3 Debate: The Legalization of Marijuana

Track **47**

مُقَدِّمَةُ المُناظَرَةِ: مَرْحَبًا بِكُمْ في هَذِهِ المُناظَرَةِ بَيْنَ خَبيرَيْنِ حَوْلَ تَقْنينِ الماريجْوانا. نَسْتَمِعُ أَوَّلًا لِلْخَبيرِ الَّذي يُؤَيِّدُ التَّقْنينَ. ما هُوَ رَأْيُكَ في هَذا المَوْضوعِ؟

خَبيرُ 1: شُكْرًا عَلى دَعْوَتي. أَعْتَقِدُ أَنَّ الماريجْوانا يَجِبُ أَنْ تُقَنَّنَ لِأَنَّها لَيْسَتْ أَكْثَرَ خُطورَةً مِنَ الكُحولِ. إِنَّ تَجْريمَ تَعاطي مُخَدِّرٍ مِثْلِ الماريجْوانا يُؤَدّي إِلى عُقوباتٍ قاسِيَةٍ وَيُكَدِّسُ السُّجونَ بِأَفْرادٍ لا يَسْتَحِقّونَ السَّجْنَ.

خَبيرُ 2: أَشْكُرُكَ عَلى وُجْهَةِ نَظَرِكَ، لَكِنْ أَنا لا أَتَّفِقُ مَعَكَ. تُظْهِرُ الدِّراساتُ أَنَّ الماريجْوانا تُؤَثِّرُ عَلى الدِّماغِ وَتُعْتَبَرُ مَدْخَلًا إِلى تَعاطي مُخَدِّراتٍ أَكْثَرَ خُطورَةً. لِذا، يَجِبُ أَنْ نَعْتَبِرَها مُخَدِّرًا خَطيرًا.

مُقَدِّمَةُ المُناظَرَةِ: شُكْرًا لَكُما عَلى آرائِكُما. لِنُناقِشْ تَأْثيرَ تَقْنينِ الماريجْوانا عَلى المُدْمِنينَ وَالمُتَعاطينَ لِلْمُخَدِّراتِ.

خَبيرُ 1: في حالِ تَقْنينِ الماريجْوانا، سَيُصْبِحُ مِنَ الأَسْهَلِ مُكافَحَةُ مُخَدِّراتٍ أُخْرى وَتَقْديمُ بَرامِجِ إِعادَةِ تَأْهيلٍ لِلْمُدْمِنينَ بَدَلًا مِنْ مُعاقَبَتِهِمْ.

خَبيرُ 2: مازِلْتُ قَلِقًا بِشَأْنِ التَّأْثيرِ السَّلْبِيِّ لِلْماريجْوانا عَلى الصِّحَّةِ العامَّةِ وَعَلى ارْتِفاعِ مُعَدَّلاتِ إِدْمانِ المُخَدِّراتِ. يَجِبُ أَنْ نُرَكِّزَ عَلى التَّوْعِيَةِ بَدَلًا مِنَ التَّقْنينِ.

مُقَدِّمَةُ المُناظَرَةِ: شُكْرًا لَكُما عَلى آرائِكُما القَيِّمَةِ. فَلْنَتَناوَلِ الجانِبَ الاقْتِصادِيَّ لِلْمَوْضوعِ.

خَبيرُ 1: يُمْكِنُ أَنْ يُساهِمَ تَقْنينُ الماريجْوانا في تَعْزيزِ الاقْتِصادِ مِنْ خِلالِ فَتْحِ فُرَصِ عَمَلٍ جَديدَةٍ وَزِيادَةِ الإيراداتِ الضَّريبِيَّةِ. كَما سَيُقَلِّلُ مِنْ تَكاليفِ مُكافَحَةِ المُخَدِّراتِ وَالتَّكَدُّسِ في السُّجونِ.

خَبيرُ 2: رَغْمَ تِلْكَ الفَوائِدِ الاقْتِصادِيَّةِ، يَجِبُ أَنْ نَأْخُذَ في الاعْتِبارِ الآثارَ الصِّحِّيَّةَ وَالاجْتِماعِيَّةَ لِتَقْنينِ الماريجْوانا. قَدْ يُؤَدّي ذَلِكَ إِلى زِيادَةِ الإِنْفاقِ عَلى الرِّعايَةِ الصِّحِّيَّةِ وَعِلاجِ المُدْمِنينَ.

مُقَدِّمَةُ المُناظَرَةِ: شُكْرًا لَكُما عَلى مُشارَكَةِ آرائِكُما وَتَقْديمِ نِقاطٍ قَوِيَّةٍ لِلْمُناظَرَةِ. لِنَأْمُلْ أَنْ تُساعِدَ هَذِهِ المُناظَرَةُ المُجْتَمَعَ في اتِّخاذِ قَرارٍ مُسْتَنيرٍ حَوْلَ تَقْنينِ الماريجْوانا. إِلى اللِّقاءِ وَشُكْرًا لَكُما عَلى حُضورِكُما.

Debate Moderator: Welcome to this debate between two experts on the legalization of marijuana. First, let's hear from the expert who supports legalization. What is your opinion on this subject?

Expert 1: Thank you for the invitation. I believe that marijuana should be legalized because it is no more dangerous than alcohol. Criminalizing the use of a drug like marijuana leads to harsh penalties and overcrowds prisons with people who do not deserve to be incarcerated.

Expert 2: Thank you for your perspective, but I disagree. Studies show that marijuana affects the brain and is considered a gateway to the use of more dangerous drugs. Therefore, we should consider it a dangerous drug.

Debate Moderator: Thank you both for your opinions. Let's discuss the impact of marijuana legalization on addicts and drug users.

Expert 1:	If marijuana is legalized, it will be easier to combat other drugs and provide rehabilitation programs for addicts instead of punishing them.
Expert 2:	I still have concerns about the negative impact of marijuana on public health and increased rates of addiction to drugs. We should focus on raising awareness rather than legalization.
Debate Moderator:	Thank you both for your valuable opinions. Let's address the economic aspect of the issue.
Expert 1:	Legalizing marijuana can contribute to boosting the economy by creating new job opportunities and increasing tax revenues. It will also reduce the costs of fighting drugs and prison overcrowding.
Expert 2:	Despite those economic benefits, we must consider the health and social consequences of legalizing marijuana. This could lead to increased spending on health care and treatment for addicts.
Debate Moderator:	Thank you both for sharing your opinions and presenting strong points for debate. Let's hope that this discussion helps society make an informed decision about the legalization of marijuana. Goodbye, and thank you both for your attendance.

2.3.2 Drug Manufacturing, Trafficking, and Dealing

Track 48

أَنْتَجَ مُخَدِّراتٍ • إِنْتاجٌ

to produce drugs

تَمَّ اكْتِشافُ مَصْنَعٍ غَيْرِ قانونِيٍّ يُنْتِجُ المُخَدِّراتِ وَيُوَزِّعُها.

An illegal factory producing drugs and distributing them to users was discovered.

إِعْدامُ تُجّارِ مُخَدِّراتٍ

execution of drug traffickers

أَصْدَرَتِ المَحْكَمَةُ حُكْمًا بِإِعْدامِ تُجّارِ مُخَدِّراتٍ بَعْدَ إِدانَتِهِمْ بِتَرْويجِ المَوادِّ المَحْظورَةِ.

The court issued a verdict executing drug dealers after convicting them of promoting banned substances.

إِنْتاجُ مُخَدِّراتٍ drug production

تَسْعى الحُكومَةُ لِلْحَدِّ مِنْ إِنْتاجِ المُخَدِّراتِ في البِلادِ.

The government seeks to curb drug production in the country.

تاجَرَ في مُخَدِّراتٍ • مُتاجَرَةٌ to traffic drugs

اِعْتُقِلَ شابٌّ يُشْتَبَهُ بِأَنَّهُ كانَ يُتاجِرُ في المُخَدِّراتِ بَيْنَ الطُّلّابِ بِالْجامِعَةِ.

A young man suspected of dealing drugs among university students was arrested.

تاجِرُ مُخَدِّراتٍ • تُجّارٌ drug dealer

اِعْتَرَفَ تاجِرُ مُخَدِّراتٍ مَقْبوضٌ عَلَيْهِ بِأَنَّهُ كانَ يَتَعامَلُ مَعَ شَبَكَةٍ دَوْلِيَّةٍ لِتَهْريبِ المَوادِّ المُخَدِّرَةِ.

The arrested drug dealer confessed to dealing with an international network for smuggling drugs.

تِجارَةُ مُخَدِّراتٍ drug trade

شَنَّتِ الشُّرْطَةُ حَمْلَةً لِمُكافَحَةِ تِجارَةِ المُخَدِّراتِ في المِنْطَقَةِ.

The police launched a campaign to combat drug trafficking in the area.

تَصْنيعُ مُخَدِّراتٍ drug manufacturing

تَمَّ اكْتِشافُ مَخْبَأٍ لِتَصْنيعِ المُخَدِّراتِ في أَحَدِ المَباني المَهْجورَةِ.

A drug manufacturing hideout was discovered in an abandoned building.

تَهْريبُ مُخَدِّراتٍ drug smuggling

تَمَّ القَبْضُ عَلى مُهَرِّبينَ يُحاوِلونَ تَهْريبَ مُخَدِّراتٍ عَبْرَ الحُدودِ.

Smugglers were arrested trying to smuggle drugs across the border.

تَوْزيعُ مُخَدِّراتٍ drug dealing

اِعْتَقَلَتِ الشُّرْطَةُ عَدَدًا مِنَ المُتَوَرِّطينَ في تَوْزيعِ المُخَدِّراتِ في المَدينَةِ.

The police arrested several individuals involved in drug distribution in the city.

جَريمَةُ تَهْريبِ مُخَدِّراتٍ • جَرائِمُ

drug smuggling crime

كَشَفَتِ الإحْصائيّاتُ أَنَّ مُعَدَّلَ جَرائِمِ تَهْريبِ المُخَدِّراتِ قَدِ انْخَفَضَ بِنِسْبَةِ 10% خِلالَ الأَشْهُرِ السِّتَّةِ الماضِيَةِ بِسَبَبِ جُهودِ الشُّرْطَةِ المُتَواصِلَةِ.

Statistics revealed that drug smuggling crime rates have dropped by 10% over the past six months due to ongoing police efforts.

رَوَّجَ مُخَدِّراتٍ • تَرْويجٌ

to deal drugs, push drugs

اِتَّهَمَتِ السُّلُطاتُ امْرَأَةً بِتَرْويجِ مُخَدِّراتٍ بِالْقُرْبِ مِنَ المَدْرَسَةِ الثّانَوِيَّةِ.

Authorities accused a woman of pushing drugs near the high school.

صَنَعَ مُخَدِّراتٍ • صِناعَةٌ

to manufacture drugs

اِعْتَرَفَ المُتَّهَمُ بِأَنَّهُ كانَ يَصْنَعُ المُخَدِّراتِ في مَخْبَأٍ سِرِّيٍّ بِالْمَدينَةِ.

The accused confessed to manufacturing drugs in a secret hideout in the city.

ضَبْطُ كَمِّيّاتٍ كَبيرَةٍ مِنْ مُخَدِّراتٍ

seizure of large quantities of drugs

أَعْلَنَتِ الشُّرْطَةُ عَنْ ضَبْطِ كَمِّيّاتٍ كَبيرَةٍ مِنْ مُخَدِّراتِ الكوكايينِ خِلالَ عَمَلِيَّةٍ مُداهَمَةٍ.

The police announced the seizure of large quantities of cocaine during a raid.

ضَبْطُ مُخَدِّراتٍ

drug seizure

أَظْهَرَتِ الإحْصائِيّاتُ أَنَّ عَمَلِيّاتِ ضَبْطِ المُخَدِّراتِ قَدْ زادَتْ بِنِسْبَةِ 15% في السَّنَةِ الماضِيَةِ.

Statistics show that drug seizures have increased by 15% in the past year.

عَمَلِيّاتُ تَهْريبِ مُخَدِّراتٍ

drug smuggling operations

أَحْبَطَتِ السُّلُطاتُ عِدَّةَ عَمَلِيّاتِ تَهْريبِ مُخَدِّراتٍ خِلالَ الشَّهْرِ الماضي.

Authorities thwarted several drug smuggling operations last month.

مُحاكَمَةُ مُرَوِّجي مُخَدِّراتٍ

drug traffickers' trial

بَدَأَتْ مُحاكَمَةُ مُرَوِّجي مُخَدِّراتٍ مُتَّهَمينَ بِتَرْويجِ المَوادِّ المَحْظورَةِ لِلشَّبابِ في المِنْطَقَةِ.

The trial of drug dealers accused of promoting banned substances to young people in the area began.

prohibited **مَحْظورٌ**

وَجَدَتِ الشُّرْطَةُ كَمِّيَّةً مِنَ المَوادِّ المَحْظورَةِ بِحَوْزَةِ المُتَّهَمِ خِلالَ التَّفْتيشِ.

The police found a quantity of banned substances in the possession of the accused during the search.

drug trafficker/dealer **مُرَوِّجُ مُخَدِّراتٍ**

تَمَّ القَبْضُ عَلى مُرَوِّجِ مُخَدِّراتٍ خَطيرٍ في عَمَلِيَّةٍ نَوْعِيَّةٍ لِقُوّاتِ الأَمْنِ بِالْمَدينَةِ.

A dangerous drug dealer was arrested in a qualitative security operation in the city.

narcotics production facility **مَعامِلُ إِنْتاجِ مَوادَّ مُخَدِّرَةٍ**

اِكْتَشَفَتِ الشُّرْطَةُ عِدَّةَ مَعامِلِ إِنْتاجِ مَوادَّ مُخَدِّرَةٍ خِلالَ عَمَلِيّاتِ التَّفْتيشِ.

The police discovered several drug production labs during inspection operations.

smuggled **مُهَرَّبٌ**

تَمَّ ضَبْطُ شِحْنَةٍ مُهَرَّبَةٍ مِنَ المَوادِّ المُخَدِّرَةِ تُقَدَّرُ بِالْمَلايينِ في ميناءِ المَدينَةِ.

A smuggled shipment of drugs worth millions was seized at the city's port.

smuggler **مُهَرِّبٌ**

تَمَكَّنَتِ الشُّرْطَةُ مِنَ القَبْضِ عَلى مُهَرِّبٍ كَبيرٍ تَوَرَّطَ في تَهْريبِ كَمِّيّاتٍ ضَخْمَةٍ مِنَ المُخَدِّراتِ عَبْرَ الحُدودِ.

The police managed to arrest a major smuggler involved in smuggling large quantities of drugs across the border.

to smuggle drugs **هَرَّبَ مُخَدِّراتٍ** • تَهْريبٌ

أَوْقَفَتِ الشُّرْطَةُ سائِقَ شاحِنَةٍ بَعْدَ اكْتِشافِ أَنَّهُ كانَ يُهَرِّبُ مُخَدِّراتٍ عَبْرَ الحُدودِ.

The police stopped a truck driver after discovering that he was smuggling drugs across the border.

2.3.2.1 Mini-Articles

Track **49**

في عَمَلِيَّةٍ نَوْعِيَّةٍ، تَمَكَّنَتِ الشُّرْطَةُ مُؤَخَّرًا مِنْ ضَبْطِ كَمِّيَّاتٍ كَبِيرَةٍ مِنْ مُخَدِّراتٍ مُهَرَّبَةٍ عَبْرَ الحُدُودِ. تَمَّ العُثُورُ عَلَى المُخَدِّراتِ المُهَرَّبَةِ داخِلَ شاحِنَةٍ مُغَطَّاةٍ بِالمَوادِّ الغِذائِيَّةِ. أُلْقِيَ القَبْضُ عَلَى مُهَرِّبٍ واحِدٍ بَيْنَما لاذَ آخَرُونَ بِالفِرارِ. يُعْتَقَدُ أَنَّ المُهَرِّبِينَ كانُوا يُخَطِّطُونَ لِتَوْزِيعِ المُخَدِّراتِ عَلَى مُرَوِّجِي المُخَدِّراتِ المَحَلِّيِّينَ بِهَدَفِ تَرْوِيجِها فِي السُّوقِ السَّوْداءِ.

In a recent high-quality operation, the police managed to seize large quantities of smuggled drugs across the border. The smuggled drugs were found inside a truck covered with foodstuffs. One smuggler was arrested, while others fled. It is believed that the smugglers were planning to distribute the drugs to local drug dealers with the aim of promoting them on the black market.

أُحِيلَ تاجِرُ مُخَدِّراتٍ بارِزٌ إِلَى المُحاكَمَةِ بِتُهْمَةِ تَصْنِيعِ مُخَدِّراتٍ وَتَرْوِيجِها عَلَى نِطاقٍ واسِعٍ. تُشِيرُ التَّحْقِيقاتُ إِلَى أَنَّ المُتَّهَمَ كانَ يَمْتَلِكُ مَعامِلَ سِرِّيَّةً لِإِنْتاجِ المَوادِّ المُخَدِّرَةِ يُشْرِفُ عَلَيْها بِنَفْسِهِ. كَما يُشْتَبَهُ فِي تَوَرُّطِهِ فِي عَمَلِيَّاتٍ دَوْلِيَّةٍ لِتَهْرِيبِ المُخَدِّراتِ بِالتَّعاوُنِ مَعَ شَبَكاتٍ إِجْرامِيَّةٍ أُخْرَى. قَدْ تَصِلُ عُقُوبَتُهُ فِي حالَةِ إِدانَتِهِ إِلَى الإِعْدامِ.

A prominent drug dealer was referred to trial on charges of manufacturing and promoting drugs on a large scale. Investigations indicate that the defendant owned secret drug production facilities that he personally supervised. He is also suspected of involvement in international drug smuggling operations in collaboration with other criminal networks. His punishment, if convicted, could reach the death penalty.

تَمَّ إِلْقاءُ القَبْضِ عَلَى مَجْمُوعَةٍ مِنَ الأَشْخاصِ بِتُهْمَةِ التِّجارَةِ فِي المُخَدِّراتِ المَحْظُورَةِ. تَبَيَّنَ أَنَّ المُتَّهَمِينَ كانُوا يُنْتِجُونَ المُخَدِّراتِ فِي مَواقِعَ سِرِّيَّةٍ وَيُوَزِّعُونَها عَلَى المُسْتَهْلِكِينَ مِنْ خِلالِ شَبَكَةٍ مِنَ المُرَوِّجِينَ. تَمَّ ضَبْطُ مُعَدَّاتِ صُنْعِ المُخَدِّراتِ وَأَدَواتِ تَعاطِي المُخَدِّراتِ خِلالَ المُداهَماتِ الَّتِي نَفَّذَتْها القُوّاتُ الأَمْنِيَّةُ. مِنَ المُتَوَقَّعِ أَنْ يَتِمَّ تَقْدِيمُ المُتَّهَمِينَ لِلْمُحاكَمَةِ قَرِيبًا.

A group of people were arrested on charges of trading in prohibited drugs. It turned out that the defendants were producing drugs at secret sites and distributing them to consumers through a network of promoters. Drug manufacturing equipment and drug paraphernalia were seized during the raids carried out by the security forces. The defendants are expected to be brought to trial soon.

2.3.2.2 TV Show Overview: Breaking Bad

Track **50**

فِي مُسَلْسَلِ "Breaking Bad"، تَتَتَبَّعُ القِصَّةُ والتَّرْ وايتْ، مُعَلِّمَ الكِيمْياءِ المُصابَ بِالسَّرَطانِ، الَّذِي يَتَوَرَّطُ فِي عالَمِ تَصْنِيعِ المُخَدِّراتِ وَتَهْرِيبِها بِسَبَبِ ضِيقِ ذاتِ اليَدِ. يُنْتِجُ والتَّرْ مادَّةً مُخَدِّرَةً مَحْظُورَةً بِاسْتِخْدامِ مَهاراتِهِ الكِيمْيائِيَّةِ وَيَقُومُ بِتَأْسِيسِ مَعامِلَ سِرِّيَّةٍ لِإِنْتاجِ المَوادِّ المُخَدِّرَةِ بِالشَّراكَةِ مَعَ تِلْمِيذٍ سابِقٍ لَهُ يَعْمَلُ مُرَوِّجًا لِلْمُخَدِّراتِ، يُتاجِرُ

وَالْتَرْ في المُخدِّراتِ وَيتَورَّطُ في عَمليّاتٍ خَطيرةٍ لِتهْريبِ المُخدِّراتِ. تَزدادُ المَشاكِلُ عِنْدما يَتعَيَّنُ عَلَيْهِ التَّعامُلُ مَعَ عَوالِمِ الجَريمَةِ وَتُجّارِ المُخدِّراتِ القَتَلَةِ وَالشُّرْطَةِ المُتخَفِّيَةِ في هَذا المَجالِ. يَسْتَعْرِضُ المُسَلْسَلُ صُعودَ وَالْتَرْ وايتْ وَكَيْفَ يَتحَوَّلُ مِنْ مُعَلِّمٍ مُهْمَلٍ إلى مَلِكِ تَصْنيعِ وَتوْزيعِ المُخدِّراتِ الَّذي يُكْنى بِ "هايْزِنْبِرْغْ."

In the TV series "Breaking Bad," the story follows Walter White, a chemistry teacher with cancer, who becomes involved in the world of drug manufacturing and smuggling due to financial struggles. Walter produces a prohibited narcotic using his chemistry skills and sets up secret drug production labs. In partnership with a former student and drug dealer, Walter deals in drugs and becomes involved in dangerous drug smuggling operations. The problems escalate as he has to deal with the criminal underworld, murderous drug dealers, and undercover police in this field. The series chronicles the rise of Walter White and how he transforms from a neglected teacher to a drug manufacturing and distribution kingpin known as "Heisenberg."

2.3.3 Driving Under the Influence

Track **51**

أَوْقَفَ رُخْصَةَ سائِقٍ • إيقافٌ — to suspend a driver's license

أَوْقَفَتِ السُّلُطاتُ رُخْصَةَ سائِقٍ بَعْدَ ثُبوتِ قِيادَتِه تَحْتَ تَأْثيرِ الكُحولِ.

The authorities suspended a driver's license after proving he was driving under the influence of alcohol.

إِجْراءاتٌ قانونيَّةٌ — legal procedures

يَتعَيَّنُ عَلى المُتَّهَمينَ بِالقِيادَةِ تَحْتَ تَأْثيرِ المُخَدِّراتِ أَوِ الكُحولِ مُواجَهَةُ إِجْراءاتٍ قانونِيَّةٍ.

Those accused of driving under the influence of drugs or alcohol must face legal proceedings.

اِخْتِبارُ تَحْليلِ كُحولٍ — alcohol test

أَجْرى الشُّرْطِيُّ اخْتِبارَ تَحْليلِ الكُحولِ عَلى السّائِقِ لِلتَّأَكُّدِ مِنْ قُدْرَتِهِ عَلى القِيادَةِ بِأَمانٍ.

The officer conducted an alcohol analysis test on the driver to ensure his ability to drive safely.

اِخْتِبارُ تَحْليلِ مُخَدِّراتٍ — drug test

يَجِبُ عَلى المُشْتَبَهِ بِهِمْ في قَضايا المُخَدِّراتِ الخُضوعُ لِاخْتِبارِ تَحْليلِ مُخَدِّراتٍ.

Suspects in drug cases must undergo a drug analysis test.

حادِثَةُ صَدْمٍ وَهُروبٍ • حَوادِثُ — hit and run incident

تَعقَّبَتِ الشُّرْطَةُ سائِقًا ارْتَكَبَ حادِثَةَ صَدْمٍ وَهُروبٍ وَلَمْ يَتَوَقَّفْ لِتَقْديمِ المُساعَدَةِ.

The police tracked down a driver who committed a hit-and-run accident and did not stop to offer help.

حَجزَ مَرْكَبَةٍ • حَجْزٌ — to impound a vehicle

حَجَزَتِ الشُّرْطَةُ مَرْكَبَةَ السّائِقِ المُتَّهَمِ بِالْقِيادَةِ تَحْتَ تَأْثيرِ المُخَدِّراتِ.

The police impounded the vehicle of the driver accused of driving under the influence of drugs.

حُكْمٌ بِالسَّجْنِ • أَحْكامٌ — prison sentence

صَدَرَ حُكْمٌ بِالسَّجْنِ لِمُدَّةِ عامٍ عَلى سائِقٍ اِعْتَرَفَ بِقِيادَتِهِ تَحْتَ تَأْثيرِ المُخَدِّراتِ.

A prison sentence of one year was issued against a driver who admitted to driving under the influence of drugs.

حُكِمَ بِالسَّجْنِ عَلى • حُكْمٌ — to be sentenced to prison

حُكِمَ عَلى السّائِقِ بِالسَّجْنِ لِمُدَّةِ شَهْرٍ بِسَبَبِ قِيادَتِهِ تَحْتَ تَأْثيرِ المُخَدِّراتِ.

The driver was sentenced to a month in jail for driving under the influence of drugs.

حَوادِثُ سَيْرٍ بِسَبَبِ كُحولٍ — alcohol-related accidents

اِرْتَفَعَتْ نِسْبَةُ حَوادِثِ السَّيْرِ بِسَبَبِ الكُحولِ بِشَكْلٍ كَبيرٍ خِلالَ العامِ الماضي.

The rate of alcohol-related traffic accidents increased significantly over the past year.

سَكْرانٌ • سُكارى / سَكْرانونَ — drunk, intoxicated

عُثِرَ عَلى الرَّجُلِ السَّكْرانِ نائِمًا داخِلَ سَيّارَتِهِ عَلى جانِبِ الطَّريقِ.

The intoxicated man was found sleeping in his car on the side of the road.

قَبَضَ عَلى سائِقٍ • قَبْضٌ — to arrest a driver

أَلْقَتِ الشُّرْطَةُ القَبْضَ عَلى سائِقٍ كانَ يَقودُ تَحْتَ تَأْثيرِ المُخَدِّراتِ.

The police arrested a driver who was driving under the influence of drugs.

قِيادَةٌ تَحْتَ تَأْثيرِ كُحولٍ driving under the influence of alcohol

تَمَّ سَحْبُ رُخْصَةِ القِيادَةِ مِنْ رَجُلِ أَعْمالٍ بارِزٍ بِسَبَبِ قِيادَتِهِ تَحْتَ تَأْثيرِ الكُحولِ.

A prominent businessman's driving license was revoked for driving under the influence of alcohol.

قِيادَةٌ تَحْتَ تَأْثيرِ مُخَدِّراتٍ driving under the influence of drugs

أَوْقَفَتِ الشُّرْطَةُ سائِقًا بِتُهْمَةِ القِيادَةِ تَحْتَ تَأْثيرِ المُخَدِّراتِ بَعْدَ أَنْ فَشِلَ في اخْتِبارِ تَحْليلِ المُخَدِّراتِ.

The police arrested a driver on charges of driving under the influence of drugs after failing a drug test.

مَحْكَمَةُ مُرورٍ • مَحاكِمُ traffic court

حَضَرَ السّائِقُ إلى مَحْكَمَةِ المُرورِ لِلرَّدِّ عَلى التُّهَمِ المُوَجَّهَةِ إِلَيْهِ بِشَأْنِ قِيادَتِهِ تَحْتَ تَأْثيرِ الكُحولِ.

The driver appeared in traffic court to respond to charges regarding driving under the influence of alcohol.

مُخالَفاتٌ مُرورِيَّةٌ traffic violations

نَتيجَةً لِقِيادَتِهِ تَحْتَ تَأْثيرِ الكُحولِ، تَمَّ تَوْجيهُ مُخالَفاتٍ مُرورِيَّةٍ إِلى السّائِقِ.

As a result of driving under the influence of alcohol, traffic violations were issued to the driver.

مَخْمورٌ drunk, intoxicated

تَمَّ اعْتِقالُ السّائِقِ المَخْمورِ بَعْدَ تَسَبُّبِهِ في حادِثٍ.

The drunk driver was arrested after causing an accident.

مُنْتَشٍ بِفِعْلِ المُخَدِّراتِ on drugs, high

كانَ السّائِقُ مُنْتَشِيًا بِفِعْلِ المُخَدِّراتِ عِنْدَما اصْطَدَمَ بِالسَّيّارَةِ الأُخْرى.

The driver was high on drugs when he collided with the other car.

نِسْبَةُ كُحولٍ في دَمٍ • نِسَبٌ blood alcohol concentration

تَمَّ اعْتِقالُ السّائِقِ بَعْدَ أَنْ تَجاوَزَتْ نِسْبَةُ الكُحولِ في دَمِهِ الحَدَّ المَسْموحَ بِهِ.

The driver was arrested after his blood alcohol level exceeded the legal limit.

وَقَّفَ سائِقًا • تَوْقيفٌ **to detain a driver**

وَقَّفَتِ الشُّرْطَةُ سائِقًا كانَ يَقودُ بِسُرْعَةٍ زائِدَةٍ وَكانَتْ نِسْبَةُ الكُحولِ في دَمِهِ مُرْتَفِعَةً.

The police stopped a driver who was speeding and had a high blood alcohol level.

2.3.3.1 Mini-Articles

Track **52**

أَوْقَفَتْ دَوْرِيَّةٌ مُرورِيَّةٌ سائِقًا سَكْرانًا بَعْدَ أَنْ لاحَظَتْ تَحَرُّكاتِهِ المُريبَةَ عَلى الطَّريقِ العامِّ. تَمَّ إِجْراءُ اخْتِبارِ تَحْليلِ كُحولٍ لِلتَّأَكُّدِ مِنْ حالَتِهِ، وَأَظْهَرَتِ النَّتائِجُ وُجودَ نِسْبَةِ كُحولٍ في دَمِهِ تَتَجاوَزُ النِّسْبَةَ المَسْموحَ بِها. تَمَّ تَوْقيفُ رُخْصَةِ السّائِقِ وَحَجْزِ مَرْكَبَتِهِ، وَسَيَتِمُّ تَحْويلُهُ إِلى المَحْكَمَةِ المُخْتَصَّةِ لِمُتابَعَةِ الإِجْراءاتِ القانونِيَّةِ.

A traffic patrol stopped an intoxicated driver after noticing his suspicious movements on the public road. An alcohol test was conducted to verify his condition, and the results showed a blood alcohol level exceeding the legal limit. The driver's license was suspended, and his vehicle was impounded, and he will be referred to the competent court for legal proceedings.

في حادِثَةٍ صادِمَةٍ وَقَعَتِ اللَّيْلَةَ الماضِيَةَ، أَلْقَتِ الشُّرْطَةُ القَبْضَ عَلى سائِقٍ مُنْتَشٍ بِفِعْلِ المُخَدِّراتِ بَعْدَ أَنْ تَسَبَّبَ في حادِثَةِ صَدْمٍ وَهُروبٍ. أَجْرَتِ الشُّرْطَةُ اخْتِبارَ تَحْليلِ مُخَدِّراتٍ لِلسّائِقِ وَأَكَّدَتْ وُجودَ مَوادَّ مُخَدِّرَةٍ في جَسَدِهِ تَفوقُ الحَدَّ القانونِيَّ. سَتَتَّخِذُ السُّلُطاتُ الإِجْراءاتِ القانونِيَّةَ اللّازِمَةَ وَتُحيلُ القَضِيَّةَ إِلى مَحْكَمَةِ المُرورِ لِلنَّظَرِ في المُخالَفاتِ المُرورِيَّةِ المُتَرَتِّبَةِ عَلَيْها.

In a shocking incident last night, the police arrested a driver intoxicated by drugs after causing a hit-and-run accident. The police conducted a drug test on the driver, confirming the presence of drugs in his body exceeding the legal limit. The authorities will take necessary legal actions and refer the case to the traffic court to consider the resulting traffic violations.

أَعْلَنَتْ مَحْكَمَةُ المُرورِ اليَوْمَ عَنْ حُكْمِها بِالسَّجْنِ لِمُدَّةِ سِتَّةِ أَشْهُرٍ عَلى سائِقٍ كانَ يَقودُ تَحْتَ تَأْثيرِ الكُحولِ، بَعْدَ حادِثَةِ سَيْرٍ مُرَوِّعَةٍ أَسْفَرَتْ عَنْ إِصابَةِ شَخْصَيْنِ بِجُروحٍ خَطيرَةٍ. كانَتْ نَتائِجُ اخْتِبارِ تَحْليلِ الكُحولِ قَدْ أَكَّدَتْ أَنَّ السّائِقَ كانَ مَخْمورًا وَقْتَ وُقوعِ الحادِثِ. تَتَطَلَّبُ القَوانينُ المَحَلِّيَّةُ إِجْراءاتٍ قانونِيَّةً صارِمَةً لِلْحَدِّ مِنْ حَوادِثِ السَّيْرِ النّاجِمَةِ عَنِ القِيادَةِ تَحْتَ تَأْثيرِ الكُحولِ.

Today, the traffic court announced its verdict of a six-month imprisonment for a driver operating under the influence of alcohol after a horrific accident that resulted in two people being seriously injured. The alcohol test results confirmed that the driver was drunk at the time of the accident. Local laws require strict legal measures to reduce traffic accidents resulting from driving under the influence of alcohol.

2.3.3.2 Informative Article: Drinking and Driving

Track **53**

القِيادَةُ تَحْتَ تَأْثيرِ الكُحولِ: مُشْكِلَةٌ خَطيرَةٌ وَتَأْثيرُها عَلى السَّلامَةِ المُروريَّةِ

تُعْتَبَرُ القِيادَةُ تَحْتَ تَأْثيرِ الكُحولِ مُشْكِلَةً خَطيرَةً في الوِلاياتِ المُتَّحِدَةِ، حَيْثُ تَتَسَبَّبُ في آلافِ الوَفَياتِ وَالإِصاباتِ كُلَّ عامٍ. تُشيرُ الإِحْصاءاتُ إِلى أَنَّ القِيادَةَ تَحْتَ تَأْثيرِ الكُحولِ لا تَزالُ تُعْتَبَرُ قَضِيَّةً رَئيسِيَّةً عَلى الرَّغْمِ مِنَ الجُهودِ المَبْذولَةِ لِمُكافَحَتِها.

تُظْهِرُ إِحْدى الإِحْصاءاتِ الباعِثَةِ عَلى القَلَقِ أَنَّ حَواليْ ثُلُثِ حَوادِثِ السَّيْرِ القاتِلَةِ تَتَضَمَّنُ سائِقينَ مَخْمورينَ. هَذا يَعْني أَنَّ جُزْءًا كَبيرًا مِنْ حَوادِثِ السَّيّاراتِ يُمْكِنُ تَجَنُّبُهُ إِذا اتَّخَذَ النّاسُ قَرارًا مَسْؤولًا بِعَدَمِ القِيادَةِ تَحْتَ تَأْثيرِ الكُحولِ.

تَكْلِفَةُ حَوادِثِ السَّيّاراتِ المُتَعَلِّقَةِ بِالْكُحولِ مُذْهِلَةٌ أَيْضًا، حَيْثُ تَتَجاوَزُ التَّكْلِفَةُ السَّنَوِيَّةُ 44 مِلْيارَ دولارٍ. يُمْكِنُ اسْتِخْدامُ هَذا المَبْلَغِ في تَمْويلِ أَوْلَوِيّاتٍ أُخْرى مِثْلِ التَّعْليمِ وَالرِّعايَةِ الصِّحِّيَّةِ وَالبِنْيَةِ التَّحْتِيَّةِ.

توجَدُ اتِّجاهاتٌ أُخْرى مُقْلِقَةٌ كارْتِفاعِ احْتِمالِ حُدوثِ حَوادِثِ السَّيّاراتِ المُرْتَبِطَةِ بِالْكُحولِ خِلالَ عُطْلاتِ نِهايَةِ الأُسْبوعِ، وَخاصَّةً في اللَّيْلِ. يُذَكِّرُنا ذَلِكَ بِأَهَمِّيَّةِ تَوَخّي الحَذَرِ أَثْناءَ القِيادَةِ في هَذِهِ الأَوْقاتِ، وَتَجَنُّبِ القِيادَةِ إِذا كُنّا قَدْ تَناوَلْنا الكُحولَ.

تُظْهِرُ الإِحْصائِيّاتُ أَيْضًا أَنَّ القِيادَةَ تَحْتَ تَأْثيرِ الكُحولِ لَيْسَتْ مُشْكِلَةً مُقْتَصِرَةً عَلى البالِغينَ فَقَطْ. حَيْثُ اعْتَرَفَ ما يَقْرُبُ مِنْ 6% مِنَ المُراهِقينَ قَيْدَ الاسْتِطْلاعِ بِالْقِيادَةِ أَثْناءَ تَناوُلِ الكُحولِ خِلالَ الـ 30 يَوْمًا الماضِيَةِ، وَاعْتَرَفَ ما يَقْرُبُ مِنْ 17% مِنَ المُراهِقينَ بِأَنَّهُمْ كانوا في سَيّارَةٍ يَقودُها شَخْصٌ مَخْمورٌ. يُذَكِّرُنا ذَلِكَ بِأَنَّهُ يَتَعَيَّنُ عَلى الآباءِ وَالمُعَلِّمينَ الاسْتِمْرارَ في تَوْعِيَةِ الشَّبابِ حَوْلَ مَخاطِرِ القِيادَةِ تَحْتَ تَأْثيرِ الكُحولِ.

إِنَّ الإِحْصائِيّاتِ الخاصَّةَ بِالْقِيادَةِ تَحْتَ تَأْثيرِ الكُحولِ تَبْعَثُ عَلى القَلَقِ، لَكِنَّها تُقَدِّمُ أَيْضًا مَعْلوماتٍ ثَمينَةً حَوْلَ المَجالاتِ الَّتي يَجِبُ أَنْ نُرَكِّزَ عَلَيْها لِجَعْلِ طُرُقِنا أَكْثَرَ أَمانًا. مِنْ خِلالِ التَّعاوُنِ وَاتِّخاذِ القَراراتِ المَسْؤولَةِ، يُمْكِنُنا تَقْليلُ عَدَدِ حَوادِثِ القِيادَةِ تَحْتَ تَأْثيرِ الكُحولِ، وَإِنْقاذُ الأَرْواحِ.

Driving Under the Influence of Alcohol: A Serious Problem and Its Impact on Road Safety

Driving under the influence of alcohol is considered a serious problem in the United States, causing thousands of deaths and injuries every year. Statistics indicate that drunk driving remains a major issue despite efforts to combat it.

One concerning statistic shows that about a third of fatal traffic accidents involve intoxicated drivers. This means that a significant portion of car accidents could be avoided if people made the responsible decision not to drive under the influence of alcohol.

The cost of alcohol-related car accidents is also staggering, with the annual cost exceeding $44 billion. This amount could be used to fund other priorities such as education, healthcare, and infrastructure.

There are other troubling trends, such as the increased likelihood of alcohol-related car accidents occurring on weekends, particularly at night. This serves as a reminder of the importance of being cautious while driving during these times and avoiding driving if we have consumed alcohol.

Statistics also show that driving under the influence is not a problem limited to adults. Nearly 6% of surveyed teenagers admitted to driving after drinking alcohol in the past 30 days, and nearly 17% of teenagers admitted to being in a car driven by someone who was intoxicated. This serves as a reminder that parents and teachers must continue to educate young people about the dangers of driving under the influence.

The statistics on drunk driving are concerning, but they also provide valuable information on the areas that we should focus on to make our roads safer. By working together and making responsible decisions, we can reduce the number of alcohol-related driving accidents and save lives.

Unit 3
Arts and Entertainment

The arts are expressive reflections of a society, portraying its values, history, and hopes. In the media, they're discussed and explored extensively, and understanding the language that frames these discussions is vital for engaging with the richness of the Arabic cultural landscape.

In this unit, we traverse the wide spectrum of **Arts and Entertainment**, diving into two broad sections: Performing Arts, and Visual Arts. Each section is designed to familiarize you with the varied terminologies used to describe, critique, and appreciate these forms of expression.

The first section, **Performing Arts**, starts with the world of Theater and Drama. Here, we'll discover vocabulary linked with stage productions and theatrical performances. Next, we move to the rhythm of Music and Dance, exploring terms that describe different styles, instruments, and dance forms. We conclude this section with Film and Television, immersing ourselves in the rich lexicon associated with cinematic arts and broadcasting. It's important to note that certain vocabulary is applicable to both 'Theater and Drama' and 'Film and Television.' To avoid repetition, most terms are presented in one subsection or the other, but remember that their usage can extend across both areas.

Transitioning from the stage to the canvas, the second section focuses on **Visual Arts**. We'll begin by exploring the language of Painting and Sculpture, followed by Graphic Design, introducing you to the terms that define these powerful mediums of visual communication. We then turn our gaze towards the grandeur of Architecture, understanding the words that describe the aesthetic and functional aspects of buildings and structures. We conclude this section, and the unit, with Fashion, exploring the language that describes styles, trends, and the people behind them.

By the end of this unit, you'll have expanded your vocabulary to include a colorful palette of terms related to Arts and Entertainment. These new words and phrases will enable you to understand, and even participate in, vibrant discussions about culture in Arabic media.

3.1 Performing Arts

3.1.1 Theater and Drama

Track **54**

أَخْرَجَ • إِخْراجٌ to direct

يُخْرِجُ المُخْرِجُ المَوْهوبُ عَمَلًا مَسْرَحِيًّا جَديدًا يُرَكِّزُ عَلى التَّحَوُّلاتِ الاِجْتِماعِيَّةِ وَالسِّياسِيَّةِ في المِنْطَقَةِ.

The talented director is directing a new theater work focusing on social and political transformations in the region.

أَداءٌ performance

أَبْدَعَ المُمَثِّلونَ في أَداءِ أَدْوارِهِمْ خِلالَ العَرْضِ المَسْرَحِيِّ المُذْهِلِ.

The actors excelled in their performance of their roles during the amazing theater show.

أَدّى دَوْرًا • تَأْدِيَةٌ to perform a role

أَدّى المُمَثِّلُ المُبْدِعُ دَوْرًا مُؤَثِّرًا في المَسْرَحِيَّةِ الاِجْتِماعِيَّةِ الَّتي عُرِضَتِ الأُسْبوعَ الماضِيَ.

The creative actor performed a moving role in the social play that was shown last week.

أَنْتَجَ • إِنْتاجٌ to produce

أَنْتَجَتْ شَرِكَةُ الإِنْتاجِ المَسْرَحِيِّ مَسْرَحِيَّةً جَديدَةً تَتَناوَلُ قَضايا الهِجْرَةِ وَاللُّجوءِ.

The theater production company produced a new play addressing issues of migration and asylum.

إِخْراجٌ مَسْرَحِيٌّ theater direction

حازَ الإِخْراجُ المَسْرَحِيُّ المُبْتَكَرُ لِهَذِهِ المَسْرَحِيَّةِ عَلى تَقْديرٍ واسِعٍ مِنَ النُّقّادِ وَالجُمْهورِ.

The innovative theater direction for this play received widespread appreciation from critics and audiences.

إِضاءَةٌ lighting

أَثْنى النُّقّادُ عَلى تَصْميمِ الإِضاءَةِ المُبْتَكَرِ الَّذي أَضافَ جَوًّا خاصًّا لِلعَرْضِ المَسْرَحِيِّ.

Critics praised the innovative lighting design that added a special atmosphere to the theatrical performance.

اِسْتَعْرَضَ • اِسْتِعْراضٌ to review

اِسْتَعْرَضَتْ صَحيفَةُ الأَخْبارِ اليَوْمِيَّةُ أَبْرَزَ المَسْرَحِيّاتِ المَعْروضَةِ في المَهْرَجانِ الدَّوْلِيِّ لِلمَسْرَحِ.

The daily newspaper reviewed the most prominent plays presented at the International Theater Festival

تَمْثيلٌ acting

يُعْتَبَرُ التَّمْثيلُ مِهْنَةً صَعْبَةً وَلَكِنَّها مُجْزِيَةٌ لِلْفَنّانينَ المَوْهوبينَ.

Acting is considered a difficult but rewarding profession for talented artists.

تَمْثيلٌ دِراميٌّ dramatic acting

يُسَلِّطُ التَّمْثيلُ الدِّراميُّ المُمَيَّزُ الضَّوْءَ عَلى الصِّراعاتِ الإِنْسانِيَّةِ وَالقَضايا الاِجْتِماعِيَّةِ.

Distinctive dramatic acting showcases human conflicts and social issues.

تَمْثيلٌ مَسْرَحِيٌّ theater performance

يَتَأَلَّقُ المُمَثِّلونَ في تَمْثيلٍ مَسْرَحِيٍّ رائِعٍ يُلامِسُ مَشاعِرَ الجُمْهورِ بِبَراعَةٍ.

The actors shine in a brilliant theatrical performance that skillfully touches the audience's emotions.

جَسَّدَ • تَجْسيدٌ to portray

يُجَسِّدُ المُمَثِّلُ المَعْروفُ حالِيًّا شَخْصِيَّةً تاريخِيَّةً هامَّةً في مَسْرَحِيَّةٍ جَديدَةٍ تَتَناوَلُ فَتْرَةَ النَّهْضَةِ الأوروبِّيَّةِ.

The renowned actor is currently portraying an important historical figure in a new play that explores the European Renaissance period.

حَضَرَ • حُضورٌ to attend

حَضَرَ العَديدُ مِنَ النُّقّادِ وَالصَّحَفِيّينَ العَرْضَ الأَوَّلَ لِلْمَسْرَحِيَّةِ الجَديدَةِ بِمَدينَةِ بَيْروتَ.

Many critics and journalists attended the premiere of the new play in Beirut.

دِراميٌّ dramatic

تَأَثَّرَ الجُمْهورُ بِالْعَمَلِ الدِّراميِّ المَبْنِيِّ عَلى رِوايَةٍ تاريخِيَّةٍ شَهيرَةٍ.

The audience was moved by the dramatic play based on a famous historical novel

دَوْرٌ • أَدْوارٌ role

تَمَّ اخْتِيارُها لِتَقومَ بِدَوْرِ البُطولَةِ في المَسْرَحِيَّةِ الجَديدَةِ.

She was chosen to play the lead role in the new play.

ديكورٌ set design

تَمَيَّزَتِ المَسْرَحِيَّةُ بِديكورٍ غَنِيٍّ بِالتَّفاصيلِ وَالأَلْوانِ الزّاهِيَةِ.

The play was distinguished by a set design rich in detail and vibrant colors.

theatrical biography	• سِيَرٌ	سِيرَةٌ ذَاتِيَّةٌ مَسْرَحِيَّةٌ

تَتَنَاوَلُ السِّيرَةُ الذَّاتِيَّةُ المَسْرَحِيَّةُ الجَديدَةُ حَياةَ الفَنَّانَةِ الشَّهيرَةِ وَتَجارِبَها الشَّخْصِيَّةَ.

The new theater biography covers the life of a famous artist and her personal experiences.

interesting, intriguing	شَيِّقٌ

اِسْتَمْتَعَ الجَميعُ بِالْعَرْضِ المَسْرَحِيِّ الشَّيِّقِ الَّذي يُجَسِّدُ قِصَّةَ حُبٍّ غَيْرَ تَقْليدِيَّةٍ.

Everyone enjoyed the interesting theatrical performance that depicted an unconventional love story.

to be shown, be performed	• عَرْضٌ	عُرِضَ

عُرِضَتِ المَسْرَحِيَّةُ الكوميدِيَّةُ الجَديدَةُ لِأَوَّلِ مَرَّةٍ أَمْسِ بِمَسْرَحِ المَدينَةِ الرَّئيسِيِّ.

The new comedy play was shown for the first time yesterday at the city's main theater.

theater performance	• عُروضٌ	عَرْضٌ مَسْرَحِيٌّ

نالَ العَرْضُ المَسْرَحِيُّ المُسْتَوحى مِنْ رِوايَةِ "الجَريمَةِ وَالعِقابِ" إِعْجابَ الجُمْهورِ وَالنُّقَّادِ.

The theatrical performance adapted from the novel "Crime and Punishment" received the admiration of the audience and critics.

deep	عَميقٌ

كانَتِ الرَّسائِلُ الفَلْسَفِيَّةُ المَوْجودَةُ في المَسْرَحِيَّةِ عَميقَةً وَمُثيرَةً لِلتَّفْكيرِ.

The philosophical messages in the play were deep and thought-provoking

theater group/troupe	• فِرَقٌ	فِرْقَةٌ مَسْرَحِيَّةٌ

أَقامَتْ فِرْقَةٌ مَسْرَحِيَّةٌ شَهيرَةٌ عُروضًا مُتَنَوِّعَةً في مَهْرَجانِ الثَّقافَةِ وَالفُنونِ بِالقاهِرَةِ.

A famous theater troupe held various performances at the Cairo Festival of Culture and Arts.

theater art	• فُنونٌ	فَنٌّ مَسْرَحِيٌّ

يُعتَبَرُ الفَنُّ المَسْرَحِيُّ أَحَدَ أَشْكالِ التَّعْبيرِ الفَنِّيِّ القَديمَةِ وَالمُعاصِرَةِ.

Theatrical art is considered one of the ancient and contemporary forms of artistic expression.

playwright, theater scriptwriter	• كُتَّابٌ	كاتِبٌ مَسْرَحِيٌّ

تُوُفِّيَ الكاتِبُ المَسْرَحِيُّ المَعْروفُ بَعْدَ مُعاناةٍ طَويلَةٍ مَعَ المَرَضِ.

The renowned playwright passed away after a long battle with illness.

comedic **كوميديٌّ**

تتناوَلُ المَسْرَحِيَّةُ الكوميدِيَّةُ الجَديدَةُ قَضايا اجْتِماعِيَّةً هامَّةً بِأُسْلوبٍ فُكاهِيٍّ وَساخِرٍ.

The new comedy play addresses important social issues with a humorous and satirical approach

to play a role • لَعِبٌ **لَعِبَ دَوْرًا**

يَلْعَبُ المُمَثِّلُ الشّابُّ دَوْرًا مِحْوَرِيًّا في المَسْرَحِيَّةِ المُعاصِرَةِ المُقامَةِ بِالْمَهْرَجانِ الدَّوْلِيِّ لِلْمَسْرَحِ هَذا العامَ.

The young actor is playing a central role in the contemporary play being held at this year's International Theater Festival.

influential **مُؤَثِّرٌ**

كانَ كُلٌّ مِنَ الموسيقى وَالتَّمْثيلِ في المَسْرَحِيَّةِ مُؤَثِّرَيْنِ بِما يَكْفي لِإِحْداثِ تَغْييرٍ في وُجْهاتِ نَظَرِ الجُمْهورِ.

The music and acting in the play were impactful enough to create a change in the audience's perspectives.

innovative **مُبْتَكَرٌ**

أَبْدَعَ المُخْرِجُ في تَقْديمِ تَجْرِبَةٍ مَسْرَحِيَّةٍ مُبْتَكَرَةٍ تَجْمَعُ بَيْنَ عَناصِرِ الفيدْيو وَالرَّقْصِ.

The director creatively presented an innovative theatrical experience that combined elements of video and dance

thrilling **مُثيرٌ**

شَهِدَتِ العُروضُ المَسْرَحِيَّةُ المُثيرَةُ حُضورًا جَماهيرِيًّا كَبيرًا مِنْ مُحِبّي الفَنِّ.

The exciting theater performances witnessed a large audience turnout from art lovers

controversial **مُثيرٌ لِلْجَدَلِ**

أَثارَتِ المَسْرَحِيَّةُ المُثيرَةُ لِلْجَدَلِ نِقاشًا حادًّا حَوْلَ القِيَمِ الاِجْتِماعِيَّةِ.

The controversial play sparked a heated debate about social values

director **مُخْرِجٌ**

حَصَلَ المُخْرِجُ الشّابُّ عَلى جائِزَةٍ عَنْ عَمَلِهِ الرّائِعِ في تَوْجيهِ المُمَثِّلينَ.

The young director received an award for his outstanding work in guiding the actors.

theater; stage • مَسارِحُ **مَسْرَحٌ**

اِفْتُتِحَ المَسْرَحُ الوَطَنِيُّ الجَديدُ بِعَرْضٍ مُبْهِرٍ لِلْجُمْهورِ.

The new national theater opened with a dazzling performance for the audience.

مَسْرَحِيٌّ theatrical, theater-

قَدَّمَتِ الفِرْقَةُ المَسْرَحِيَّةُ عَرْضًا اسْتِثْنائِيًّا يَرْوي قِصَّةَ حَرْبٍ أَهْلِيَّةٍ خَيالِيَّةٍ.

The theater troupe presented an exceptional theatrical performance that tells the story of a fictional civil war.

مَسْرَحِيَّةٌ play

تَسْتَعِدُّ الفِرْقَةُ لِعَرْضِ مَسْرَحِيَّةٍ جَديدَةٍ تُناقِشُ قَضايا المَرْأَةِ في المُجْتَمَعِ.

The troupe is preparing to present a new play discussing women's issues in society.

مَسْرَحِيَّةٌ تاريخِيَّةٌ historical play

اِسْتَمْتَعَ الجُمْهورُ بِمُشاهَدَةِ مَسْرَحِيَّةٍ تاريخِيَّةٍ تُلْقي الضَّوْءَ على حِقْبَةِ القُرونِ الوُسْطى.

The audience enjoyed watching a historical play that sheds light on the medieval era.

مَسْرَحِيَّةٌ كوميدِيَّةٌ comedic play

تُعْتَبَرُ المَسْرَحِيّاتُ الكوميدِيَّةُ مَصْدَرَ تَسْلِيَةٍ واسْتِرْخاءٍ لِلْجُمْهورِ، بَعيدًا عَنْ ضُغوطِ الحَياةِ.

Comedic plays are considered a source of entertainment and relaxation for the audience, away from life's pressures.

مَسْرَحِيَّةٌ موسيقِيَّةٌ musical

أَدْهَشَتِ المَسْرَحِيَّةُ الموسيقِيَّةُ الجُمْهورَ بِمَزيجٍ رائِعٍ مِنَ الأَلْحانِ وَالرَّقَصاتِ الخَلّابَةِ.

The musical play amazed the audience with a wonderful blend of tunes and captivating dances.

مُشَوِّقٌ thrilling

قَدَّمَتِ الفِرْقَةُ المَسْرَحِيَّةُ عَرْضًا مُشَوِّقًا اسْتَعْرَضَ قِصَصَ الشَّجاعَةِ وَالتَّضْحِيَةِ.

The theater troupe presented a thrilling performance that showcased stories of bravery.

مُمْتِعٌ enjoyable

أَمْضى الجُمْهورُ وَقْتًا مُمْتِعًا خِلالَ عَرْضِ المَسْرَحِيَّةِ الموسيقِيَّةِ الرّائِعَةِ.

The audience had an enjoyable time during the wonderful musical play.

مُمَثِّلٌ مَسْرَحِيٌّ theater actor

إِنَّهُ يُعْتَبَرُ مِنَ المُمَثِّلينَ المَسْرَحِيّينَ البارِعينَ في عالَمِ المَسْرَحِ.

He is considered one of the skilled theater actors in the world of theater.

مُمَثِّلَةٌ مَسْرَحِيَّةٌ theater actress

تَأَلَّقَتِ المُمَثِّلَةُ المَسْرَحِيَّةُ المِصْرِيَّةُ فِي تَجْسِيدِ شَخْصِيَّةٍ قَوِيَّةٍ وَجَذّابَةٍ.

The Egyptian theater actress excelled in portraying a strong and attractive character.

مَهْرَجانٌ مَسْرَحِيٌّ theatrical festival

اِنْطَلَقَتْ فَعالِيّاتُ مَهْرَجانِ المَسْرَحِ الدَّوْلِيِّ بِحُضورِ عَدَدٍ كَبيرٍ مِنَ الفَنّانينَ وَالمُثَقَّفينَ.

The International Theater Festival activities kicked off with the attendance of a large number of artists and intellectuals.

مَوْسِمٌ مَسْرَحِيٌّ • مَواسِمُ theatrical season

يَسْتَعِدُّ المَسْرَحُ الوَطَنِيُّ لِافْتِتاحِ مَوْسِمِهِ المَسْرَحِيِّ الجَديدِ بِمَجْموعَةٍ مِنَ العُروضِ المُتَنَوِّعَةِ.

The National Theater is preparing to inaugurate its new theatrical season with a variety of performances.

نَصٌّ • نُصوصٌ script

عَكَفَ المُخْرِجُ عَلى تَعْديلِ النَّصِّ المَسْرَحِيِّ لِيَتَناسَبَ مَعَ رُؤْيَتِهِ الفَنِّيَّةِ.

The director worked on modifying the script to align with his artistic vision.

3.1.1.1 Mini-Articles

Track **55**

فِي مَهْرَجانٍ مَسْرَحِيٍّ مَحَلِّيٍّ، قامَتْ فِرْقَةٌ مَسْرَحِيَّةٌ مَشْهورَةٌ بِعَرْضِ مَسْرَحِيَّةٍ تاريخِيَّةٍ جَديدَةٍ. حازَ العَرْضُ المَسْرَحِيُّ عَلى إِعْجابِ الجُمْهورِ بِسَبَبِ الأَداءِ المُتَمَيِّزِ لِلْمُمَثِّلينَ وَالإِخْراجِ المُبْتَكَرِ لِلْمُخْرِجِ الشَّهيرِ. أَضْفى الدّيكورُ وَالإِضاءَةُ عُمْقًا وَجاذِبِيَّةً لِلْمَشاهِدِ الدِّرامِيَّةِ، مِمّا جَعَلَها تَجْرِبَةً مُمْتِعَةً لِلْحُضورِ.

At a local theater festival, a famous theater group performed a new historical play. The play was well-received by the audience due to the excellent performance of the actors and the innovative direction by the famous director. The decor and lighting added depth and appeal to the dramatic scenes, making it an enjoyable experience for the attendees.

أَنْتَجَ كاتِبٌ مَسْرَحِيٌّ شابٌّ مَسْرَحِيَّةً كوميدِيَّةً جَديدَةً اسْتَعْرَضَتْ قَضايا المُجْتَمَعِ بِأُسْلوبٍ شَيِّقٍ وَمُؤَثِّرٍ. أَدّى المُمَثِّلونَ أَدْوارَهُمْ بِبَراعَةٍ وَجَسَّدوا شَخْصِيّاتِهِمْ بِتَمْثيلٍ دِرامِيٍّ مُمَيَّزٍ. نالَتِ المَسْرَحِيَّةُ إِشادَةَ النُّقّادِ وَجَذَبَتِ الِانْتِباهَ فِي المَوْسِمِ المَسْرَحِيِّ الحالِيِّ.

A young playwright produced a new comedy that tackled societal issues in an engaging and impactful manner. The actors performed their roles with skill and embodied their characters with distinctive dramatic acting. The play received critical acclaim and garnered attention in the current theater season.

عُرِضَتْ مَسْرَحِيَّةٌ موسيقِيَّةٌ جَديدَةٌ في مَسْرَحٍ كَبيرٍ بِالْمَدينَةِ، وَحَضَرَ العَرْضَ العَديدُ مِنَ المَشاهيرِ وَالمُهْتَمّينَ بِالْفَنِّ المَسْرَحِيِّ. تَمَيَّزَتِ المَسْرَحِيَّةُ بِمُمَثِّلينَ مَوْهوبينَ وَمُؤَلِّفِ موسيقى مُبْدِعٍ. لَعِبَتِ المُمَثِّلَةُ المَسْرَحِيَّةُ الرَّئيسِيَّةُ دَوْرًا مُشَوِّقًا وَأَبْدَعَتْ في أَدائِهِ، مِمّا أَثارَ نِقاشًا واسِعًا حَوْلَ مَوْضوعِ المَسْرَحِيَّةِ وَرِسالَتِها.

A new musical play was presented at a large theater in the city, and many celebrities and theater enthusiasts attended the show. The play was characterized by talented actors and a creative music composer. The lead actress played an intriguing role and excelled in her performance, sparking widespread discussion about the play's subject matter and message.

3.1.1.2 Critic's Review of a Play

Track **56**

في مَوْسِمٍ مَسْرَحِيٍّ جَديدٍ وَمُشَوِّقٍ، عُرِضَتْ مَسْرَحِيَّةٌ جَديدَةٌ بِعُنْوانِ "الأَضْواءِ وَالأَحْلامِ" في مَسْرَحِ المَدينَةِ الشَّهيرِ. يَتَمَيَّزُ العَمَلُ الدِّرامِيُّ الَّذي أَنْتَجَهُ الكاتِبُ المَسْرَحِيُّ عَلِيُّ بْنُ زاهِرٍ بِأَنَّهُ مَزيجٌ مِنَ الكوميدْيا وَالتَّمْثيلِ الدِّرامِيِّ المُتْقَنِ. إِنَّ أَداءَ المُمَثِّلينَ وَالمُمَثِّلاتِ المَسْرَحِيّينَ، بِقِيادَةِ المُخْرِجِ الماهِرِ مَحْمودِ العَتيقِ، أَضافَ بُعْدًا جَديدًا وَمُبْتَكَرًا لِلْمَشاهِدِ الشَّيِّقَةِ وَالمُؤَثِّرَةِ.

تَتَناوَلُ المَسْرَحِيَّةُ مَوْضوعاتٍ عَميقَةً وَمُثيرَةً لِلْجَدَلِ تَجَسَّدَتْ في دَوْرِ المُمَثِّلِ الرَّئيسِيِّ عُمَرَ السُّلَيْمانِ الَّذي أَدّى دَوْرًا مُرَكَّبًا بِبَراعَةٍ وَإِقْناعٍ. لَقَدْ أَخْرَجَ المُخْرِجُ مَحْمودُ العَتيقُ هَذا العَمَلَ المَسْرَحِيَّ بِأُسْلوبٍ إِبْداعِيٍّ يَتَماشى مَعَ الدّيكورِ الجَذّابِ وَالإِضاءَةِ الفَنِّيَّةِ المُتْقَنَةِ.

يُعْتَبَرُ هَذا العَرْضُ المَسْرَحِيُّ نُقْطَةَ تَحَوُّلٍ في مَسيرَةِ المُمَثِّلينَ وَالفِرْقَةِ المَسْرَحِيَّةِ بِقِيادَةِ نَجْمَةِ المَسْرَحِ لَيْلى الزَّهْراءِ، حَيْثُ يُظْهِرُ مَهاراتٍ تَمْثيلِيَّةً عالِيَةً وَطَرْحًا لِلْقَضايا الاِجْتِماعِيَّةِ وَالثَّقافِيَّةِ. إِنَّ المَسْرَحِيَّةَ تُعَبِّرُ عَنْ رُؤْيَةٍ جَديدَةٍ وَجَريئَةٍ لِلْفَنِّ المَسْرَحِيِّ، وَتُظْهِرُ إِمْكاناتِهِ الهائِلَةَ.

يَجِبُ أَنْ نُشيدَ بِجُهودِ الكاتِبِ المَسْرَحِيِّ عَلِيِّ بْنِ زاهِرٍ الَّذي أَنْتَجَ نَصًّا مَكْتوبًا بِحِرَفِيَّةٍ وَذَوْقٍ عالٍ، مِمّا ساهَمَ في نَجاحِ المَسْرَحِيَّةِ وَإِقْبالِ الجُمْهورِ عَلَيْها. تَسْتَحِقُّ المَسْرَحِيَّةُ الإِشادَةَ وَالتَّقْديرَ لِما تُقَدِّمُهُ مِنْ تَجْرِبَةٍ مَسْرَحِيَّةٍ مُمْتِعَةٍ وَغَنِيَّةٍ بِالْعَناصِرِ الفَنِّيَّةِ وَالإِبْداعِيَّةِ.

In a new and exciting theater season, a new play titled "Lights and Dreams" was presented at the famous City Theater. The dramatic work, produced by the playwright Ali bin Zaher, is characterized by a mix of comedy and skilled dramatic acting. The performance of the theater actors and actresses, led by the talented director Mahmoud Al-Atiq, added a new and innovative dimension to the intriguing and impactful scenes.

The play tackles deep and controversial topics embodied in the role of the main actor Omar Al-Sulaiman, who skillfully and convincingly portrayed a complex character. Director Mahmoud Al-Atiq has produced this theatrical work in a creative style that complements the attractive decor and skilled artistic lighting.

This theater production is considered a turning point in the career of the actors and the theater group led by the theater star Leila Al-Zahraa, showcasing high acting skills and a display of social and cultural issues. The play expresses a new and bold vision of theatrical art, highlighting its enormous potential.

We must commend the efforts of playwright Ali bin Zaher, who produced a meticulously crafted text that contributed to the success of the play and its popularity with audiences. The play deserves praise and appreciation for its enjoyable and rich theatrical experience filled with artistic and creative elements.

3.1.1.3 Biography of a Playwright

Track **57**

وُلِدَ تَوْفيقُ الحَكيمُ، وَهُوَ كاتِبٌ مَسْرَحِيٌّ مِصْرِيٌّ بارِزٌ وَرائِدٌ لِلْفَنِّ المَسْرَحِيِّ في الوَطَنِ العَرَبِيِّ، في 9 أُكْتوبَرَ 1898. اِشْتَهَرَ بِتَأْليفِ مَجْموعَةٍ كَبيرَةٍ مِنَ المَسْرَحِيّاتِ الَّتي تَناوَلَتْ مَوْضوعاتٍ مُخْتَلِفَةً، بَدْءًا مِنَ الكوميدْيا وَوُصولًا إِلى المَسْرَحِيّاتِ الدِّرامِيَّةِ وَالتّاريخِيَّةِ.

بَدأَ الحَكيمُ مَسيرَتَهُ المِهْنِيَّةَ كَمُوَظَّفٍ في القَضاءِ، لَكِنَّ شَغَفَهُ بِالْفَنِّ المَسْرَحِيِّ دَفَعَهُ إِلى الاِنْتِقالِ إِلى باريسَ لِدِراسَةِ الفَلْسَفَةِ وَالمَسْرَحِ. وَهُناكَ زارَ المَتاحِفَ وَالمَسارِحَ وَاكْتَسَبَ ثَقافَةً أَدَبِيَّةً وَمَسْرَحِيَّةً واسِعَةً، وَاسْتَفادَ مِنْها في أَعْمالِهِ اللّاحِقَةِ.

بَعْدَ عَوْدَتِهِ إِلى مِصْرَ، أَلَّفَ الحَكيمُ العَديدَ مِنَ المَسْرَحِيّاتِ الَّتي لاقَتْ نَجاحًا كَبيرًا وَحَظِيَتْ بِإِشادَةِ النُّقّادِ. كانَتْ أَعْمالُهُ تُجَسِّدُ رُؤْيَةً عَميقَةً لِلْواقِعِ الاِجْتِماعِيِّ وَالسِّياسِيِّ في مِصْرَ وَالعالَمِ العَرَبِيِّ.

اِشْتَهَرَ الحَكيمُ بِعِدَّةِ مَسْرَحِيّاتٍ مِثْلِ "أَهْلِ الكَهْفِ" (1933)، الَّتي اسْتَكْشَفَتِ الصِّراعَ الإِنْسانِيَّ مَعَ الزَّمَنِ، وَ "شَهْرَزادَ" (1934) المُسْتَوْحاةُ مِنْ قِصَصِ أَلْفِ لَيْلَةٍ وَلَيْلَةٍ. كَما تَناوَلَتْ مَسْرَحِيّاتُهُ مَوْضوعاتٍ اجْتِماعِيَّةً مِصْرِيَّةً، مِثْلَ "سِرِّ المُنْتَحِرَةِ" (1937) وَ "رَصاصَةٌ في القَلْبِ" (1944). يُعْتَبَرُ الحَكيمُ رائِدًا في تَطْويرِ المَسْرَحِ العَرَبِيِّ، وَتَرَكَ إِرْثًا فَنِّيًّا غَنِيًّا، وَحازَ عَلى العَديدِ مِنَ الجَوائِزِ وَالتَّكْرِيماتِ عَلى مَرِّ السِّنينَ نَظيرَ مُساهَمَتِهِ الكَبيرَةِ في تَطْويرِ الفَنِّ المَسْرَحِيِّ في العالَمِ العَرَبِيِّ.

Tawfiq al-Hakim, a prominent Egyptian playwright and pioneer of theater art in the Arab world, was born on October 9, 1898. He was known for writing a large number of plays that tackled various themes, ranging from comedy to drama and historical plays.

Al-Hakim began his professional career as a judicial employee, but his passion for theater art led him to move to Paris to study philosophy and theater. There, he visited the museums and theatres, and acquired a vast literary and theatrical culture, which he later applied in his works.

Upon his return to Egypt, al-Hakim wrote numerous plays that were highly successful and acclaimed by critics. His works embodied a profound vision of social and political reality in Egypt and the Arab world.

Al-Hakim is famous for several plays, such as "People of the Cave" (1933), which explored the human struggle with time, and "Shahrazad" (1934), inspired by the stories of One Thousand and One Nights. His plays also tackled Egyptian social themes, such as "The Suicide's Secret" (1937) and "A Bullet in the Heart" (1944). Al-Hakim is considered a pioneer in the development of Arab theater and left behind a rich artistic legacy. He received numerous awards and honors over the years in recognition of his significant contribution to the development of theater art in the Arab world.

3.1.2 Music and Dance

Track **58**

أُغْنِيَةٌ شَعْبِيَّةٌ • أغانٍ — folk song

لاقَتِ الأُغْنِيَةُ الشَّعْبِيَّةُ الجَديدَةُ رَواجًا كَبيرًا بَيْنَ مُحِبّي الموسيقى.

The new folk song gained wide popularity among music lovers.

أَلْبومٌ — album

أَعْلَنَ الفَنّانُ المِصْرِيُّ عَمْرو دِياب عَنْ إِصْدارِ أَلْبومِهِ الجَديدِ الَّذي يَتَضَمَّنُ مَجْموعَةً مُتَنَوِّعَةً مِنَ الأَغاني الرّومانْسِيَّةِ وَالدِّرامِيَّةِ.

The Egyptian artist Amr Diab announced the release of his new album, which includes a diverse collection of romantic and dramatic songs.

أَلْحانٌ *pl.* — melodies

جَذَبَتِ الأَلْحانُ السّاحِرَةُ في العَمَلِ الموسيقِيِّ الجُمْهورَ مِنْ مُخْتَلِفِ الأَعْمارِ.

The enchanting melodies in the musical work attracted audiences of all ages.

أَلَّفَ موسيقى • تَأْليفٌ — to compose music

يُؤَلِّفُ الموسيقِيُّ اللُّبْنانِيُّ زِيادُ الرَّحْباني موسيقى تَجْمَعُ بَيْنَ التُّراثِ العَرَبِيِّ وَالإيقاعاتِ الغَرْبِيَّةِ.

The Lebanese musician Ziad Rahbani composes music that combines Arab heritage and Western rhythms.

أوبرا opera

تُعدُّ أوبِرا كارمِنْ لِلْمُؤَلِّفِ الفرَنْسِيِّ جورْجْ بيْزِيه، أحَدَ أشْهَرِ الأعْمالِ الأوبِراليَّةِ في التّاريخِ، وَيُعْتَبَرُ هَذا العَمَلُ الأوبِراليُّ إنْجازًا فَنِّيًّا كَبيرًا في عالَمِ الأوبِرا.

The opera 'Carmen' by French composer Georges Bizet is considered one of the most famous operatic works in history, and this operatic composition is a great artistic achievement in the world of opera.

أوبِراليٌّ operatic

يَتَمَيَّزُ الفَنّانُ الأوبِراليُّ بِصَوْتِهِ القَوِيِّ العَميقِ الَّذي يُمَكِّنُهُ أداءُ الأَدْوارِ الصَّعْبَةِ في الأَعْمالِ الأوبِراليَّةِ.

The operatic artist is distinguished by his powerful and deep voice that can execute difficult roles in operatic works.

إيقاعاتٌ *pl.* rhythms

كانَتِ الإيقاعاتُ الموسيقِيَّةُ المُمَيَّزَةُ سَبَبًا في نَجاحِ الحَفْلِ الغِنائِيِّ.

The distinct musical rhythms were a reason for the success of the singing concert.

اِرْتَجَلَ • اِرْتِجالٌ to improvise

يُعْتَبَرُ الارْتِجالُ المُوسيقِيُّ فَنًّا يَتَطَلَّبُ مَهارَةً وَإبْداعًا كَبيرًا مِنَ المُوسيقِيِّينَ

Musical improvisation is considered an art that requires great skill and creativity from musicians.

اِسْتُدْيو تَسْجيلٍ • اِسْتُدْيوهاتٌ recording studio

اِفْتَتَحَ المُطْرِبُ الشَّهيرُ اسْتُدْيو تَسْجيلٍ جَديدٍ لِدَعْمِ المَواهِبِ النّاشِئَةِ.

The famous singer opened a new recording studio to support emerging talents.

بِيانو • بِيانوهاتٌ piano

يَعْزِفُ الفَنّانُ المِصْرِيُّ عُمَرْ خَيْرَتْ عَلى البِيانو وَيُقَدِّمُ مَقْطوعاتٍ موسيقِيَّةً تَعْكِسُ حَياتَهُ وَتَجارِبَهُ.

The Egyptian artist Omar Khairat plays the piano and presents musical pieces that reflect his life and experiences.

تَذاكِرُ حَفْلٍ *pl.* concert tickets

نَفِدَتْ تَذاكِرُ حَفْلِ الفَنّانِ الموسيقِيِّ الشَّهيرِ في غُضونِ ساعاتٍ قَليلَةٍ مِنْ طَرْحِها.

Tickets for the famous musician's concert sold out within hours of being released.

تُراثيٌّ
traditional

أُقيمَ حَفْلٌ غِنائيٌّ تَقْليدِيٌّ بِمُشارَكَةِ الفَنّانِ العِراقِيِّ كاظِمِ السّاهِرْ، وَالَّذي قَدَّمَ مجموعة من أَشْهَرِ الأَغاني التُّراثيَّةِ العِراقِيَّةِ.

A traditional music concert was held featuring the Iraqi artist Kadhim Al-Sahir, who performed some of the most famous traditional Iraqi songs.

تَرْجَمَةُ أَغاني
song translation

طَلَبَ الجُمْهورُ تَرْجَمَةَ أَغاني إِدْ شيرانْ إِلى اللُّغَةِ العَرَبِيَّةِ لِفَهْمِ مَعانيها بِشَكْلٍ أَفْضَلَ.

The audience requested translations of Ed Sheeran's songs into Arabic to better understand their meanings.

تَصْنيفٌ موسيقِيٌّ
music genre

يَنْتَمي أَلْبومُ الفِرْقَةِ الجَديدُ لِتَصْنيفِ موسيقى الرّوكْ وَالبوبْ.

The band's new album falls under the music genre of rock and pop.

تَوْزيعٌ موسيقِيٌّ
music arrangement

عَكَفَ المُوَزِّعُ الموسيقِيُّ الشَّهيرُ حَسَنِ الشّافِعي عَلى تَوْزيعِ أَلْبومٍ جَديدٍ لِلْفَنّانَةِ نانْسي عَجْرَمْ.

The famous music arranger Hassan El Shafei worked on arranging a new album for the artist Nancy Ajram.

جائِزَةٌ موسيقِيَّةٌ
music award

• جَوائِزُ

فازَتِ المُغَنِّيَةُ الواعِدَةُ بِجائِزَةٍ موسيقِيَّةٍ رَفيعَةٍ لِأَفْضَلِ أَلْبومٍ جَديدٍ.

The promising singer won a prestigious music award for the best new album.

جَميلٌ
beautiful

عَبَّرَ مُحِبّو الفَنّانَةِ اللُّبْنانِيَّةِ نانْسي عَجْرَمْ عَنْ إِعْجابِهِمْ بِأَدائِها الجَميلِ وَالمُمَيَّزِ في الحَفْلَةِ.

Fans of the Lebanese artist Nancy Ajram expressed their admiration for her beautiful and unique performance in the concert.

جيتارٌ
guitar

يَعْزِفُ الفَنّانُ العِراقِيُّ إِلْهامُ المَدْفَعِيّ عَلى الجيتارِ بِتِقْنِيَّةٍ عالِيَةٍ وَمَهارَةٍ لا تُضاهى.

The Iraqi artist Ilham Al-Madfai plays guitar with unmatched high technique and skill.

music concert **حَفْلٌ موسيقِيٌّ**

أُقيمَ حَفْلٌ موسيقِيٌّ ضَخْمٌ بِمُشارَكَةِ عازِفِ البيانو العالَمِيِّ لانْغ لانْغ.

A massive music concert was held featuring world-renowned pianist Lang Lang.

daf (instrument) • دُفوفٌ **دُفٌّ**

يُبدِعُ الفَنّانُ حُسَيْنْ زَهاوي في عَزْفِهِ عَلى آلَةِ الدُّفِّ خِلالَ حَفَلاتِهِ الموسيقِيَّةِ.

The artist Hussein Zahawi excels in playing the daf instrument during his music concerts.

riq (instrument) **رِقٌّ**

قَدَّمَتِ الرّاقِصَةُ المِصْرِيَّةُ دينا عَرْضًا راقِصًا مُذْهِلًا عَلى إيقاعاتِ الرِّقِّ.

The belly dancer Dina presented an amazing dance performance to the rhythms of the riq.

You can read the descriptions of several traditional Arab instruments in section 3.1.2.3 on p. 202.

to dance • رَقْصٌ **رَقَصَ**

تَشْتَهِرُ الفَنّانَةُ المِصْرِيَّةُ فيفي عَبْدُه بِقُدْرَتِها عَلى الرَّقْصِ وَالتَّأَلُّقِ عَلى المَسْرَحِ.

The Egyptian artist Fifi Abdo is famous for her ability to perform belly dance and shine on stage.

dance **رَقْصٌ**

أَذْهَلَتِ الفِرْقَةُ الرّاقِصَةُ الجُمْهورَ بِعُروضِ رَقْصٍ اسْتِثْنائِيَّةٍ وَحَرَكاتٍ مُبْتَكَرَةٍ.

The dance troupe amazed the audience with exceptional dance performances and innovative moves.

belly dance **رَقْصٌ شَرْقِيٌّ**

اِنْبَهَرَ الجُمْهورُ بِعَرْضِ الرَّقْصِ الشَّرْقِيِّ الكِلاسيكِيِّ الَّذي قَدَّمَتْهُ الرّاقِصَةُ الماهِرَةُ.

The audience was amazed by the classical oriental dance performance presented by the skilled dancer.

Oriental, Eastern **شَرْقِيٌّ**

تَأَلَّقَتِ الفَنّانَةُ المَغْرِبِيَّةُ سَميرَةْ سَعيدْ بِأَداءِ مَجْموعَةٍ مِنَ الأَغاني الشَّرْقِيَّةِ الكِلاسيكِيَّةِ.

The Moroccan artist Samira Said shined with her performance of a collection of classical Oriental songs.

music production company **شَرِكَةُ إِنْتاجٍ موسيقِيٍّ**

أَعْلَنَتْ شَرِكَةُ الإِنْتاجِ الموسيقِيِّ الكُبْرى عَنْ تَعاوُنٍ جَديدٍ بَيْنَ فَنّانينَ مِنْ مُخْتَلِفِ الثَّقافاتِ.

The major music production company announced a new collaboration between artists from different cultures.

شَعْبِيٌّ — folk

أدّى الفَنّانُ المِصْرِيُّ حَكيمْ مَجْموعَةً مِنَ الأَغاني الشَّعْبِيَّةِ الَّتي لاقَتِ اسْتِحْسانَ الجُمْهورِ.

The Egyptian artist Hakim performed a collection of folk songs that were well-received by the audience.

صِناعَةُ موسيقى — music industry

تُعاني صِناعَةُ الموسيقى مِنْ تَحَدّياتٍ جَديدَةٍ نَتيجَةَ التَّغَيُّراتِ في تِكْنولوجْيا البَثِّ وَالتَّوْزيعِ.

The music industry faces new challenges due to changes in streaming and distribution technology.

طَبْلَةٌ — tabla (instrument)

اِنْسَجَمَتْ أَصْواتُ الطَّبْلَةِ مَعَ أَلْحانِ العودِ في حَفْلَةٍ موسيقِيَّةٍ تَنَوَّعَتْ فيها الأَجْواءُ الشَّرْقِيَّةُ.

The sounds of the tabla harmoniously blended with the oud melodies in a musical concert with a diverse oriental atmosphere.

عازِفٌ — musician

يُعْتَبَرُ العازِفُ العَرَبِيُّ نُصيرْ شَمَّةْ أَحَدَ أَعْظَمِ عازِفي العودِ في تاريخِ الموسيقى العَرَبِيَّةِ.

The Arab musician Naseer Shamma is considered one of the greatest oud players in the history of Arabic music.

عَزَفَ • عَزْفٌ — to play an instrument

يَعْزِفُ الفَنّانُ المِصْرِيُّ ماجِدْ سُرورْ عَلى آلَةِ القانونِ بِمَهارَةٍ وَدِقَّةٍ فائِقَةٍ.

The Egyptian artist Majid Surur skillfully and precisely plays the qanun instrument.

عَزْفُ بيانو كِلاسيكِيٌّ — classical piano performance

أَدْهَشَ الموسيقِيُّ المُتَفَرِّجينَ بِمَهارَتِهِ في عَزْفِ البِيانو الكِلاسيكِيِّ.

The musician amazed the spectators with his skill in playing classical piano.

عَصْرِيٌّ — modern

اِسْتَعْرَضَتِ الفَنّانَةُ الإِماراتِيَّةُ أَحْلامْ أَحْدَثَ أَعْمالِها الغِنائِيَّةِ في حَفْلٍ لِلْموسيقى العَصْرِيَّةِ.

The Emirati artist Ahlam showcased her latest music works in a modern music concert.

oud (instrument) • أَعْوادٌ **عودٌ**

يُعْتَبَرُ الفَنّانُ السُّعوديُّ عَبّادي الجَوْهَر مِنْ أَشْهَرِ عازِفي العودِ، وَتَحْظى أَغانيه بِشَعْبِيَّةٍ كَبيرةٍ.

The Saudi artist Abadi Al-Johar is considered one of the most famous oud players, and his songs are very popular.

Western **غَرْبِيٌّ**

لَفَتَتِ الفَنّانَةُ الأُرْدُنِّيَّةُ ديانا كَرَزونَ الأَنْظارَ بِتَجْرِبَتِها الغِنائِيَّةِ الغَرْبِيَّةِ الجَديدَةِ.

The Jordanian artist Diana Karazon caught attention with her new Western music experiment.

singing-, vocal **غِنائِيٌّ**

أَدْهَشَ الفَنّانُ الجُمْهورَ بِأَداءٍ غِنائِيٍّ رائِعٍ وَصَوْتٍ مَلائِكِيٍّ.

The artist amazed the audience with a wonderful singing performance and an angelic voice.

to sing • غِناءٌ **غَنّى**

يُغَنّي الفَنّانُ السّوريُّ جورْجْ وَسّوفْ بِصَوْتِهِ القَوِيِّ وَالعاطِفِيِّ الَّذي يُلامِسُ قُلوبَ المُسْتَمِعينَ.

The Syrian artist George Wassouf sings with his powerful and emotional voice that touches the hearts of listeners.

singing artist **فَنّانٌ غِنائِيٌّ**

أَدْهَشَتِ الفَنّانَةُ الغِنائِيَّةُ أَديلْ مُحِبّيها بِأَداءٍ رائِعٍ في العَرْضِ المُباشِرِ.

The singer Adele amazed her fans with a stunning performance in the live show.

qanun (instrument) **قانونٌ**

اِسْتَمْتَعَ الجُمْهورُ بِأَداءِ الفَنّانَةِ السّورِيَّةِ مايا يوسُفْ الرّائِعِ وَهِيَ تَعْزِفُ عَلى آلَةِ القانونِ.

The audience enjoyed the wonderful performance of the Syrian artist Maya Youssef as she played the qanun instrument.

"the Caesar of Singing" • قَياصِرَةٌ **قَيْصَرُ الغِناءِ**

اِحْتَفَلَ قَيْصَرُ الغِناءِ كاظِمُ الساهِرْ بِمُرورِ 30 عامًا عَلى بِدايَةِ مَسيرَتِهِ الفَنِّيَّةِ.

The "Caesar of Singing," Kadim Al-Saher, celebrated the 30th anniversary of the beginning of his artistic career.

> قَيْصَرُ الغِناءِ is the nickname given to the Iraqi singer Kadim Al-Saher by the late Syrian poet Nizar Qabbani.

lyrics — pl. — **كَلِماتُ أُغْنِيَةٍ**

تَمَيَّزَتِ الأُغْنِيَةُ بِكَلِماتِها الشّاعِرِيَّةِ وَرَسائِلِها الاِجْتِماعِيَّةِ القَوِيَّةِ.

The song stood out for its poetic lyrics and strong social messages.

> The phrase كَلِماتُ أُغْنِيَةٍ literally translates to 'words of a song.' However, in context, it is sufficient to simply say كَلِماتٌ (words), as in the example above.

violin — **كَمانٌ**

يَتَمَيَّزُ الفَنّانُ اللُّبْنانِيُّ جِهادْ عَقْلْ بِعَزْفِهِ المُتْقَنِ عَلى آلَةِ الكَمانِ وَإِبْداعِهِ في تَأْليفِ الموسيقى.

The Lebanese artist Jihad Akl is distinguished by his masterful playing of the violin and his creativity in composing music.

to compose music — • تَلْحينٌ — **لَحَّنَ موسيقى**

لَحَّنَ موزارْتْ موسيقى جَميلَةً أَثَّرَتْ بِشَكْلٍ كَبيرٍ عَلى الثَّقافَةِ الغَرْبِيَّةِ.

Mozart composed beautiful music that had a significant impact on Western culture.

music composer — **مُؤَلِّفٌ موسيقِيٌّ**

يُعْتَبَرُ لودْفيغ فانْ بيتْهوفِنْ مُؤَلِّفًا موسيقِيًّا عَظيمًا وَمُبْدِعًا غَيَّرَتْ أَعْمالُهُ مَسارَ تاريخِ الموسيقى.

Ludwig van Beethoven is considered a great and innovative composer whose works changed the course of music history.

manager — **مُديرُ أَعْمالٍ**

اِسْتَعانَ الفَنّانُ الشّابُّ بِمُديرِ أَعْمالٍ مُحْتَرِفٍ لِتَنْظيمِ جَوْلَتِهِ الموسيقِيَّةِ القادِمَةِ.

The young artist enlisted a professional manager to organize his upcoming music tour.

oboe, mizmar (instrument) — • مَزاميرُ — **مِزْمارٌ**

أَبْدَعَ عازِفُ المِزْمارِ في تَقْديمِ مَقْطوعَةٍ موسيقِيَّةٍ تُراثِيَّةٍ تَعْكِسُ ثَراءَ الثَّقافَةِ الشَّعْبِيَّةِ.

The mizmar player brilliantly performed a traditional musical piece reflecting the richness of popular culture

singer — **مُطْرِبٌ**

حَقَّقَتِ المُطْرِبَةُ اللُّبْنانِيَّةُ نَجْوى كَرَمْ نَجاحًا كَبيرًا بِأَغانيها الشَّعْبِيَّةِ الَّتي تَحْمِلُ روحَ الشَّرْقِ.

The Lebanese singer Najwa Karam achieved great success with her popular songs that carry the spirit of the East.

مُغَنٍّ singer

شَهِدَ الحَفْلُ الخَيْرِيُّ مُشارَكَةَ المُغَنّي الشَّهيرِ بْرونو مارس وَالَّذي أَدّى أَجْمَلَ أَغانيهِ.

The charity event featured the famous singer Bruno Mars performing his greatest hits.

> The most commonly used term for 'singer' is مُغَنٍّ. However, مُطْرِبٌ and فَنّانٌ غِنائِيٌّ can also be used interchangeably. These terms, in their singular form, specifically refer to a male singer. To refer to a female singer, you would add the suffix ـة to these terms, resulting in مُغَنِيَةٌ, مُطْرِبَةٌ, and فَنّانَةٌ غِنائِيَّةٌ.

مُلَحِّنٌ composer

حَصَلَ المُلَحِّنُ الشّابُّ عَلى تَكْريمٍ خاصٍّ لِمُساهَمَتِهِ في إِثْراءِ المَشْهَدِ الموسيقِيِّ بِأَعْمالِهِ المُتَمَيِّزَةِ.

The young composer received a special recognition for his contribution to enriching the music scene with his distinguished works.

مُمْتازٌ excellent

اِمْتَدَحَ الموسيقِيّونَ الأَلْبومَ الأَخيرَ لِلْفَنّانَةِ شيرينْ عَبْدِ الوَهابْ، واصِفينَ أَدائَها الصَّوْتِيَّ بِأَنَّهُ مُمْتازٌ.

Musicians praised the latest album by artist Sherine Abdel Wahab, describing her vocal performance as excellent.

موسيقى music

تَلْعَبُ الموسيقى دَوْرًا هامًّا في المُجْتَمَعِ، حَيْثُ تَعْمَلُ عَلى تَعْزيزِ التَّواصُلِ بَيْنَ الثَّقافاتِ المُخْتَلِفَةِ وَتَحْفيزِ الإِبْداعِ.

Music plays a crucial role in society, as it promotes communication between different cultures and stimulates creativity.

موسيقى بَديلَةٌ alternative music

تُعْتَبَرُ راديوهيدْ فِرْقَةَ موسيقى بَديلَةٍ مُؤَثِّرَةً بِأُسْلوبِها الفَريدِ وَتَجارِبِها الصَّوْتِيَّةِ.

Radiohead is an influential alternative music band with their unique style and sonic experiments.

موسيقى بوبْ pop music

نَجَحَتِ الفَنّانَةُ الشّابَّةُ في تَحْقيقِ شُهْرَةٍ عالَمِيَّةٍ بِفَضْلِ موسيقى البوبِ الرّائِعَةِ الخاصَّةِ بِها.

The young artist achieved international fame thanks to her wonderful pop music.

موسيقى جازْ jazz music

يَسْتَضيفُ المَهْرَجانُ الدَّوْلِيُّ لِموسيقى الجازِ عَدَدًا مِنَ الفَنّانينَ البارِزينَ في مَجالِ الموسيقى.

The international jazz festival hosts a number of prominent artists in the music field.

موسيقى روكْ rock music

أَعْلَنَتْ فِرْقَةُ موسيقى الروكِ الأَمْريكِيَّةِ ميتاليكا عَنْ إِطْلاقِ أَلْبومِها الجَديدِ وَعَنْ جَوْلَةٍ عالَمِيَّةٍ لِتَرْويجِهِ.

The American rock band Metallica announced the release of their new album and a world tour to promote it.

موسيقى شَرْقِيَّةٌ Oriental music

لاقَتْ فِرْقَةُ الموسيقى الشَّرْقِيَّةِ اسْتِحْسانًا كَبيرًا مِنْ قِبَلِ الجُمْهورِ الغَرْبِيِّ.

The Oriental music band received great appreciation from the Western audience.

موسيقى عَرَبِيَّةٌ Arabic music

تَعْكُفُ الفَنّانَةُ اللُّبْنانِيَّةُ فَيْروزْ عَلى تَسْجيلِ أَلْبومٍ جَديدٍ يَتَضَمَّنُ موسيقى عَرَبِيَّةً أَصيلَةً.

The Lebanese artist Fairuz is working on recording a new album that includes authentic Arabic music.

موسيقى عَرَبِيَّةٌ كِلاسيكِيَّةٌ classical Arab music

يُعْتَبَرُ مُحَمَّدْ عَبْدِ الوَهّابْ مِنْ أَعْلامِ الموسيقى العَرَبِيَّةِ الكِلاسيكِيَّةِ.

Mohamed Abdel Wahab is considered a prominent figure in classical Arabic music.

موسيقى غَرْبِيَّةٌ Western music

أَبْرَزَتِ الفِرْقَةُ التَّأْثيراتِ الموسيقِيَّةَ الغَرْبِيَّةَ في أَعْمالِها لِتَقْديمِ تَجْرِبَةٍ غِنائِيَّةٍ فَريدَةٍ.

The band showcased Western music influences in their work to deliver a unique musical experience.

موسيقى كِلاسيكِيَّةٌ classical music

اِسْتَمْتَعَ الحُضورُ بِأَداءِ الأورْكِسْترا المُتْقَنِ لِمَقْطوعاتِ موسيقى كِلاسيكِيَّةٍ لِباخْ وَموتْسارْتْ.

The audience enjoyed the orchestra's masterful performance of classical music pieces by Bach and Mozart.

موسيقِيٌّ musician

يُعْتَبَرُ الموسيقِيُّ العَرَبِيُّ الشَّهيرُ مارْسيلْ خَليفَةْ أَحَدَ رُوّادِ الفَنِّ في العالَمِ العَرَبِيِّ وَسَفيرًا لِلثَّقافَةِ العَرَبِيَّةِ.

The famous Arab musician Marcel Khalife is considered one of the pioneers of art in the Arab world and an ambassador of Arabic culture.

مُوسيقِيٌّ musical, music-

أَذْهَلَتِ العازِفَةُ الصّينيَّةُ يوجا وانْغ الجُمْهورَ بِمَهاراتِها الموسيقِيَّةِ العالِيَةِ عَلى آلَةِ البِيانو.

Chinese pianist Yuja Wang amazed the audience with her high musical skills on the piano.

> موسيقِيٌّ is a nisba adjective, which can function both as an adjective and as a noun referring to a person. This usage is illustrated in the two preceding examples. Refer to p. 68 for further details.

موسيقِيٌّ شَهيرٌ famous musician

اِلْتَقى الموسيقِيُّ الشَّهيرُ بِعُشّاقِهِ في حَفْلِ تَوْقيعِ أَلْبومِهِ الأَخيرِ.

The famous musician met his fans at the signing event for his latest album.

نايٌ ney (instrument)

صَدَرَتْ أُغْنِيَةٌ جَديدَةٌ في الأَسْواقِ العَرَبِيَّةِ بِاسْتِخْدامٍ مُبْتَكَرٍ لِلنّايِ، الآلَةِ الشَّرْقِيَّةِ الأَشْهَرِ عَلى مَرِّ التّاريخِ.

A new song has been released in the Arab markets using an innovative use of the ney, the most famous Eastern musical instrument throughout history.

3.1.2.1 Mini-Articles

Track **59**

فازَتِ المُغَنِّيَةُ والفَنّانَةُ الموْهوبَةُ لَيْلى بِجائِزَةِ الموسيقى المَرْموقَةِ لِأَفْضَلِ أَلْبومٍ غِنائِيٍّ لِعامِ 2023. تَمَيَّزَ الأَلْبومُ بِتَضْمينِهِ مَجْموعَةً مِنَ الأَغاني الشَّعْبِيَّةِ الَّتي تُجَسِّدُ التُّراثَ العَرَبِيَّ، بِالإِضافَةِ إِلى عَدَدٍ مِنَ الأَغاني الغَرْبِيَّةِ المُسْتَوْحاةِ مِنَ الرّوكْ وَالجازْ. تَعاوَنَتْ لَيْلى مَعَ عازِفِ العودِ الماهِرِ أَحْمَدَ وَعازِفِ الكَمانِ المُتَمَيِّزِ يوسُفَ في تَأْليفِ وَتَوْزيعِ الموسيقى لِهَذا الأَلْبومِ المُمَيَّزِ.

The talented singer and artist Leila has won the prestigious music award for the best album of 2023. The album stands out for featuring a collection of traditional Arabic folk songs, as well as several Western-inspired rock and jazz songs. Leila collaborated with the skilled oud player Ahmed and the distinguished violinist Youssef to compose and distribute the music for this outstanding album.

أُقيمَ حَفْلٌ موسيقِيٌّ ضَخْمٌ في اسْتادِ القاهِرَةِ بِحُضورِ عَدَدٍ كَبيرٍ مِنْ عُشّاقِ الموسيقى وَالرَّقْصِ الشَّرْقِيِّ. قَدَّمَ المُطْرِبُ الشَّهيرُ عَلِيٌّ مَجْموعَةً مِنَ الأَغاني الكِلاسيكِيَّةِ العَرَبِيَّةِ وَالشَّرْقِيَّةِ المَصْحوبَةِ بِفِرْقَةِ رَقْصٍ شَرْقِيٍّ مُحْتَرِفَةٍ. اِسْتَمْتَعَ الجُمْهورُ بِعُروضِ الرَّقْصِ الرّائِعَةِ وَإِيقاعاتِ الدُّفِّ وَالطَّبْلَةِ. اِنْتَهى الحَفْلُ بِأَجْواءٍ مَليئَةٍ بِالْحَماسِ وَالتَّشْويقِ، وَتَرَكَ الجَميعَ بِانْتِظارِ المَزيدِ مِنَ العُروضِ الموسيقِيَّةِ الرّائِعَةِ في المُسْتَقْبَلِ.

A grand music concert was held at the Cairo Stadium, attended by a large number of music and Eastern dance enthusiasts. The famous singer Ali performed a selection of classical Arabic and Eastern songs accompanied by a professional Eastern dance troupe. The audience enjoyed the wonderful dance performances and the rhythm of the drum and tabla. The concert came to an end with an atmosphere full of excitement and anticipation, leaving everyone eagerly awaiting more amazing musical performances in the future.

اِفْتَتَحَ المُؤَلِّفُ الموسيقِيُّ وَالمُلَحِّنُ اللُّبْنانِيُّ جورْجْ اسْتودِيو تَسْجيلٍ جَديدًا في بَيْروتَ. يَهْدِفُ الِاسْتودِيو إلى تَعْزيزِ صِناعَةِ الموسيقى العَرَبِيَّةِ وَدَعْمِ المَواهِبِ الشّابَّةِ المُتَمَيِّزَةِ. يُوَفِّرُ الِاسْتودِيو مَجْموعَةً مِنَ الآلاتِ الموسيقِيَّةِ التَّقْليدِيَّةِ وَالحَديثَةِ، مِثْلِ العودِ، البِيانو، الجيتارِ وَالنّايِ، وَيُقَدِّمُ خِدْماتِ التَّلْحينِ وَالتَّوْزيعِ الموسيقِيِّ وَتَرْجَمَةِ الأَغاني لِلْفَنّانينَ المَحَلِّيّينَ وَالعالَمِيّينَ.

A new recording studio was opened in Beirut by the Lebanese composer and musician George. The studio aims to promote the Arab music industry and support outstanding young talents. The studio offers a range of traditional and modern musical instruments, such as oud, piano, guitar, and flute, and provides services for music composition, distribution, and translation of songs for local and international artists.

3.1.2.2 Informative Article: Belly Dance

Track **60**

يُعْتَبَرُ الرَّقْصُ الشَّرْقِيُّ جُزْءًا لا يَتَجَزَّأُ مِنَ التُّراثِ العَرَبِيِّ وَالثَّقافَةِ الموسيقِيَّةِ. يَتَمَيَّزُ الرَّقْصُ الشَّرْقِيُّ بِإيقاعاتِهِ العَذْبَةِ وَالمُتَنَوِّعَةِ وَاسْتِخْدامِ آلاتٍ موسيقِيَّةٍ تَقْليدِيَّةٍ مِثْلِ العودِ وَالطَّبْلَةِ وَالنّايِ.

في السَّنَواتِ الأَخيرَةِ، اكْتَسَبَتْ موسيقى الرَّقْصِ الشَّرْقِيِّ شُهْرَةً عالَمِيَّةً، وَجَذَبَتِ اهْتِمامَ الفَنّانينَ الغَرْبِيّينَ الَّذينَ وَجَدوا فيها مَصْدَرَ إِلْهامٍ لِتَأْليفِ وَتَوْزيعِ أَعْمالِهِمِ الموسيقِيَّةِ. تُعْتَبَرُ الأَغاني الشَّعْبِيَّةُ الَّتي تُصاحِبُ الرَّقْصَ الشَّرْقِيَّ تَعْبيرًا عَنِ التّاريخِ وَالهُوِيَّةِ الثَّقافِيَّةِ لِلشُّعوبِ العَرَبِيَّةِ.

يَتَطَلَّبُ تَعَلُّمُ الرَّقْصِ الشَّرْقِيِّ مَهاراتٍ عالِيَةً في التَّحَكُّمِ بِالْجِسْمِ وَالإيقاعِ، وَيُعْتَبَرُ فَنًّا راقِيًا يَسْتَنِدُ إلى قَواعِدَ موسيقِيَّةٍ مُحَدَّدَةٍ وَتِقْنِيّاتِ رَقْصٍ مُعَقَّدَةٍ. يُساهِمُ تَعَلُّمُ هَذا الفَنِّ في تَعْزيزِ التَّواصُلِ الثَّقافِيِّ وَالتَّفاهُمِ بَيْنَ الشُّعوبِ المُخْتَلِفَةِ، إِذْ يُمَثِّلُ نُقْطَةَ تَلاقٍ بَيْنَ الموسيقى الشَّرْقِيَّةِ وَالغَرْبِيَّةِ.

وَفي الوَقْتِ نَفْسِهِ، تَزْدَهِرُ صِناعَةُ تَعْليمِ الرَّقْصِ الشَّرْقِيِّ، حَيْثُ يَتِمُّ تَقْديمُ دَوْراتٍ وَوِرَشِ عَمَلٍ لِلرّاغِبينَ في تَعَلُّمِ هَذا الفَنِّ وَاكْتِسابِ مَهاراتٍ جَديدَةٍ. تُعْقَدُ هَذِهِ الدَّوْراتُ في مَراكِزِ الرَّقْصِ وَالموسيقى، وَتَشْمَلُ تَعْليمَ أَساسِيّاتِ الرَّقْصِ الشَّرْقِيِّ وَتَصْنيفِهِ الموسيقِيِّ، بِالإِضافَةِ إلى الجَوانِبِ النَّظَرِيَّةِ وَالتّاريخِيَّةِ لِلْفَنِّ.

Oriental ("belly") dance is an integral part of Arab heritage and musical culture. Oriental dance is characterized by its sweet and varied rhythms and the use of traditional musical instruments such as the oud, tabla, and flute.

In recent years, Oriental dance music has gained worldwide popularity and attracted the interest of Western artists who found inspiration in it for composing and distributing their music. The folk songs that accompany the Oriental dance are an expression of the history and cultural identity of Arab peoples.

Learning Oriental dance requires high skills in body control and rhythm, and it is considered a sophisticated art based on specific musical rules and complex dance techniques. Learning this art contributes to enhancing cultural communication and understanding between different peoples, as it represents a point of convergence between Eastern and Western music.

At the same time, the industry of teaching Oriental dance is thriving, with courses and workshops offered for those interested in learning this art and acquiring new skills. These courses are held in dance and music centers and include teaching the basics of Oriental dance and its musical classification, as well as the theoretical and historical aspects of the art.

3.1.2.3 Descriptions of Musical Instruments

Track **61**

إنَّ الموسيقى العَرَبيَّةَ غَنِيَّةٌ بِتَنَوُّعِ الآلاتِ الموسيقِيَّةِ التَّقْليدِيَّةِ الَّتي تَعْكِسُ تُراثَها وَثَقافَتَها العَريقَةَ. تُمَثِّلُ هَذِهِ الآلاتُ جُزْءًا لا يَتَجَزَّأُ مِنْ تاريخِ الشُّعوبِ العَرَبِيَّةِ وَعَراقَتِها الفَنِّيَّةِ. فيما يَلي وَصْفٌ موجَزٌ لِبَعْضِ هَذِهِ الآلاتِ الموسيقِيَّةِ العَرَبِيَّةِ الأَصيلَةِ:

Arabic music is rich in a diversity of traditional musical instruments that reflect its ancient heritage and culture. These instruments are an integral part of the history and artistic identity of Arab peoples. Here is a brief description of some of the authentic Arabic musical instruments:

الدُّفُّ: آلَةٌ إيقاعِيَّةٌ تَقْليدِيَّةٌ عَلى شَكْلِ إطارٍ دائِرِيٍّ مُغَطًّى بِقِطْعَةٍ جِلْدِيَّةٍ. يُعْزَفُ عَلى الدُّفِّ بِالْيَدِ وَيُسْتَخْدَمُ في موسيقى الرَّقْصِ الشَّرْقِيِّ وَفي الأَغاني الشَّعْبِيَّةِ.

The daf: a traditional percussion instrument in the shape of a circular frame covered with a piece of leather. It is played by hand and used in Eastern dance music and folk songs.

الرِّقُّ: آلَةٌ إيقاعِيَّةٌ تَتَكَوَّنُ مِنْ طَبْلَةٍ تُحيطُ بِها الصُّنوجُ المَعْدِنِيَّةُ الصَّغيرَةُ الَّتي يَتِمُّ ضَرْبُها بِالْيَدَيْنِ. يُسْتَخْدَمُ الرِّقُّ في موسيقى الرَّقْصِ الشَّرْقِيِّ وَفي الأَغاني الكِلاسيكِيَّةِ وَالشَّعْبِيَّةِ.

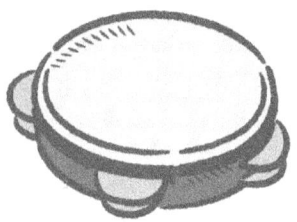

The riq: a percussion instrument consisting of a tambourine surrounded by small metal cymbals that are struck by hand. The riq is used in Eastern dance music as well as classical and folk songs.

الطَّبْلَةُ: آلَةٌ إيقاعيَّةٌ مِصْرِيَّةٌ يَتِمُّ ضَرْبُها بِالْيَد. يَتَكَوَّنُ جِسْمُ الطَّبْلَةِ مِنْ جِلْدٍ مَشْدودٍ عَلى إِطارٍ نُحاسِيٍّ أَوْ فَخّارِيٍّ. تُسْتَخْدَمُ الطَّبْلَةُ في موسيقى الرَّقْصِ الشَّرْقِيِّ وَالأَغاني العَرَبِيَّةِ.

The tabla: an Egyptian percussion instrument played by hand. The body of the tabla is made of stretched leather on a brass or ceramic frame. It is used in Eastern dance music and Arabic songs.

العودُ: آلَةٌ وَتَرِيَّةٌ عَرَبِيَّةٌ تَتَكَوَّنُ مِنْ جِسْمٍ هِلالِيِّ الشَّكْلِ وَعُنُقٍ طَويلٍ يَحْمِلُ مَجْموعَةً مِنَ الأَوْتارِ. يُعْتَبَرُ العودُ أَحَدَ أَهَمِّ آلاتِ الموسيقى العَرَبِيَّةِ، وَيُسْتَخْدَمُ في تَلْحينِ وَعَزْفِ المَقاماتِ وَالتَّقاسيمِ.

The oud: an Arab stringed instrument consisting of a crescent-shaped body and a long neck with a set of strings. The oud is considered one of the most important instruments in Arabic music and is used in composing and performing maqamat and taqasim.

القانونُ: آلَةٌ وَتَرِيَّةٌ تُشْبِهُ القيثارَةَ، تَتَكَوَّنُ مِنْ جِسْمٍ مُسْتَطيلِ الشَّكْلِ وَمَجْموعَةٍ مِنَ الأَوْتارِ المَشْدودَةِ. يُعْزَفُ عَلى القانونِ بِواسِطَةِ ريشَتَيْنِ صَغيرَتَيْنِ.

The qanun: a stringed instrument similar to a zither, consisting of a rectangular body and a set of strings. The qanun is played with two small plectrums.

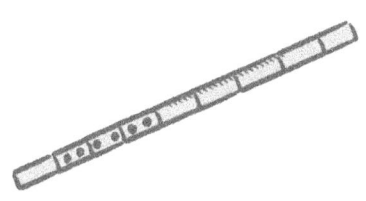

النّايُ: هُوَ آلَةٌ نَفْخِيَّةٌ عَرَبِيَّةٌ تَتَكَوَّنُ مِنْ قَصَبَةٍ طَويلَةٍ بِها ثُقوبٌ تُمَرِّرُ الهَواءَ. توجَدُ فَتْحَةُ فَمٍ عِنْدَ أَحَدِ طَرَفَيْهِ، وَلِلْفَمِ ثُقْبٌ بَيْضِيُّ الشَّكْلِ. يُعْزَفُ عَلى النّايِ بِواسِطَةِ تَوْجيهِ النَّفَسِ إِلى فَمِ النّايِ.

The ney: This is an Arabic wind instrument composed of a long reed with holes that guide the air. There is a mouthpiece opening at one end, and the mouth has an oval-shaped hole. The Ney is played by directing the breath into the mouthpiece of the instrument.

3.1.3 Film and Television

Track 62

original — أَصيلٌ

حَصَلَ مُسَلْسَلُ "بابِ الحارَةِ" السّوريُّ عَلى إِشادَةٍ مِنَ النُّقّادِ لِأَصالَتِهِ في تَقْديمِ تاريخِ المِنْطَقَةِ وَعاداتِها.

The Syrian TV series "Bab Al-Hara" received praise from critics for its originality in presenting the region's history and customs.

to produce — أَنْتَجَ • إِنْتاجٌ

أَنْتَجَتْ شَرِكَةُ الإِنْتاجِ المُسْتَقِلَّةُ فيلْمًا يَتَناوَلُ قِصَصَ النِّساءِ العامِلاتِ في المَصانِعِ.

The independent production company produced a film that addresses the stories of women working in factories.

direction — إِخْراجٌ

أَشادَ النُّقّادُ بِإِخْراجِ سامِرْ بَرْقاوي أَسْعَدْ لِمُسَلْسَلِ "الهَيْبَةِ" الَّذي لاقى نَجاحًا واسِعًا عَلى مُسْتَوى العالَمِ العَرَبِيِّ.

Critics praised Samer Al Barkawi's direction of the TV series "Al Hayba," which achieved widespread success in the Arab world.

remake — إِعادَةُ إِنْتاجٍ

يَعْمَلُ المُخْرِجُ السّوريُّ عَلى إِعادَةِ إِنْتاجِ فيلْمٍ كِلاسيكِيٍّ لِتَجْسيدِ قِصَّةِ حُبٍّ مُعاصِرَةٍ.

The Syrian director is working on remaking a classic film to portray a contemporary love story.

live broadcast — بَثٌّ مُباشِرٌ

شاهَدَ الجُمْهورُ حَفْلَ تَوْزيعِ جَوائِزِ الأوسْكارْ عَبْرَ بَثٍّ مُباشِرٍ عَلى شاشَةِ التِّلْفازِ.

The audience watched the Oscars ceremony through a live broadcast on television.

reality TV — بَرْنامَجُ تِلِفِزْيونِ واقِعٍ • بَرامِجُ

اِنْتَشَرَتْ بَرامِجُ تِلِفِزْيونِ الواقِعِ العَرَبِيَّةِ الَّتي تُرَكِّزُ عَلى مَواهِبِ الشَّبابِ وَتَنْمِيَةِ قُدُراتِهِمِ الفَنِّيَّةِ.

Arabic reality TV shows focusing on youth talents and developing their artistic abilities became popular.

TV program — بَرْنامَجٌ تِلِفِزْيونِيٌّ

اِشْتَهَرَ بَرْنامَجٌ تِلِفِزْيونِيٌّ مِصْرِيٌّ يَسْتَضيفُ فَنّانينَ مِنْ مُخْتَلِفِ البُلْدانِ العَرَبِيَّةِ وَيُعْرَضُ عَلى قَناةِ CBC.

An Egyptian television program hosting artists from various Arab countries gained popularity and aired on CBC channel.

تَأَلَّقَ • تَأَلَّقُ — to shine

تَأَلَّقَ المُمَثِّلُ المُبْدِعُ في دَوْرِهِ كَمُحَقِّقٍ يَسْعى لِكَشْفِ أَلْغازِ جَرِيمَةٍ غامِضَةٍ.

The creative actor shined in his role as a detective seeking to unravel the mysteries of a perplexing crime.

تَرْشيحٌ — nomination

تَلَقّى الفيلْمُ الرِّوائِيُّ الطَّويلُ تَرْشيحاتٍ عَديدَةً في مُخْتَلِفِ فِئاتِ مَهْرَجانِ السّينما الدَّوْلِيِّ.

The feature film received numerous nominations in various categories at the International Film Festival.

تَقييمٌ — ratings

حَصَلَ فيلْمٌ دِرامِيٌّ لُبْنانِيٌّ عَلى تَقْييماتٍ مُرْتَفِعَةٍ وَإِشادَةٍ نَقْدِيَّةٍ مِنْ قِبَلِ النُّقّادِ المُحْتَرِفينَ.

A Lebanese drama film received high ratings and critical acclaim from professional critics.

تَمْثيلٌ — acting

أَبْدَعَ فَريقُ التَّمْثيلِ في مُسَلْسَلِ الدِّراما الجَديدِ الَّذي يُناقِشُ قَضايا المَرْأَةِ في المُجْتَمَعِ العَرَبِيِّ.

The acting team excelled in the new drama series that discusses women's issues in Arab society.

ثَقافَةُ جُمْهورٍ — audience culture

أَصْبَحَ فيلْمُ "المومْياءِ"، الَّذي أُنْتِجَ في مِصْرَ في الخَمْسينِيّاتِ، جُزْءًا مِنْ ثَقافَةِ الجُمْهورِ العَرَبِيِّ، وَاحْتَفَظَ بِشَعْبِيَّتِهِ عَلى مَرِّ السِّنينَ.

The film "The Mummy," produced in Egypt in the 1950s, has become a part of Arab audience culture and has maintained its popularity over the years.

جائِزَةٌ • جَوائِزُ — award

فازَ الفيلْمُ القَصيرُ الَّذي يَرْوي قِصَّةَ حُبٍّ غَيْرَ تَقْليدِيَّةٍ بِجائِزَةِ أَفْضَلِ فيلْمٍ في مَهْرَجانِ السّينما العَرَبِيَّةِ.

The short film telling the story of an unconventional love affair won the Best Film award at the Arab Cinema Festival.

جائِزَةٌ كُبْرى — grand prize

فازَ المُخْرِجُ الفِلَسْطينِيُّ هاني أَبو أَسْعَدَ بِجائِزَةٍ كُبْرى في مِهْرَجانِ بِرْلينَ السّينِمائِيِّ عَنْ فيلْمِهِ "الجَنَّةُ الآنَ".

Palestinian director Hany Abu-Assad won a grand prize at the Berlin Film Festival for his film "Paradise Now."

جُزْءٌ ثاني • أَجْزاءٌ **sequel**

أَعْلَنَتْ شَرِكَةُ إِنْتاجٍ لُبْنانِيَّةٌ عَنْ إِصْدارِ جُزْءٍ ثانٍ لِفيلْمٍ دِرامِيٍّ ناجِحٍ صَدَرَ قَبْلَ عِدَّةِ سَنَواتٍ.

A Lebanese production company announced a sequel to a successful drama film released several years ago.

جَمَعَ • جَمْعٌ **to collect**

جَمَعَ الفيلْمُ المُسْتَقِلُّ تَمْويلَهُ عَبْرَ حَمْلَةِ تَبَرُّعاتٍ عَلى الإِنْتَرْنِتْ نَظَّمَها مُعْجَبوهُ.

The independent film collected its funding through an online donation campaign organized by its fans.

جَوْدَةٌ عالِيَةُ الوُضوحِ **high quality and clarity**

طَرَحَتْ شَرِكَةُ إِنْتاجٍ عَرَبِيَّةٌ مُسَلْسَلًا دِرامِيًّا جَديدًا بِجَوْدَةٍ عالِيَةِ الوُضوحِ عَلى مِنَصّاتِ البَثِّ المُباشِرِ عَبْرَ الإِنْتَرْنِتْ.

An Arab production company released a new drama series in high-definition quality on streaming platforms over the internet.

حَصَلَ عَلى • حُصولٌ **to obtain**

حَصَلَ الفيلْمُ الوَثائِقِيُّ عَلى جائِزَةِ أَفْضَلِ تَوْثيقٍ لِلْقَضايا الاِجْتِماعِيَّةِ في مَهْرَجانِ السّينِما العَرَبِيَّةِ.

The documentary film obtained the Best Social Issues Documentation award at the Arab Cinema Festival.

خَلْفَ كَواليسَ **behind the scenes**

قادَ المُخْرِجُ المُمَثِّلينَ خَلْفَ الكَواليسِ لِإِعْطائِهِمْ نَصائِحَ قَبْلَ تَصْويرِ المَشْهَدِ الحاسِمِ.

The director led the actors behind the scenes to give them some advice before shooting the crucial scene.

دارُ سينِما • دَوْرٌ **movie theater**

أُفْتُتِحَتْ دارُ سينِما جَديدَةٌ في عَمّانَ، تُقَدِّمُ أَحْدَثَ الأَفْلامِ العَرَبِيَّةِ وَالعالَمِيَّةِ لِلْجُمْهورِ.

A new movie theater opened in Amman, showcasing the latest Arab and international films for the audience.

دارُ عَرْضٍ سينِمائِيٍّ • دورٌ **movie theater**

أُعيدَ افْتِتاحُ دارِ عَرْضٍ سينِمائِيٍّ تاريخِيَّةٍ في بَيْروتَ، بَعْدَ تَرْميمِها وَتَحْديثِ مَرافِقِها لِاسْتِقْبالِ الجُمْهورِ وَعَرْضِ أَحْدَثِ الأَفْلامِ.

A historic cinema in Beirut was reopened after restoration and updating its facilities to accommodate the audience and screen the latest films.

دَرَسَ • دَرْسٌ — to study

دَرَسَ الشّابُّ بِكُلِّيَّةِ السّينِما وَالفُنونِ المَسْرَحِيَّةِ لِيَتَعَلَّمَ أَساسِيّاتِ التَّمْثيلِ وَالإِخْراجِ.

The young person studied at the College of Cinema and Theater Arts to learn the basics of acting and directing.

دَوْلِيٌّ — international

نالَ المُمَثِّلُ المِصْرِيُّ رامي مالِك عَرْضًا دَوْلِيًّا لِلْمُشارَكَةِ في فيلْمٍ هوليووديٍّ.

Egyptian actor Ramy Malik received an international offer to participate in a Hollywood film.

ذو ميزانِيَّةٍ مُنْخَفِضَةٍ • ذَوو — low-budget

حَقَّقَ فيلْمُ "ريشْ"، الَّذي يُعْتَبَرُ مِنَ الأَفْلامِ ذاتِ الميزانِيّاتِ المُنْخَفِضَةِ، نَجاحًا كَبيرًا في شُبّاكِ التَّذاكِرِ.

The low-budget film "Feathers" achieved great success at the box office.

رَئيسِيٌّ — main

يُعْتَبَرُ المُمَثِّلُ المِصْرِيُّ عادِلْ إِمامْ واحِدًا مِنْ أَعْمِدَةِ التَّمْثيلِ الرَّئيسِيَّةِ في السّينما العَرَبِيَّةِ.

The Egyptian actor Adel Imam is considered one of the main pillars of acting in Arab cinema.

سَجَّلَ • تَسْجيلٌ — to record

سَجَّلَ المُمَثِّلُ الشّابُّ مَشاهِدَهُ في الفيلْمِ الجَديدِ بَعْدَ تَحْضيرٍ طَويلٍ وَدَقيقٍ.

The young actor recorded his scenes in the new film after a long and meticulous preparation.

سيناريو • سيناريوهاتٌ — screenplay

اِعْتَبَرَ النُّقّادُ أَنَّ سيناريو الفيلْمِ التّاريخِيِّ كانَ مُتْقَنًا وَيَعْكِسُ بِشَكْلٍ دَقيقٍ الأَحْداثَ الَّتي وَقَعَتْ خِلالَ تِلْكَ الفَتْرَةِ.

Critics considered the historical film's screenplay to be well-crafted and accurately reflecting the events that occurred during that period.

سينما — cinema

سَتُفْتَتَحُ قَريبًا سينما جَديدَةٌ ضَخْمَةٌ في وَسَطِ المَدينَةِ، تَضُمُّ عِدَّةَ قاعاتِ عَرْضٍ وَمَرافِقَ تَرْفيهِيَّةٍ.

A new, large cinema will soon open in the city center, featuring multiple screening halls and entertainment facilities.

سينِمائِيٌّ — cinematic

أَبْدَعَ المُخْرِجُ المَغْرِبِيُّ في تَقْديمِ عَمَلٍ سينِمائِيٍّ يُجَسِّدُ تُراثَ بِلادِهِ وَقَضايا المُجْتَمَعِ المُعاصِرِ.

The Moroccan director excelled in presenting a cinematic work that embodies his country's heritage and contemporary social issues.

شارَكَ في دِعايَةٍ • مُشارَكَةٌ — to participate in promotion

شارَكَ الفَنّانونَ في دِعايَةِ الفيلْمِ عَبْرَ تَسْجيلِ مَقاطِعِ فيدْيو تَرْويجِيَّةٍ وَمُشارَكَتِها عَلى مَواقِعِ التَّواصُلِ الاِجْتِماعِيِّ.

The artists participated in promoting the film by recording promotional video clips and sharing them on social media sites.

شاهَدَ • مُشاهَدَةٌ — to watch

شاهَدَ الجُمْهورُ الفيلْمَ الجَديدَ بِشَغَفٍ في أَوَّلِ أَيّامِ عَرْضِهِ بِصالاتِ السّينِما.

The audience watched the new film with enthusiasm on its first day of screening in cinemas.

شَخْصِيَّةٌ — character

جَسَدَ المُمَثِّلُ الشّابُّ شَخْصِيَّةَ طَبيبٍ مُكافِحٍ يَسْعى لِإِنْقاذِ حَياةِ مَرْضاهُ رَغْمَ التَّحَدِّياتِ.

The young actor portrayed the character of a dedicated doctor striving to save his patients' lives despite challenges.

صُدورٌ — release

مِنَ المُتَوَقَّعِ صُدورُ الفيلْمِ الجَديدِ الَّذي يَتَناوَلُ قَضايا البيئَةِ في مِنْطَقَةِ الشَّرْقِ الأَوْسَطِ في الصَّيْفِ القادِمِ.

The new film addressing environmental issues in the Middle East is expected to be released next summer.

صَمَّمَ • تَصْميمٌ — to design

صَمَّمَ الفَنّانُ المَوْهوبُ المُلْصَقَ الدِّعائِيَّ لِلْفيلْمِ الكوميدِيِّ القادِمِ.

The talented artist designed the promotional poster for the upcoming comedy film.

صَوَّرَ • تَصْويرٌ — to film, shoot

صَوَّرَ المُخْرِجُ المَشاهِدَ الأَخيرَةَ مِنَ الفيلْمِ في مَواقِعِ تَصْويرٍ خَلّابَةٍ.

The director shot the final scenes of the film in stunning filming locations.

عَدَّلَ • تَعْديلٌ — to edit

عَدَّلَ مُحَرِّرُ الفيلْمِ بَعْضَ المَشاهِدِ لِتَحْسينِ التَّوازُنِ وَالتَّناسُقِ بَيْنَ مَشاهِدِ الفيلْمِ.

The film editor edited some scenes to improve balance and coherence between the film's scenes.

عَرَض • عَرْضٌ — to exhibit

نَحْنُ نَعرِض مَجْموعَةً مُتَنَوِّعَةً مِنَ الأَفْلَامِ الرَّائِعَةِ في صَالَةِ السِّينِمَا الخَاصَّةِ بِنا طَوالَ الصَّيْفِ.

We are showcasing a variety of amazing movies in our cinema throughout the summer.

عَرْضٌ أَوَّلُ عَلى سَجّادَةٍ حَمْراءَ • عُروضٌ — red carpet premiere

حَضَرَ عَدَدٌ مِنْ نُجومِ السّينِما العَرَبِيَّةِ العَرْضَ الأَوَّلَ لِفيلْمٍ جَديدٍ عَلى السَّجّادَةِ الحَمْراءِ في دُبَيّ.

A number of Arab cinema stars attended the red-carpet premiere of a new film in Dubai.

عَزَفَ • عَزْفٌ — to play (music)

عَزَفَ الموسيقِيُّ المُبْدِعُ مَقْطوعَةً موسيقِيَّةً مُسْتَوْحاةً مِنَ الفيلْمِ الرّومانْسِيِّ.

The creative musician played a musical piece inspired by the romantic film.

غامِضٌ — mysterious

أَبْدَعَ المُخْرِجُ اللُّبْنانِيُّ زِيادْ دُوَيْري في تَقْديمِ فيلْمِ "الهُجومِ" الَّذي يُناقِشُ قَضِيَّةً غامِضَةً تَتَعَلَّقُ بِالإِرْهابِ وَالتَّطَرُّفِ.

Lebanese director Ziad Doueiri excelled in presenting the film "The Attack," which discusses a mysterious issue related to terrorism and extremism.

فَريقُ عَمَلٍ • فِرَقٌ — cast

يَضُمُّ فَريقُ عَمَلِ المُسَلْسَلِ الدِّرامِيِّ القادِمِ مَجْموعَةً مُتَنَوِّعَةً مِنَ المُمَثِّلينَ الشَّبابِ وَالمَوْهوبينَ.

The upcoming drama series' cast includes a diverse group of young and talented actors.

فَنّانُ مُؤَثِّراتٍ خاصَّةٍ — special effects artist

قامَ فَنّانُ المُؤَثِّراتِ الخاصَّةِ بِتَصْميمِ مَشاهِدَ مُذْهِلَةٍ لِمَعْرَكَةٍ مَلْحَمِيَّةٍ في الفيلْمِ الخَيالِيِّ الجَديدِ.

The special effects artist designed stunning scenes for an epic battle in the new fantasy film.

فيلْمٌ • أَفْلامٌ — film

حَقَّقَ فيلْمُ "كَفْرِناحومْ" لِلْمُخْرِجَةِ اللُّبْنانِيَّةِ نادينْ لَبَكي نَجاحًا كَبيرًا، وَحَصَلَ عَلى عِدَّةِ جَوائِزَ عالَمِيَّةٍ.

The film "Capernaum" by Lebanese director Nadine Labaki achieved great success and won several international awards.

فيلْمٌ دِرامِيٌّ — dramatic film

أَثْنى النُّقّادُ العَرَبُ عَلى فيلْمٍ دِرامِيٍّ لُبْنانِيٍّ يَتَناوَلُ قَضايا الطَّبَقِيَّةِ الاِجْتِماعِيَّةِ وَالمَشاكِلِ الأُسَرِيَّةِ.

Arab critics praised a Lebanese drama film that addresses social class issues and family problems.

فيلْمٌ رائِجٌ blockbuster

أَصْدَرَتْ إِحْدى الشَّرِكاتِ المِصْرِيَّةِ فيلْمًا رائِجًا يَتَناوَلُ قِصَّةَ حَرْبٍ تاريخِيَّةٍ بُطولِيَّةٍ.

An Egyptian company released a blockbuster film depicting a heroic historical war story.

فيلْمُ رُعْبٍ horror film

يُعْتَبَرُ فيلْمُ "الفيلِ الأَزْرَقِ"، مِنْ بُطولَةِ كَريمْ عَبْدِ العَزيزْ، واحِدًا مِنْ أَشْهَرِ أَفْلامِ الرُّعْبِ العَرَبِيَّةِ.

"The Blue Elephant", starring Kareem Abd El-Aziz, is considered one of the most famous Arabic horror films.

فيلْمٌ كوميدِيٌّ comedy film

حَقَّقَ فيلْمُ "جِدّو حَبيبي" الكوميدِيُّ المِصْرِيُّ نَجاحًا كَبيرًا في شُبّاكِ التَّذاكِرِ، وَنالَ اسْتِحْسانَ الجُمْهورِ.

The Egyptian comedy film "Jeddo Habibi" achieved great success at the box office and was well-received by the audience.

فيلْمٌ ناجِحٌ في شِبّاكِ تَذاكِرَ box office hit

حَقَّقَ فيلْمُ الأَكْشَنِ الإِماراتِيُّ "الكَمينُ" إيراداتٍ قِياسِيَّةً، وَأَصْبَحَ ناجِحًا في شُبّاكِ التَّذاكِرِ.

The Emirati action film "The Ambush" achieved record revenues and became a box office hit.

فيلْمٌ وَثائِقِيٌّ documentary film

حَصَلَ فيلْمٌ وَثائِقِيٌّ مِصْرِيٌّ عَنْ ثَوْرَةِ 25 يَنايِرَ عَلى إِشادَةٍ عالَمِيَّةٍ وَعِدَّةِ جَوائِزَ في المَهْرَجاناتِ الدَّوْلِيَّةِ.

An Egyptian documentary film about the January 25th Revolution received international acclaim and several awards at international festivals.

قَصَّ • قَصٌّ to cut

قَصَّ المُخْرِجُ بَعْضَ المَشاهِدِ مِنَ الفيلْمِ لِيَتَناسَبَ مَعَ مُتَطَلَّباتِ المَهْرَجانِ السّينِمائِيِّ.

The director cut some scenes from the film to fit the requirements of the film festival.

كاتِبُ سينارْيو • كُتّابٌ scriptwriter, screenwriter

عَكَفَ كاتِبُ السّينارْيو أَحْمَدْ وائِلْ عَلى تَأْليفِ قِصَّةِ مُسَلْسَلِ "بِ 100 وِشّ" الَّذي عُرِضَ في رَمَضانَ الماضي.

Screenwriter Ahmed Wael worked on writing the story for the TV series "Bi 100 Wish," which was broadcasted last Ramadan.

كَتَبَ • كِتابَةٌ to write

كَتَبَ الكاتِبُ السّينارْيو المُعَقَّدَ لِلفيلْمِ الجَديدِ الَّذي يَتَناوَلُ مَوْضوعَ العَلاقاتِ الأُسَرِيَّةِ.

The writer wrote the complex scenario for the new film that deals with the subject of family relationships.

influential — active participle — **مُؤَثِّرٌ**

يُعْتَبَرُ فيلْمُ "يَوْمِ الدّينِ"، لِلْمُخْرِجِ المِصْرِيِّ أَبو بَكْرْ شَوْقي، مُؤَثِّرًا بِما يَتَناوَلُهُ مِنْ قَضايا اجْتِماعِيَّةٍ وَإِنْسانِيَّةٍ عَميقَةٍ.

The Egyptian director Abu Bakr Shawky's film "Yomeddine" is considered influential due to its coverage of profound social and humanitarian issues.

> Starting with the term above, we can see several examples of active participles in this section. Review the note on p. 166. We have labeled the active participles in the rest of this section for you.

special effects — pl. — **مُؤَثِّراتٌ خاصَّةٌ**

اِسْتَخْدَمَ فَريقُ المُؤَثِّراتِ الخاصَّةِ تِقْنِيّاتٍ حَديثَةً لِإِضْفاءِ جَوٍّ مِنَ الواقِعِيَّةِ عَلى مَشاهِدِ الحَرَكَةِ في الفيلْمِ الخَيالِيِّ.

The special effects team used modern techniques to add a sense of realism to the action scenes in the fantasy film.

fascinating — active participle — **مُبْهِرٌ**

شاهَدَ الجُمْهورُ فيلْمَ "المَمَرّ" المِصْرِيَّ المُبْهِرَ، بِأَدائِهِ المُتَمَيِّزِ وَإِخْراجِهِ البَديعِ لِقِصَّةِ البُطولَةِ وَالتَّضْحِيَةِ.

Audiences watched the fascinating Egyptian film "Al-Mamar" with its outstanding performance and exquisite directing of a story about heroism and sacrifice.

to act — • تَمْثيلٌ — **مَثَّلَ**

تُمَثِّلُ المُمَثِّلَةُ المَوْهوبَةُ دَوْرَ مُعَلِّمَةٍ مُلْهِمَةٍ تُغَيِّرُ حَياةَ طُلّابِها مِنْ خِلالِ التَّعْليمِ.

The talented actress acts as an inspiring teacher who changes her students' lives through education.

exciting — active participle — **مُثيرٌ**

عُرِضَ المُسَلْسَلُ المُثيرُ "جِرانْدْ أوتيل" عَلى شَبَكاتٍ تِلِفِزْيونِيَّةٍ عَرَبِيَّةٍ مُخْتَلِفَةٍ.

The exciting TV series "Grand Hotel" was broadcast on various Arab television networks.

controversial — **مُثيرٌ لِلْجَدَلِ**

أَثارَ فيلْمُ "كَفْرناحومْ" لِلْمُخْرِجَةِ اللُّبْنانِيَّةِ نادينْ لَبَكي جَدَلًا واسِعًا بِسَبَبِ مَوْضوعِهِ الَّذي يَتَعامَلُ مَعَ الحَياةِ المُعَذَّبَةِ لِأَطْفالِ الشَّوارِعِ.

The Lebanese director Nadine Labaki's film "Capernaum" caused widespread controversy due to its subject matter dealing with the tortured lives of street children.

director *active participle* **مُخْرِجٌ**

تُوِّجَ المُخرِجُ اليَمَنِيُّ عَمرو جَمال بِجائِزَةِ أَمْنِسْتي الدَّوْلِيَّةِ في مِهْرَجانِ بِرْلينَ السِّينِمائِيِّ عَنْ فيلْمِهِ "المُرْهَقونَ".

Yemeni director Amr Gamal won the Amnesty International Award for his film "The Burdened" at the Berlin Film Festival.

horrifying *active participle* **مُرْعِبٌ**

يَتَمَيَّزُ فيلْمُ الرُّعْبِ العَرَبِيُّ "جِنّ" بِأَجْوائِهِ المُرْعِبَةِ وَالتَّشْويقِيَّةِ الَّتي أَبْدَعَ في نَقْلِها لِلْمُشاهِدينَ.

The Arab horror film "Djinn" is distinguished by its horrifying and thrilling atmosphere that was skillfully conveyed to the viewers.

independent *active participle* **مُسْتَقِلٌّ**

شارَكَ الفيلْمُ المِصْرِيُّ المُسْتَقِلُّ "الغابَةُ" في مَهْرَجانِ القاهِرَةِ السِّينِمائِيِّ الدَّوْلِيِّ.

The independent Egyptian film "The Forest" participated in the Cairo International Film Festival.

TV series **مُسَلْسَلٌ تِلِفِزْيونِيٌّ**

شَهِدَ المُسَلْسَلُ التِّلِفِزْيونِيُّ المِصْرِيُّ "رَأْفَتِ الهَجّانْ" نَجاحًا جَماهيرِيًّا كَبيرًا، وَتَمَيَّزَ بِأَداءِ المُمَثِّلينَ.

The Egyptian television series "Raafat El Hagan" witnessed great popular success and was distinguished by the actors' performances.

soap opera **مُسَلْسَلٌ دِرامِيٌّ طَويل**

اسْتَمْتَعَ عُشّاقُ المُسَلْسَلاتِ الدِّرامِيَّةِ الطَّويلَةِ بِالأَحْداثِ المُشَوِّقَةِ وَالرّومانْسِيَّةِ في مُسَلْسَلٍ لُبْنانِيٍّ.

Fans of soap opera TV series enjoyed the exciting and romantic events in a Lebanese series.

sitcom **مُسَلْسَلٌ كوميدِيٌّ**

حَقَّقَ مُسَلْسَلٌ كوميدِيٌّ مِصْرِيٌّ نَجاحًا كَبيرًا، وَأَضْحَكَ الجُمْهورَ بِأَحْداثِهِ الطَّريفَةِ وَشَخْصِيّاتِهِ المَرِحَةِ.

An Egyptian sitcom achieved great success and made the audience laugh with its funny events and cheerful characters.

suspenseful *active participle* **مُشَوِّقٌ**

يَتَمَيَّزُ فيلْمُ "ذِهابٍ وَعَوْدَةٍ" لِلْمُخْرِجِ المِصْرِيِّ مُحَمَّدْ داوودْ بِقِصَّتِهِ المُشَوِّقَةِ وَالأَداءِ المُتَمَيِّزِ لِطاقِمِ العَمَلِ.

The suspenseful film "Round trip" by Egyptian director Mohammed Dawood is characterized by its thrilling story and the outstanding performance of the cast.

مَقْطَعٌ دِعائِيٌّ • مَقاطِعُ promotional trailer

اِنْتَشَرَ المَقْطَعُ الدِّعائِيُّ لِفيلْمِ "الفيلِ الأَزْرَقِ 2"، مِنْ بُطولَةِ كَريمِ عَبْدِ العَزيزِ، عَلى مَواقِعِ التَّواصُلِ الاِجْتِماعِيِّ قَبْلَ عَرْضِهِ بِأَسابيعَ.

The promotional trailer for the film "The Blue Elephant 2" starring Karim Abdel Aziz spread on social media sites weeks before its release.

مُمْتِعٌ *active participle* fun

اِسْتَمْتَعَ المُشاهِدونَ بِالْكوميدْيا الرّومانْسِيَّةِ "عُمَرْ وَسَلْمى"، الَّتي جَمَعَتْ بَيْنَ المُمَثِّلَةِ مَيّ عِزِّ الدّينْ وَالفَنّانِ تامِرْ حُسْني.

Audiences enjoyed the romantic comedy "Omar and Salma" featuring actress Mai Ezz El-Deen and artist Tamer Hosni.

مُمَثِّلٌ *active participle* actor

يُعْتَبَرُ الفَنّانُ عادِلْ إِمامْ واحِدًا مِنْ أَشْهَرِ المُمَثِّلينَ المِصْرِيّينَ، وَقَدْ شارَكَ في أَكْثَرَ مِنْ 100 فيلْمٍ.

The actor Adel Emam is considered one of the most famous Egyptian actors and has participated in over 100 films.

مُنْتِجٌ *active participle* producer

قَرَّرَ المُنْتِجُ تَمْويلَ مَشْروعِ فيلْمٍ وَثائِقِيٍّ يَرْوي قِصَّةَ الهِجْرَةِ وَاللُّجوءِ عَلى مَرِّ العُقودِ.

The producer decided to finance a documentary film project that tells the story of migration and refuge over the decades.

مَهْرَجانُ أَفْلامٍ film festival

أُفْتُتِحَ مَهْرَجانُ القاهِرَةِ السّينِمائِيُّ الدَّوْلِيُّ بِفيلْمٍ عَرَبِيٍّ حازَ عَلى إِشادَةِ النُّقّادِ وَالجُمْهورِ.

The Cairo International Film Festival opened with an Arab film that received critical acclaim and audience praise.

موسيقى تَصْويرِيَّةٌ soundtrack

لاقَتِ الموسيقى التَّصْويرِيَّةُ لِلْفيلْمِ الدِّرامِيِّ الرّومانْسِيِّ اسْتِحْسانًا مِنْ قِبَلِ الجُمْهورِ وَالنُّقّادِ عَلى حَدٍّ سَواءٍ.

The romantic drama film's soundtrack received praise from both the audience and critics alike.

موسيقى فيلْمٍ soundtrack

حَصَلَتْ موسيقى الفيلْمِ الرّومانْسِيِّ عَلى اسْتِحْسانِ النُّقّادِ وَأَضْفَتْ جَوًّا ساحِرًا لِلْعَمَلِ الفَنِّيِّ.

The soundtrack of the romantic film received critical acclaim and added a magical atmosphere to the artistic work.

نَالَ اسْتِحْسَانَ النُّقَّادِ • نَيْلٌ to be critically acclaimed

نَالَ فيلْمُ "كَفْرِناحومْ" لِلْمُخْرِجَةِ اللُّبْنَانِيَّةِ نادينْ لَبَكِي اسْتِحْسَانَ النُّقَّادِ وَفازَ بِعِدَّةِ جَوائِزَ عالَمِيَّةٍ.

The film "Capernaum" by Lebanese director Nadine Labaki is critically acclaimed and has won several international awards.

نَجْمُ سِينِما • نُجومٌ movie star

تَواجَدَ نُجومُ السِّينِما العَرَبِيَّةِ عَلَى السِّجَّادَةِ الحَمْراءِ في مَهْرَجانِ كانَ السِّينمائِيِّ.

Arab cinema stars were present on the red carpet at the Cannes Film Festival.

3.1.3.1 Mini-Articles

Track 63

في مَهْرَجانِ أَفْلامٍ دَوْلِيٍّ شَهيرٍ، أُعْلِنَ عَنْ تَرْشيحِ فيلْمٍ دِرامِيٍّ مُسْتَقِلٍّ ذي ميزانِيَّةٍ مُنْخَفِضَةٍ، مِنْ إِنْتاجِ وَإِخْراجِ شابٍّ مَوْهوبٍ، لِعِدَّةِ جَوائِزَ كُبْرى. يَتَناوَلُ الفيلْمُ قِصَّةَ شَخْصِيَّةٍ غامِضَةٍ تَعيشُ في مُجْتَمَعٍ مُتَعَدِّدِ الثَّقافاتِ. حَقَّقَ الفيلْمُ تَقْييماتٍ عالِيَةً وَنالَ اسْتِحْسانَ النُّقَّادِ بِفَضْلِ جَوْدَةِ صورَتِهِ عالِيَةِ الوُضوحِ وَتَأَلُّقِ المُمَثِّلينَ في الأَداءِ.

In a popular international film festival, a low-budget independent drama film directed by a talented young filmmaker was announced as a nominee for several major awards. The film portrays the story of a mysterious character living in a diverse community. The film received high ratings and critical acclaim for its high-quality visuals and the actors' performances.

أَعْلَنَتْ شَبَكَةٌ تِلِفِزْيونِيَّةٌ عَنْ بَثٍّ مُباشِرٍ لِبَرْنامَجٍ تِلِفِزْيونِيٍّ جَديدٍ يُرَكِّزُ عَلى كَواليسِ صِناعَةِ الأَفْلامِ وَالتِّلِفِزْيونِ. سَيَتَضَمَّنُ البَرْنامَجُ مُقابَلاتٍ مَعَ مُخْرِجينَ وَمُنْتِجينَ وَمُمَثِّلينَ مَشْهورينَ، بِالإِضافَةِ إِلى فِرَقِ العَمَلِ المَسْؤولَةِ عَنِ المُؤَثِّراتِ الخاصَّةِ وَالموسيقى التَّصْويرِيَّةِ. سَيُتيحُ البَرْنامَجُ لِلْجُمْهورِ فُرْصَةً لِلِاطِّلاعِ عَلى عَمَلِيَّةِ صِناعَةِ الأَفْلامِ وَالمُسَلْسَلاتِ التِّلِفِزْيونِيَّةِ.

A television network announced the live broadcast of a new TV show that focuses on the behind-the-scenes of the film and television industry. The program includes interviews with famous directors, producers, and actors, as well as the teams responsible for special effects and soundtrack. The program provides the audience with an opportunity to learn about the process of making films and TV series.

تَمَّ الإِعْلانُ مُؤَخَّرًا عَنْ إِعادَةِ إِنْتاجِ مُسَلْسَلٍ تِلِفِزْيونِيٍّ دِرامِيٍّ طَويلٍ ناجِحٍ، حَيْثُ سَتَشْمَلُ النُّسْخَةُ الجَديدَةُ تَعْديلاتٍ عَلى السيناريو الأَصْلِيِّ وَتَغْييرَ بَعْضِ الشَّخْصِيَّاتِ الرَّئيسِيَّةِ. أَكَّدَ المُنْتِجُ وَالمُخْرِجُ أَنَّ التَّغْييراتِ تَهْدِفُ

لِتَحْسينِ جَوْدَةِ العَمَلِ وَجَعْلِهِ مُلائِمًا لِلْجُمْهورِ المُعاصِرِ. مِنَ المُتَوَقَّعِ أَنْ يُعْرَضَ المُسَلْسَلُ الجَديدُ في دُورِ العَرْضِ السّينِمائِيَّةِ وَعَلى قَنَواتٍ تِلِفِزْيونِيَّةٍ مُخْتارَةٍ.

Recently, it was announced that a successful, long-running drama TV series will be remade, with modifications to the original script and changes to some of the main characters. The producer and director confirmed that the changes aim to improve the quality of the work and make it more suitable for contemporary audiences. It is expected that the new series will be shown in movie theaters and selected TV channels.

3.1.3.2 Interview with a Film Director

Track **64**

المُراسِلَةُ: مَرْحَبًا يا مُخْرِجَنا المَوْهوبَ، نَحْنُ سُعَداءُ لِلْغايَةِ بِأَنْ نَتَحَدَّثَ مَعَكَ اليَوْمَ حَوْلَ فيلْمِكَ الجَديدِ الَّذي يُعْتَبَرُ أَحَدَ الأَفْلامِ المُنْتَظَرَةِ هَذا العامَ. هَلْ يُمْكِنُكَ مُشارَكَتُنا بَعْضَ المَعْلوماتِ حَوْلَ قِصَّةِ الفيلْمِ؟

المُخْرِجُ: مَرْحَبًا، وَشُكْرًا لَكِ عَلى الفُرْصَةِ. الفيلْمُ الجَديدُ هُوَ فيلْمٌ دِرامِيٌّ يَتَناوَلُ قَضايا اجْتِماعِيَّةً مُثيرَةً لِلْجَدَلِ في مِصْرَ. تَدورُ الأَحْداثُ حَوْلَ شَخْصِيَّةٍ رَئيسِيَّةٍ تُواجِهُ تَحَدِّياتٍ في مُجْتَمَعٍ ذي ثَقافاتٍ مُتَنَوِّعَةٍ وَمُتَغَيِّرَةٍ.

المُراسِلَةُ: ما هِيَ التَّحَدِّياتُ الرَّئيسِيَّةُ الَّتي واجَهْتَها أَثْناءَ إِنْتاجِ الفيلْمِ؟ وَكَيْفَ تَغَلَّبْتَ عَلَيْها؟

المُخْرِجُ: أَكْبَرُ تَحَدٍّ كانَ تَأْمينُ ميزانِيَّةٍ مُناسِبَةٍ لِلْإِنْتاجِ، لَكِنَّنا اسْتَطَعْنا جَمْعَ التَّمْويلِ مِنْ خِلالِ دَعْمٍ مَحَلِّيٍّ وَدَوْلِيٍّ. كَما قُمْنا بِتَوْظيفِ فَريقِ عَمَلٍ مُتَمَيِّزٍ وَمَوْهوبٍ لِضَمانِ جَوْدَةٍ عالِيَةِ الوُضوحِ في التَّصْويرِ وَالمُؤَثِّراتِ الخاصَّةِ.

المُراسِلَةُ: ما هِيَ التَّوَقُّعاتُ لِهَذا الفيلْمِ في المَهْرَجاناتِ السّينِمائِيَّةِ، وَمِنْ حَيْثُ إِحْرازِ الجَوائِزِ؟

المُخْرِجُ: نَأْمُلُ أَنْ يُحَقِّقَ الفيلْمُ نَجاحًا في المَهْرَجاناتِ المَحَلِّيَّةِ وَالدَّوْلِيَّةِ. لَقَدْ تَمَّ تَرْشيحُ الفيلْمِ لِعِدَّةِ جَوائِزَ في مَهْرَجاناتٍ مَرْموقَةٍ، وَنَتَطَلَّعُ إِلى تَحْقيقِ تَقْييماتٍ عالِيَةٍ وَنَيْلِ اسْتِحْسانِ النُّقّادِ.

المُراسِلَةُ: هَلْ يُمْكِنُكَ إِخْبارُنا عَنِ المُمَثِّلينَ الَّذينَ شارَكوا في الفيلْمِ؟ وَكَيْفَ كانَتْ تَجْرِبَتُكَ مَعَهُمْ؟

المُخْرِجُ: لَقَدْ كانَ لي شَرَفُ العَمَلِ مَعَ مُمَثِّلينَ مِصْرِيّينَ مَوْهوبينَ وَذَوي خِبْرَةٍ. تَأَلَّقُوا في تَأْدِيَةِ أَدْوارِهِمْ، وَقَدَّمُوا أَداءً مُبْهِرًا عَلى الشّاشَةِ. كانَتْ تَجْرِبَةً رائِعَةً وَمُلْهِمَةً لِلْجَميعِ، وَأَشْعُرُ بِالْفَخْرِ لِكَوْني جُزْءًا مِنْ هَذا العَمَلِ المُشْتَرَكِ.

المُراسِلَةُ: هَلْ يُمْكِنُنا أَنْ نَتَوَقَّعَ رُؤْيَةَ تَعاوُنٍ جَديدٍ بَيْنَكَ وَبَيْنَ هَؤُلاءِ المُمَثِّلينَ في المُسْتَقْبَلِ؟

المُخْرِجُ: بِالتَّأْكيدِ، إِذا سَنَحَتِ الفُرْصَةُ، سَيَسُرُّني التَّعاوُنُ مَعَهُمْ مَرَّةً أُخْرى. المَواهِبُ المِصْرِيَّةُ لا تَقِلُّ عَنْ أَيِّ مَوْهِبَةٍ عالَمِيَّةٍ، وَأَعْتَقِدُ أَنَّنا سَوِيًّا يُمْكِنُ أَنْ نُقَدِّمَ أَعْمالًا رائِعَةً تَعْكِسُ بِحَقٍّ ما نَمْلِكُ مِنْ ثَقافَةٍ وَتُراثٍ غَنِيٍّ.

المُراسِلَةُ: مَتى يُمْكِنُ لِجُمْهورِ السّينِما أَنْ يَتَوَقَّعَ مُشاهَدَةَ الفيلْمِ في دُورِ العَرْضِ السّينِمائِيَّةِ؟

المُخْرِجُ: سَيَتِمُّ عَرْضُ الفيلْمِ لِأَوَّلِ مَرَّةٍ في مَهْرَجانٍ دَوْلِيٍّ كَبيرٍ خِلالَ الشَّهْرِ المُقْبِلِ. بَعْدَ ذَلِكَ، سَنَقومُ بِتَوْسيعِ نِطاقِ العَرْضِ لِيَشْمَلَ دُورَ العَرْضِ السّينِمائِيَّةِ في مِصْرَ وَالدُّوَلِ المُجاوِرَةِ. نَأْمُلُ أَنْ يَسْتَمْتِعَ الجُمْهورُ بِمُشاهَدَتِهِ وَأَنْ يَتْرُكَ أَثَرًا إيجابِيًّا عَلى المُشاهِدينَ.

المُراسِلَةُ: شُكْرًا لَكَ عَلى وَقْتِكَ، وَنَتَمَنّى لَكَ التَّوْفيقَ وَالنَّجاحَ في مَشْروعِكَ السّينِمائِيِّ الجَديدِ وَفي مُسْتَقْبَلِكَ المِهْنِيِّ.

المُخْرِجُ: شُكْرًا لَكُمْ عَلى دَعْمِكُمْ وَاهْتِمامِكُمْ بِعَمَلِنا. إِنَّهُ لَشَرَفٌ كَبيرٌ لي أَنْ أَتَحَدَّثَ مَعَكُمْ عَنْ هَذا الفيلْمِ، وَأَتَمَنّى أَنْ يَنالَ إِعْجابَ الجَميعِ.

Correspondent: Hello, our talented director. We are delighted to speak with you today about your new film, which is one of the most anticipated movies this year. Can you share some information about the film's story?

Director: Hello, and thank you for the opportunity. The new film is a drama that tackles controversial social issues in Egypt. The story revolves around a main character who faces challenges in a diverse and changing public culture.

Correspondent: What were the main challenges you faced during the production of the film, and how did you overcome them?

Director: The biggest challenge was securing an appropriate budget for the production, but we were able to raise funds through local and international support. We

	also employed a talented and experienced team to ensure high-quality clarity in filming and special effects.
Correspondent:	What are the expectations for this film in film festivals and in terms of achieving awards?
Director:	We hope the film will be successful in local and international festivals. The film has been nominated for several prestigious awards, and we look forward to achieving high ratings and critical acclaim.
Correspondent:	Can you tell us about the actors who participated in the film, and how was your experience with them?
Director:	I had the honor of working with talented and experienced Egyptian actors. They excelled in performing their roles and delivered a stunning performance on the screen. It was a wonderful and inspiring experience for everyone, and I feel proud to be part of this collaborative work.
Correspondent:	Can we expect to see new collaborations between you and these actors in the future?
Director:	Certainly, if the opportunity arises, I would be happy to collaborate with them again. Egyptian talent is no less than any global talent, and I believe that together we can offer great works that truly reflect our rich culture and heritage.
Correspondent:	When can cinema audiences expect to see the film in theaters?
Director:	The film will be screened for the first time at a major international festival next month. After that, we will expand the screening to include theaters in Egypt and neighboring countries. We hope that the audience will enjoy watching it and leave a positive impact on viewers.
Correspondent:	Thank you for your time, and we wish you success in your new film project and in your professional future.
Director:	Thank you for your support and interest in our work. It is a great honor for me to speak with you about this film, and I hope it will be enjoyed by everyone.

3.2 Visual Arts

3.2.1 Painting, Sculpture, and Photography

Track **65**

أَصْلِيٌّ authentic

تَعْكِسُ اللَّوْحَةُ الأَصْليَّةُ تُراثَ المُجْتَمَعِ وَعاداتِهِ.

The authentic painting reflects the heritage and customs of the society.

بورْتريهْ portrait painting

عُرِضَ بورْترِيهْ لِشَخْصِيَّةٍ تاريخِيَّةٍ مَعْروفَةٍ في المَتْحَفِ.

A portrait painting of a well-known historical figure was displayed in the museum.

تَصْويرٌ (فوتوغْرافِيٌّ) photography

اِكْتَسَبَ التَّصْويرُ الفوتوغْرافِيُّ شَعْبِيَّةً هائِلَةً بَيْنَ الشَّبابِ، حَيْثُ استَخْدَموهُ في تَوْثيقِ ذِكْرَياتِهِمْ.

Photography has gained immense popularity among young people, as they have used it to document their memories.

تَصْويرٌ بِالأَسْوَدِ وَالأَبْيَضِ black and white photography

أَبْدَعَ المُصَوِّرُ في تَقْديمِ صُوَرٍ بِالأَسْوَدِ وَالأَبْيَضِ تَعْكِسُ الجَوانِبَ المُخْتَلِفَةَ لِلْحَياةِ اليَوْمِيَّةِ.

The photographer excelled in presenting black and white photography that reflects the different aspects of daily life.

تَصْويرُ بورْترِيهْ portrait photography

اِكْتَسَبَ تَصْويرُ البورْترِيهْ لِشَخْصيّاتٍ نِسائِيَّةٍ قَوِيَّةٍ شُهْرَةً عالَمِيَّةً.

Portrait photography of strong female characters has gained international fame.

تَصْويرٌ عَفْوِيٌّ candid photography

نالَتْ أَعْمالُ التَّصْويرِ العَفْوِيِّ لِأَطْفالِ الشَّوارِعِ إِعْجابَ الجُمْهورِ.

Candid photography of street children won the admiration of the audience.

تَصْويرٌ فَنِّيٌّ art photography

نالَتْ أَعْمالُ التَّصْويرِ الفَنِّيِّ لِلْمَباني التّاريخِيَّةِ إِعْجابَ النُّقّادِ.

Art photography of historical buildings won the admiration of critics.

تَصْويرٌ فوتوغْرافِيٌّ فَنِّيٌّ fine art photography

أُقيمَ مَعْرِضٌ لِأَعْمالِ تَصْويرٍ فوتوغْرافِيٍّ فَنِّيٍّ تَسْتَكْشِفُ العَلاقَةَ بَيْنَ الإِنْسانِ وَالطَّبيعَةِ.

An exhibition of fine art photography works exploring the relationship between humans and nature was held.

تَصْويرُ مَناظِرَ طَبيعِيَّةٍ landscape photography

أُفْتُتِحَ مَعْرِضُ تَصْويرٍ لِلْمَناظِرِ الطَّبيعِيَّةِ يُظْهِرُ جَمالَ البيئَةِ الطَّبيعِيَّةِ لِلْمِنْطَقَةِ.

A landscape photography exhibition showcasing the natural beauty of the region was opened.

تِمْثالٌ بُرونْزِيٌّ • تَماثيلُ bronze sculpture

كَشَفَتِ المَدينَةُ عَنْ تِمْثالٍ بُرونْزِيٍّ ضَخْمٍ يُمَثِّلُ بَطَلًا تاريخِيًّا مَحَلِّيًّا.

The city unveiled a massive bronze sculpture representing a local historical hero.

تِمْثالٌ حَجَرِيٌّ stone sculpture

أَثارَ تِمْثالٌ حَجَرِيٌّ غامِضٌ ظَهَرَ في مَيْدانِ وَسَطِ المَدينَةِ اهْتِمامَ السُّكّانِ وَالسُّيّاحِ.

A mysterious stone sculpture that appeared in the central square attracted the interest of residents and tourists.

تِمْثالٌ عامٌّ public sculpture

تَمَّ تَكْريمُ الفَنّانِ بِنَصْبِ تِمْثالٍ عامٍّ يُعَبِّرُ عَنِ التَّضامُنِ وَالوَحْدَةِ بَيْنَ سُكّانِ المَدينَةِ.

The artist was honored with a public sculpture expressing solidarity and unity among the city's residents.

جَمَعَ أَعْمالًا فَنِّيَّةً • جَمْعٌ to collect art

تَمَّ جَمْعُ مَجْموعَةٍ فَنِّيَّةٍ ثَمينَةٍ مِنْ قِبَلِ هُواةِ جَمْعِ الأَعْمالِ الفَنِّيَّةِ في المَدينَةِ.

A valuable art collection was assembled by art collectors in the city.

حَديقَةُ مَنْحوتاتٍ • حَدائِقُ sculpture garden

أُفْتُتِحَتْ حَديقَةُ مَنْحوتاتٍ جَديدَةٌ تَضُمُّ مَجْموعَةً مُتَنَوِّعَةً مِنَ التَّماثيلِ وَالتَّرْكيباتِ الفَنِّيَّةِ المُبْتَكَرَةِ.

A new sculpture garden was opened, featuring a diverse collection of innovative statues and art installations.

خَلّاقٌ imaginative

يُظْهِرُ الفَنّانُ الخَلّاقُ اسْتِخْدامًا فَريدًا لِلْأَلْوانِ وَالأَشْكالِ.

The imaginative artist demonstrates a unique use of colors and shapes.

رَسَمَ • رَسْمٌ — to paint, draw

يُعْتَبَرُ الرَّسْمُ طَريقَةً فَعّالَةً لِلتَّواصُلِ وَالتَّعْبيرِ عَنِ الأَفْكارِ وَالمَشاعِرِ.

Drawing is an effective way of communication and expression of ideas and emotions.

رَسْمٌ بِأَلْوانٍ مائِيَّةٍ • رُسومٌ — watercolor painting

اِشْتَهَرَ الفَنّانُ بِرَسْمِهِ بِالأَلْوانِ المائِيَّةِ عَنْ طَريقِ تَوْظيفِ تَدَرُّجاتِ الأَلْوانِ الرَّقيقَةِ.

The artist became famous for watercolor painting by employing delicate color gradients.

رَسْمُ مَناظِرَ طَبيعِيَّةٍ — landscape painting

اِكْتَسَبَ رَسْمُ المَناظِرِ الطَّبيعِيَّةِ شُهْرَةً واسِعَةً بِفَضْلِ المَشاهِدِ الجَمالِيَّةِ وَالتَّفاصيلِ الدَّقيقَةِ.

Landscape painting has gained widespread fame due to the aesthetic scenes and meticulous details.

صَوَّرَ • تَصْويرٌ — to photograph

صَوَّرَ المُصَوِّرُ الفوتوغْرافِيُّ مَشاهِدَ مُذْهِلَةً مِنَ الحَياةِ البَرِّيَّةِ.

The photographer captured stunning scenes of wildlife.

عَتيقٌ — antique

عَكَسَتِ الأَعْمالُ الفَنِّيَّةُ العَتيقَةُ التُّراثَ وَالثَّقافَةَ المَحَلِّيَّةَ.

The antique artworks reflected the local heritage and culture.

عَرَضَ عَمَلًا فَنِّيًّا • عَرْضٌ — to showcase an artwork

عَرَضَ المَعْرِضُ عَمَلًا فَنِّيًّا فَريدًا لِجَذْبِ اهْتِمامِ الزُّوّارِ.

The exhibition showcased a unique artwork to attract the attention of visitors.

عَرَضَ في مَعْرِضٍ فَنِّيٍّ • عَرْضٌ — to exhibit in an art show

يَعْرِضُ المَعْرِضُ الفَنِّيُّ لَوْحاتٍ وَمَنْحوتاتٍ مُسْتَوْحاةً مِنَ التُّراثِ الثَّقافِيِّ المَحَلِّيِّ.

The art exhibition showcases paintings and sculptures inspired by the local cultural heritage.

عَمَلُ تَصْويرٍ فوتوغْرافِيٍّ — photographic work

تَمَّ الكَشْفُ عَنْ أَعْمالِ تَصْويرٍ فوتوغْرافِيٍّ جَديدَةٍ لِلْمَباني التّاريخِيَّةِ المُهَدَّمَةِ في المَدينَةِ القَديمَةِ.

New photographic works of the deteriorated historical buildings in the old city have been revealed.

فَنُّ الشّارِعِ
street art

أَثارَتْ جِدارِيَّةٌ ضَخْمَةٌ مِنْ فَنِّ الشارِعِ، تُناقِشُ قَضِيَّةَ تَغَيُّرِ المُناخِ وَتَأْثيرَها عَلى المُجْتَمَعاتِ المَحَلِّيَّةِ، نِقاشًا واسِعًا بَيْنَ السُّكّانِ.

A large street art mural addressing the issue of climate change and its impact on local communities sparked widespread discussion among residents.

فَنٌّ حَديثٌ • فُنونٌ
modern art

يَسْتَكْشِفُ الفَنُّ الحَديثُ تَحَوُّلاتِ المُجْتَمَعِ وَالتِّكْنولوجْيا.

Modern art explores the transformations of society and technology.

فَنٌّ عامٌّ
public art

تَمَّ تَدْشينُ تُحْفَةٍ فَنِّيَّةٍ عامَّةٍ جَديدَةٍ في وَسَطِ المَدينَةِ لِجَذْبِ السُّيّاحِ وَتَعْزيزِ الجَمالِيَّةِ العامَّةِ.

A new public art piece was inaugurated in the city center to attract tourists and enhance the overall aesthetics.

فَنٌّ مُعاصِرٌ
contemporary art

أَذْهَلَتْ لَوْحَةُ فَنٍّ مُعاصِرٍ جَديدَةٌ الجُمْهورَ بِتَفاصيلِها الدَّقيقَةِ وَأَلْوانِها الزّاهِيَةِ.

A new contemporary painting amazed the audience with its intricate details and vivid colors.

فَنّانٌ
artist

اِسْتَلْهَمَ الفَنّانُ تَصْميمَهُ مِنَ الطَّبيعَةِ الخَلّابَةِ وَالمَناظِرِ الجَبَلِيَّةِ.

The artist drew inspiration for his design from the breathtaking nature and mountainous landscapes.

لَوْحَةٌ
painting

كَشَفَتِ اللَّوْحَةُ المُكْتَشَفَةُ حَديثًا عَنْ تَفاصيلَ مُذْهِلَةٍ عَنِ الحَياةِ في القُرونِ الماضِيَةِ.

The recently discovered painting revealed astonishing details about life in past centuries.

لَوْحَةٌ تَجْريدِيَّةٌ
abstract painting

أَثارَتِ اللَّوْحَةُ التَّجْريدِيَّةُ لِلْفَنّانِ جَدَلًا واسِعًا بَيْنَ المُتابِعينَ.

The artist's abstract painting sparked widespread debate among followers.

لَوْحَةٌ زَيْتِيَّةٌ
oil painting

أُعْجِبَ الجُمْهورُ بِلَوْحَةٍ زَيْتِيَّةٍ تُصَوِّرُ مَناظِرَ طَبيعِيَّةً ساحِرَةً.

The audience was amazed by an oil painting depicting enchanting landscapes.

لَوْحَةُ طَبيعَةٍ صامِتَةٍ still life painting

أُكْتُشِفَتْ لَوْحَةُ طَبيعَةٍ صامِتَةٍ نادِرَةٌ في مُسْتَوْدَعٍ قديمٍ، وَعُرِضَتْ في المَتْحَفِ.

A rare still life painting was discovered in an old warehouse and was displayed in the museum.

مُبْتَكَرٌ innovative

اِبْتَدَعَ الفَنّانُ تِقْنِيَّةً جديدَةً مُبْتَكَرَةً لِلنَّحْتِ تَجْمَعُ بَيْنَ المَوادِّ المُخْتَلِفَةِ.

The artist invented a new innovative sculpting technique that combines different materials.

مُبْدِعٌ creative

يَتَمَيَّزُ الفَنّانُ بِأُسْلوبِهِ المُبْدِعِ وَتِقْنِيّاتِهِ المُتَطَوِّرَةِ في رَسْمِهِ.

The artist is distinguished by his creative style and advanced techniques in his drawing.

مَجْموعَةٌ فَنِّيَّةٌ art collection

تَتَضَمَّنُ المَجْموعَةُ الفَنِّيَّةُ الَّتي تَمَّ جَمْعُها لَوْحاتٍ وَمَنْحوتاتٍ وَصُوَرًا فوتوغْرافِيَّةً.

The collected art collection includes paintings, sculptures, and photography.

مُذْهِلٌ stunning, amazing

أَبْدَعَ الفَنّانُ في تَقْديمِ لَوْحَةٍ مُذْهِلَةٍ تَعْكِسُ جَمالَ الطَّبيعَةِ.

The artist excelled in presenting a stunning painting that reflects the beauty of nature.

مُصَوِّرٌ فوتوغْرافِيٌّ photographer

حازَ المُصَوِّرُ الفوتوغْرافِيُّ عَلى جَوائِزَ عَديدَةٍ لِأَعْمالِهِ المُبْتَكَرَةِ وَالمُلْهِمَةِ.

The photographer won numerous awards for his innovative and inspiring works.

مُعاصِرٌ contemporary

يَتَناوَلُ الفَنُّ المُعاصِرُ قَضايا اجْتِماعِيَّةً وَسِياسِيَّةً حَديثَةً.

Contemporary art addresses modern social and political issues.

مَعْرِضٌ فَنِّيٌّ • مَعارِض art exhibition

أُفْتُتِحَ مَعْرِضٌ فَنِّيٌّ جَديدٌ يَضُمُّ أَعْمالَ فَنّانينَ مَحَلِّيّينَ وَدَوْلِيّينَ.

A new art exhibition featuring works by local and international artists has been opened.

colorful **مُلَوَّنٌ**

كانَتِ اللَّوْحَةُ مُلَوَّنَةً وَتَعْكِسُ روحَ الحَياةِ المُبْهِجَةِ في القَرْيَةِ.

The painting was colorful and reflected the cheerful spirit of life in the village.

distinctive **مُمَيَّزٌ**

تَمَيَّزَتِ اللَّوْحَةُ بِأُسْلوبِها المُمَيَّزِ وَلَمَساتِها الفَنِّيَّةِ الرّائِعَةِ.

The painting was distinguished by its distinctive style and wonderful artistic touches.

statue, sculpture **مَنْحوتَةٌ**

كانَتِ المَنْحوتَةُ البُرونْزِيَّةُ تَجْسيدًا رائِعًا لِلتَّعْبيرِ عَنِ المَشاعِرِ الإِنْسانِيَّةِ.

The bronze sculpture was a fantastic embodiment of expressing human emotions.

to sculpt **نَحَتَ** • نَحْتٌ

يَتَمَيَّزُ الفَنّانُ بِقُدْرَتِهِ عَلى نَحْتِ تَماثيلَ مُعَقَّدَةٍ مِنَ الرُّخامِ.

The artist is known for his ability to sculpt intricate statues from marble.

3.2.1.1 Mini-Articles

Track **66**

في مَعْرِضٍ فَنِّيٍّ حَديثٍ، عَرَضَ فَنّانٌ مُبْدِعٌ مَجْموعَةً فَنِّيَّةً مُذْهِلَةً تَضُمُّ لَوْحاتٍ زَيْتِيَّةً وَصُوَرًا فوتوغْرافِيَّةً فَنِّيَّةً. أَظْهَرَتِ الأَعْمالُ الفَنِّيَّةُ المُعاصِرَةُ تَنَوُّعًا وَمَهارَةً في رَسْمِ المَناظِرِ الطَّبيعِيَّةِ وَالبورْتِريهاتِ. كانَ مِنْ ضِمْنِ الأَعْمالِ المُبْتَكَرَةِ صورَةٌ بِالأَسْوَدِ وَالأَبْيَضِ لِمَنْظَرٍ طَبيعِيٍّ خَلّابٍ.

In a recent art exhibition, a creative artist presented an amazing collection of oil paintings and artistic photographs. The contemporary artworks showcased diversity and skill in drawing landscapes and portraits. One of the innovative works was a black-and-white photograph of a stunning natural scene.

أُقيمَتْ حَديقَةُ مَنْحوتاتٍ مَفْتوحَةٌ لِلْجُمْهورِ تَضُمُّ تَماثيلَ بُرونْزِيَّةً وَحَجَرِيَّةً عَتيقَةً وَمَنْحوتاتٍ مُعاصِرَةً. تَمَيَّزَتِ المَجْموعَةُ الفَنِّيَّةُ بِأَعْمالِ فَنِّ الشّارِعِ وَاللَّوْحاتِ التَّجْريدِيَّةِ. كانَتْ بَعْضُ التَّماثيلِ العامَّةِ مُسْتَوْحاةً مِنَ الثَّقافَةِ المَحَلِّيَّةِ وَتَعْكِسُ التُّراثَ الوَطَنِيَّ.

An open sculpture park was set up for the public, featuring antique bronze and stone sculptures as well as contemporary ones. The art collection was characterized by street art and abstract paintings. Some of the public statues were inspired by the local culture and reflected the national heritage.

نَظَّمَ مُصَوِّرٌ فوتوغْرافِيٌّ مُعاصِرٌ مَعْرِضًا فَنِّيًّا يُرَكِّزُ على تَصْويرِ البورْتِريهْ وَالتَّصْويرِ العَفْوِيِّ لِأَشْخاصٍ مِنْ مُخْتَلِفِ المُجْتَمَعاتِ. اِسْتَخْدَمَ المُصَوِّرُ تِقْنِيّاتِ الرَّسْمِ بِالأَلْوانِ المائِيَّةِ في بَعْضِ الأَعْمالِ لِجَعْلِها مُمَيَّزَةً وَفَريدَةً. كَما قَدَّمَ المَعْرِضُ أَيْضًا صُوَرًا لِمَناظِرَ طَبيعِيَّةٍ بِالأَبْيَضِ وَالأَسْوَدِ تُبْرِزُ جَمالَ الطَّبيعَةِ.

A contemporary photographer organized an art exhibition focused on portrait and candid photography of people from various communities. The photographer used watercolor painting techniques in some of the works to make them distinctive and unique. The exhibition also displayed black and white landscape photographs highlighting the beauty of nature.

أَقامَ فَنّانٌ شَهيرٌ مَعْرِضًا فَنِّيًّا مُتَنَوِّعًا يَجْمَعُ بَيْنَ لَوْحاتِ الطَّبيعَةِ الصّامِتَةِ وَالتَّصْويرِ الفَنِّيِّ لِلْمَناظِرِ الطَّبيعِيَّةِ. أُسْتُخْدِمَتْ في الأَعْمالِ الفَنِّيَّةِ تِقْنِيّاتٌ مُبْتَكَرَةٌ وَأَلْوانٌ زاهِيَةٌ لِجَذْبِ انْتِباهِ الجُمْهورِ. كانَتْ إِحْدى اللَّوْحاتِ الزَّيْتِيَّةِ تُمَثِّلُ تَصْويرًا مُذْهِلًا لِجِبالٍ خَلّابَةٍ وَسَماءٍ مُلَوَّنَةٍ.

A famous artist held a diverse art exhibition combining silent nature paintings and artistic landscape photography. Innovative techniques and vibrant colors were used to capture the attention of the audience. One of the oil paintings was a stunning depiction of majestic mountains and a colorful sky.

أُفْتُتِحَ مَتْحَفٌ جَديدٌ يَضُمُّ مَجْموعَةً واسِعَةً مِنَ الفُنونِ العامَّةِ، بِما فيهِ لَوْحاتٌ تَجْريدِيَّةٌ وَتَماثيلُ بُرونْزِيَّةٌ وَحَجَرِيَّةٌ. تَضَمَّنَتِ المَجْموعَةُ الفَنِّيَّةُ عَمَلًا تَصويرِيًّا فوتوغْرافِيًّا فاتِنًا يَسْتَعْرِضُ جَمالَ المَدينَةِ العَتيقَةِ وَالأَبْنِيَةِ التّاريخِيَّةِ المُلَوَّنَةِ.

A new museum opened, featuring a wide range of public art, including abstract paintings and bronze and stone sculptures. The art collection included mesmerizing photographic work showcasing the beauty of the ancient city and colorful historical buildings.

أُقيمَتْ وَرْشَةُ عَمَلٍ لِلْمُصَوِّرينَ الفوتوغْرافِيّينَ وَالفَنّانينَ المُبْتَدِئينَ لِتَعْليمِ فَنِّ التَّصْويرِ الفوتوغْرافِيِّ الفَنِّيِّ وَرَسْمِ المَناظِرِ الطَّبيعِيَّةِ. قَدَّمَ المُدَرِّبونَ الخُبَراءُ التَّوْجيهاتِ حَوْلَ كَيْفِيَّةِ اسْتِخْدامِ التِّقْنِيّاتِ المُخْتَلِفَةِ لِلرَّسْمِ بِالأَلْوانِ المائِيَّةِ وَالتَّصْويرِ بِالأَبْيَضِ وَالأَسْوَدِ. كَما تَعَلَّمَ المُشارِكونَ أَيْضًا كَيْفِيَّةَ نَحْتِ تَماثيلَ صَغيرَةٍ مِنَ المَوادِّ المُتاحَةِ لِلتَّعْبيرِ عَنْ إِبْداعِهِمِ الفَنِّيِّ.

A workshop was held for beginner photographers and artists to learn the art of artistic photography and landscape painting. Expert trainers provided guidance on using different techniques for watercolor painting and black-and-white photography. The participants also learned how to carve small sculptures from available materials to express their artistic creativity.

3.2.1.2 Mini-Reviews

Track **67**

زُرْتُ مَعْرِضَ "أَلْوانِ الرّوحِ" الفَنِّيِّ المُقامِ في إِحْدى صالاتِ المَعارِضِ المَعْروفَةِ، حَيْثُ قَدَّمَ الفَنّانُ المُبْدِعُ عَمَلًا فَنِّيًّا مُذْهِلًا يَضُمُّ لَوْحاتٍ زَيْتِيَّةً وَصُوَرًا فوتوغْرافِيَّةً فَنِّيَّةً. اِسْتَرْعَتِ انْتِباهِيَ لَوْحَةُ طَبيعَةٍ صامِتَةٍ رَسَمَها بِأَلْوانٍ مائِيَّةٍ مُمَيَّزَةٍ، فَكانَتْ تَجْسيدًا رائِعًا لِجَمالِ الطَّبيعَةِ وَتَفاصيلِها الدَّقيقَةِ. أَمّا البورْتِريهاتُ المُصَوَّرَةُ فَكانَتْ تَعْكِسُ التَّعْبيرَ العاطِفِيَّ لِلْأَشْخاصِ المَوْجودينَ في الصُّوَرِ. بِشَكْلٍ عامٍّ، أَعْتَقِدُ أَنَّ المَعْرِضَ يُبْرِزُ مَوْهِبَةَ الفَنّانِ وَقُدْرَتَهُ عَلى التَّلاعُبِ بِالأَلْوانِ وَالإِضاءاتِ.

I visited the "Colors of the Soul" art exhibition held in one of the well-known exhibition halls, where the talented artist presented amazing artwork that included oil paintings and artistic photography. I was drawn to a silent nature painting that he drew with distinctive watercolors, which was a wonderful embodiment of the beauty of nature and its intricate details. The photographed portraits reflected the emotional expression of the people in the pictures. Overall, I think the exhibition highlights the artist's talent and ability to manipulate colors and lights.

حَضَرْتُ مُؤَخَّرًا مَعْرِضَ "تَجْسيدِ الذّاكِرَةِ" الَّذي يَضُمُّ مَجْموعَةً مِنَ التَّماثيلِ البُرونْزِيَّةِ وَالحَجَرِيَّةِ العَتيقَةِ. أَبْهَرَتْني مَنْحوتَةٌ عامَّةٌ تُجَسِّدُ شَخْصِيَّةً تاريخِيَّةً مُهِمَّةً مِنَ الثَّقافَةِ المَحَلِّيَّةِ. تَمَيَّزَتِ المَنْحوتَةُ بِالتَّفاصيلِ الدَّقيقَةِ وَالإِحْساسِ بِالْحَرَكَةِ وَالحَياةِ. وَبِالنِّسْبَةِ لِلتَّماثيلِ المُعاصِرَةِ، فَكانَتْ تَعْكِسُ الِابْتِكارَ وَالخَيالَ الفَنِّيَّ لِلنَّحاتِ. إِنَّ مَعْرِضَ "تَجْسيدِ الذّاكِرَةِ" يُعْتَبَرُ تَجْرِبَةً فَنِّيَّةً مُلْهِمَةً تَسْتَحِقُّ الزِّيارَةَ.

Recently, I attended the "Memory Embodiment" exhibition, which features a collection of antique bronze and stone sculptures. I was impressed by a general sculpture depicting an important historical figure from the local culture. The sculpture was characterized by precise details and a sense of movement and life. As for the contemporary sculptures, they reflected the artistic innovation and imagination of the sculptor. The "Memory Embodiment" exhibition is an inspiring artistic experience that is worth visiting.

زُرْتُ مَعْرِضَ "أَبْعادٍ مَخْفِيَّةٍ" الَّذي يَسْتَعْرِضُ أَعْمالَ تَصْويرٍ فوتوغْرافِيٍّ فَنِّيٍّ وَتَصْويرٍ عَفْوِيٍّ لِمَناظِرَ طَبيعِيَّةٍ وَلَقَطاتٍ مِنَ الحَياةِ اليَوْمِيَّةِ. تَمَيَّزَ المَعْرِضُ بِأُسْلوبِ تَصْويرِ المَناظِرِ الطَّبيعِيَّةِ بِالأَسْوَدِ وَالأَبْيَضِ، حَيْثُ كانَتِ النَّتائِجُ خَلّابَةً وَمَليئَةً بِالتَّفاصيلِ. وَفي تَصْويرِ البورْتِريهاتِ، اِسْتَخْدَمَ المُصَوِّرُ الفوتوغْرافِيُّ إِضاءَةً خافِتَةً لِالتِقاطِ مَشاعِرِ وَتَعابيرِ الأَشْخاصِ المُصَوَّرينَ.

I visited the "Hidden Dimensions" exhibition, which showcases artistic photography and candid shots of natural landscapes and everyday life scenes. The exhibition was characterized by a black-and-white landscape photography style, where the results were stunning and filled with details. In portrait photography, the photographer used subtle light to capture the emotions and expressions of the subjects.

3.2.2 Graphic Design and Illustration

Track **68**

to produce — أَعَدَّ • إِعْدادٌ

يُعِدُّ المُصَمِّمُ نُسْخَةً مَبْدَئِيَّةً مِنَ التَّصْميمِ لِمُراجَعَتِها وَالتَّأَكُّدِ مِنْ تناسُقِها.

The designer produces a preliminary version of the design for review and to ensure its consistency.

graphic design software — بَرنامَجُ تَصْميمِ جْرافيكْ • بَرامِجُ

تُعْتَبَرُ بَرامِجُ تَصْميمِ الجْرافيكْ أَساسِيَّةً لِعَمَلِيّاتِ التَّصْميمِ في مَجالاتِ الإِعْلانِ وَالتَّسْويقِ وَالطِّباعَةِ.

Graphic design software is considered essential for the design processes in advertising, marketing, and printing.

simplicity — بَساطَةٌ

تَمَيَّزَ التَّصْميمُ بِبَساطَتِهِ وَوُضوحِهِ، مِمّا جَعَلَهُ سَهْلَ الفَهْمِ.

The design was characterized by its simplicity and clarity, making it easy to understand.

poster — بوسْتَرْ

عُرِضَ بوسْتَرُ المُؤْتَمَرِ عَلى الجُدْرانِ وَشاشاتِ العَرْضِ في المَدينَةِ.

The conference poster was displayed on walls and screens around the city.

layout — تَخْطيطٌ

يَعْتَمِدُ نَجاحُ تَصْميمِ المَجَلَّةِ إِلى حَدٍّ كَبيرٍ عَلى تَخْطيطِها المُنَظَّمِ وَالمُرَتَّبِ.

The success of a magazine design largely depends on its organized and orderly layout.

magazine layout — تَخْطيطُ مَجَلَّةٍ

كَشَفَتْ دارُ النَّشْرِ عَنْ تَخْطيطٍ جَديدٍ لِلْمَجَلَّةِ يُرَكِّزُ عَلى جَوْدَةِ المُحْتَوى وَالتَّصْميمِ.

The publishing company unveiled a new magazine layout focusing on content quality and design.

design — تَصْميمٌ

تَمَّ إِنْشاءُ تَصْميمٍ جَديدٍ لِتَغْليفِ المُنْتَجِ لِجَذْبِ انْتِباهِ المُسْتَهْلِكينَ.

A new design was created for the product packaging to attract consumer attention.

graphic design — تَصْميمٌ جْرافيكِيٌّ

تَمَّ إِنْشاءُ تَصْميمٍ جْرافيكِيٍّ مُبْتَكَرٍ لِهَذا الحَدَثِ الخَيْرِيِّ الهامِّ.

An innovative graphic design was created for this important charity event.

تَصْميمُ حَمْلَةٍ إعْلانِيَّةٍ advertising campaign design

أُعْلِنَ اليَوْمَ عَنْ تَصْميمِ حَمْلَةٍ إعْلانِيَّةٍ جَديدَةٍ لِشَرِكَةِ الاتِّصالاتِ الكُبْرى، بِهَدَفِ زِيادَةِ الوَعْيِ بِخِدْماتِها الجَديدَةِ وَتَحْسينِ تَجْرِبَةِ العُمَلاءِ.

Today, the announcement was made about the design of a new advertising campaign for a major telecommunications company, with the aim of increasing awareness of its new services and improving the customer experience.

تَصْميمُ رُسومٍ بَيانِيَّةٍ infographic design

في مَقالٍ مُثيرٍ لِلاهْتِمامِ حَوْلَ تَصْميمِ الرُسومِ البَيانِيَّةِ، اِسْتَعْرَضَتِ المُدَوَّنَةُ كَيْفِيَّةَ تَبْسيطِ المَعْلوماتِ المُعَقَّدَةِ وَتَقْديمِها بِطَريقَةٍ جَميلَةٍ وَسَهْلَةِ الفَهْمِ.

In an interesting article about infographic design, the blog showcased how to simplify complex information and present it in a visually appealing and easy-to-understand manner.

تَصْميمُ شِعارٍ logo design

تَلَقّى مُصَمِّمُ الشِّعاراتِ طَلَبًا لِتَصْميمِ شِعارٍ جَديدٍ لِلشَّرِكَةِ.

The logo designer received a request to design a new logo for the company.

تَصْميمُ كُتَيِّبٍ booklet design

تَمَّتِ الاسْتِعانَةُ بِفَريقٍ مُحْتَرِفٍ لِتَصْميمِ كُتَيِّباتٍ تَرْويجِيَّةٍ لِلْمُنْتَجِ.

A professional team was hired to design promotional booklets for the product.

تَصْميمُ مَواقِعَ web design

يُعْتَبَرُ تَصْميمُ مَواقِعِ الإِنْتَرْنِتْ جُزْءًا أَساسِيًّا مِنِ اسْتِراتيجِيَّةِ التَّسْويقِ الرَّقْمِيِّ.

Web design is a crucial part of digital marketing strategy.

Compare the meanings of the following Arabic phrases, as illustrated in the examples above and below:

- تَصْميمُ مَواقِعَ: This phrase translates to 'web design' or 'design of websites.' Here, مَواقِعَ, meaning 'sites', is invariably in the plural form, encapsulating the broader **field** or process involved in the design of websites in a general sense.
- تَصْميمُ مَوْقِعٍ: This is the singular form, meaning 'a website's design' or 'design of a website.' It specifically addresses the design aspect (the layout and visual appeal) of a single website project. Its plural form can be expressed in two ways: 1. as تَصْميمُ مَواقِعَ, which means 'websites' design,' indicating that several websites share a similar design.

2. as تَصْمِيماتُ مَواقِعَ, meaning 'websites' designs,' when pointing out the variety of designs across different websites.

تَصْمِيمُ مَوْقِعٍ • تَصْمِيمُ/تَصْمِيماتُ مَواقِعَ
website design

عَلى مُدَوَّنَةٍ تَصْمِيمِ مَواقِعَ مَعْروفَةٍ، تَمَّتْ مُراجَعَةُ تَصْمِيمِ مَوْقِعٍ إِلِكْتْرونِيٍّ جَديدٍ لِشَرِكَةِ تِكْنولوجْيا مَعَ التَّرْكيزِ عَلى أَفْضَلِ المُمارَساتِ وَالأَدَواتِ المُسْتَخْدَمَةِ.

On a well-known web design blog, a new website design for a technology company was reviewed, focusing on best practices and tools used.

تَصْمِيمُ واجِهَةِ مُسْتَخْدِمٍ
user interface design

تَمَّ تَحْديثُ واجِهَةِ مُسْتَخْدِمٍ تَطْبيقِ الهاتِفِ الذَّكِيِّ، وَذَلِكَ لِتَحْسينِ تَجْرِبَةِ المُسْتَخْدِمِ وَزِيادَةِ سُهولَةِ الاسْتِخْدامِ.

The user interface of the smartphone application has been updated to improve the user experience and increase ease of use.

تَصْمِيمُ وِيبٍ
web design

يَتَمَيَّزُ تَصْمِيمُ الوِيبِ الخاصُّ بِالمَوْقِعِ بِسُهولَةِ الاسْتِخْدامِ وَجَوْدَةِ الصُّوَرِ.

The site's web design features user-friendliness and high-quality images.

There are several synonymous terms for 'website' in Arabic:
- مَوْقِعٌ ('site')
- مَوْقِعُ إِنْتَرْنِتْ ('internet site')
- مَوْقِعٌ إِلِكْتْرونِيٌّ ('electronic site')
- مَوْقِعُ وِيبٍ ('web site')

تَصْويرٌ فوتوغْرافِيٌّ
photography

تُوَفِّرُ الشَّرِكَةُ خِدْماتِ تَصْويرٍ فوتوغْرافِيٍّ مُحْتَرَفَةٍ لِلْمُناسَباتِ المُخْتَلِفَةِ.

The company offers professional photography services for various occasions.

جَذّابٌ
attractive

اِعْتَبَرَ النُّقّادُ هَذا التَّصْميمَ جَذّابًا بِسَبَبِ تَناسُقِ الأَلْوانِ وَالأَشْكالِ.

Critics considered this design attractive due to the harmony of colors and shapes.

جَميلٌ
beautiful

اِتَّفَقَ الجَميعُ عَلى أَنَّ التَّصْميمَ كانَ جَميلًا وَمُلْفِتًا لِلنَّظَرِ.

Everyone agreed that the design was beautiful and eye-catching.

to edit • تَحْرِيرٌ **حَرَّرَ**

بَدَأَ الفَريقُ في تَحْريرِ المُحْتَوى النَّصِّيِّ وَالبَصَرِيِّ لِتَحْسينِ جودَةِ المُنْتَجِ.

The team started editing the textual and visual content to improve the product's quality.

typography • خُطوطٌ **خَطُّ طِباعَةٍ**

تَعْتَزِمُ الشَّرِكَةُ اسْتِخْدامَ خَطِّ طِباعَةٍ جَديدٍ في تَصْميماتِها لِجَذْبِ جُمْهورٍ أَكْبَرَ.

The company plans to use a new typography in its designs to attract a larger audience.

creative **خَلّاقٌ**

عَبَّرَ المُنْتَجُ الفَنِّيُّ الخَلّاقُ عَنْ رُؤْيَةٍ فَريدَةٍ لِلْمُصَمِّمِ.

The creative artistic creation expressed the designer's unique vision.

create • خَلْقٌ **خَلَقَ**

تَعاوَنَ الفَنّانُ مَعَ المُصَوِّرِ لِخَلْقِ عَمَلٍ فَنِّيٍّ مُرَكَّبٍ.

The artist collaborated with the photographer to create a composite artwork.

to draw • رَسْمٌ **رَسَمَ**

قالَ الرَّسّامُ في مُقابَلَةٍ: "أَنا أَرْسُمُ لَوْحاتي بِشَغَفٍ وَإِلْهامٍ."

The painter said in an interview, "I paint my paintings with passion and inspiration."

illustration • رُسومٌ تَوْضيحِيَّةٌ **رَسْمٌ تَوْضيحِيٌّ**

تَضَمَّنَتِ المَقالَةُ رَسْمًا تَوْضيحِيًّا لِتَسْهيلِ فَهْمِ القارِئِ لِلْمَوْضوعِ.

The article included an illustration to help the reader understand the topic.

vector graphics pl. **رُسوماتٌ هَنْدَسِيَّةٌ**

اِسْتَخْدَمَ المُصَمِّمُ رُسوماتٍ هَنْدَسِيَّةً لِضَمانِ جَوْدَةِ التَّصْميمِ عِنْدَ تَغْييرِ حَجْمِه.

The designer used vector graphics to ensure design quality when resizing.

logo **شِعارٌ**

أَطْلَقَتِ الشَّرِكَةُ شِعارًا جَديدًا لِيُجَسِّدَ نُمُوَّها وَتَطَوُّرَها.

The company launched a new logo to represent its growth and development.

صَحَّحَ أَلْوانًا • تَصْحيحُ أَلْوانٍ — to color correct

يُصَحِّحُ المُصَمِّمُ أَلْوانَ التَّصْميمِ لِضَمانِ تَناغُمِها وَجاذِبِيَّتِها البَصَرِيَّةِ.

The designer adjusts the colors of the design to ensure their harmony and visual appeal.

صَدَّرَ • تَصْديرٌ — to export

صَدَّرَتِ الشَّرِكَةُ المِلَفّاتِ بِصِيَغٍ مُخْتَلِفَةٍ لِتَتَوافَقَ مَعَ مِنَصّاتٍ مُتَنَوِّعَةٍ.

The company exported the files in various formats to be compatible with diverse platforms.

صَمَّمَ • تَصْميمٌ — to design

قالَ المُصَمِّمُ الشَّهيرُ: "صَمَّمْتُ تَصْميمَ جْرافيكْ جَديدًا لِتَعْزيزِ هُوِيَّةِ العَلامَةِ التِّجارِيَّةِ لِلشَّرِكَةِ."

The famous designer said, "I designed a new graphic design to enhance the company's brand identity."

صَوَّرَ • تَصْويرٌ — to photograph

أَشارَ المُصَوِّرُ المُحْتَرِفُ قائِلًا: "صَوَّرْتُ الفَعالِيّاتِ الرِّياضِيَّةَ بِكاميرا عالِيَةِ الجَوْدَةِ."

The professional photographer pointed out, "I captured the sports events with a high-quality camera."

صورَةٌ شَخْصِيَّةٌ • صُوَرٌ — portrait

اِسْتَخْدَمَ الفَنّانُ صورَةً شَخْصِيَّةً كَإِلْهامٍ لِرَسْمَتِهِ الجَديدَةِ.

The artist used a personal photo to inspire his new painting.

صورَةٌ فوتوغْرافِيَّةٌ — photographic image

اِلْتَقَطَ المُصَوِّرُ صورَةً فوتوغْرافِيَّةً رائِعَةً لِلْمَنْظَرِ الطَّبيعِيِّ.

The photographer captured a stunning photographic image of the landscape.

طَبَعَ • طِباعَةٌ — to print

طَبَعَ الفَريقُ الكُتَيِّباتِ التَّرْويجِيَّةَ بَعْدَ مُوافَقَةِ العَميلِ عَلى التَّصْميمِ.

The team printed the promotional brochures after the client approved the design.

عَلامَةٌ تِجارِيَّةٌ — marketing, branding

تَعْتَمِدُ الشَّرِكَةُ عَلى عَلامَةٍ تِجارِيَّةٍ قَوِيَّةٍ لِتَعْزيزِ سُمْعَتِها وَوَضْعِها في السّوقِ.

The company relies on strong branding to enhance its reputation and position in the market.

غَيَّرَ حَجْمًا • تَغْييرُ حَجْمٍ — resize

غَيَّرَ المُصَمِّمُ حَجْمَ الصّورَةِ لِتُناسِبَ حَجْمَ الصَّفْحَةِ الرَّئيسِيَّةِ لِلْمَوْقِعِ.

The designer resized the image to fit the homepage of the website.

قَصَّ • قَصٌّ — to crop

في مَقالِ الأَخْبارِ، ذُكِرَ أَنَّ المُصَوِّرَ قَصَّ الصّورَةَ لِإِبْرازِ تَفاصيلَ مُعَيَّنَةٍ.

In the news article, it was mentioned that the photographer cropped the image to highlight specific details.

كُتَيِّبٌ — booklet

تُوَزِّعُ الشَّرِكَةُ كُتَيِّباتٍ لِتَوْفيرِ مَعْلوماتٍ مُفَصَّلَةٍ حَوْلَ مُنْتَجاتِها.

The company distributes brochures to provide detailed information about its products.

لَوَّنَ • تَلْوينٌ — to color

لَوَّنَ المُصَمِّمُ العَناصِرَ المُخْتَلِفَةَ بِأَلْوانٍ زاهِيَةٍ لِجَذْبِ انْتِباهِ الجُمْهورِ.

The designer colored the various elements with bright colors to attract the audience's attention.

مُبْتَكَرٌ — innovative

تَعاوَنَ فَريقُ العَمَلِ لِابْتِكارِ تَصْميمٍ مُبْتَكَرٍ يَلْفِتُ الِانْتِباهَ.

The team collaborated to create an innovative design that captures attention.

مُتَناسِقٌ — coherent

تَمَّ اِعْتِمادُ تَصْميمٍ مُتَناسِقٍ لِلْحِفاظِ عَلى جَوْدَةِ المُنْتَجِ النِّهائِيِّ.

A coherent design was adopted to maintain the quality of the final product.

مُخَطَّطُ أَلْوانٍ — color scheme

تَقومُ الشَّرِكَةُ بِدِراسَةِ مُخَطَّطِ أَلْوانٍ مُناسِبٍ يَتَوافَقُ مَعَ هُوِيَّتِها البَصَرِيَّةِ.

The company is studying a suitable color scheme that aligns with its visual identity.

مُعاصِرٌ — contemporary

يَعْكِسُ التَّصْميمُ المُعاصِرُ تَوَجُّهاتِ الفَنِّ الحَديثِ وَالثَّقافَةِ الشَّعْبِيَّةِ.

The contemporary design reflects modern art trends and popular culture.

مُلْصَقٌ poster

تَناوَلَتِ المَقالَةُ أَفْضَلَ المُمارَساتِ لِتَصْميمِ مُلْصَقاتٍ إِبْداعِيَّةٍ وَفَعّالَةٍ.

The article discussed best practices for designing creative and effective posters.

مُلَوَّنٌ colorful

اِخْتارَ المُصَمِّمُ اسْتِخْدامَ تَدَرُّجاتٍ مُلَوَّنَةٍ لِجَعْلِ العَمَلِ جَذّابًا.

The designer chose to use colorful gradients to make the work appealing.

نَشْرَةٌ إِعْلانِيَّةٌ brochure

أَرْسَلَتِ الشَّرِكَةُ نَشْرَةً إِعْلانِيَّةً عَبْرَ البَريدِ الإِلِكْتِرونِيِّ لِجَذْبِ المَزيدِ مِنَ العُمَلاءِ.

The company sent an advertising flyer via email to attract more customers.

نَقَّحَ • تَنْقيحٌ to retouch

نَقَّحَ مُحَرِّرُ الصّوَرِ الصّورَةَ بِشَكْلٍ مُمْتازٍ لِتَحْسينِ جَوْدَتِها قَبْلَ النَّشْرِ.

The image editor expertly retouched the photo to enhance its quality before publishing.

هُوِيَّةٌ بَصَرِيَّةٌ visual identity

أَصْبَحَتْ الهُوِيَّةُ البَصَرِيَّةُ لِلشَّرِكَةِ مَعْروفَةً بِفَضْلِ تَصاميمِها المُمَيَّزَةِ وَالمُتَماسِكَةِ.

The company's visual identity became well-known due to its distinctive and cohesive designs.

3.2.2.1 Mini-Articles

Track **69**

في مَعْرِضِ تَصْميمِ الشِّعاراتِ السَّنَوِيِّ، قامَ المُصَمِّمونَ المُبْتَكِرونَ بِإِبْداعِ تَصاميمَ جَديدَةٍ لِعَلاماتٍ تِجارِيَّةٍ مَعْروفَةٍ. اِسْتَخْدَموا خُطوطَ طِباعَةٍ جَديدَةً وَأَلْوانًا مُتَناسِقَةً لِجَعْلِ التَّصاميمِ جَذّابَةً وَمُعاصِرَةً. كَما تَمَّ تَصْحيحُ أَلْوانِ الشِّعاراتِ القَديمَةِ لِتَتَناسَبَ مَعَ هُوِيَّتِها البَصَرِيَّةِ الجَديدَةِ.

In the annual logo design exhibition, innovative designers created new designs for well-known brands. They used new typefaces and coordinated colors to make the designs attractive and contemporary. The colors of the old logos were also adjusted to match their new visual identity.

أَعْلَنَتْ إِحْدى الشَّرِكاتِ الرّائِدَةِ في مَجالِ تَصْميمِ الويبْ عَنْ إِطْلاقِ بَرْنامَجِ تَصْميمِ جِرافيكْ جَديدٍ يُتيحُ لِلْمُصَمِّمينَ إِنْشاءَ رُسومٍ بَيانِيَّةٍ وَتَصاميمِ مَواقِعَ بِسُهولَةٍ وَبَساطَةٍ. يَتَضَمَّنُ البَرْنامَجُ أَيْضًا مَيْزَةَ تَغْييرِ حَجْمِ الصُّوَرِ الفوتوغرافِيَّةِ وَتَعْديلِ لَوْنِها بِناءً عَلى المُخَطَّطاتِ اللَّوْنِيَّةِ المَطْلوبَةِ.

One of the leading web design companies announced the launch of a new graphic design program that enables designers to create graphics and website designs easily and simply. The program also includes a feature to resize and adjust the color of photographs based on desired color schemes.

تَمَّ تَكْرِيمُ مَجْمُوعَةٍ مِنْ طُلَّابِ كُلِّيَّةِ الفُنُونِ الجَمِيلَةِ بَعْدَ أَنْ أَعَدُّوا مَجْمُوعَةً مُذْهِلَةً مِنَ الرُّسُومِ التَّوْضِيحِيَّةِ لِكُتَيِّبٍ إِعْلانِيٍّ لِحَمْلَةِ تَوْعِيَةٍ بِشَأْنِ البِيئَةِ. اِسْتَخْدَمَ الطُّلَّابُ مَهاراتِهِمْ فِي التَّخْطِيطِ وَالرَّسْمِ لِإِنْشاءِ تَصامِيمَ تَوْضِيحِيَّةٍ جَذَّابَةٍ وَمُلَوَّنَةٍ تَنْقُلُ الرِّسالَةَ بِفَعَالِيَّةٍ إِلَى الجُمْهُورِ المُسْتَهْدَفِ.

A group of fine arts college students was honored after creating an amazing collection of illustrations for an environmental awareness campaign brochure. The students used their planning and drawing skills to create attractive and colorful illustrations that effectively convey the message to the target audience.

3.2.2.2 University Course Descriptions

Track 70

مُقَرَّرٌ 1: مُقَدِّمَةٌ فِي التَّصْمِيمِ الجْرافِيكِيِّ (ARTS 101)

Course 1: Introduction to Graphic Design (ARTS 101)

يُقَدِّمُ هَذَا المُقَرَّرُ مُقَدِّمَةً شامِلَةً لِمَبادِئِ التَّصْمِيمِ الجْرافِيكِيِّ وَالمَفاهِيمِ الأَساسِيَّةِ المُتَعَلِّقَةِ بِالتَّواصُلِ البَصَرِيِّ. سَيَتَعَرَّفُ الطُّلَّابُ عَلَى تارِيخِ التَّصْمِيمِ الجْرافِيكِي وَتَطَوُّرِهِ عَبْرَ الزَّمَنِ. يُغَطِّي المُقَرَّرُ أَساسِيَّاتِ بَرامِجِ تَصْمِيمِ الجْرافِيكِ، تَصْمِيمَ الشِّعاراتِ، وَالهُوِيَّةِ البَصَرِيَّةِ. كَما سَيَتَعَلَّمُ الطُّلَّابُ كَيْفِيَّةَ اِخْتِيارِ الأَلْوانِ وَالخُطُوطِ المُناسِبَةِ وَتَطْبِيقِها فِي تَصامِيمِهِمْ.

This course provides a comprehensive introduction to the principles of graphic design and basic concepts related to visual communication. Students will learn about the history and evolution of graphic design over time. The course covers the basics of graphic design software, logo design, and visual identity. Students will also learn how to choose appropriate colors and fonts and apply them in their designs.

مُقَرَّرٌ 2: تَصْمِيمُ مَواقِعِ الوِيبْ وَواجِهَةِ المُسْتَخْدِمِ (ARTS 215)

Course 2: Web Design and User Interface (ARTS 215)

يَهْدِفُ هَذَا المُقَرَّرُ إِلَى تَعْلِيمِ الطُّلَّابِ مَبادِئَ تَصْمِيمِ مَواقِعِ الوِيبْ وَواجِهاتِ المُسْتَخْدِمِ. سَيَتَعَلَّمُ الطُّلَّابُ كَيْفِيَّةَ تَصْمِيمِ واجِهاتِ مُسْتَخْدِمٍ جَذَّابَةٍ وَسَهْلَةِ الاِسْتِخْدامِ. يَتَضَمَّنُ المُقَرَّرُ تَعْلِيمَ الطُّلَّابِ كَيْفِيَّةَ

This course aims to teach students the principles of web design and user interface. Students will learn how to design attractive and user-friendly interfaces. The course includes teaching students how to use advanced web design tools and apply best

اسْتِخْدامِ أَدَواتِ تَصْميمِ الويبِ المُتَقَدِّمَةِ وَتَطْبيقِ أَفْضَلِ المُمارَساتِ لِضَمانِ تَجْرِبَةِ مُسْتَخْدِمٍ سَلِسَةٍ وَجَذّابَةٍ.

practices to ensure a smooth and appealing user experience.

مُقَرَّرُ 3: الرَّسْمُ التَّوْضيحِيُّ وَسَرْدُ القِصَصِ البَصَرِيَّةِ (ARTS 305)

Course 3: Illustration and Visual Storytelling (ARTS 305)

تُرَكِّزُ هَذِهِ المادَّةُ عَلى تَطْويرِ مَهاراتِ الطُّلّابِ في مَجالِ الرَّسْمِ التَّوْضيحِيِّ وَسَرْدِ القِصَصِ البَصَرِيَّةِ. سَيَتَعَلَّمُ الطُّلّابُ كَيْفِيَّةَ اسْتِخْدامِ مَجْموعَةٍ مُتَنَوِّعَةٍ مِنَ التِّقْنِيّاتِ وَالأَساليبِ لِإِنْشاءِ رُسومٍ تَوْضيحِيَّةٍ فَنِّيَّةٍ تَنْقُلُ الأَفْكارَ وَالمَعانِيَ بِشَكْلٍ فَعّالٍ. بِالإِضافَةِ إِلى ذَلِكَ، سَيَتَعَرَّفُ الطُّلّابُ عَلى كَيْفِيَّةِ دَمْجِ الرُّسومِ التَّوْضيحِيَّةِ في مَشاريعِ الوَسائِطِ المُتَعَدِّدَةِ مِثْلِ المَجَلّاتِ وَالكُتُبِ وَالإِعْلاناتِ.

This course focuses on developing students' skills in the field of illustration and visual storytelling. Students will learn how to use a variety of techniques and methods to create artistic illustrations that effectively communicate ideas and meanings. Additionally, students will learn how to integrate illustrations into multimedia projects such as magazines, books, and advertisements.

مُقَرَّرُ 4: الطِّباعَةُ وَتَصْميمُ المُخَطَّطاتِ (ARTS 320)

Course 4: Printing and Layout Design (ARTS 320)

يَهْدِفُ هَذا المُقَرَّرُ إِلى تَعْزيزِ مَعْرِفَةِ الطُّلّابِ بِمَبادِئِ الطِّباعَةِ وَتَصْميمِ المُخَطَّطاتِ. سَيَتَعَلَّمُ الطُّلّابُ كَيْفِيَّةَ اخْتِيارِ وَتَطْبيقِ الخُطوطِ الطِّباعِيَّةِ بِشَكْلٍ فَعّالٍ وَمُناسِبٍ لِتَعْزيزِ التَّواصُلِ البَصَرِيِّ وَالجَمالِيّاتِ في مَشاريعِهِمْ. كَما يُغَطّي المُقَرَّرُ مَبادِئَ تَصْميمِ المُخَطَّطاتِ، بِما في ذَلِكَ تَنْظيمُ المُحْتَوى وَتَوازُنُ العَناصِرِ البَصَرِيَّةِ. سَيَكْتَسِبُ الطُّلّابُ خِبْرَةً عَمَلِيَّةً في تَصْميمِ المَطْبوعاتِ مِثْلِ المَجَلّاتِ وَالمَنْشوراتِ وَالكُتَيِّباتِ.

This course aims to enhance students' knowledge of printing principles and layout design. Students will learn how to choose and apply typography effectively and appropriately to enhance visual communication and aesthetics in their projects. The course also covers principles of layout design, including organizing content and balancing visual elements. Students will gain hands-on experience in designing prints such as magazines, publications, and brochures.

مُقَرَّرُ 5: التَّصْويرُ الفوتوغْرافِيُّ الرَّقْمِيُّ وَتَعْديلُ الصُّوَرِ (ARTS 410)

Course 5: Digital Photography and Image Editing (ARTS 410)

This course aims to teach students the principles of digital photography and image editing. Students will learn how to capture photographic images using professional digital cameras and learn the basics of exposure, focus, and lighting. Additionally, students will learn how to use image editing software to enhance image quality and make adjustments to color, size, and composition.

يَهْدِفُ هَذا المُقَرَّرُ إلى تَعْليمِ الطُّلّابِ مَبادِئَ التَّصْويرِ الفوتوغْرافِيِّ الرَّقْمِيِّ وَتَعْديلِ الصُّوَرِ. سَيَتَعَرَّفُ الطُّلّابُ عَلى كَيْفِيَّةِ التِقاطِ الصُّوَرِ الفوتوغْرافِيَّةِ بِاسْتِخْدامِ كاميراتٍ رَقْمِيَّةٍ احْتِرافِيَّةٍ، وَيَتَعَلَّمونَ أَساسِيّاتِ التَّعَرُّضِ لِلضَّوْءِ وَالتَّرْكيزِ وَالإضاءَةِ. بِالإضافَةِ إلى ذَلِكَ، سَيَتَعَلَّمُ الطُّلّابُ كَيْفِيَّةَ اسْتِخْدامِ بَرامِجِ تَعْديلِ الصُّوَرِ لِتَحْسينِ جَوْدَةِ الصُّوَرِ وَإجْراءِ تَعْديلاتٍ عَلى الأَلْوانِ وَالحَجْمِ وَالتَّكْوينِ.

Course 6: Advanced Graphic Design Techniques (ARTS 450)

مُقَرَّر 6: تِقْنِيّاتُ التَّصْميمِ الجْرافيكِيِّ المُتَقَدِّمَةُ (ARTS 450)

This course introduces advanced techniques in graphic design that help students develop their skills and master the use of advanced tools and methodologies. Students will learn about innovative and creative design concepts and learn how to create integrated advertising campaigns and high-impact graphic design projects. The course includes a final project that allows students to showcase their skills and creativity in the field of graphic design.

يُقَدِّمُ هَذا المُقَرَّرُ تِقْنِيّاتٍ مُتَقَدِّمَةً لِلتَّصْميمِ الجْرافيكِيِّ تُساعِدُ الطُّلّابَ عَلى تَطْويرِ مَهاراتِهِمْ وَإتْقانِ اسْتِخْدامِ الأَدَواتِ وَالمَنْهَجِيّاتِ المُتَطَوِّرَةِ. سَيَتَعَرَّفُ الطُّلّابُ عَلى مَفاهيمِ التَّصْميمِ المُبْتَكَرَةِ وَالخَلّاقَةِ، وَيَتَعَلَّمونَ كَيْفِيَّةَ إنْشاءِ حَمَلاتٍ إعْلانِيَّةٍ مُتَكامِلَةٍ وَمَشاريعِ تَصْميمٍ جْرافيكِيٍّ عالِيَةِ التَّأْثيرِ. يَتَضَمَّنُ المُقَرَّرُ مَشْروعًا نِهائِيًّا يُتيحُ لِلطُّلّابِ إظْهارَ مَهاراتِهِمْ وَإبْداعاتِهِمْ في مَجالِ التَّصْميمِ الجْرافيكِيِّ.

3.2.3 Architecture and Urban Design

Track 71

أَحْياءٌ سَكَنِيَّةٌ residential areas

يَتِمُّ تَطْويرُ أَحْياءٍ سَكَنِيَّةٍ جَديدَةٍ تُوَفِّرُ وِحْداتٍ سَكَنِيَّةً عَصْرِيَّةً وَمَرافِقَ عامَّةً مُتَنَوِّعَةً لِلسُّكّانِ.

New residential areas have been developed, providing modern housing units and diverse public facilities for residents.

أَعادَ تَطْويرَ • إعادَةٌ to redevelop

أَعادَتِ الجِهاتُ المَعْنِيَّةُ تَطْويرَ المُتَنَزَّهِ العامِّ لِيَشْمَلَ مِساحاتٍ خَضْراءَ وَمَناطِقَ لَعِبٍ لِلْأَطْفالِ وَمَمَرّاتٍ لِلْمُشاةِ.

The concerned authorities redeveloped the public park to include green spaces, children's play areas, and pedestrian walkways.

أَنيقٌ elegant

يَتَمَيَّزُ المَطْعَمُ الأَنيقُ بِديكورِهِ الرّاقي وَقائِمَتِهِ المُتَنَوِّعَةِ مِنَ الأَطْباقِ العالَمِيَّةِ.

The elegant restaurant is distinguished by its sophisticated decor and a diverse menu of international dishes.

بِناءٌ construction

تُجْرى اسْتِعْداداتُ البِناءِ لِمَشْروعِ مَكْتَبَةٍ عامَّةٍ جَديدَةٍ في وَسَطِ المَدينَةِ.

Construction is underway for a new public library in the city center.

بَنى • بِناءٌ to construct

بَنى المُقاوِلونَ المَبْنى السَّكَنِيَّ الجَديدَ بِاسْتِخْدامِ مَوادَّ صَديقَةٍ لِلْبيئَةِ وَفْقًا لِلْمَعاييرِ الدَّوْلِيَّةِ.

Contractors built the new residential building using eco-friendly materials according to international standards.

بِنْيَةٌ مِعْمارِيَّةٌ • بِنًى architecture

تَمَّ تَطْويرُ مَشْروعٍ جَديدٍ يَتَمَيَّزُ بِأَحْدَثِ بِنْيَةٍ مِعْمارِيَّةٍ مُسْتَدامَةٍ وَصَديقَةٍ لِلْبيئَةِ.

A new project has been developed, featuring the latest sustainable and eco-friendly architecture.

تَحَسَّنَ • تَحَسُّنٌ to improve

تَحَسَّنَتْ جَوْدَةُ الهَواءِ في المَدينَةِ بِفَضْلِ اسْتِخْدامِ الطّاقَةِ المُتَجَدِّدَةِ.

The air quality in the city has improved thanks to the use of renewable energy.

تَخْطيطُ مُدُنٍ urban planning

يُظْهِرُ تَخْطيطُ المُدُنِ الجَديدَةِ اهْتِمامًا بِتَحْسينِ نَوْعِيَّةِ الحَياةِ لِلسُّكّانِ وَتَوْفيرِ المِساحاتِ الخَضْراءِ.

New urban planning demonstrates a focus on improving the quality of life for residents and providing green spaces.

تُراثٌ مِعْمارِيٌّ architectural heritage

تُحافِظُ المَدينَةُ القَديمَةُ عَلى تُراثِها المِعْمارِيِّ مِنْ خِلالِ صِيانَةِ المَباني التّاريخِيَّةِ وَالْمَواقِعِ الأَثَرِيَّةِ.

The old city preserves its architectural heritage by maintaining historical buildings and archaeological sites.

ترميمٌ restoration

بَدَأَتْ عَمَلِيَّةُ التَّرْمِيمِ لإِعادَةِ تأْهيلِ المَباني التّاريخيَّةِ.

The restoration process has begun to rehabilitate historic buildings.

تَصْميمٌ خارِجِيٌّ exterior design

يَتَمَيَّزُ المَبْنى بِتَصْميمٍ خارِجِيٍّ فَريدٍ يَلْفِتُ الأَنْظارَ وَيَعْكِسُ هُوِيَّةَ المَدينَةِ.

The building features a unique exterior design that catches the eye and reflects the city's identity.

تَصْميمٌ داخِلِيٌّ interior design

تُوَفِّرُ شَرِكَةُ التَّصْميماتِ الدّاخِلِيَّةِ حُلولًا فَريدَةً لِتَحْسينِ المِساحاتِ السَّكَنِيَّةِ.

The interior design company offers unique solutions to enhance residential spaces.

تَصْميمُ مَبانٍ building design

يُعْتَبَرُ تَصْميمُ المَباني الجَديدَةِ مِثالًا رائِعًا لِلتَّكامُلِ بَيْنَ الطَّبيعَةِ وَالتِّكْنولوجْيا.

The new building design is a great example of integration between nature and technology.

تَصْميمٌ مِعْمارِيٌّ architectural design

يَتَمَيَّزُ التَّصْميمُ المِعْمارِيُّ لِلْمَبْنى بِأُسْلوبٍ مُبْتَكَرٍ وَمُسْتَدامٍ.

The architectural design of the building features an innovative and sustainable style.

تَقْليدِيٌّ traditional

تَمَّ الحِفاظُ عَلى البُيوتِ التَّقْليدِيَّةِ وَتَرْميمُها لِيَتَمَكَّنَ السُّكّانُ مِنَ التَّعَرُّفِ عَلى تاريخِ المِنْطَقَةِ.

Traditional houses have been preserved and restored for residents to learn about the area's history.

تَنْسيقُ الحَدائِقِ landscaping

اُفْتُتِحَ اليَوْمَ مَشْروعُ تَنْسيقِ الحَدائِقِ العامَّةِ في المَدينَةِ، حَيْثُ تَمَّ تَحْويلُ المِساحاتِ الخَضْراءِ إِلى مِساحاتٍ جَميلَةٍ وَمُعَدَّةٍ لِلاسْتِمْتاعِ بِالطَّبيعَةِ.

Today, the public parks landscaping project was inaugurated in the city, where green spaces were transformed into beautiful and organized areas to enjoy nature.

تَنْمِيَةٌ عُمْرانِيَّةٌ urban development

تَشْهَدُ المَدينَةُ تَنْمِيَةً عُمْرانِيَّةً سَريعَةً تَهْدِفُ إِلى تَحْسينِ جودَةِ الحَياةِ وَالبِنْيَةِ التَّحْتِيَّةِ.

The city is experiencing rapid urban development aimed at improving the quality of life and infrastructure.

جَدَّدَ • تَجْديدٌ **to renovate**

جَدَّدَتِ الشَّرِكَةُ المُتَخَصِّصَةُ في التَّصْميمِ الدّاخِلِيِّ مَكاتِبَ الشَّرِكَةِ لِتَحْسينِ بيئَةِ العَمَلِ وَزِيادَةِ الإِنْتاجِيَّةِ.

The interior design company renovated the company's offices to improve the work environment and increase productivity.

جَديدٌ • جُدُدٌ **new**

أُفْتُتِحَ مَرْكَزٌ تِجارِيٌّ جَديدٌ يَضُمُّ مَجْموعَةً واسِعَةً مِنَ المَتاجِرِ وَالمَطاعِمِ.

A new shopping center has been opened, featuring a wide range of shops and restaurants.

حَديثٌ **contemporary**

أُقيمَ مَعْرِضٌ لِلْفَنِّ الحَديثِ في مَرْكَزِ الفُنونِ المُعاصِرَةِ لِعَرْضِ آخِرِ إِبْداعاتِ الفَنّانينَ المَحَلِّيّينَ.

The contemporary art exhibition was held at the Contemporary Art Center to showcase the latest creations of local artists.

حَرَكَةُ مُرورٍ **traffic movement**

يَجِبُ أَخْذُ حَرَكَةِ المُرورِ بِعَيْنِ الاِعْتِبارِ عِنْدَ تَصْميمِ المُدُنِ الحَضَرِيَّةِ، حَيْثُ يُمْكِنُ اسْتِخْدامُ أَساليبِ التَّخْطيطِ الحَضَرِيِّ المُبْتَكَرَةِ لِتَحْسينِ تَدَفُّقِ حَرَكَةِ المُرورِ وَتَجَنُّبِ الاِزْدِحامَاتِ وَالاِخْتِناقاتِ المُرورِيَّةِ.

Traffic movement should be considered in urban design, where innovative urban planning methods can be used to improve traffic flow and avoid congestion and traffic jams.

حَضَرِيٌّ **urban**

تُعْتَبَرُ المَناطِقُ الحَضَرِيَّةُ مَوْطِنًا لِأَكْبَرِ عَدَدٍ مِنَ السُّكّانِ وَتَتَمَيَّزُ بِالنَّشاطِ الاِقْتِصادِيِّ وَالاِجْتِماعِيِّ.

Urban areas are home to the largest number of residents and are characterized by economic and social activity.

خَطَّطَ • تَخْطيطٌ **to plan**

كانَ المُديرُ يُخَطِّطُ لِتَنْظيمِ مُؤْتَمَرٍ حَوْلَ التَّنْمِيَةِ المُسْتَدامَةِ.

The director was planning to organize a conference on sustainable development.

رَمَّمَ • تَرْميمٌ **to restore**

رَمَّمَتِ الحُكومَةُ القُصورَ التّاريخِيَّةَ لِلْمُحافَظَةِ عَلى تُراثِها الثَّقافِيِّ وَجَذْبِ السُّيّاحِ.

The government restored the historical palaces to preserve their cultural heritage and attract tourists.

ريفِيٌّ	rural

عُرِفَتِ القَرْيَةُ الصَّغيرَةُ بِعِمارَتِها الرِّيفِيَّةِ السَّاحِرَةِ وَالمَناظِرِ الطَّبيعِيَّةِ المُبْهِرَةِ.

The small village was famous for its charming rural architecture and captivating landscape.

زَيَّنَ • تَزْيينٌ	to decorate

يُزَيِّنُ المُصَمِّمونَ الغُرَفَ بِأَلْوانٍ زاهِيَةٍ وَنُقوشٍ عَصْرِيَّةٍ.

The designers are decorating the rooms with bright colors and modern patterns.

صَمَّمَ • تَصْميمٌ	to design

صَمَّمَ المُهَنْدِسُ المِعْمارِيُّ مَرْكَزَ تَسَوُّقٍ جَديدًا يَتَضَمَّنُ مِساحاتٍ خَضْراءَ.

The architect designed a new shopping center that includes green spaces.

ضَخْمٌ	massive

أَعْلَنَتِ الحُكومَةُ عَنْ مَشْروعٍ ضَخْمٍ لِتَوْسِعَةِ شَبَكَةِ المُواصَلاتِ العامَّةِ.

The government announced a massive project to expand the public transportation network.

طِرازٌ مِعْمارِيٌّ • طُرُزٌ	architectural style

يَجْمَعُ المُجَمَّعُ السَّكَنِيُّ الجَديدُ بَيْنَ طِرازٍ مِعْمارِيٍّ تَقْليدِيٍّ وَعَناصِرَ حَديثَةٍ.

The new residential complex combines a traditional architectural style with modern elements.

طَوَّرَ • تَطْويرٌ	to develop

تَعْمَلُ الشَّرِكَةُ عَلى تَطْويرِ تِقْنِياتٍ جَديدَةٍ لِلْبِناءِ الأَخْضَرِ.

The company is developing new technologies for green construction.

عَصْرِيٌّ	modern

يَتَمَيَّزُ المُجَمَّعُ التِّجارِيُّ بِتَصْميمٍ عَصْرِيٍّ وَتِكْنولوجْيا مُتَطَوِّرَةٍ لِتَوْفيرِ تَجْرِبَةِ تَسَوُّقٍ مُمْتِعَةٍ.

The shopping mall features a modern design and advanced technology to provide an enjoyable shopping experience.

عَمَلِيٌّ	practical

أَثارَ المَبْنى العَمَلِيُّ ذو التَّصْميمِ المَدْروسِ اهْتِمامَ السُّكّانِ المَحَلِّيّينَ.

The practical building with its well-thought-out design attracted the interest of local residents.

فَخْمٌ luxurious

أُفْتُتِحَ فُنْدُقٌ فَخْمٌ جَديدٌ يُوَفِّرُ تَجْرِبَةَ إِقامَةٍ فاخِرَةٍ لِلنُّزَلاءِ.

A new luxurious hotel offering a deluxe stay experience for guests has been opened.

فَريدٌ unique

يُعْتَبَرُ المَبْنى الَّذي يَحْمِلُ تَوْقيعَ المُهَنْدِسِ المِعْمارِيِّ الشَّهيرِ فَريدًا في تَصْميمِهِ وَمَوادِّ البِناءِ المُسْتَخْدَمَةِ فيهِ.

The building, designed by the famous architect, is unique in its design and the construction materials used.

قَديمٌ old

تَعْكُفُ السُّلُطاتُ عَلى تَرْميمِ المَباني القَديمَةِ لِلْحِفاظِ عَلى التُّراثِ المِعْمارِيِّ لِلْمَدينَةِ.

Authorities are working on restoring old buildings to preserve the architectural heritage of the city.

مَبْنًى • مَبانٍ building

أُفْتُتِحَ مَبْنًى ذَكِيٌّ جَديدٌ مُجَهَّزٌ بِأَحْدَثِ التِّقْنِيّاتِ وَنُظُمِ تَوْفيرِ الطّاقَةِ.

A new smart building has been inaugurated, equipped with the latest technologies and energy-saving systems.

> The prefix مَـ denotes a place related to the action conveyed by the root of the word or a verb derived from it. مَبْنًى ('a building') is a place related to the verb بَنى ('to build'). Some other common examples are مَدْرَسَةٌ ('school'; from دَرَسَ 'to study'), مَكْتَبٌ ('office, desk'; from كَتَبَ 'to write'); مَطْعَمٌ ('restaurant'; from طَعِمَ 'to eat'). You will find two more examples in this section: 1) a word related to the verb عَلِمَ ('to be familiar with'); and 2) a word related to the verb نَظَرَ ('to view').

مَبْنًى ذو طابَعٍ خاصٍّ building with a special character

يَتَمَيَّزُ المَبْنى ذو الطّابَعِ الخاصِّ بِتَصْميمِهِ المُبْتَكَرِ وَالتَّفاصيلِ الفَنِّيَّةِ الدَّقيقَةِ.

The building with a special character stands out with its innovative design and intricate artistic details.

مُجَمَّعٌ سَكَنِيٌّ housing complex

أُفْتُتِحَ مُجَمَّعٌ سَكَنِيٌّ جَديدٌ لِلْعائِلاتِ مَحْدودَةِ الدَّخْلِ.

A new housing complex for low-income families has been opened.

مَدينَةٌ • مُدُنٌ city

تُعْتَبَرُ هَذِهِ المَدينَةُ مِثالًا لِلتَّنْمِيَةِ المُسْتَدامَةِ وَالتَّوازُنِ بَيْنَ النُّمُوِّ وَالحِفاظِ عَلى المَوارِدِ الطَّبيعِيَّةِ.

This city is an example of sustainable development and a balance between growth and preservation of natural resources.

> Note that the word مَدينَةٌ is derived from the root م د ن ('civilization') and is not formed with the prefix مَـ of place.

مُذْهِلٌ stunning

يَقَعُ الفُنْدُقُ المُذْهِلُ بَيْنَ الجِبالِ، وَيُوَفِّرُ إِطْلالَةً ساحِرَةً عَلى الوادي.

The stunning hotel is situated among mountains, offering a mesmerizing view of the valley.

مَرْكَزٌ ثَقافِيٌّ • مَراكِزُ cultural center

تَضُمُّ المَدينَةُ العَديدَ مِنَ المَراكِزِ الثَّقافِيَّةِ الَّتي تُقَدِّمُ فُرَصًا لِلتَّعَلُّمِ وَالتَّفاعُلِ مَعَ الفُنونِ وَالثَّقافاتِ المُخْتَلِفَةِ.

The city hosts numerous cultural centers that offer opportunities for learning and engaging with various arts and cultures.

مَرْكَزٌ حَضَرِيٌّ urban center

يَعْكُفُ المَرْكَزُ الحَضَرِيُّ الجَديدُ عَلى تَعْزيزِ التَّواصُلِ بَيْنَ الأَحْياءِ وَتَنْويعِ الخِدْماتِ المُتَوَفِّرَةِ.

The new urban center is focused on enhancing communication between neighborhoods and diversifying the available services.

مُريحٌ comfortable

تُعَدُّ الشُّقَقُ المَفْروشَةُ المُريحَةُ بَديلًا مُمْتازًا لِلْفَنادِقِ التَّقْليدِيَّةِ.

The comfortable furnished apartments serve as an excellent alternative to traditional hotels.

مِساحَةٌ space

تَمَّ تَخْصيصُ مِساحَةٍ واسِعَةٍ لِإِقامَةِ حَديقَةٍ عامَّةٍ جَديدَةٍ في قَلْبِ المَدينَةِ.

A large space has been allocated for the establishment of a new public park in the heart of the city.

مَشْروعٌ • مَشاريعُ project

يَهْدِفُ المَشْروعُ الجَديدُ إِلى تَحْسينِ البِنْيَةِ التَّحْتِيَّةِ لِلْمَدينَةِ.

The new project aims to improve the city's infrastructure.

مَعْلَمٌ مِعْمارِيٌّ • مَعالِمُ **architectural landmark**

أَصْبَحَ المَتْحَفُ الوَطَنِيُّ مَعْلَمًا مِعْمارِيًّا بارِزًا يَجْذِبُ الزُّوّارَ مِنْ جَميعِ أَنْحاءِ العالَمِ.

The National Museum has become a prominent architectural landmark, attracting visitors from all around the world.

مِعْمارِيٌّ **architectural**

اِسْتَعْرَضَ المُؤْتَمَرُ مَجْموعَةً مِنَ التَّصاميمِ المِعْمارِيَّةِ المُبْتَكَرَةِ لِلْمَباني الصَّديقَةِ لِلْبيئَةِ.

The conference showcased a collection of innovative architectural designs for eco-friendly buildings.

مَنْظَرَةٌ طَبيعِيَّةٌ • مَناظِرُ **landscape**

تَمَّ تَطْويرُ المَناظِرِ الطَّبيعِيَّةِ لِلْحَدائِقِ العامَّةِ لِجَذْبِ المَزيدِ مِنَ السُّيّاحِ.

The landscapes of public parks have been developed to attract more tourists.

مُهَنْدِسٌ مِعْمارِيٌّ **architect**

تَعاوَنَ المُهَنْدِسُ المِعْمارِيُّ الشَّهيرُ مَعَ شَرِكَةِ التَّصْميمِ المَحَلِّيَّةِ.

The famous architect collaborated with the local design company.

هَنْدَسَةٌ مَدَنِيَّةٌ **civil engineering**

شَهِدَتِ المِنْطَقَةُ تَطَوُّرًا كَبيرًا في مَجالِ الهَنْدَسَةِ المَدَنِيَّةِ وَتَطْويرِ البِنْيَةِ التَّحْتِيَّةِ الحَديثَةِ.

The region has witnessed significant progress in civil engineering and the development of modern infrastructure.

وَسَّعَ • تَوْسيعٌ **to expand**

سَوْفَ تُوَسِّعُ البَلَدِيَّةُ الطَّريقَ لِتَخْفيفِ الِازْدِحامِ المُروريِّ.

The municipality will expand the road to alleviate traffic congestion.

3.2.3.1 Mini-Articles

Track **72**

في إِطارِ مَشْروعِ تَطْويرِ المَناطِقِ الحَضَرِيَّةِ، أَعادَتِ الحُكومَةُ تَطْويرَ عِدَّةِ أَحْياءٍ سَكَنِيَّةٍ قَديمَةٍ بِالِاسْتِعانَةِ بِمُهَنْدِسينَ مِعْمارِيّينَ مُبْدِعينَ. اِسْتَخْدَمَ المُهَنْدِسونَ الطِّرازَ المِعْمارِيَّ الحَديثَ وَالتَّصْميمَ الخارِجِيَّ الأَنيقَ لِتَحْسينِ جَوْدَةِ المَباني وَزِيادَةِ مِساحاتِ الحَدائِقِ. تَمَّ تَنْفيذُ التَّصاميمِ الدّاخِلِيَّةِ المُريحَةِ وَالعَمَلِيَّةِ لِجَعْلِ المَنازِلِ أَكْثَرَ جاذِبِيَّةً لِلسُّكّانِ.

As part of an urban development project, the government has redeveloped several old residential neighborhoods with the help of creative architects. The architects used modern architectural styles and elegant exterior designs to improve the quality of the buildings and increase the size of the gardens. Comfortable and practical interior designs were implemented to make the homes more attractive to residents.

تَعْمَلُ السُّلُطاتُ المَحَلِّيَّةُ عَلى تَحْسينِ حَرَكَةِ المُرورِ في المَدينَةِ مِنْ خِلالِ تَخْطيطِ مُدُنٍ جَديدَةٍ وَمُراعاةِ البِنْيَةِ المِعْمارِيَّةِ القَديمَةِ. مِنَ المُتَوَقَّعِ أَنْ تَنْمُوَ المَناطِقُ الرّيفِيَّةُ بِفَضْلِ هَذِهِ التَّنْمِيَةِ العُمْرانِيَّةِ الجَديدَةِ. تَشْمَلُ المَشاريعُ الجَديدَةُ مَراكِزَ ثَقافِيَّةً وَمُجَمَّعاتٍ سَكَنِيَّةً فاخِرَةً تَعْكِسُ التُّراثَ المِعْمارِيَّ المَحَلِّيَّ.

Local authorities are working to improve traffic flow in the city by planning new cities and taking into account old architectural structures. Rural areas are expected to grow thanks to this new urban development. The new projects include cultural centers and luxurious residential complexes that reflect the local architectural heritage.

في مُحاوَلَةٍ لِتَعْزيزِ التَّناغُمِ بَيْنَ المَناظِرِ الطَّبيعِيَّةِ وَالمَناطِقِ الحَضَرِيَّةِ، يَعْمَلُ المُهَنْدِسونَ المِعْمارِيّونَ وَخُبَراءُ تَنْسيقِ الحَدائِقِ عَلى تَصْميمِ مَبانٍ فَريدَةٍ وَمُبْتَكَرَةٍ. تَتَمَيَّزُ هَذِهِ المَباني بِبِنائِها الضَّخْمِ وَالمُذْهِلِ، وَتَمْتَدُّ عَبْرَ مِساحاتٍ شاسِعَةٍ مِنَ الأَراضي الخَضْراءِ. يُعْتَبَرُ هَذا المَشْروعُ بِمَثابَةِ نَموذَجٍ لِلتَّكامُلِ بَيْنَ الهَنْدَسَةِ المَدَنِيَّةِ وَالطَّبيعَةِ المُحيطَةِ.

In an effort to promote harmony between natural landscapes and urban areas, architects and garden design experts are working on designing unique and innovative buildings. These buildings are characterized by their massive and stunning construction, extending across vast green spaces. This project serves as a model for integration between civil engineering and the surrounding nature.

3.2.3.2 Informative Article: Dubai

Track **73**

تَطَوُّرُ دُبَيَّ المِعْمارِيُّ وَالحَضَرِيُّ

تُعْتَبَرُ دُبَيُّ واحِدَةً مِنْ أَسْرَعِ المُدُنِ نُمُوًّا عَلى مُسْتَوى العالَمِ، حَيْثُ تُجَسِّدُ التَّطَوُّرَ المِعْمارِيَّ وَالحَضَرِيَّ الرّائِعَ في المِنْطَقَةِ. بُنِيَتِ المَدينَةُ بِتَصْميماتٍ مُبْتَكَرَةٍ وَعَصْرِيَّةٍ، مِمّا جَعَلَها واحَةً لِلْهَنْدَسَةِ المِعْمارِيَّةِ المُتَطَوِّرَةِ.

بَدَأَتْ دُبَيُّ تَطَوُّرَها السَّريعَ في التِّسْعينِيّاتِ وَمُنْذُ ذَلِكَ الحينِ انْتَشَرَتِ المَباني الشّاهِقَةُ وَالمَراكِزُ الثَّقافِيَّةُ وَالتَّرْفيهِيَّةُ عَلى امْتِدادِ أَراضيها. يُعْتَبَرُ بُرْجُ خَليفَةَ، المَبْنى الأَطْوَلُ في العالَمِ، مِثالًا بارِزًا عَلى إِنْجازاتِ الهَنْدَسَةِ المِعْمارِيَّةِ في المَدينَةِ. بِالإِضافَةِ إِلى ذَلِكَ، تَضُمُّ دُبَيُّ أَيْضًا نافورَةَ دُبَيَّ، الَّتي تُعْتَبَرُ أَكْبَرَ نافورَةٍ مِنْ صُنْعِ الإِنْسانِ عَلى مُسْتَوى العالَمِ.

يَتَمَيَّزُ التَّطَوُّرُ العُمْرانِيُّ في دُبَيَّ بِالْجَمْعِ بَيْنَ العَناصِرِ التَّقْليدِيَّةِ وَالحَديثَةِ في تَصْميمِ المَدينَةِ، مَعَ التَّرْكيزِ عَلى تَحْسينِ جودَةِ الحَياةِ لِلسُّكّانِ وَالزُّوّارِ. توجَدُ في المَدينَةِ عِدَّةُ مَشاريعَ سَكَنِيَّةٍ فاخِرَةٍ وَمُجْتَمَعاتٍ عَصْرِيَّةٍ مِثْلِ نَخْلَةِ جُميرا وَمَرْسى دُبَيَّ، الَّتي تُوَفِّرُ مَزيجًا رائِعًا مِنَ المَناظِرِ الطَّبيعِيَّةِ وَالتَّصاميمِ المِعْمارِيَّةِ الفَريدَةِ.

في مَجالِ النَّقْلِ وَالبِنْيَةِ التَّحْتِيَّةِ، تَضُمُّ دُبَيُّ شَبَكَةَ مِتْرو واسِعَةً وَمُتَطَوِّرَةً تُسَهِّلُ التَّنَقُّلَ داخِلَ المَدينَةِ. بِالإِضافَةِ إِلى ذَلِكَ، تَسْتَثْمِرُ الإِمارَةُ في تَطْويرِ تِكْنولوجْيا النَّقْلِ المُسْتَقْبَلِيَّةِ مِثْلِ قِطاراتِ هايْبَرْلوبْ وَالتّاكْسي الطّائِرِ.

بِاخْتِصارٍ، يُعْتَبَرُ تَطَوُّرُ دُبَيَّ المِعْمارِيُّ وَالحَضَرِيُّ نَموذَجًا يُحْتَذى بِهِ في جَميعِ أَنْحاءِ العالَمِ لِلتَّنْمِيَةِ المُسْتَدامَةِ. تُواصِلُ الإِمارَةُ تَحْقيقَ رُؤْيَتِها لِلْمُسْتَقْبَلِ مِنْ خِلالِ اسْتِثْماراتٍ ضَخْمَةٍ في مَجالاتِ التَّعْليمِ وَالعُلومِ وَالتِّكْنولوجْيا، مِمّا يَجْعَلُها مَرْكَزًا عالَمِيًّا لِلابْتِكارِ وَالاِقْتِصادِ المُتَنَوِّعِ.

Dubai's Architectural and Urban Development

Dubai is one of the fastest-growing cities in the world, embodying remarkable architectural and urban development in the region. The city was built with innovative and modern designs, making it an oasis for advanced architectural engineering.

Dubai began its rapid development in the 1990s, and since then, towering buildings and cultural and entertainment centers have spread throughout its land. The Burj Khalifa, the tallest building in the world, is a prominent example of architectural engineering achievements in the city. Additionally, Dubai also houses the Dubai Fountain, which is the largest man-made fountain in the world.

Urban development in Dubai is characterized by a combination of traditional and modern elements in city design, with a focus on improving the quality of life for residents and visitors. There are several luxurious residential projects and modern communities in the city, such as Palm Jumeirah and Dubai Marina, which provide a wonderful mix of natural scenery and unique architectural designs.

In terms of transportation and infrastructure, Dubai has a wide and advanced metro network that facilitates transportation within the city. Additionally, the emirate is investing in developing future transportation technology such as hyperloop trains and flying taxis.

In summary, Dubai's architectural and urban development is a model to be followed worldwide for sustainable development. The emirate continues to achieve its vision for the future through massive investments in education, science, and technology, making it a global center for innovation and a diversified economy.

3.2.4 Fashion

Track **74**

garments, clothes; fashion — *pl.* — **أَزْيَاءٌ**

تُعَدُّ الموضَةُ والأَزْياءُ مِنْ أَهَمِّ عَوامِلِ الحَياةِ الاِجْتِماعِيَّةِ في العالَمِ، حَيْثُ تُشَكِّلُ المَلابِسُ والأَزْياءُ جُزْءًا أَساسِيًّا مِنْ ثَقافَةِ الشُّعوبِ وَتُعَبِّرُ عَنْ هُوِيَّتِهِمْ وَذَوْقِهِمْ.

Fashion and clothing are considered one of the most important social factors in the world, where clothes and fashion are an essential part of people's culture and reflect their identity and taste.

> Although أَزْيَاءٌ refers to physical items of clothing and is synonymous with مَلابِس, it frequently translates to 'fashion' in certain collocations. The more direct translation of 'fashion' is موضَةٌ.

ready-to-wear fashion — *pl.* — **أَزْيَاءٌ جاهِزَةٌ**

زارَتِ السَّيِّدَةُ مَتْجَرَ الأَزْياءِ الجاهِزَةِ لِشِراءِ بَعْضِ القِطَعِ الجَديدَةِ لِخِزانَتِها.

The woman visited the ready-to-wear fashion store to buy some new items for her wardrobe.

high fashion — *pl.* — **أَزْيَاءٌ راقِيَةٌ**

يُعْتَبَرُ المُصَمِّمُ اللُّبْنانِيُّ إيلي صَعْبْ مِنْ أَشْهَرِ المُصَمِّمينَ الَّذينَ يُقَدِّمونَ أَزْياءً راقِيَةً وَفَخْمَةً في عالَمِ الموضَةِ.

Lebanese designer Elie Saab is considered one of the most famous designers who offer luxurious and sophisticated fashion in the fashion world.

men's fashion, men's clothing — *pl.* — **أَزْيَاءٌ رِجالِيَّةٌ**

تَشْتَهِرُ المِنْطَقَةُ بِالأَزْياءِ الرِجالِيَّةِ الفاخِرَةِ وَالتَّصاميمِ الفَريدَةِ الَّتي تَجْذِبُ المَشاهيرَ وَالزُّوّارَ.

The area is known for its luxurious men's fashion and unique designs that attract celebrities and visitors.

women's fashion, women's clothing — *pl.* — **أَزْيَاءٌ نِسائِيَّةٌ**

تَتَميَّزُ الأَزْياءُ النِّسائِيَّةُ لِلْمُصَمِّمَيْنِ الإيطالِيَّيْنِ دولْتْشي آنْدْ غابانا بِأَناقَتِها وَفَخامَتِها، وَتَشْمَلُ مَجْموعاتٍ مُتَنَوِّعَةً مِنَ الفَساتينِ والمَلابِسِ النِّسائِيَّةِ الأُخْرَى الَّتي تُجَسِّدُ أُسْلوبَ حَياةِ النِّساءِ العَصْرِيّاتِ.

The women's fashion designed by Italian designers Dolce & Gabbana is characterized by its elegance and luxury and includes a diverse range of dresses and other women's clothing that embodies the lifestyle of modern women.

fashion week — • أَسابيعُ — **أُسْبوعُ الموضَةِ**

يَتَوافَدُ عَدَدٌ كَبيرٌ مِنَ المَشاهيرِ وَالصَّحافِيِّينَ إِلى أُسْبوعِ الموضَةِ الشَّهيرِ في المَدينَةِ لِلاِطِّلاعِ عَلى أَحْدَثِ صَيْحاتِ الموضَةِ.

A large number of celebrities and journalists flock to the famous fashion week in the city to get a glimpse of the latest fashion trends.

أَطْلَقَ مَجْموعَةً • إِطْلاقٌ — to launch a collection

أَطْلَقَ المُصَمِّمُ مَجموعَةً جَديدَةً مِنَ التَّصاميمِ العَصْرِيَّةِ وَالمُبْتَكَرَةِ لِمَوْسِمِ الرَّبيعِ.

The designer launched a new collection of innovative and trendy designs for the spring season.

أَنْشَأَ • إِنْشاءٌ — to create

أَنْشَأَ المُصَمِّمُ الشَّهيرُ مَجْموعَةً جَديدَةً مِنَ الأَزْياءِ الرّاقِيَةِ المُلْهِمَةِ، الَّتي تَجْمَعُ بَيْنَ الأَناقَةِ وَالفَخامَةِ.

The famous designer created a new collection of luxurious and inspiring fashion that combines elegance and extravagance.

أَنيقٌ — elegant

تَمَيَّزَتِ العارِضَةُ بِالزِّيِّ الأَنيقِ وَالرّاقي الَّذي لَفَتَ أَنْظارَ الحُضورِ في العَرْضِ الأَخيرِ.

The model stood out in her elegant and sophisticated dress that caught the attention of the audience in the latest show.

إِبْداعٌ — creativity

يَتَمَيَّزُ أُسْبوعُ الموضَةِ بِالإِبْداعِ وَالتَّفَرُّدِ في تَصاميمِ الأَزْياءِ المَعْروضَةِ، وَيُعَدُّ فُرْصَةً لِعَرْضِ أَحْدَثِ الابْتِكاراتِ في عالَمِ الأَزْياءِ.

Fashion week is characterized by creativity and uniqueness in the displayed fashion designs, and it is an opportunity to showcase the latest innovations in the fashion world.

إِكْسِسْواراتٌ pl. — accessories

تَمَيَّزَتْ مَجْموعَةُ الإِكْسِسْواراتِ الجَديدَةِ بِتَصْميماتِها العَصْرِيَّةِ وَالفَريدَةِ الَّتي تُناسِبُ مُخْتَلَفَ الأَذْواقِ.

The new collection of accessories stood out with its trendy and unique designs that suit different tastes.

اِبْتَكَرَ • اِبْتِكارٌ — to innovate

اِبْتَكَرَتِ المُصَمِّمَةُ الشّابَّةُ تَصْميمًا جَديدًا لِلأَثاثِ المَنْزِلِيِّ يَتَمَيَّزُ بِالأَناقَةِ وَالعَمَلِيَّةِ في الاِسْتِخْدامِ.

The young designer came up with a new design for home furniture that features both elegance and practicality.

اِرْتَدى • اِرْتِداءٌ — to wear

اِرْتَدى الفَنّانُ زِيًّا مُسْتَوْحًى مِنْ تَصْميمِ الأَزْياءِ الشَّرْقِيَّةِ التَّقْليدِيَّةِ في إِحْدى حَفَلاتِ الأَزْياءِ العالَمِيَّةِ.

The artist wore an outfit inspired by traditional Eastern fashion design in one of the international fashion shows.

اِسْتَلْهَمَ • اِسْتِلْهامٌ **to get inspiration**

اِسْتَلْهَمَ المُهَنْدِسُ تَصْميمَ المَبْنى مِنَ الطَّبيعَةِ المُحيطَةِ بِهِ وَجَعَلَهُ صَديقًا لِلْبيئَةِ.

The engineer drew inspiration for the building design from the surrounding nature and made it environmentally friendly.

تَأَلَّقَ • تَأَلُّقٌ **to shine, glow**

تَأَلَّقَتِ المُمَثِّلَةُ في حَفْلِ الأوسْكارِ بِفُسْتانٍ مُصَمَّمٍ بِأُسْلوبٍ فَريدٍ وَراقٍ.

The actress shined at the Oscars in a dress designed in a unique and sophisticated style.

تَبَنّى • تَبَنٍّ **to adopt**

تَبَنَّتِ العَلامَةُ التِّجارِيَّةُ الشَّهيرَةُ تَصْميمًا مُسْتَوْحًى مِنَ الطَّبيعَةِ في مَجْموعَتِها الجَديدَةِ لِلْمَلابِسِ الصَّيْفِيَّةِ.

The famous brand adopted a nature-inspired design in its new collection of summer clothes.

تَصْميمٌ • تَصاميمُ **design**

يَسْعى المُصَمِّمونَ في صِناعَةِ الأَزْياءِ إِلى تَقْديمِ تَصاميمَ فَريدَةٍ وَجَريئَةٍ تُلَبّي تَطَلُّعاتِ العُمَلاءِ.

Fashion designers strive to offer unique and bold designs that meet customers' expectations.

تَصْميمُ أَزْياءٍ **fashion design, clothing design**

يَتَطَلَّبُ تَصْميمُ الأَزْياءِ مَهارَةً وَخِبْرَةً في مَجالِ الأَلْوانِ وَالأَقْمِشَةِ وَالأَشْكالِ لِتَقْديمِ تَصاميمَ فَريدَةٍ وَجَذّابَةٍ.

Fashion design requires skill and experience in the field of colors, fabrics, and shapes to offer unique and attractive designs.

تَصْميمُ مُجَوْهَراتٍ **jewelry design**

أَطْلَقَ مُصَمِّمٌ مَشْهورٌ تَشْكيلَةً جَديدَةً مِنْ تَصْميماتِ المُجَوْهَراتِ الفاخِرَةِ وَالأَنيقَةِ.

A renowned designer has launched a new collection of luxurious and elegant jewelry designs.

تَعاوَنَ • تَعاوُنٌ **to collaborate**

تَعاوَنَتْ عَلامَتانِ تِجارِيَّتانِ شَهيرَتانِ في مَجالِ الأَزْياءِ لِإِنْتاجِ مَجْموعَةٍ مُشْتَرَكَةٍ مِنَ المَلابِسِ الفاخِرَةِ.

Two well-known fashion brands collaborated to produce a joint collection of luxury clothing.

تَقْليدِيٌّ **traditional**

يَتَميَّزُ الزِّيُّ التَّقْليدِيُّ بِأَلْوانِهِ الزّاهِيَةِ وَنُقوشِهِ المُعَقَّدَةِ الَّتي تَعْكِسُ تاريخَ وَثَقافَةَ الشُّعوبِ.

Traditional clothing is characterized by its vibrant colors and intricate patterns, reflecting the history and culture of people.

to try on	• تَجْرِيبٌ	جَرَّبَ

قَرَّرَتِ العارِضَةُ أَنْ تُجَرِّبَ تَنْسِيقاتِ أَزْياءٍ مُخْتَلِفَةٍ لِلْعُثورِ عَلَى المَظْهَرِ المِثالِيِّ لِعَرْضِ الأَزْياءِ.

The model decided to try on different fashion combinations to find the perfect look for the fashion show.

beauty		جَمالٌ

انْصَبَّ التَّرْكيزُ عَلى جَمالِ المَلابِسِ وَجَوْدَةِ الخاماتِ المُسْتَخْدَمَةِ في تَصْميمِها.

The beauty of the clothing and the quality of the materials used in their design were emphasized.

to gather	• جَمْعٌ	جَمَعَ

جَمَعَ المُصَمِّمُ أَفْكارَهُ وَإِلْهامَهُ مِنْ ثَقافاتٍ مُخْتَلِفَةٍ لِابْتِكارِ تَشْكيلَةٍ جَديدَةٍ مِنَ المَلابِسِ.

The designer gathered ideas and inspiration from various cultures to create a new clothing collection.

to prepare	• تَجْهيزٌ	جَهَّزَ

تَمَّ تَجْهيزُ عَرْضِ الأَزْياءِ بِدِقَّةٍ لِضَمانِ سَيْرِهِ بِسَلاسَةٍ وَنَجاحِهِ.

The fashion show was meticulously prepared to ensure its smooth running and success.

to set trends	• تَحْديدٌ	حَدَّدَ الاِتِّجاهات

يَقومُ مُحَلِّلو الموضَةِ بِتَحْديدِ الاِتِّجاهاتِ السّائِدَةِ وَالمُتَوَقَّعَةِ في صِناعَةِ الأَزْياءِ.

Fashion analysts identify prevailing and anticipated trends in the fashion industry.

(pair of) shoes	• أَحْذِيَةٌ	حِذاءٌ

كَشَفَتِ العَلامَةُ التِّجارِيَّةُ عَنْ تَشْكيلَةٍ جَديدَةٍ مِنَ الأَحْذِيَةِ المُريحَةِ وَالأَنيقَةِ لِلْمَوْسِمِ الجَديدِ.

The brand unveiled a new collection of comfortable and stylish shoes for the new season.

to refine	• تَحْسينٌ	حَسَّنَ

اِسْتَخْدَمَ المُصَمِّمُ تِقْنِيّاتٍ حَديثَةً لِتَحْسينِ المَوادِّ وَتَحْويلِها إِلى أَقْمِشَةٍ فاخِرَةٍ.

The designer used modern techniques to refine the materials and transform them into luxurious fabrics.

handbag, purse | **حَقيبَةُ يَدٍ** • حَقائِبُ

تُعْتَبَرُ حَقيبَةُ اليَدِ ذاتُ التَّصْميمِ الفَريدِ وَالجَوْدَةِ العالِيَةِ إِضافَةً مُمَيَّزَةً لِأَيِّ إِطْلالَةٍ.

The unique and high-quality handbag design is a distinctive addition to any outfit.

to sew | **خاطَ** • خِياطَةٌ

تَمَيَّزَ الفُسْتانُ بِقُماشِهِ الفاخِرِ وَالنّاعِمِ، وَالَّذي تُزَيِّنُهُ الزُّهورُ الجَميلَةُ الّتي تَمَّ تَصْميمُها يَدَوِيًّا مِنْ قِبَلِ الخَيّاطِ الماهِرِ الَّذي خاطَ كُلَّ زَهْرَةٍ بِعِنايَةٍ فائِقَةٍ.

The dress is characterized by its luxurious and soft fabric, adorned with beautiful flowers designed manually by the skilled tailor who carefully stitched each flower.

classy | **راقٍ**

تَمَيَّزَ حَفْلُ العَشاءِ بِأَجْواءٍ راقِيَةٍ وَإِطْلالاتٍ أَنيقَةٍ لِلْمَدْعُوّينَ.

The dinner party was distinguished by its sophisticated ambiance and elegant appearances of the guests.

sophisticated | **راقٍ**

اِرْتَدَتِ النَّجْمَةُ فُسْتانًا راقِيًا ذا تَفاصيلَ دَقيقَةٍ وَأَلْوانٍ جَذّابَةٍ.

The star wore a sophisticated dress with intricate details and captivating colors.

to walk | **سارَ** • سَيْرٌ

سارَتِ العارِضَةُ عَلى مِنَصَّةِ العَرْضِ بِثِقَةٍ وَأَناقَةٍ لِعَرْضِ تَصاميمِ الأَزْياءِ الجَديدَةِ.

The model walked the catwalk with confidence and elegance to showcase her new designs.

to market, promote | **سَوَّقَ** • تَسْويقٌ

سَوَّقَتِ الشَّرِكَةُ المُصَمِّمَةُ لِلْمَلابِسِ الرِّياضِيَّةِ مُنْتَجاتِها عَبْرَ حَمْلَةٍ إِعْلانِيَّةٍ ضَخْمَةٍ.

The sportswear designer company marketed its products through a massive advertising campaign.

youthful | **شَبابِيٌّ**

ظَهَرَتْ مَجْموعَةٌ جَديدَةٌ مِنَ المَلابِسِ الشَّبابِيَّةِ تَعْكِسُ أَلْوانًا زاهِيَةً وَتَصاميمَ عَصْرِيَّةً.

A new collection of youthful clothing appeared, reflecting vibrant colors and modern designs.

to design | **صَمَّمَ** • تَصْميمٌ

صَمَّمَ المُصَمِّمُ المَشْهورُ فُسْتانًا فَريدًا لِلْمُمَثِّلَةِ المَعْروفَةِ.

The renowned designer designed a unique dress for the well-known actress.

صِناعَةُ مَلابِسَ clothing industry

تُواجِهُ صِناعَةُ المَلابِسِ تَحَدِّياتٍ بيئِيَّةً وَاجْتِماعِيَّةً، وَيَتَعَيَّنُ عَلَيْها التَّحَوُّلُ نَحْوَ الاِسْتِدامَةِ.

The clothing industry faces environmental and social challenges and needs to shift towards sustainability.

صَيْحَةٌ fashion trend, fad

اِنْتَشَرَتْ صَيْحَةُ الجينْزِ المُمَزَّقِ بَيْنَ الشَّبابِ في الآوِنَةِ الأَخيرَةِ.

The ripped jeans trend has recently become popular among young people.

عارِضُ أَزْياءٍ (male) fashion model

قَدَّمَ عارِضُ الأَزْياءِ تَشْكيلَةً جَديدَةً مِنَ المَلابِسِ في عَرْضِ الأَزْياءِ.

The male fashion model showcased a new collection of clothing at the fashion show.

عارِضَةُ أَزْياءٍ (female) fashion model

أَطَلَّتْ عارِضَةُ الأَزْياءِ بِفُسْتانٍ رائِعٍ خِلالَ عَرْضِ الأَزْياءِ العالَمِيِّ.

The female fashion model appeared in a stunning dress during the global fashion show.

عالَمِيٌّ global

اِنْتَشَرَتْ مَلابِسُ العَلامَةِ التِّجارِيَّةِ العالَمِيَّةِ في الأَسْواقِ حَوْلَ العالَمِ.

The global brand's clothing has spread in markets around the world.

عَرَضَ • عَرْضٌ to showcase

عَرَضَتْ دارُ الأَزْياءِ تَشْكيلَةَ فَساتينَ مُذْهِلَةٍ في عَرْضِها الأَخيرِ.

The fashion house showcased an amazing collection of dresses in its latest show.

عَرْضُ أَزْياءٍ • عُروضٌ fashion show

أُقيمَ عَرْضُ الأَزْياءِ في قاعَةٍ فاخِرَةٍ، وَشَهِدَ حُضورَ العَديدِ مِنَ الشَّخْصِيّاتِ البارِزَةِ.

The fashion show was held in a luxurious hall and was attended by many prominent figures.

عَصْرِيٌّ modern

يُفَضِّلُ الكَثيرونَ ارْتِداءَ مَلابِسَ عَصْرِيَّةٍ تُناسِبُ أُسْلوبَ حَياتِهِمِ اليَوْمِيِّ.

Many people prefer to wear modern clothes that suit their daily lifestyle.

brand **عَلامَةٌ تِجارِيَّةٌ**

تُعْتَبَرُ العَلامَةُ التِّجارِيَّةُ الفَرَنْسِيَّةُ رائِدَةً في مَجالِ الموضَةِ وَالأَزْياءِ بِفَضْلِ إِبْداعاتِها المُسْتَمِرَّةِ.

The French brand is a leader in the fashion industry thanks to its continuous innovations.

luxurious **فاخِرٌ**

اِرْتَدَتِ المُمَثِّلَةُ الشَّهيرَةُ فُسْتانًا فاخِرًا مُرَصَّعًا بِالأَلْماسِ في حَفْلِ تَوْزيعِ الجَوائِزِ.

The famous actress wore a luxurious diamond-encrusted dress at the award ceremony.

unique **فَريدٌ**

عَرَضَ المُصَمِّمُ تَصْميمًا فَريدًا يَجْمَعُ بَيْنَ العَناصِرِ التَّقْليدِيَّةِ وَالمُعاصِرَةِ في أَزْيائِهِ.

The designer showcased a unique design that combined traditional and contemporary elements in his clothing.

dress **فُسْتانٌ** • فَساتينُ

اِرْتَدَتِ النَّجْمَةُ الشَّهيرَةُ فُسْتانًا أَحْمَرَ مُذْهِلًا في حَفْلِ الأوسْكارِ، وَأَثارَتْ إِعْجابَ الحُضورِ بِأَناقَتِها وَجَمالِ إِطْلالَتِها.

The famous star wore a stunning red dress at the Oscars and impressed the audience with her elegance and beautiful appearance.

hat **قُبَّعَةٌ** • قُبَّعاتٌ

كانَتِ القُبَّعَةُ النِّسائِيَّةُ الأَنيقَةُ مَصْنوعَةً مِنْ قُماشٍ عالي الجَوْدَةِ وَمُزَيَّنَةً بِزُهورٍ جَميلَةٍ.

The elegant women's hat was made from high-quality fabric and adorned with beautiful flowers.

to present **قَدَّمَ** • تَقْديمٌ

قَدَّمَ المُصَمِّمُ مَجْموعَةً جَديدَةً مِنَ الأَزْياءِ الَّتي تَعْكِسُ الثَّقافاتِ المُخْتَلِفَةَ وَالتَّنَوُّعَ.

The designer presented a new fashion collection that reflects various cultures and diversity.

fabric **قُماشٌ** • أَقْمِشَةٌ

اِخْتارَ المُصَمِّمُ أَقْمِشَةً صَديقَةً لِلْبيئَةِ وَمُسْتَدامَةً لِصِناعَةِ مَلابِسِهِ الجَديدَةِ.

The designer chose eco-friendly and sustainable fabrics for making his new clothing.

creative; creator **مُبْدِعٌ**

تَمَيَّزَتْ مَجْموعَةُ المُصَمِّمينَ المُشارِكينَ في عَرْضِ الأَزْياءِ الأَخيرِ بِأَفْكارٍ مُبْتَكَرَةٍ وَإِبْداعِيَّةٍ، حَيْثُ تَمَكَّنَ المُبْدِعونَ مِنْ تَقْديمِ تَصاميمَ فَريدَةٍ وَجَذّابَةٍ لِلْمَوْسِمِ القادِمِ.

The group of designers who participated in the latest fashion show distinguished themselves with innovative and creative ideas, as the creators were able to present unique and attractive designs for the upcoming season.

مَجَلَّةُ موضةٍ
fashion magazine

نَشَرَتْ مَجَلَّةُ الموضةِ مقالًا عَنْ أحْدَثِ صَيْحاتِ الموضَةِ، وَالَّتي تَمَيَّزَتْ بِألْوانِها الزّاهِيَةِ.

The fashion magazine published an article about the latest fashion trends, which were distinguished by their vibrant colors.

مَجْموعَةُ أَزْياءٍ
fashion collection

لَفَتَتْ مَجْموعَةُ الأَزْياءِ الرَّبيعِيَّةِ الجَديدَةُ الأنْظارَ بِتَصاميمِها المُبْتَكَرَةِ وَأقْمِشَتِها المُلَوَّنَةِ.

The new spring fashion collection caught the eye with its innovative designs and colorful fabrics.

مُصَمِّمٌ
designer

يَشْتَهِرُ المُصَمِّمُ الإيطالِيُّ بِإبْداعِهِ في اسْتِخْدامِ الألْوانِ وَالنُّقوشِ الفَريدَةِ في تَصاميمِهِ.

The Italian designer is known for his creativity in using unique colors and patterns in his designs.

مُصَمِّمُ أَزْياءٍ
fashion designer

حَصَلَ مُصَمِّمُ الأَزْياءِ البريطانيُّ عَلى جَوائِزَ عَديدَةٍ نَظَرًا لِتَفَرُّدِهِ في تَصْميمِ مَلابِسَ عَصْرِيَّةٍ وَأنيقَةٍ.

The British fashion designer has won numerous awards for his unique designs of modern and elegant clothing.

مَعْرِضُ الموضةِ • مَعارِضُ
fashion exhibition

فَتَحَ مَعْرِضُ الموضَةِ الدَّوْلِيُّ أبْوابَهُ لِعَرْضِ أحْدَثِ إبْداعاتِ المُصَمِّمينَ مِنْ جَميعِ أنْحاءِ العالَمِ.

The international fashion exhibition opened its doors to showcase the latest creations of designers from all around the world.

مَلابِسُ   pl.
clothes

تَسْعى العَلاماتُ التِّجارِيَّةُ لِصُنْعِ مَلابِسَ تَتَمَيَّزُ بِالْجَوْدَةِ العالِيَةِ وَالرّاحَةِ لِلزَّبائِنِ.

Brands strive to make clothes that are of high quality and comfortable for customers.

مَلابِسُ رِجالِيَّةٌ   pl.
men's clothing

أَطْلَقَتِ الشَّرِكَةُ تَشْكيلَةً جَديدَةً مِنَ المَلابِسِ الرِّجالِيَّةِ تَضُمُّ قُمْصانًا وَبَنْطَلوناتٍ رَسْمِيَّةً.

The company launched a new collection of men's clothing, featuring formal shirts and trousers.

sportswear — pl. — **مَلابِسُ رِياضِيَّةٌ**

تَتَمَيَّزُ المَلابِسُ الرِّياضِيَّةُ بِأَنَّها مَصْنوعَةٌ مِنْ مَوادَّ مَرِنَةٍ وَقابِلَةٍ لِلتَّهْوِيَةِ لِتَوْفيرِ أَقْصى قَدْرٍ مِنَ الرّاحَةِ.

Sportswear is characterized by being made of flexible and breathable materials to provide maximum comfort.

trendy clothes — pl. — **مَلابِسُ عَصْرِيَّةٌ**

يَبْحَثُ الشَّبابُ عَنْ مَلابِسَ عَصْرِيَّةٍ تَتَوافَقُ مَعَ أَحْدَثِ صَيْحاتِ الموضَةِ وَتَعْكِسُ شَخْصِيَّتَهُمْ.

Young people are looking for trendy clothes that are in line with the latest fashion trends and reflect their personality.

classic clothes — pl. — **مَلابِسُ كِلاسيكِيَّةٌ**

يُفَضِّلُ البَعْضُ ارْتِداءَ المَلابِسِ الكِلاسيكِيَّةِ لِأَنَّها تَمْنَحُ مَظْهَرًا أَنيقًا وَمُحافِظًا.

Some people prefer to wear classic clothes as they provide a refined and conservative appearance.

designer clothes — pl. — **مَلابِسُ المُصَمِّمينَ**

تَلْقى مَلابِسُ المُصَمِّمينَ إِقْبالًا كَبيرًا مِنْ قِبَلِ النُّجومِ وَالشَّخْصِيّاتِ العامَّةِ بِسَبَبِ جَوْدَتِها وَتَفَرُّدِها.

Designer clothes are highly sought after by celebrities and public figures due to their quality and uniqueness.

> Another common term for 'designer clothes' is مَلابِسُ فاخِرَةٌ, literally 'luxurious clothes.'

women's clothing — pl. — **مَلابِسُ نِسائِيَّةٌ**

تُقَدِّمُ شَرِكَةُ زارا مَجْموعَةً مُتَنَوِّعَةً مِنَ المَلابِسِ النِّسائِيَّةِ الأَنيقَةِ وَالعَمَلِيَّةِ لِكُلِّ المُناسَباتِ.

Zara offers a diverse range of elegant and practical women's clothing for all occasions.

model — **موديلٌ**

اِخْتارَتْ دارُ أَزْياءِ شانيل موديلًا شابَّةً لِتُمَثِّلَ تَشْكيلَتَها الجَديدَةَ في عَرْضِ الأَزْياءِ.

Chanel fashion house chose a young model to represent its new collection at the fashion show.

> The term موديلٌ, referring to a human model, can be used for both masculine and feminine subjects, depending on the individual it denotes. It's an exception among most nouns signifying people, as it doesn't adopt the suffix ـة when it represents a female.

fashion — **موضَةٌ**

أَصْبَحَتِ الموضَةُ المُسْتَدامَةُ وَالصَّديقَةُ لِلْبيئَةِ مَوْضوعًا رَئيسِيًّا في عالَمِ التَّصْميمِ وَالإِنْتاجِ.

Sustainable and eco-friendly fashion has become a major topic in the design and production world.

new trend — موضَةٌ جَديدَةٌ

أَطْلَقَ المُصَمِّمُ الأَمْريكِيُّ مارْك جاكوبْسْ موضَةً جَديدَةً لِلْأَحْذِيَةِ بِأَلْوانٍ زاهِيَةٍ وَمَوادَّ مُبْتَكَرَةٍ.

American designer Marc Jacobs introduced a new trend for shoes with vibrant colors and innovative materials.

men's fashion — موضَةٌ رِجالِيَّةٌ

تُقَدِّمُ دارُ أَزْياءِ لويسْ فويتون تَشْكيلَةً واسِعَةً مِنَ الموضَةِ الرِجالِيَّةِ الفاخِرَةِ وَالعَصْرِيَّةِ.

Louis Vuitton fashion house offers a wide range of luxurious and modern men's fashion.

women's fashion — موضَةٌ نِسائِيَّةٌ

اِبْتَكَرَتِ المُصَمِّمَةُ البريطانِيَّةُ سْتيلّا مَكارْتْني موضَةً نِسائِيَّةً تَجْمَعُ بَيْنَ الأَناقَةِ وَالاِسْتِدامَةِ.

British designer Stella McCartney created a women's fashion that combines elegance and sustainability.

to coordinate • تَنْسيق — نَسَّقَ

تَمَكَّنَ المُصَمِّمُ مِنْ تَنْسيقِ مَجْموعَةٍ مُتَنَوِّعَةٍ مِنَ الأَلْوانِ وَالأَقْمِشَةِ لِخَلْقِ تَصْميمٍ مُتَجانِسٍ.

The designer managed to coordinate a variety of colors and fabrics to create a harmonious design.

(pair of) sunglasses • نَظّاراتٌ — نَظّارَةٌ

تُعْتَبَرُ رايْ بانْ واحِدَةً مِنْ أَشْهَرِ العَلاماتِ التِجارِيَّةِ في عالَمِ النَظّاراتِ الشَمْسِيَّةِ.

Ray-Ban is one of the most famous brands of sunglasses in the world.

style • أَنْماطٌ — نَمَطٌ

يَمْتازُ نَمَطُ الأَزْياءِ الفَرَنْسِيَّةِ بِالأَناقَةِ البَسيطَةِ وَالتَفاصيلِ الدَقيقَةِ.

The French fashion style is characterized by simple elegance and attention to detail.

3.2.4.1 Mini-Articles

Track **75**

في أُسْبوعِ الموضَةِ العالَمِيِّ، قَدَّمَ المُصَمِّمُ الشَهيرُ عَرْضًا رائِعًا لِأَزْياءٍ راقِيَةٍ جَديدَةٍ. أُسْتُلْهِمَتِ التَصاميمُ مِنَ القُرونِ الوُسْطى، مِمّا أَضْفى لَمْسَةً تاريخِيَّةً فَريدَةً عَلى المَجْموعَةِ. سارَ عارِضو الأَزْياءِ عَلى المِنَصَّةِ مُرْتَدينَ فَساتينَ نِسائِيَّةً مُبْهِرَةً وَمَلابِسَ رِجالِيَّةً أَنيقَةً، بَيْنَما تَأَلَّقَتِ الإِكْسِسْواراتُ المُصَمَّمَةُ خِصّيصًا لِلْمُناسَبَةِ.

During Fashion Week, the famous designer presented a stunning show of new high-end fashion. The designs were inspired by the Middle Ages, giving the collection a unique historical touch. Models walked the runway wearing dazzling women's dresses and stylish men's clothing, while specially designed accessories shone for the occasion.

اِسْتَضافَ مَعْرِضُ الموضَةِ السَّنَوِيُّ في باريس مَجْموعَةً واسِعَةً مِنَ المُصَمِّمينَ المُبْدِعينَ الَّذينَ ابْتَكَروا تَصاميمَ جَديدَةً في عالَمِ صِناعَةِ المَلابِسِ. عَرَضَ أَحَدُ المُصَمِّمينَ مَجْموعَةَ أَزْياءٍ جاهِزَةٍ مُسْتَوْحاةٍ مِنَ الطَّبيعَةِ وَالبيئَةِ. كانَتِ الأَقْمِشَةُ المُسْتَخْدَمَةُ صَديقَةً لِلْبيئَةِ وَمُسْتَدامَةً، بَيْنَما زُيِّنَتِ القِطَعُ بِأَلْوانٍ زاهِيَةٍ وَنُقوشٍ جَريئَةٍ.

The annual fashion exhibition in Paris hosted a wide range of creative designers who came up with new designs in the clothing industry. One designer showcased a collection of ready-to-wear fashion inspired by nature and the environment. The fabrics used were environmentally friendly and sustainable, while the pieces were adorned with bright colors and bold patterns.

في عَدَدٍ جَديدٍ مِنْ مَجَلَّةِ الموضَةِ الشَّهيرَةِ، ناقَشَتْ مَقالَةٌ تَوَجُّهاتِ الموضَةِ لِلْعامِ القادِمِ. يَظْهَرُ تَزايُدُ اهْتِمامِ المُسْتَهْلِكينَ بِالْمَلابِسِ الكلاسيكِيَّةِ وَالتَّصاميمِ التَّقْليدِيَّةِ. تَشْهَدُ مَبيعاتُ الأَحْذِيَةِ الرِّياضِيَّةِ وَالقُبَّعاتِ الكلاسيكِيَّةِ ارْتِفاعًا مَلْحوظًا، بَيْنَما تَتَّجِهُ الموضَةُ النِّسائِيَّةُ إلى إعادَةِ اكْتِشافِ قِطَعٍ مِثْلِ الفَساتينِ وَالنَّظّاراتِ الرّاقِيَةِ.

In a new issue of a famous fashion magazine, an article discussed fashion trends for the coming year. There is an increasing interest from consumers in classic clothing and traditional designs. Sales of athletic shoes and classic hats are noticeably increasing, while women's fashion is trending towards rediscovering pieces such as elegant dresses and glasses.

3.2.4.2 Interview with a Fashion Designer

Track **76**

مُقَدِّمُ البَرْنامَج: مَرْحَبًا بِكُمْ في بَرْنامَجِنا اليَوْمَ، حَيْثُ سَنَلْتَقي بِمُصَمِّمَةِ أَزْياءٍ لُبْنانِيَّةٍ مُبْدِعَةٍ. لِنَتَعَرَّفْ عَلى نادينْ فَرَحْ! مَرْحَبًا بِكِ نادين.

نادينْ فَرَحْ: مَرْحَبًا، وَشُكْرًا لَكُمْ عَلى دَعْوَتي لِلْبَرْنامَجِ.

مُقَدِّمُ البَرْنامَج: لَقَدْ أَطْلَقْتِ لِلتَّوِّ مَجْموعَةً جَديدَةً مِنَ الأَزْياءِ الرّاقِيَةِ. ما هُوَ مَصْدَرُ الإلهامِ لِتَصاميمِكِ هَذِهِ المَرَّةَ؟

نادينْ فَرَحْ: في هَذِهِ المَرَّةِ اِسْتَقَيْتُ الإِلْهامَ في تَصاميمي مِنْ تُراثِ لُبْنانَ الغَنِيِّ وَالتّاريخِ المِعْمارِيِّ لِبَيْروت. أَرَدْتُ أَنْ أُظْهِرَ الجَمالَ اللُّبْنانِيَّ مِنْ خِلالِ مَجْموعَةِ أَزْياءٍ نِسائِيَّةٍ وَرِجالِيَّةٍ أَنيقَةٍ وَعَصْرِيَّةٍ.

مُقَدِّمُ البَرْنامَجِ:	لاحَظْتُ أَنَّ بَعْضَ التَّصامِيمِ تَحْمِلُ سِمَةً مُمَيَّزَةً. هَلْ يُمْكِنُكِ أَنْ تُخْبِرِينا عَنْها؟
نادِينْ فَرَحْ:	بِالتَّأْكِيدِ. قَرَّرْتُ اسْتِخْدامَ نَمَطِ الفُسَيْفِساءِ التَّقْلِيدِيِّ اللُّبْنانِيِّ كَسِمَةٍ مُمَيَّزَةٍ فِي هَذِهِ المَجْموعَةِ. يَعْكِسُ ذَلِكَ جُزْءًا مِنْ تارِيخِ لُبْنانَ وَثَقافَتِهِ.
مُقَدِّمُ البَرْنامَجِ:	هَلْ تَعْتَقِدِينَ أَنَّ هَذِهِ المُوضَةَ سَتَكونُ صَيْحَةً جَدِيدَةً فِي الأَزْياءِ حَوْلَ العالَمِ؟
نادِينْ فَرَحْ:	أَعْتَقِدُ أَنَّ هُناكَ مَجالًا لِاسْتِكْشافِ الثَّقافاتِ المُخْتَلِفَةِ وَتَضْمِينِها فِي أَزْياءٍ راقِيَةٍ. رُبَّما تُصْبِحُ هَذِهِ المَجْموعَةُ موضَةً جَدِيدَةً وَمُلْهِمَةً لِلْمُصَمِّمِينَ الآخَرِينَ.
مُقَدِّمُ البَرْنامَجِ:	ما هِيَ خُطَطُكِ المُسْتَقْبَلِيَّةُ فِي عالَمِ تَصْمِيمِ الأَزْياءِ؟
نادِينْ فَرَحْ:	أَرْغَبُ فِي التَّعاوُنِ مَعَ مُصَمِّمِينَ عالَمِيِّينَ آخَرِينَ لِتَبادُلِ الأَفْكارِ وَالتَّجارِبِ. كَما أَوَدُّ أَيْضًا تَوْسِيعَ مَجالِ الاِبْتِكارِ فِي تَصامِيمِ المَلابِسِ العَصْرِيَّةِ وَالإِكْسِسْواراتِ. كَما إِنَّ اسْتِدامَةَ الموضَةِ وَاسْتِخْدامَ مَوادٍّ صَدِيقَةٍ لِلْبِيئَةِ هِيَ أَيْضًا جُزْءٌ مُهِمٌّ مِنْ رُؤْيَتِي المُسْتَقْبَلِيَّةِ.
مُقَدِّمُ البَرْنامَجِ:	هَلْ لَدَيْكِ نَصائِحُ لِلأَشْخاصِ الَّذِينَ يَرْغَبونَ فِي دُخولِ عالَمِ تَصْمِيمِ الأَزْياءِ؟
نادِينْ فَرَحْ:	بِالتَّأْكِيدِ. مِنَ المُهِمِّ أَنْ يَكونَ لَدَيْكَ شَغَفٌ بِالأَزْياءِ وَالاِبْتِكارِ. كَما يَجِبُ أَنْ تَكونَ عَلَى اسْتِعْدادٍ لِتَعَلُّمِ وَاكْتِسابِ مَهاراتٍ جَدِيدَةٍ، مِثْلَ التَّعامُلِ مَعَ الأَقْمِشَةِ المُخْتَلِفَةِ وَفَهْمِ التَّصامِيمِ الفَرِيدَةِ. عَلَيْكَ أَنْ تَتَعَلَّمَ كَيْفِيَّةَ تَنْسِيقِ الأَلْوانِ وَالأَنْماطِ وَتُدْرِكَ أَهَمِّيَّةَ الجَوْدَةِ فِي كُلِّ جُزْءٍ مِنَ التَّصْمِيمِ.
مُقَدِّمُ البَرْنامَجِ:	شُكْرًا لَكِ نادِينْ عَلَى أَفْكارِكِ القَيِّمَةِ، وَنَتَمَنَّى لَكِ التَّوْفِيقَ فِي مَسِيرَتِكِ المِهْنِيَّةِ.
نادِينْ فَرَحْ:	شُكْرًا لَكُمْ عَلَى دَعْوَتِي، وَأَتَمَنَّى أَنْ يَسْتَمْتِعَ الجَمِيعُ بِمَجْموعَتِي الجَدِيدَةِ وَأَنْ تُلْهِمَهُمْ لِاكْتِشافِ الثَّقافاتِ المُخْتَلِفَةِ مِنْ خِلالِ الموضَةِ.

Program host:	Welcome to our program today, where we will meet a talented Lebanese fashion designer. Meet Nadine Farah! Welcome, Nadine.
Nadine Farah:	Hello, and thank you for having me on the program.

Program host:	You have just launched a new collection of high-end fashion. What inspired your designs this time?
Nadine Farah:	I was inspired by Lebanon's rich heritage and the architectural history of Beirut in my designs this time. I wanted to showcase Lebanese beauty through a collection of elegant and modern women's and men's clothing.
Program host:	I noticed that some designs carry a distinctive brand. Can you tell us about it?
Nadine Farah:	Of course. I decided to use the traditional Lebanese mosaic pattern as a distinctive brand in this collection. This reflects part of Lebanon's history and culture.
Program host:	Do you think this trend will become a new fashion trend worldwide?
Nadine Farah:	I think there is room to explore different cultures and incorporate them into high-end fashion. Perhaps this collection will become a new and inspiring trend for other designers.
Program host:	What are your future plans in the world of fashion design?
Nadine Farah:	I want to collaborate with other international designers to exchange ideas and experiences. I also want to expand the scope of innovation in contemporary clothing and accessories designs. Sustainable fashion and the use of environmentally friendly materials are also an important part of my future vision.
Program host:	Do you have any tips for people who want to enter the world of fashion design?
Nadine Farah:	Absolutely. It is important to have a passion for fashion and innovation. You should also be prepared to learn and acquire new skills, such as working with different fabrics and understanding unique designs. You should learn how to coordinate colors and patterns and be aware of the importance of quality in every part of the design.
Program host:	Thank you, Nadine, for your valuable insights, and we wish you success in your professional career.
Nadine Farah:	Thank you for having me, and I hope everyone enjoys my new collection and is inspired to discover different cultures through fashion.

lingualism

Visit our website for information on current and upcoming titles and free language learning resources.

www.lingualism.com

www.ingramcontent.com/pod-product-compliance
Lightning Source LLC
Chambersburg PA
CBHW051802100526

44592CB00016B/2532